中央财经大学财政税收研究所计量财政研究专辑系列丛书
中央财经大学中国财政协同发展创新中心资助

# 计 量 财 政 研 究

## （第二辑）

主编　曾康华

经济科学出版社

**图书在版编目（CIP）数据**

计量财政研究．第二辑／曾康华主编．—北京：
经济科学出版社，2014.6
（中央财经大学财政税收研究所计量财政研究
专辑系列丛书）
ISBN 978 - 7 - 5141 - 4770 - 4

Ⅰ.①计…　Ⅱ.①曾…　Ⅲ.①计量经济学 -
财政学 - 文集　Ⅳ.①F810 - 53

中国版本图书馆 CIP 数据核字（2014）第 139369 号

责任编辑：凌　敏　张　力
责任校对：靳玉环
责任印制：李　鹏

计量财政研究

（第二辑）

主编　曾康华

经济科学出版社出版、发行　新华书店经销
社址：北京市海淀区阜成路甲 28 号　邮编：100142
教材分社电话：010 - 88191343　发行部电话：010 - 88191522
网址：www. esp. com. cn
电子邮件：lingmin@ esp. com. cn
天猫网店：经济科学出版社旗舰店
网址：http://jjkxcbs. tmall. com
北京季蜂印刷有限公司印装
787 × 1092　16 开　18 印张　430000 字
2014 年 7 月第 1 版　2014 年 7 月第 1 次印刷
ISBN 978 - 7 - 5141 - 4770 - 4　定价：46.00 元
（图书出现印装问题，本社负责调换。电话：010 - 88191502）
（版权所有　翻印必究）

# 前　言

　　被马克思誉为"政治经济学之父"的古典经济学派主要开创者威廉·配第，在1690年出版的《政治算术》中，就已经把定量分析方法运用到财政研究中，威廉·配第开创了用定量分析方法研究财政问题之先河。

　　亚当·斯密在1776年出版了具有划时代意义的著作《国民财富的性质和原因的研究》，标志着财政学作为一门独立科学的诞生，财政收支构成财政理论研究的核心内容。但亚当·斯密研究财政税收问题的方法是规范分析方法，其优点是对问题分析细微、深入，并进行价值判断，但对问题叙述抽象和不精确甚至模糊的缺陷使人们开始探索新的研究方法。所以，随着经济学的创新和发展，研究经济学的方法也出现了新的工具，数理经济学开始出现。

　　法国的安东尼·奥古斯丹·古诺是数理经济学最重要的先驱和奠基人，他在1838年出版的《财富理论的数学原理的研究》把过去形态模糊的经济概念和经济命题给予严密的数学表达，书中的分析方法强有力地促使经济学从文字的叙述转向形式逻辑的数学表达。古诺运用局部均衡分析方法，分析了税收负担转嫁的数理原理。这是用数学原理和逻辑而非纯文字描述税收理论，可以看作是数理财政的范畴。与数理财政不同，计量财政是运用财政经济数据，通过建立计量模型，运用参数估计并进行假设检验；或者运用半参数或非参数估计技术，从数量的角度对财政问题进行研究。

　　计量财政与计量经济学基本上是同步发展的，但计量经济学的发展是计量财政的基础，也可以说，计量财政研究是计量方法在财政研究上的应用。一般认为，计量经济学是法国数理经济学和英国统计学相结合的产物。计量经济学作为一门学科真正诞生的标志是1930年12月29日在美国成立的计量经济学会，同时该学会创办了《计量经济学》杂志，于1933年正式出版发行。

　　计量经济学自建立以来发展非常快，计量经济学的新成果几乎同时被运用到计量财政方面，使计量财政研究成为研究财政税收问题未来发展的主要趋势之一。当然，计量财政研究的发展是随着计量经济学的发展而发展的。

　　如果说进入现代经济学殿堂遇到的第一道门槛就是数学的话，那么，进入计量财政研究领域的基础就是掌握计量经济学和财政学的知识。只有把计量经济学知识和财政理论与实践密切结合，计量财政研究才能有广阔发展的空间。

20世纪90年代以来，尤其是1998年教育部决定把计量经济学作为经济学类所有专业必修的核心课程后，我国计量经济学的教学和研究获得了快速的发展。同样，计量财政研究也获得了迅速的发展，像《中国社会科学》、《经济研究》、《世界经济》、《管理世界》、《财政研究》等国内著名期刊，都刊载了大量的有关计量财政方面的文章，促进了计量财政研究的发展。

中央财经大学财政税收研究所组织编写计量财政研究专辑系列丛书，是基于目前我国计量财政研究的现状，结合我们科研的特点和实际情况做的一次尝试性的工作。我们希望通过出版计量财政论文的专辑，展示我们的科研成果，为我国计量财政研究的发展作出一份微薄的贡献。如果我们的工作能够做到这一点，将甚感欣慰。

《计量财政研究（第二辑）》由中央财经大学中国财政发展协同创新中心资助，并且得到了经济科学出版社的大力支持，对此我们表示衷心的感谢！希望这一系列计量财政研究专辑的陆续出版，对推动我国财政计量研究有所裨益。

曾康华

中央财经大学财政税收研究所所长

2014年6月

# 目　录

# 分税制改革对区域 GDP 与财政收入之间关系影响的实证分析

曾康华[*]

【摘要】本文从东、中、西部和省域两个视角分析了分税制改革对区域 GDP 与财政收入之间关系的影响。结果显示：分税制对区域 GDP 与财政收入之间的关系产生了影响，但东、中、西部之间和区域内省级之间的影响有差异，分税制对区域及省级 GDP 与财政收入之间的关系的影响随时间推移减弱。不过，这些实证结果没有考虑到空间依赖和外溢效应，如果考虑这些因素，分税制对区域 GDP 与财政收入之间关系的影响机制还需进一步探讨。

【关键词】分税制　区域 GDP　财政收入　影响

## 一、引　　言

1978~2012 年，我国东、中、西部地区 GDP 年均增长率分别为 16.56%、12.74% 和 15.67%；财政收入年均增长率分别为 12.50%、16.05% 和 14.17%。稍加观察就可发现，东、中、西部地区 GDP 年均增长率与其财政收入年均增长率之间的同步性，西部最好，中部其次，东部最次。为什么会表现这么一种状况？一般而言，区域财政收入增长受区域经济增长、价格变动、体制改革、制度调整等诸多因素的影响，而从财政收入与经济之间的关系看，经济增长确实从根本上决定了财政收入增长。若不受其他因素影响，两者之间相互的协调关系应当成立；若受到其他因素的影响，这种协调关系就会受到某种程度的扰动。那么，是什么因素持续影响了区域经济增长与财政收入增长之间的关系？纵观中国改革开放发展历程，体制机制的变革无疑是除了经济增长之外对区域财政收入影响最持久的一个因素。1994 年进行的分税制改革是改革开放以来甚至是新中国成立以来调整中央和地方财政分配关系最为深刻的一次体制机制的改革。本文以 1994 年实行的分税制改革作为持续影响区域经济增长与财政收入之间关系的因素，考察分税制前后区域经济增长与财政收入增长之间的数量关系，以此度量分税制对我国区域经济增长与财政收入增长之间关系的影响。由于区域视角具有多元性，本文选择东、中、西部区域和省级区域两个视角，分析分税制对区域经济增长与财政收入增长之间关系影响的程度，并从数量上来刻画这种关系。

---

* 曾康华，男，1959 年生，经济学博士，中央财经大学财政学院教授，研究方向：计量财税与宏观经济计量。

# 二、相关文献回顾

近 10 年来，国内文献从多个角度对 GDP 与财政收入的关系进行了研究。郭玉清、杨栋（2007）对中国预算收入和预算支出进行了分析。贾康、苏明（2008）从多维视角分析了财政收入高速增长的原因和国内生产总值的不同部分对财政收入的贡献。贾俊雪、郭庆旺（2008）认为，经济性和维持性支出责任安排有助于地区经济增长但显著性较差，收入责任安排的影响则较为模糊。王志刚、龚六堂（2009）研究认为，收入分权程度的提升会减少地方非税收入比例；预算内分权程度的提高则会降低非税收入比例。李永友、沈玉平（2009）研究了转移支付与地方财政收支决策之间的关系。李永友、沈玉平（2010）研究认为，中国分税制在均等化地区间财政能力方面发挥了一定作用，但促进地区间均衡增长作用相对较弱。王华、柳光强（2010）研究了经济增长与财政收入增量的关系。严成樑、龚六堂（2010）考察了我国税收的经济增长效应和社会福利损失效应。李学文、卢新海和张蔚文（2012）从纵向预算外收入的主要来源和结构变化分析，认为广泛存在于地方政府活动中的"预算外收入"是地方政府集体行为的激励基础。王先柱、赵奉军（2012）分析房价波动对财政收入的影响，从资产价格角度解释了财政收入高速增长的原因。

国外文献对经济增长与财政收入增长问题研究的视角也是全方位的。Jan K. Brueckner（2006）分别研究了在联邦制和单一制下经济增长与公共物品的关系。Bradley T. Ewing（2006）分析了预算过程中收入与支出的关系。Antonio Afonso，Davide Furceri（2008）研究了政府收支的规模和波动性对经合组织（OECD）国家及欧盟国家经济增长的影响。Ilan Noy，Aekkanush Nualsri（2008）认为自然灾害的后果所导致的财政行为是反周期性的，并比较发现，在发生巨型自然灾害以后，发展中国家会减少财政支出并增加财政收入。Alberto Alesina，Silvia Ardagna（2010）认为，在财政刺激方面减少税收比增加支出更具扩张性，减少支出在稳定债务和避免经济下滑方面比增加税收更有效。Norman Gemmell，Richard Kneller 和 Ismael Sanz（2013）研究表明，支出分权带来低经济增长，而税收分权则带来高经济增长，降低支出分权，同时增加地方财政资金，会促进经济增长。Karel Mertens 和 Morten O. Ravn（2013）估计了美国个人所得税和公司所得税变化的动态效应，辨别了两者之间的变化，在这两个税收的构成中用一种新的描述性解释了联邦税收倾向性的变化，并利用第二次世界大战后的数据拓展了一个估计量，使用这个估计量能够说明受到结构性税收冲击的税收变化，研究结果发现，税收受到冲击的短期效应是大的，在考虑税收对劳动力市场和政府支出的影响时，重要的是辨析不同税收对其的影响。

比较国内文献和国外文献，除非在国外发表研究中国分税制的文章，国外文献一般不研究财政体制改革对经济增长与财政收入增长之间关系的研究，而是比较侧重研究财政分权与经济增长的关系（Tao Zhang，Heng-fu Zou，1998；Nobuo Akai，Masayo Sakata，2002），财政分权、中央银行独立性和通货膨胀（Bilin Neyapti，2004），为什么许多国家实行财政分权（Mohammad Arzaghi，J. Vernon Henderson，2005），财政分权和集权（Nobuo Akai，2006），财政分权与区域收入不公（Jaime Bonet，2006）等问题。从研究方法来看，主要用实证或计量的方法，通过构建模型来分析财政分权与经济增长的关系。国内文献比较侧重从多个视角研究经济增长与财政收入相关的问题，在研究方法上，主要是用规范分析和实证方法进行研究。

考察国内学者对分税制的研究，许多学者就分税制对财政收入的影响进行了许多讨论（曲振涛、周正，2004；龚六堂，2005；周飞舟，2006；贾康、苏明，2008；钟高峥、曾康华，2009；曾康华、刘翔，2009；马海涛、曾康华，2010；王华、柳光强，2010；刘翔、曾康华，2010；陈硕，2010；曾康华，2011）。总的来说，这些研究还是基于分税制、经济增长以及财政收入这几者的关系来进行规范和实证分析，研究的视角是多方面的。有的文献基于财政分权的角度（如龚六堂，2005），并通过设计多个分权指标，从多个视角来研究与经济增长的关系，似乎构建了比较完整的分析框架，而这种分析框架存在不容忽视的问题：不管在原理上解释得如何合理，但想通过构建一个多元线性回归模型来验证原理上的合理性是值得怀疑的。这是因为，在多元线性回归模型中，多重共线性问题不仅难以在量上识别财政分权对经济增长的影响，甚至在定性上的判断也可能出错。有的研究（如周飞舟，2006）认为，分税制在提高了中央财政占财政总收入的比重之后，通过税收返还和转移支付补助的形式来弥补地方财政的支出缺口，但该研究主要分析分税制对政府间财政收支变化带来的影响。而笔者（如曾康华，2009，2010，2011）先前的工作尽管研究了财政管理体制对政府财政收入的影响，但只是非常粗糙地分析了分税制对政府财政收入带来的影响，并没有从量上细微刻画分税制对政府财政收入影响究竟有多大。

综上所述，近年来国内文献主要从全国、东中西部地区和省级层面，通过描述统计分析、多元线性回归模型、误差修正模型、VAR 模型、面板数据模型、内生经济增长模型等多种模型，分不同的时期，运用总量、人均、比重、增长率等指标，对经济增长、财政收入、财政支出、财政分权、财政转移支出等相关问题进行不同组合展开实证研究。国外文献既有从美国联邦和州，也有从 OECD 国家和欧盟国家的视角，设计多个相关指标，运用计量模型对经济增长与财政收入增长相关的问题进行研究。所以，近年来国内外对经济增长与财政收入增长相关问题进行了广泛深入研究，取得了丰硕成果。但我们认为，从现有文献来看，从我国东、中、西、部地区和省域视角系统地定量地研究分税制对经济增长与财政收入增长之间关系的影响的成果仍然是不充分的。

## 三、研 究 思 路 与 方 法

对众多文献梳理后清晰发现，之所以对财政分权或分税制、经济增长、财政收入等问题研究难以取得一致的认识，与学者研究的视角、对象、衡量指标的选择、模型的设立、数据区间等存在极大的关系，而且越是复杂的模型，变量选择得越多，所得出的结论越是莫衷一是。所以，我们认为，复杂的模型未必能真实反映和刻画经济变量之间的关系，或者说复杂的模型也只能整体上观察变量之间的模糊关系，并不能给出这些变量之间关系一个清晰的数量描述，事实上，现实就是一个真实的模型，为什么不将这个现实作为一个模型去研究呢？这是因为这个模型复杂到难以刻画。因此，本文与现在众多的文献复杂地研究分税制的手法刚好相反，将采取简约的形式来量化研究我国东、中、西部地区和省域实施分税制对区域经济增长与财政收入增长之间关系的影响。

由于我国东、中、西部地区和省域自然条件的异质性差异比较大，社会经济发展水平参差不齐，为了取得可比较的差异分析结论，仍然主要采用人均指标来研究区域经济指标的差异；但在考察区域总体情况时，也会采用总量指标来衡量。如果采用总量指标加以描述的话，并不在意区域个体之间的差异，主要是分析区域整体的经济增长与财政收入是如何受到分税制影响的。当然，我们也会用人均指标来刻画经济增长与财政收入的关系如何受到分税制的影响，如果是用人均指标加以分析的话，意图在于分析区域个体之间的差异。

首先，以 1994 年实施分税制作为分界点，通过描述东、中、西部地区中各省（直辖市、自治区）1994 年以及 1978～1993 年、1994～2012 年两个时期人均 GDP 年均增速和人均财政收入年均增速的变化情况，来考察东、中、西部地区中各省（直辖市、自治区）人均 GDP 增长和人均财政收入增长在分税制前后是如何变化的。

其次，考虑经济增长对财政收入影响的滞后效应，采用 GDP 增速、财政收入增速和 GDP、财政收入总量两组指标构建如下两个分布滞后模型：

$$gshr_{i,t} = \beta_{0i,t} + \beta_{1i,t}gdpr_{i,t} + \beta_{2i,t}gdpr_{i,t-1} + \beta_{3i,t}gdpr_{i,t-2} + \beta_{4i,t}gdpr_{i,t-3} + \beta_{5i,t}gdpr_{i,t-4} + \mu_{it} \tag{1}$$

其中，i 表示东、中、西部地区，t 表示时期，$gshr_{i,t}$ 表示第 i 各地区 t 期财政收入增长速度；$gdpr_{i,t}$ 表示第 i 各地区 t 期 GDP 增长速度；$\beta_i$ 表示估计参数，$\mu_{it}$ 为误差项。

$$gsh_{i,t} = \beta_{0i,t} + \beta_{1i,t}gdp_{i,t} + \beta_{2i,t}gdp_{i,t-1} + \beta_{3i,t}gdp_{i,t-2} + \beta_{4i,t}gdp_{i,t-3} + \beta_{5i,t}gdp_{i,t-4} + \varepsilon_{it} \tag{2}$$

其中，$gsh_{i,t}$ 表示东、中、西部地区 t 期财政收入；$gdp_{it}$ 表示第 i 各地区 t 期 GDP；$\beta_i$ 表示估计参数，$\varepsilon_{it}$ 为误差项。

运用经验加权法估计模型（1）和模型（2）的参数，选择下列三组经验权数分别表示递减滞后、A 型滞后和不变滞后：（1）1，1/2，1/3，1/4，1/8；（2）1/4，1/2，1，1/2，1/4；（3）1/4，1/4，1/4，1/4，1/4。

为了对比分析，还通过阿尔蒙方法估计分布滞后模型的参数，阿尔蒙多项式设定为：

$$\hat{\beta}_j = \hat{a}_0 + \hat{a}_1(j-k/2) + \hat{a}_2(j-k/2)^2, j=0,1,2,3,4,5$$

最后，用总量指标考察各省（直辖市、自治区）GDP 和财政收入之间在 1978～1993 年和 1994～2012 年的动态关系。采用量测方程和状态方程误差协方差 g ≠0 的模型形式，定义可变参数模型的状态空间模型：

量测方程：$gsh_{it} = \bar{M} + c_{it}gdp_{it} + u_{it}$

状态方程：$c_{it} = \rho_0 + \rho_1 c_{it-1} + \varepsilon_{it}$

$$\begin{pmatrix} u_t \\ \varepsilon_t \end{pmatrix} \sim N\left( \begin{pmatrix} 0 \\ 0 \end{pmatrix}, \begin{pmatrix} \delta_u^2 & g \\ g & \delta_\varepsilon^2 \end{pmatrix} \right)$$

其中，i 为 31 个省（直辖市、自治区）；t 为时期；量测方程中的 $\bar{M}$ 是 c(1)；状态方程的一阶自回归的系数 $\rho_1$、$\rho_0$ 和 $\rho_2$ 分别是 c(4)、c(3) 和 c(5)；模型的方差 $\sigma_u^2$，$\sigma_\varepsilon^2$ 由参数

$e^{c(2)}$ 和 $e^{c(6)}$ 确定,方差被限制为参数的非负函数,协方差 $g = 0$。

显然,以上研究只是运用区域内 GDP 和财政收入的指标,分析在分税制下两者之间的关系。事实上,这种研究视角存在缺陷,即没有分析区域之间的外溢效应问题。由于区域个体之间存在竞争,那么,A 区域 GDP 与财政收入之间的关系,除了受到分税制的影响外,还要受到来自邻近 B 区域 GDP 与财政收入的影响,本文将对此进行一些分析。

本文的数据来自历年《中国统计年鉴》和《新中国 60 年统计资料汇编》,数据区间为 1978~2012 年。需要说明的是,东、中、西部地区各省(直辖市、自治区)财政收入为一般口径的财政收入,即实际可支配的财政收入。

# 四、实证分析

## (一) 1994 年及前后人均 GDP 年均增速和人均财政收入年均增速

用 $\gamma$ 表示人均 GDP 年均增速,$\lambda$ 表示人均财政收入年均增速。表 1 中的 $\gamma_{d1}$ 表示 1978~1993 年东部地区人均 GDP 年均增速;$\gamma_{d2}$ 表示 1994 年东部地区人均 GDP 年均增速;$\gamma_{d3}$ 表示 1994~2012 年东部地区人均 GDP 年均增速;$\lambda_{d1}$ 表示 1978~1993 年东部地区人均财政收入年均增速;$\lambda_{d2}$ 表示 1994 年东部地区人均财政收入年均增速;$\lambda_{d3}$ 表示 1994~2012 年东部地区人均财政收入年均增速。

从表 1 反映的情况看,$\gamma_{d3} < \gamma_{d1}$,意味着实施分税制以后,经济增长速度要小于分税制之前的经济增长速度。特别是 $\gamma_{d2} > \gamma_{d1}$ 和 $\gamma_{d2} > \gamma_{d3}$,说明 1994 年人均 GDP 的增长率是一个异常值,原因可能是确立社会主义市场经济体制后刺激了经济增长,而观察 1994 年的 $\lambda_{d2}$ 值,出现了剧烈震荡,显然这是受到分税制的冲击所致。事实上,只要比较一下 $\gamma_{d1}$ 与 $\lambda_{d1}$,两者之间的同步性不强,除了海南在这一时期 $\lambda_{d1} > \gamma_{d1}$,其余 10 个省(直辖市) $\gamma_{d1} > \lambda_{d1}$。如果对比 $\gamma_{d3}$ 和 $\lambda_{d3}$,则是 $\lambda_{d3} > \gamma_{d3}$,反映政府财力集中度,即财政收入占 GDP 的比重在不断提高。

**表 1**         东部地区人均 GDP 年均增速和人均财政收入年均增速     单位:%

| 地区 | 人均 GDP 年均增速 | | | 人均财政收入年均增速 | | |
|---|---|---|---|---|---|---|
| | 1978~1993 年 $\gamma_{d1}$ | 1994 年 $\gamma_{d2}$ | 1994~2012 年 $\gamma_{d3}$ | 1978~1993 年 $\lambda_{d1}$ | 1994 年 $\lambda_{d2}$ | 1994~2012 年 $\lambda_{d3}$ |
| 北京 | 13.15 | 27.74 | 12.62 | 1.80 | 17.36 | 17.44 |
| 天津 | 11.46 | 34.93 | 14.61 | 2.70 | -38.01 | 19.55 |
| 河北 | 14.25 | 28.28 | 14.04 | 6.52 | 11.05 | 14.36 |
| 辽宁 | 14.35 | 21.69 | 13.13 | 4.61 | -28.51 | 17.58 |
| 上海 | 10.91 | 30.63 | 9.97 | 1.31 | -27.88 | 14.61 |
| 江苏 | 16.65 | 34.30 | 14.70 | 7.68 | -38.73 | 22.40 |
| 浙江 | 18.97 | 38.74 | 13.78 | 11.73 | -43.58 | 20.53 |

| 地区 | 人均GDP年均增速 | | | 人均财政收入年均增速 | | |
|---|---|---|---|---|---|---|
| | 1978~1993年 $\gamma_{d1}$ | 1994年 $\gamma_{d2}$ | 1994~2012年 $\gamma_{d3}$ | 1978~1993年 $\lambda_{d1}$ | 1994年 $\lambda_{d2}$ | 1994~2012年 $\lambda_{d3}$ |
| 福建 | 18.67 | 46.05 | 13.76 | 12.49 | 19.69 | 14.22 |
| 山东 | 16.75 | 38.24 | 14.60 | 6.35 | -30.99 | 20.08 |
| 广东 | 19.35 | 29.45 | 12.23 | 13.15 | -15.23 | 15.40 |
| 海南 | 15.30 | 25.62 | 11.33 | 18.48 | 17.79 | 14.77 |
| 平均 | 15.72 | 32.60 | 13.61 | 6.17 | -20.26 | 17.89 |
| 最大 | 19.35 | 46.05 | 14.70 | 18.48 | 19.69 | 22.40 |
| 最小 | 10.91 | 21.69 | 9.97 | 1.31 | -43.58 | 14.36 |
| 级差 | 8.44 | 24.63 | 4.73 | 17.17 | 63.27 | 8.04 |

表2中的 $\gamma_{z1}$ 表示1978~1993年中部地区人均GDP年均增速；$\gamma_{z2}$ 表示1994年中部地区人均GDP年均增速；$\gamma_{z3}$ 表示1994~2012年中部地区人均GDP年均增速；$\lambda_{z1}$ 表示1978~1993年中部地区人均财政收入年均增速；$\lambda_{z2}$ 表示1994年东部地区人均财政收入年均增速；$\lambda_{z3}$ 表示1994~2012年中部地区人均财政收入年均增速。

表2　　　　　中部地区人均GDP年均增速和人均财政收入年均增速　　　单位:%

| 地区 | 人均GDP年均增速 | | | 人均财政收入年均增速 | | |
|---|---|---|---|---|---|---|
| | 1978~1993年 $\gamma_{d1}$ | 1994年 $\gamma_{d2}$ | 1994~2012年 $\gamma_{d3}$ | 1978~1993年 $\lambda_{d1}$ | 1994年 $\lambda_{d2}$ | 1994~2012年 $\lambda_{d3}$ |
| 山西 | 12.86 | 18.69 | 15.15 | 7.52 | -26.48 | 19.24 |
| 吉林 | 14.42 | 29.49 | 14.61 | 10.02 | -36.27 | 17.62 |
| 黑龙江 | 12.55 | 32.75 | 12.38 | 2.59 | -22.33 | 15.39 |
| 安徽 | 14.25 | 25.86 | 15.26 | 6.62 | -26.17 | 21.34 |
| 江西 | 13.49 | 29.52 | 14.90 | 10.23 | 33.36 | 15.70 |
| 河南 | 14.92 | 32.33 | 15.22 | 8.20 | -33.54 | 18.42 |
| 湖北 | 13.97 | 26.83 | 15.29 | 7.52 | -33.45 | 19.11 |
| 湖南 | 13.86 | 31.36 | 15.19 | 9.00 | -33.28 | 18.01 |
| 平均 | 13.79 | 29.05 | 14.81 | 7.07 | -25.24 | 18.13 |
| 最大 | 13.01 | 32.75 | 15.29 | 10.23 | 33.36 | 21.34 |
| 最小 | 10.97 | 18.69 | 12.38 | 2.59 | -36.27 | 15.39 |
| 级差 | 2.04 | 14.06 | 2.91 | 7.64 | 69.63 | 5.95 |

从表 2 可以看出，显然，中部地区 $\gamma_{z1}$、$\gamma_{z2}$ 和 $\gamma_{z3}$ 之间的同步性比东部地区 $\gamma_{d1}$、$\gamma_{d2}$ 和 $\gamma_{d3}$ 之间的同步性要协调；而观察 $\lambda_{z1}$、$\lambda_{z2}$ 和 $\lambda_{z3}$，表现为比较大波动性，这与东部地区的情况类似，但在 1994 年，只有江西的 $\lambda_{z2}$ 出现了增长，而其他省则出现大幅度下降。这说明，江西省人均财政收入从分税制实施的当年获利最大，但令人惊讶的是，在此后的时间，江西省人均财政收入增速在 8 个中部省份中处于倒数第二位，仅高于黑龙江省 0.31 个百分点。

表 3 中的 $\gamma_{x1}$ 表示 1978 ~ 1993 年西部地区人均 GDP 年均增速；$\gamma_{x2}$ 表示 1994 年西部地区人均 GDP 年均增速；$\gamma_{x3}$ 表示 1994 ~ 2012 年西部地区人均 GDP 年均增速；$\lambda_{x1}$ 表示 1978 ~ 1993 年西部地区人均财政收入年均增速；$\lambda_{x2}$ 表示 1994 年西部地区人均财政收入年均增速；$\lambda_{x3}$ 表示 1994 ~ 2012 年西部地区人均财政收入年均增速。

**表 3　　　　西部地区人均 GDP 年均增速和人均财政收入年均增速**　　　　单位:%

| 地区 | 人均 GDP 年均增速 | | | 人均财政收入年均增速 | | |
|---|---|---|---|---|---|---|
| | 1978 ~ 1993 年 $\gamma_{d1}$ | 1994 年 $\gamma_{d2}$ | 1994 ~ 2012 年 $\gamma_{d3}$ | 1978 ~ 1993 年 $\lambda_{d1}$ | 1994 年 $\lambda_{d2}$ | 1994 ~ 2012 年 $\lambda_{d3}$ |
| 重庆 | 14.13 | 35.69 | 16.40 | 11.07 | -40.61 | 23.87 |
| 四川 | 13.94 | 33.66 | 14.78 | 8.42 | -30.86 | 19.43 |
| 贵州 | 13.92 | 23.76 | 15.30 | 13.97 | -45.50 | 21.28 |
| 云南 | 15.80 | 23.88 | 12.89 | 19.16 | -67.47 | 16.94 |
| 西藏 | 10.38 | 21.26 | 14.53 | — | -9.98 | 23.68 |
| 陕西 | 13.39 | 22.12 | 16.82 | 6.49 | -33.03 | 21.81 |
| 甘肃 | 10.69 | 20.17 | 14.53 | 4.81 | 18.49 | 11.98 |
| 青海 | 12.06 | 24.24 | 14.43 | 7.75 | -39.30 | 18.73 |
| 宁夏 | 12.46 | 27.04 | 15.50 | 6.26 | -35.61 | 20.49 |
| 新疆 | 16.39 | 31.69 | 12.46 | 9.27 | -19.69 | 19.07 |
| 广西 | 15.61 | 35.78 | 13.92 | 11.52 | -35.89 | 17.41 |
| 内蒙古 | 14.45 | 27.63 | 18.35 | 13.45 | -36.12 | 22.54 |
| 平均 | 14.17 | 29.33 | 15.13 | 10.70 | -39.68 | 19.48 |
| 最大 | 16.39 | 33.66 | 18.35 | 19.16 | 18.49 | 23.87 |
| 最小 | 10.38 | 21.26 | 12.46 | 4.81 | -67.47 | 11.98 |
| 级差 | 6.01 | 12.40 | 5.89 | 14.35 | 85.96 | 11.89 |

观察表 3，$\gamma_{x1}$、$\gamma_{x2}$ 和 $\gamma_{x3}$ 变动的幅度比较大，与东部和中部相类似，1994 年 $\gamma_{x2}$ 增长强劲，表现为 $\gamma_{x2} > \gamma_{x1}$ 和 $\gamma_{x2} > \gamma_{x3}$。而对于 $\lambda$ 来说，$\lambda_{x3} > \lambda_{x1}$，说明实施分税制后，西部人均财政收入增长速度要远远高于分税制前。再比较 $\lambda_{x3}$ 与 $\gamma_{x3}$，除了甘肃的人均财政收入增速低于人均 GDP 增速外，其他 11 个省（直辖市、自治区）的人均财政收入增速则高于人均 GDP 增速。1994 年，$\lambda_{x2}$ 除甘肃有增长以外，其他 11 个省（直辖市、自治区）的 $\lambda_{x2}$ 均有大幅度的下降。事实上西部这一年人口增长率并没有发生大的变化，在人均 GDP 大幅增长的情况下，人均财政收入反而大幅度下降，这是实施分税制带来的直接影响。

上面的分析清楚地显示，分税制的实施确实对东、中、西部的财政收入产生了显著的影响，使得人均 GDP 增长和人均财政收入增长出现了明显的反差现象。那么，从动态的角度看，分税制的实施对人均财政收入的持续效应究竟是如何变化的呢？这需要通过分析 GDP 增速和财政收入增速之间的关系以及 GDP 与财政收入之间的关系来考察。

### （二）分布滞后模型参数估计结果的分析

1. 经验权重回归分析。表 4 是用三组经验权数，分别以 GDP 增速和财政收入增速，总量 GDP 和总量财政收入，对分布滞后模型进行参数估计的回归结果。模型 I 是用递减滞后经验权数估计的结果；模型 II 是用 A 型滞后经验权数估计的结果；模型 III 是用不变滞后经验权数估计的结果。

表 4 　　　　　　　　东、中、西部地区分布滞后模型参数估计结果

| 区域 系数 | 东部地区（增速） | | | 中部地区（增速） | | | 西部地区（增速） | | |
|---|---|---|---|---|---|---|---|---|---|
| | 模型 I | 模型 II | 模型 III | 模型 I | 模型 II | 模型 III | 模型 I | 模型 II | 模型 III |
| $\beta_0$ | 0.1015 | 0.1668 | 0.1583 | 0.0878 | 0.1058 | 0.0939 | 0.1131 | 0.1242 | 0.1100 |
| $\beta_1$ | 0.1885 | -0.0165 | -0.0066 | 0.1946 | 0.0323 | 0.0792 | 0.1699 | 0.0314 | 0.0799 |
| $\beta_2$ | 0.0943 | -0.0082 | -0.0066 | 0.0973 | 0.0645 | 0.0792 | 0.0850 | 0.0629 | 0.0799 |
| $\beta_3$ | 0.0628 | -0.0329 | -0.0066 | 0.0649 | 0.1290 | 0.0792 | 0.0566 | 0.1257 | 0.0799 |
| $\beta_4$ | 0.0471 | -0.0082 | -0.0066 | 0.0487 | 0.0645 | 0.0792 | 0.0425 | 0.0629 | 0.0799 |
| $\beta_5$ | 0.0236 | -0.0165 | -0.0066 | 0.0243 | 0.0323 | 0.0792 | 0.0213 | 0.0314 | 0.0799 |
| obs | 29 | 29 | 29 | 29 | 29 | 29 | 29 | 29 | 29 |
| $R^2$ | 0.0137 | 0.0017 | 0.0002 | 0.0271 | 0.0168 | 0.0190 | 0.0162 | 0.0117 | 0.0155 |
| F-stati | 0.4459 | 0.0474 | 0.0059 | 0.7811 | 0.4771 | 0.5413 | 0.4605 | 0.3316 | 0.4403 |
| D-W | 1.6921 | 2.2125 | 2.2118 | 2.4966 | 2.5113 | 2.4906 | 2.6159 | 2.6277 | 2.6268 |
| 区域 系数 | 东部地区（总量） | | | 中部地区（总量） | | | 西部地区（总量） | | |
| | 模型 I | 模型 II | 模型 III | 模型 I | 模型 II | 模型 III | 模型 I | 模型 II | 模型 III |
| $\beta_0$ | -840.30 | -796.68 | -804.22 | -246.99 | -268.68 | -265.64 | -340.18 | -373.27 | -366.99 |
| $\beta_1$ | 0.0546 | 0.0138 | 0.0273 | 0.0421 | 0.0108 | 0.0214 | 0.0556 | 0.0145 | 0.0285 |
| $\beta_2$ | 0.0273 | 0.0275 | 0.0273 | 0.0211 | 0.0216 | 0.0214 | 0.0278 | 0.0289 | 0.0285 |
| $\beta_3$ | 0.0182 | 0.0550 | 0.0273 | 0.0140 | 0.0432 | 0.0214 | 0.0185 | 0.0578 | 0.0285 |
| $\beta_4$ | 0.0137 | 0.0275 | 0.0273 | 0.0105 | 0.0216 | 0.0214 | 0.0139 | 0.0289 | 0.0285 |
| $\beta_5$ | 0.0068 | 0.0138 | 0.0273 | 0.0053 | 0.0108 | 0.0214 | 0.0070 | 0.0145 | 0.0285 |
| obs | 31 | 31 | 31 | 31 | 31 | 31 | 31 | 31 | 31 |
| $R^2$ | 0.9848 | 0.9850 | 0.9853 | 0.9789 | 0.9754 | 0.9766 | 0.9753 | 0.9700 | 0.9722 |
| F-stati | 1878.89 | 1905.47 | 1949.03 | 1343.55 | 1149.89 | 1210.81 | 1144.02 | 936.69 | 1013.01 |
| D-W | 0.1993 | 0.2419 | 0.2172 | 0.2870 | 0.3148 | 0.2733 | 0.3096 | 0.3843 | 0.3258 |

从表 4 回归的结果看，用增速指标回归，东、中、西部地区在 1978～2012 年，GDP 对财政收入的动态影响比较弱，并不遵循递减滞后效应、A 型滞后效应和不变滞后效应，因为所有回归结果的拟合优度非常低。也就是说，GDP 增长率对财政收入增长率的动态影响并不呈现规律性，以致造成 GDP 增长率与财政收入增长率之间的关系不稳定。用总量指标进行回归，GDP 对财政收入的动态影响比较强，因为所有回归结果的拟合优度非常高。在东部地区，无论是用递减滞后权数、A 型滞后权数还是不变滞后权数，它们的拟合优度的差别不大，说明当期的 GDP 对当期财政收入的影响比较强，而动态影响仅在短期，GDP 对财政收入的长期动态影响比较弱，中部和西部的情况基本类似。

表 4 的回归结果并没有考虑分税制的因素。如果把分税制的实施考虑进来的话，将 1983～2012 年分为两个时期：1983～1993 年和 1994～2012 年，仍然采用递减滞后、A 型滞后和不变滞后三组经验权数，用总量指标进行回归。

表 5 是采用递减滞后经验权数，用总量指标进行回归得到的结果。与表 4 中用总量指标进行回归结果进行对比，出现了一个有趣的情况：表 4 的拟合优度 $R^2$ 排列的顺序是：东部地区模型 I 的 $R^2$（0.9848）＞中部地区模型 I 的 $R^2$（0.9789）＞西部地区模型 I 的 $R^2$（0.9753）；东部地区模型 II 的 $R^2$（0.9850）＞中部地区模型 II 的 $R^2$（0.9754）＞西部地区模型 II 的 $R^2$（0.9700）；东部地区模型 III 的 $R^2$（0.9853）＞中部地区模型 III 的 $R^2$（0.9766）＞西部地区模型 III 的 $R^2$（0.9722）。

表 5　东、中、西部地区采用递减滞后经验权数估计的回归结果（总量指标）

| 区域<br>系数 | 东部地区 | | 中部地区 | | 西部地区 | |
|---|---|---|---|---|---|---|
| | 模型 I | 模型 II | 模型 I | 模型 II | 模型 I | 模型 II |
| $\beta_0$ | 356.65 | −2508.03 | 62.85063 | −792.46 | −11.2688 | −931.12 |
| $\beta_1$ | 0.0408 | 0.0591 | 0.044959 | 0.0456 | 0.0648 | 0.0605 |
| $\beta_2$ | 0.0204 | 0.0295 | 0.0225 | 0.0228 | 0.0324 | 0.0302 |
| $\beta_3$ | 0.0136 | 0.0197 | 0.0150 | 0.0152 | 0.0216 | 0.0202 |
| $\beta_4$ | 0.0102 | 0.0148 | 0.0112 | 0.0114 | 0.0162 | 0.0151 |
| $\beta_5$ | 0.0051 | 0.0074 | 0.0055 | 0.0057 | 0.0081 | 0.0076 |
| obs | 12 | 19 | 12 | 19 | 12 | 19 |
| $R^2$ | 0.976277 | 0.994590 | 0.981298 | 0.987494 | 0.987658 | 0.986527 |
| F-stati | 411.5256 | 3125.330 | 524.6962 | 1342.298 | 800.2390 | 1244.810 |
| D-W | 1.871646 | 0.541110 | 1.534059 | 0.454946 | 2.504178 | 0.52101 |

注：模型 I 回归的区间为 1983～1993 年；模型 II 回归的区间为 1994～2012 年。

表 5 的拟合优度 $R^2$ 排列的顺序是：西部地区模型 I 的 $R^2$（0.987658）＞中部地区模型 I 的 $R^2$（0.981298）＞东部地区模型 I 的 $R^2$（0.976277）；东部地区模型 II 的 $R^2$（0.994590）＞中部地区模型 II 的 $R^2$（0.987494）＞西部地区模型 II 的 $R^2$（0.986527）。

对表 5 中模型 I 和模型 II 的拟合优度在东、中、西部的排序看，在实施分税制前，西部 GDP 与财政收入之间的相关性最强，中部次之，东部最弱，而这一时期东部地区 GDP 增长要高于中部和西部，可见，这一时期东部地区财政收入受财政体制因素的影响比较大。而在分税制实施后，东部地区 GDP 与财政收入之间的相关性最强，中部次之，西部最弱，说明分税制对东部 GDP 与财政收入之间的关系影响最小，中部次之，西部最大。

表 6 是采用 A 型滞后经验权数，用总量指标进行回归得到的结果。观察表 6 的拟合优度 $R^2$ 排列的顺序是：西部地区模型 I 的 $R^2$（0.979960）>中部地区模型 I 的 $R^2$（0.972182）>东部地区模型 I 的 $R^2$（0.954015）；东部地区模型 II 的 $R^2$（0.994195）>中部地区模型 II 的 $R^2$（0.984718）>西部地区模型 II 的 $R^2$（0.982856）。

**表 6　东、中、西部地区采用 A 型滞后经验权数估计的回归结果（总量指标）**

| 区域<br>系数 | 东部地区 | | 中部地区 | | 西部地区 | |
|---|---|---|---|---|---|---|
| | 模型 I | 模型 II | 模型 I | 模型 II | 模型 I | 模型 II |
| $\beta_0$ | 332.73 | −2419.5 | 57.238 | −853.23 | −19.598 | −1026.155 |
| $\beta_1$ | 0.0110 | 0.0149 | 0.0116 | 0.0118 | 0.0170 | 0.0159 |
| $\beta_2$ | 0.0220 | 0.0297 | 0.0231 | 0.0235 | 0.0339 | 0.0317 |
| $\beta_3$ | 0.0441 | 0.0594 | 0.0463 | 0.0471 | 0.0679 | 0.0635 |
| $\beta_4$ | 0.0220 | 0.0297 | 0.0231 | 0.0235 | 0.0339 | 0.0317 |
| $\beta_5$ | 0.0110 | 0.0149 | 0.0116 | 0.0118 | 0.0170 | 0.0159 |
| obs | 12 | 19 | 12 | 19 | 12 | 19 |
| $R^2$ | 0.954015 | 0.994195 | 0.972182 | 0.984718 | 0.979960 | 0.982856 |
| F-stati | 207.4639 | 2911.656 | 349.4734 | 1095.386 | 488.9944 | 974.6048 |
| D-W | 1.570283 | 0.705503 | 1.508197 | 0.538214 | 2.221065 | 0.721571 |

注：模型 I 回归的区间为 1983~1993 年；模型 II 回归的区间为 1994~2012 年。

表 6 的拟合优度 $R^2$ 排列的顺序与表 5 的拟合优度 $R^2$ 排列的顺序是一致的，说明采用递减滞后经验权数参数估计的结果与采用 A 型滞后经验权数参数估计的结果差别不大，但仔细观察还是可以发现，用递减滞后经验权数参数估计的拟合优度更高，由此可以明确，无论是东部、中部还是西部地区，无论是采用模型 I 还是模型 II，GDP 对财政收入的动态影响更支持递减滞后经验权数参数估计的结果。

表 7 是采用不变滞后经验权数，用总量指标进行回归得到的结果。表 7 的拟合优度 $R^2$ 排列的顺序是：西部地区模型I的 $R^2$（0.983312）>中部地区模型I的 $R^2$（0.975198）>东部地区模型I的 $R^2$（0.963859）；东部地区模型II的 $R^2$（0.994665）>中部地区模型II的 $R^2$（0.986023）>西部地区模型II的 $R^2$（0.985051）。

**表7　东、中、西部地区采用不变滞后经验权数估计的回归结果（总量指标）**

| 系数＼区域 | 东部地区 | | 中部地区 | | 西部地区 | |
|---|---|---|---|---|---|---|
| | 模型Ⅰ | 模型Ⅱ | 模型Ⅰ | 模型Ⅱ | 模型Ⅰ | 模型Ⅱ |
| $\beta_0$ | 339.9913 | −2428.220 | 59.3018 | −843.4629 | −18.5459 | −1006.85 |
| $\beta_1$ | 0.0214 | 0.0295 | 0.0910 | 0.0233 | 0.0334 | 0.0312 |
| $\beta_2$ | 0.0214 | 0.0295 | 0.0227 | 0.0233 | 0.0334 | 0.0312 |
| $\beta_3$ | 0.0214 | 0.0295 | 0.0227 | 0.0233 | 0.0334 | 0.0312 |
| $\beta_4$ | 0.0214 | 0.0295 | 0.0227 | 0.0233 | 0.0334 | 0.0312 |
| $\beta_5$ | 0.0214 | 0.0295 | 0.0227 | 0.0233 | 0.0334 | 0.0312 |
| obs | 12 | 19 | 12 | 19 | 12 | 19 |
| $R^2$ | 0.963859 | 0.994665 | 0.975198 | 0.986023 | 0.983312 | 0.985051 |
| F-stati | 266.6955 | 3169.280 | 393.1865 | 1199.324 | 589.2451 | 1120.213 |
| D-W | 1.729583 | 0.640121 | 1.461346 | 0.445362 | 2.353260 | 0.601529 |

注：模型Ⅰ回归的区间为 1983～1993 年；模型Ⅱ回归的区间为 1994～2012 年。

从表7的拟合优度看，模型Ⅰ和模型Ⅱ的拟合优度在东、中、西部的排序与表6模型Ⅰ的拟合优度在东、中、西部的排序一样，可以认为，运用 A 型滞后经验权数和不变滞后经验权数估计回归结果并不对东、中、西部的财政收入与 GDP 的关系产生显著不同的影响。

2. 阿尔蒙方法回归分析。利用总量指标，采用阿尔蒙方法回归考察东、中、西部地区各省（直辖市、自治区）财政收入是否受到分税制的影响。表8是用阿尔蒙方法回归的结果，区间是 1978～2012 年。

**表8　东、中、西地区阿尔蒙方法回归的结果（总量指标）**

| 参数＼区域 | 东部 | 中部 | 西部 |
|---|---|---|---|
| c | −805.6615 | −192.1786 | −252.0696 |
| $\beta_0$ | 0.0490 | 0.1038 | 0.1664 |
| $\beta_1$ | 0.0081 | −0.0230 | 0.0013 |
| $\beta_2$ | −0.0022 | −0.0280 | −0.0740 |
| $\beta_3$ | 0.0181 | −0.0330 | −0.0595 |
| $\beta_4$ | 0.0690 | 0.0026 | 0.0448 |
| obs | 30 | 30 | 30 |

| 参数 \ 区域 | 东部 | 中部 | 西部 |
|---|---|---|---|
| $R^2$ | 0.9855 | 0.9817 | 0.9803 |
| F-stati | 614.2316 | 483.3594 | 448.6118 |
| D-W | 0.1841 | 0.3688 | 0.3469 |

从表8可以看出，如果考察1978~2012年东、中、西部地区财政收入与GDP之间的回归结果，拟合优度最高的是东部，其次是中部，最低是西部，这与用经验权数法得到的结果是一致的。这说明，从长期看，东、中、西部地区财政收入与GDP的关系受分税制的影响较小。

### （三）状态空间模型估计结果的动态模拟

运用状态空间模型对东、中、西部地区各省（直辖市、自治区）财政收入与GDP的关系进行动态模拟。表9是对东部地区各省（直辖市）状态空间模型参数估计结果，它的动态模拟图见图1。从图1可以看出，东部地区各省（直辖市）财政收入与GDP之间斜率的动态变化有比较大的差异。从北京市的情况来看，1978~1984年，财政收入与GDP出现一种负相关关系，这主要是受到财政分配关系调整带来的影响。到了1985年，财政收入与GDP之间才出现一种正相关的关系，然而到了20世纪90年代初期，斜率又出现下降的情况，一直到90年代中期以后，斜率才出现上升趋势，以后期间时有波动，但总的上升趋势没有改变。由此可以认为，北京市财政收入与GDP之间的斜率两次大的变动与财政在此期间进行的改革有密切的关系。

表9　　　　　　　　东部地区的状态空间模型参数估计结果

| 区域 | 信号方程 | 状态方程 | 样本数 | 迭代数 |
|---|---|---|---|---|
| 北京 | $GSH = 39.346 + BJ1 \times GDP$ | $BJ1 = 0.0022 + 0.9822 \times BJ1\ (-1)$ | 35 | 42 |
| 天津 | $GSH = 44.2520 + TJ1 \times GDP$ | $TJ1 = 0.0014 + 1.0674 \times TJ1\ (-1)$ | 35 | 28 |
| 河北 | $GSH = 29.2752 + HB1 \times GDP$ | $HB1 = 0.0190 + 0.6456 \times HB1\ (-1)$ | 35 | 39 |
| 辽宁 | $GSH = 63.2498 + Ln1 \times GDP$ | $Ln1 = 0.0029 + 0.9656 \times Ln1\ (-1)$ | 35 | 41 |
| 上海 | $GSH = 132.8421 + SHH1 \times GDP$ | $SHH1 = 0.0080 + 0.9360 \times SHH1\ (-1)$ | 35 | 60 |
| 江苏 | $GSH = 47.4024 + JS1 \times GDP$ | $JS1 = 0.0041 + 0.9404 \times JS1\ (-1)$ | 35 | 148 |
| 浙江 | $GSH = 17.7670 + ZHJ1 \times GDP$ | $ZHJ1 = 0.0091 + 0.8826 \times ZHJ1\ (-1)$ | 35 | 201 |
| 福建 | $GSH = 8.5057 + FJ1 \times GDP$ | $FJ1 = 0.0088 + 0.8934 \times FJ1\ (-1)$ | 35 | 86 |
| 山东 | $GSH = 41.3324 + SHD1 \times GDP$ | $SHD1 = 0.0046 + 0.9144 \times SHD1\ (-1)$ | 35 | 53 |
| 广东 | $GSH = 19.0997 + GD1 \times GDP$ | $GD1 = 0.0281 + 0.6768 \times GD1\ (-1)$ | 35 | 46 |
| 海南 | $GSH = -1.0983 + HN1 \times GDP$ | $HN1 = 0.0230 + 0.7615 \times HN1\ (-1)$ | 36 | 61 |

　　辽宁省财政收入与 GDP 之间斜率的变化没有像北京市的变化这么剧烈，在实施分税制的 1994 年，斜率有所波动，但斜率很快出现了不断上升的态势，在东部地区 11 个省（直辖市）中，天津市财政收入与 GDP 之间的关系受到分税制的冲击是最小的。河北省的财政收入与 GDP 之间的关系受到分税制的影响较大，但很快恢复了财政收入与 GDP 之间比较稳定的关系。辽宁省财政收入与 GDP 之间的斜率波动与北京市的有些类似，但比北京市的波动要大，从图 1 可以看出，在 2000 年以后，财政收入与 GDP 之间的关系变动的比较平稳。

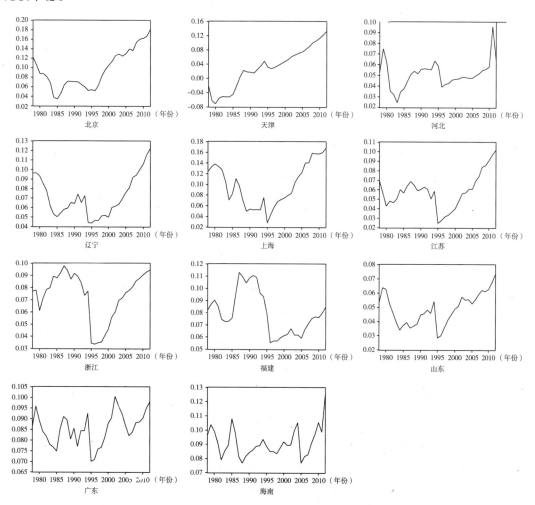

**图 1　东部地区各省（直辖市）财政收入与 GDP 之间关系的动态模拟**

　　上海市财政收入与 GDP 之间关系波动是比较大的，尤其是在实施分税制的 1994 年，经济在强劲增长，而财政收入却出现了下降，这主要是分税制改革带来的影响。1994 年实施的分税制同样对江苏省的财政收入与 GDP 之间关系产生了比较大的影响，但此后两者之间的关系保持一个正相关而且不断上升的势头。

　　观察浙江省的情况，财政收入与 GDP 之间关系波动似乎是最大的，1994 年对其冲击较大，与江苏省的情况类似，在 1994 年以后，财政收入与 GDP 之间关系呈现正相关且不

第
二
辑

13

断增强。

福建省财政收入与GDP之间关系经历了20世纪80年代初期和90年代初期的剧烈波动，这两次剧烈波动与财政改革有密切的关联，尤其是分税制对两者之间关系的影响比较大，从图形观察，分税制对福建省财政收入与GDP之间关系产生的波动在东部地区是最大的。

山东省财政收入与GDP之间关系大致出现一个W形的变化，从图1也可以清晰地看出，分税制对其财政收入与GDP之间关系产生的影响也是比较大的，但从1994年以后，两者的关系也是保持一个正相关，而且这种正相关的势头尽管有波动但整体上相对保持比较平稳。

在整个考察区间，广东省财政收入与GDP之间的关系波动最为频繁，在20世纪80年代初期，尽管全国在实施"分灶吃饭"①财政体制时广东省采取一种特殊的俗称"大包干"体制，但由于当时即使实行扩权让利的改革思路，广东省获利最大的特殊财政体制依然没有阻止财政收入与GDP之间的正相关关系出现下滑的情况，这一情况持续了好几年，直到1985年这种下滑的情况才得以改变，在1985年以后财政收入与GDP之间的关系出现正相关，但斜率变动也比较频繁。如果观察1994年和1995年两者之间的关系，显而易见受到分税制改革的强烈冲击，之后两者之间的关系出现了较长时期的正相关关系而且势头比较强劲，直到21世纪初，才出现比较大的波动。

海南省的财政收入与GDP之间的斜率波动比较频繁，但波动的幅度相比其他东部省（直辖市）是比较小的，而且1994年实行分税制对两者的关系也造成了较大的冲击，整体观察，财政收入与GDP之间的斜率变动值比较小，说明海南省财政收入对GDP的依赖不如东部其他省（直辖市）那样强。

表10是中部地区的状态空间模型参数估计结果，用表10的结果绘制出图2，图2是中部地区各省财政收入与GDP之间关系的动态模拟图。

表10　　　　　　　　　　中部地区的状态空间模型参数估计结果

| 区域 | 信号方程 | 状态方程 | 样本数 | 迭代数 |
|---|---|---|---|---|
| 山　西 | $GSH = 12.0596 + SHX1 \times GDP$ | $SHX1 = 0.0155 + 0.8166 \times SHX1\ (-1)$ | 35 | 102 |
| 吉　林 | $GSH = 7.1124 + JL1 \times GDP$ | $JL1 = 0.0127 + 0.8219 \times JL1\ (-1)$ | 35 | 62 |
| 黑龙江 | $GSH = 21.9175 + HLJ1 \times GDP$ | $HLJ1 = 0.0078 + 0.8821 \times HLJ1\ (-1)$ | 35 | 22 |
| 安　徽 | $GSH = 15.8531 + AH1 \times GDP$ | $AH1 = 0.0040 + 0.9409 \times AH1\ (-1)$ | 35 | 47 |
| 江　西 | $GSH = 3.4889 + JX1 \times GDP$ | $JX1 = 0.0368 + 0.5733 \times JX1\ (-1)$ | 35 | 37 |
| 河　南 | $GSH = 24.5091 + HEN1 \times GDP$ | $HEN1 = 0.0139 + 0.7329 \times HEN1\ (-1)$ | 35 | 90 |
| 湖　北 | $GSH = 23.0335 + HUB1 \times GDP$ | $HUB1 = 0.0165 + 0.7273 \times HUB1\ (-1)$ | 35 | 51 |
| 湖　南 | $GSH = 19.6491 + HUN1 \times GDP$ | $HUN1 = 0.0274 + 0.5244 \times HUN1\ (-1)$ | 35 | 50 |

---

① 这是对1980~1985年实行"划分收支、分级包干"财政体制的俗称，广东省和福建省当时实行"划分收支、定额上交"的特殊体制，俗称"大包干"，这种体制可以使广东省和福建省在财政收入增量分配中获得全部份额。

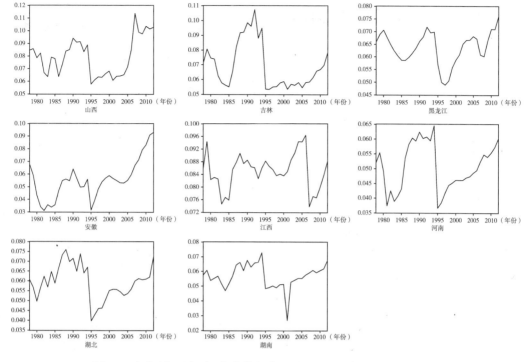

**图 2  中部地区各省财政收入与 GDP 之间关系的动态模拟**

从图 2 可以看出，山西省财政收入与 GDP 的关系在 1978～2012 年经历了剧烈波动的变化，与东部地区各省（直辖市）一样，在 20 世纪 80 年代初期，经历了财政收入与 GDP 之间呈现负相关的关系，1983 年以后，山西省扭转了财政收入下滑的势头，但此后财政收入与 GDP 的关系起伏比较大，1994 年的分税制改革无疑给两者的关系产生了比较大的冲击。1994 年以后，财政收入与 GDP 的关系呈现一种相关程度不高的情况，直到 2003 年以后，财政收入随 GDP 强劲增长而增长，尽管也发生了一些波动。

如果与山西省相比，吉林省财政收入与 GDP 之间关系波动频率要小，但波动幅度比较大。20 世纪 80 年代，财政收入与 GDP 之间的斜率呈现了一种下降的情况，到 1985 年才止跌回升，此后斜率一直在逐渐增大，说明两者之间的关系恢复一种强劲的正相关的状态，到 1994 年的分税制改革，明显对两者之间的关系产生了较大的冲击，而且在实施分税制后，两者关系出现一种低相关的态势，而且时有波动。

黑龙江省财政收入与 GDP 之间关系在 1978～2012 年大致呈现 3 个 V 形状的变化：在 20 世纪 80 年代，出现一个 V 形状，原因是 80 年代财政体制改革和扩权让利的改革所造成的；再有就是 1994 年的分税制改革对两者之间的关系产生比较大的冲击，出现了第二个 V 形状；在 2008 年前后两者之间的关系也出现一个小一些的 V 形状，主要是受到金融危机的影响。比较 3 个 V 形状的变化，分税制对财政收入与 GDP 之间的关系的影响是最大的，例如 1995 年，斜率只有 0.03 左右。

安徽省财政收入与 GDP 之间关系与山西省的有些类似，不过斜率波动的幅度更大一些，只是斜率值比较小，说明财政收入与 GDP 之间的相关性弱一些。

从江西省财政收入与 GDP 之间的斜率变动来看，比较频繁，但 1994 年分税制改革对两者之间关系的影响出现了与其他中部省份不同的情况，也就是分税制改革对江西省财政收入与 GDP 之间的斜率变动的影响是正的，这一点与众不同。

河南省财政收入与 GDP 之间关系在 1978～2012 年经历了起伏相对剧烈的变化，总的来说，分税制对两者之间关系产生的冲击最大，分税制改革的滞后效应也较强，但维持的时间并不长，1995 年以后，两者之间的关系回到正的且不断加强的态势，斜率的不断上升解释了这一现象。

1994 年分税制改革对湖南省财政收入与 GDP 之间关系影响比较大，1994 年以后，两者之间的斜率出现了上升，但时有起伏。相比较而言，1994 年分税制改革对湖北省财政收入与 GDP 之间关系的影响就没有湖南省那样大，但湖北省两者之间的关系在分税制后一直表现为一种弱相关的状态。

表 11 是西部地区的状态空间模型参数估计结果，用表 11 的结果绘制出图 3，图 3 是西部地区各省（直辖市、自治区）财政收入与 GDP 之间关系的动态模拟图。

**表 11 西部地区的状态空间模型参数估计结果**

| 区域 | 信号方程 | 状态方程 | 样本数 | 迭代数 |
|---|---|---|---|---|
| 重庆 | $GSH = 8.7790 + CHQ1 \times GDP$ | $CHQ1 = 0.0092 + 0.9083 \times CHQ1(-1)$ | 35 | 32 |
| 四川 | $GSH = 21.9290 + SCH1 \times GDP$ | $SCH1 = 0.0117 + 0.8264 \times SCH1(-1)$ | 35 | 68 |
| 贵州 | $GSH = 1.2967 + GZH1 \times GDP$ | $GZH1 = 0.0198 + 0.8119 \times GZH1(-1)$ | 35 | 427 |
| 云南 | $GSH = 12.3560 + YN1 \times GDP$ | $YN1 = 0.010 + 0.9079 \times YN1(-1)$ | 35 | 147 |
| 西藏 | $GSH = -0.4432 + XZH1 \times GDP$ | $XZH1 = 0.0014 + 0.9765 \times XZH1(-1)$ | 35 | 62 |
| 陕西 | $GSH = 9.4167 + SXI1 \times GDP$ | $SXI1 = 0.0117 + 0.8495 \times SXI1(-1)$ | 35 | 61 |
| 甘肃 | $GSH = 8.5176 + GS1 \times GDP$ | $GS1 = 0.0307 + 0.68 \times GS1(-1)$ | 35 | 86 |
| 青海 | $GSH = 0.4981 + QH1 \times GDP$ | $QH1 = 0.0115 + 0.8474 \times QH1(-1)$ | 35 | 51 |
| 宁夏 | $GSH = 0.9195 + NX1 \times GDP$ | $NX1 = 0.0157 + 0.8054 \times NX1(-1)$ | 35 | 33 |
| 新疆 | $GSH = 5.6711 + XJ1 \times GDP$ | $XJ1 = 0.0048 + 0.9206 \times XJ1(-1)$ | 35 | 69 |
| 广西 | $GSH = 6.8708 + GX1 \times GDP$ | $GX1 = 0.0253 + 0.6528 \times GX1(-1)$ | 35 | 78 |
| 内蒙古 | $GSH = 0.0569 + IMG1 \times GDP$ | $IMG1 = 0.0247 + 0.69 \times IMG1(-1)$ | 35 | 80 |

重庆市[①]的财政收入与 GDP 之间回归的斜率在 1994 年实施分税制的前后发生了比较大的变化，从图 3 中发现存在分税制对两者之间关系影响的滞后效应。四川省的财政收入与 GDP 之间回归的斜率的变化也比较大，在 1978～2012 年的斜率波动中，出现一个 W 形和一个 V 形的变动。

---

① 重庆市 1997 年成立直辖市，之前属于四川省管辖。

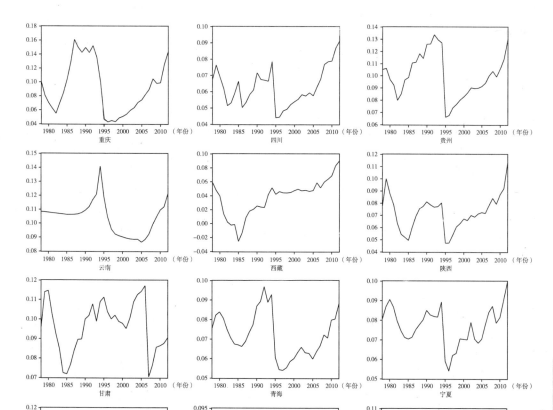

**图 3　西部地区各省（直辖市）财政收入与 GDP 之间关系的动态模拟**

　　贵州省财政收入与 GDP 之间回归的斜率受分税制的影响较大，1994 年实施分税制引起斜率大幅度下降，而且斜率在 1995 年达到低谷，之后才逐步上升。云南省财政收入与 GDP 之间回归的斜率变化可以说是大起大落，20 世纪 80 年代的财政体制改革和扩权让利的改革并没有给斜率的变化产生大的影响，从 1990 年到 1995 年，斜率一直是上升的，1994 年分税制改革似乎没有对斜率产生影响，但从 1995 年以后，斜率开始下降，而且这一下降过程一直到 2005 年，说明分税制改革对财政收入与 GDP 之间关系的影响存在较大的滞后效应而且持续的时间也比较长，这与东部地区 11 个省（直辖市）和中部地区 8 个省的情况都存在差异，需要对出现这种情况的原因进行解释。

　　从图 3 看出，西藏财政收入与 GDP 之间的关系受分税制的影响较小，而陕西省财政收入与 GDP 之间的关系受分税制的影响比较西藏的影响要大一些，而且从图形看，分税制对其财政收入与 GDP 之间关系的影响是最大的。

　　反映甘肃省财政收入与 GDP 之间关系的斜率受分税制的影响不是很大，只是一些波动不大的起伏。青海省财政收入与 GDP 之间关系的回归斜率变动比较大，1978~2012 年，1994 年分税制对两者之间的关系冲击最大。

宁夏财政收入与 GDP 之间回归的斜率受到 1994 年实施分税制的影响大幅度的下降，1995 年以后斜率开始上升。新疆财政收入与 GDP 之间回归的斜率受到 1994 年实施分税制的影响不大。

广西财政收入与 GDP 之间回归的斜率受到 1994 年实施分税制的影响非常大，可以说是在西部地区受到影响最大的，不过从图形来看，20 世纪 80 年代初的财政改革对广西财政收入与 GDP 之间的关系影响也非常大。80 年代实施的财政改革和 1994 年的分税制改革对内蒙古财政收入与 GDP 之间回归的斜率产生较大冲击，使得斜率的变动在 1978~2012 年期间大致呈现 W 形状，尽管 2008 年金融危机对财政收入与 GDP 之间关系产生了影响，但显然影响不如 1994 年分税制改革对财政收入与 GDP 之间关系的影响那么大。

# 五、需要进一步研究的问题

## （一）空间依赖的问题

本文并没有讨论空间依赖（$y_i = f(y_j)$，$i = 1$，$\cdots$，$n$；$i \neq j$）[1] 的问题，事实上，可以把三大区域或 31 个省级辖区看作是空间上的一个点，在现行体制下，某区域用 $i$ 表示，它的财政收入与 GDP 之间的关系除了受到分税制的影响外，还受到来自空间另外一个邻域 $j$ 的财政收入与 GDP 之间关系对 $i$ 区域财政收入与 GDP 之间关系的影响。这一问题可以描述成以下形式：

$$GSH_i = a_i \mu_j + b_i GDP_i + \varepsilon_i$$
$$GSH_j = a_j \mu_i + b_j GDP_j + \varepsilon_j$$
$$\varepsilon_i - n(0, \sigma^2), i \neq j$$
$$\varepsilon_j - (0, \sigma^2), i \neq j$$
$$\mu_j = GSH_j - c_{0j} - c_{1j} GDP_j$$
$$\mu_i = GSH_i - c_{0i} - c_{1i} GDP_i$$
$$\mu_j - (0, \sigma^2), i \neq j$$
$$\mu_i - n(0, \sigma^2), i \neq j$$

在本文中，可以将空间依赖解释为 $i$ 区域财政收入与 GDP 之间关系依赖于邻近的这种关系的观察值。由于我国区域政府之间存在财政竞争，必然波及 GDP 之间的竞争，自然产生区域之间财政收入与 GDP 之间关系的相互依赖。假设存在 $n$ 个区域，如果除去自身与自身的 $n$ 个关系，$n$ 个区域存在 $n^2 - n$ 个交互依赖关系。这种交互依赖关系会产生过度参数化（即参数的个数多于观测值的个数），处理这一问题的做法就是利用空间计量模型来研究这种交互依赖关系（Anselin，1988）。其核心就是构建交互依赖关系一种结构：

---

[1] James P. LeSage. Spatial Econometrics. December, 1998: 3-5.

$$\xi_i = \delta \sum_{j=1}^{n} \Omega_{ij} \xi_j + \nu_i$$

$$\nu_i \sim N(0, \sigma^2) \quad i = 1, 2, \cdots, n$$

$\Omega$ 是 $n \times n$ 的空间权重矩阵，$\Omega_{ij}$ 是 $\Omega$ 第 i 行和第 j 列的一个元素，$\sum_{j=1}^{n} \Omega_{ij} \xi_j$ 为一标量，它来自某一区域的邻近区域观测值的一个线性组合。

### （二）影响关系的外溢性问题

本文构建的状态空间模型描述了区域财政收入与 GDP 之间的关系来自外部的影响，而且比较牵强地把来自外部的影响主要归结为分税制的影响。事实上，还有一个区域的财政收入与 GDP 之间的关系对另一区域财政收入与 GDP 的关系产生影响，例如，i 区域的财政收入与 GDP 之间的关系影响 j 区域的财政收入与 GDP 之间的关系，这种外溢性并没有被描述。

状态空间模型能够描述可被观察和不可观察的因素对区域收入与 GDP 之间关系的影响，却无法分离出这种影响究竟多大份额来自分税制的影响，多大份额来自其他因素的影响。所以，本文分析分税制对区域财政收入与 GDP 的关系影响多少有些牵强。空间计量模型能够描述影响区域财政收入与 GDP 之间总效应，总效应包括直接效应和间接效应（外溢效应），但本文对这些问题没有进行研究。

## 六、结　论

本文通过描述分析并构建分布滞后模型和状态空间模型研究了分税制对于东、中、西部地区以及省级财政收入与 GDP 之间关系的影响，根据上述实证分析，结论如下：

第一，1994 年实施分税制人均 GDP 增长和人均财政收入增长之间的关系产生较大冲击。

描述分析清楚地显示，分税制的实施确实对东、中、西部地区及各省（直辖市、自治区）人均财政收入增速产生了显著的影响，使得人均 GDP 增长和人均财政收入增长之间的关系出现了明显的反差现象。

第二，用增速指标研究区域 GDP 与财政收入之间的关系受到分税制的影响较弱，用总量指标财政收入与 GDP 之间的关系受到分税制的影响较强。

在用增速和总量两组指标对区域财政收入与 GDP 之间的关系进行分析时发现，无论是在 1978～2012 年期间，还是区分 1978～1993 年和 1994～2012 年两个时期，增速指标之间的相关性很低，而总量指标之间的相关性高。

第三，从东、中、西部地区省级财政收入与 GDP 之间关系的动态模拟看，分税制对两者之间关系冲击非常明显，引起斜率的变动幅度最大达到 0.07，一般在 0.03～0.05 之间。

从分析影响财政收入与 GDP 之间关系的动态模拟图，分税制对省级财政收入与 GDP 之间关系的冲击除了天津市、江西省、西藏和新疆外均比较强烈。

本文没有研究空间依赖及外溢效应：一是分税制财政收入与 GDP 之间的关系，区域之间的相互影响究竟如何；二是在区域内部，A 省级区域政府财政收入与 GDP 的关系受 B 区域影响吗？如果从这两个角度进一步研究的话，上述的结论就可能被改写，限于篇幅，将另辟他文进行讨论。

## 参考文献

［1］陈硕：《分税制改革、地方财政自主权与公共品供给》，《经济学季刊》2010 年第 4 期。

［2］郭玉清、杨栋：《中国政府预算收支关系：一个三变量误差修正模型的检验》，《世界经济》2007 年第 7 期。

［3］贾俊雪、郭庆旺：《政府间财政收支责任安排的地区经济增长效应》，《经济研究》2008 年第 6 期。

［4］贾康、苏明、阎坤、丁树一：《我国财政收入高速增长的原因分析》，《经济纵横》2008 年第 6 期。

［5］李学文、卢新海和张蔚文：《地方政府与预算外收入：中国经济增长模式问题》，《世界经济》2012 年第 8 期。

［6］李永友、沈玉平：《财政收入垂直分配关系及其均衡增长效应》，《中国社会科学》2010 年第 6 期。

［7］李永友、沈玉平：《转移支付与地方财政收支决策—基于省级面板数据的实证研究》，《管理世界》2009 年第 11 期。

［8］刘翔、曾康华：《山东省政府财力与经济增长的动态关系——基于 VEC 模型的实证研究》，《山东经济》2010 年第 2 期。

［9］马海涛、曾康华：《中国省际人均财政收入差异形成的计量研究》，《财贸经济》2010 年第 5 期。

［10］马骁、赵艾凤、陈建东、林谦：《区域间人均财政收入差异的核心成因》，《财贸经济》2012 年第 9 期。

［11］曲振涛、周正：《我国财政收入超经济增长的实证分析》，《财政研究》2004 年第 8 期。

［12］王华、柳光强：《分级财政下财政收入增长与经济增长关系的实证分析》，《财政研究》2010 年第 9 期。

［13］王美桃：《我国财政收入超 GDP 增长的因素分解》，《财政研究》2012 年第 10 期。

［14］王先柱、赵奉军：《房价波动与财政收入：传导机制与实证分析》，《财贸经济》2012 年第 11 期。

［15］王志刚、龚六堂：《财政分权与地方非税收入：基于省级财政数据》，《世界经济文汇》2009 年第 5 期。

［16］徐晓慧、张瑜：《我国地方财政收入影响因素的实证分析》，《理论经济学》2013 年第 5 期。

［17］严成樑、龚六堂：《我国税收的经济增长效应与社会福利损失分析》，《经济科学》2010 年第 2 期。

［18］曾康华：《财政体制、省际人口、GDP 与财政收入之间关系的研究》，《计量财政研究》（第一辑），经济科学出版社 2011 年版。

［19］曾康华、刘翔：《经济增长与政府财力的动态关系研究——基于 1978～2007 年北京市数据的实证分析》，《经济与管理研究》2009 年第 12 期。

［20］张晏、龚六堂：《分税制改革、财政分权与中国经济增长》，《经济学季刊》2005 年第 4 期。

［21］钟高铮、曾康华：《财政体制变迁对地方政府财力变动的影响》，《中央财经大学学报》2009 年第 7 期。

［22］周飞舟：《分税制十年：制度及其影响》，《中国社会科学》2006 年第 6 期。

［23］周文兴、章铮：《建国后中国财政分权对经济增长的影响：一个假说及检验》，《制度经济学研究》2006 年第 1 期。

［24］Alberto Alesina, Silvia Ardagna. Large Changes in Fiscal Policy：Taxes versus Spending. University of Chicago Press, August 2010.

［25］Antonio Afonso, Davide Furceri. Government size, compostion, volatility and economic growth. European Central Bank, Working Papers Series, 2008. Website http：//www. ecb. europa. eu.

［26］Bradley T. Ewing, James E. Payne, Mark A. Thompson, and Omar M. Al-Zoubi. Government expenditures and revenues：evidence from asymmetric modeling. Southern Economic Journal, 2006, 73 (1)：190 – 200.

［27］Christina D. Romer and David H. Romer. The macroeconomic effects of tax changes：estimates based on a new measure of fiscal shocks. American Economic Review 100 June 2010：763 – 801.

［28］Jan K. Brueckner. Fiscal federalism and economic growth. Journal of Public Economics. 2006, 90：2107 – 2120.

［29］Karel Mertens and Morten O. Ravn. The dynamic effects of personal and corporate income tax changes in the United States. American Economic Review 2013, 103 (4)：1212 – 1247.

［30］L. Anselin, Spatial Econometrics：Methods and Models. Kluwer Academic Publishers, Dordrecht, 1988.

［31］Mohammad Arzaghi, J. Vernon Henderson. Why countries are fiscally decentralizing. Journal of Public Economics, 2005, 89：1157 – 1189.

［32］Nathan Nunn and Daniel Trefler. The structure of tariffs and long-term growth. Macroeconomics, 2010, 2 (4)：158 – 194.

［33］Nobuo Akai, Kazuhiko Mikami. Fiscal decentralization and centralization under a majority rule：a normative analysis. Economic Systems, 2006, 30：41 – 55.

［34］Nobuo Akai and Masayo Sakata. Fiscal decentralization contributes to economic growth: evidence from state-level cross-section data for the United States. Journal of Urban Economics, 2002, 52: 93 – 108.

[35] Norman Gemmell, Richard Kneller and Ismael Sanz. Fiscal decentralization and economic growth: spending versus revenue decentralization. Economic Inquiry, 2013, 51 (4): 1915 – 1931.

[36] Noy Ilan, Aekkanush Nualsri. Fiscal storms: public spending and revenues in the aftermath of natural disasters. Working Papers, Santa Cruz Center for International Economics, 2008, No. 08 – 08. This Version is available at: http: //hdl. handle. net/10419/64052.

[37] Tao Zhang and Heng-fu Zou. Fiscal decentralization, public spending and economic growth in China, Journal of Public Economics, 1998, 67: 211 – 240.

[38] Zahra Dehghan Shabani, Nematollah Akbari, Rahim Dalali Esfahani. Effect of population density, division and distance on regional economic growth. Iranian Economic Review, 2011, 16 (31): 102 – 121.

# 住宅房产税改革筹资能力的实证研究

## ——基于 35 个大中城市的面板数据分析[*]

李 升 肖 璇[**]

【摘要】本文以 35 个大中城市作为研究对象,全面考察房产税的筹资能力。采用面板数据模型,实证研究房产税税基与其影响因素之间的关系。结果显示,重庆模式人均房产税税基的显著影响因素为房地产投资占 GDP 比重和人均可支配收入,第一套房免税模式下,房产税税基受到人均可支配收入、房产价格、建筑面积、房地产投资占 GDP 比重以及城市化率的显著影响;并提出具体的房产税税基预测模型。然后在实证模型基础上,结合上海和重庆方案的税率测算房产税的未来收入;得到未来的房产税税基的模拟值和收入潜力。测算结果表明,第一套房免税模式潜在筹资能力高于重庆模式,而上海模式则不能产生客观的税收收入。

【关键词】房产税 改革筹资能力 预测面板模型

# 一、引 言

　　关于房产税的改革,虽早在 2003 年的新一轮税制改革方案中就提及,并作为《"十一五"规划纲要》"完善税收制度"的重要内容,但"十一五"期间未取得较大的进展,是"十一五"时期为数不多的未完成的税制改革目标之一。党的十八届三中全会"加快房地产税立法并适时推进改革"的重要阐述,是对未来房产税改革取向的重要指引和系统部署。住宅房产税作为直接税,由于其改革会直接影响纳税人承担的税负,改革动向将牵动所有人的心弦,并且由于被寄予众多的税收功能和改革期望,一直是各界人士的共同焦点。随着 2011 年 1 月上海、重庆试点推开,以及党的十八届三中全会对于未来税改的全面部署,对于房产税的改革关注将持续到今后的税制改革。

　　* 本文为教育部人文社科研究青年基金项目"财政体制视角下的房产税改革:理论与实证分析"(项目批准号:12YJC790100)的阶段性成果,并获得北京市 2013 年高校青年英才计划(Beijing Higher Education Young Elite Teacher Project,项目编号:YETP0993)、中央财经大学中财—鹏元地方财政投融资研究所 2013 年课题经费、中央财经大学"中国生态文明建设中的能源财政问题研究"的资助。

　　** 李升,男,1980 年生,中央财经大学财政学院副教授,硕士生导师,主要研究方向:财税理论与政策、资产评估;肖璇,女,1989 年生,中央财经大学财政学院 2013 级硕士研究生,主要研究方向:资产评估、财税理论与政策。

# 二、房产税制度的现状分析

我国《房产税暂行条例》制定于1986年，但无论是1994年工商税制改革还是2000年后频繁的税制改革实践，均没有房产税的出现。运行28年之久的房产税及与之相关的房地产业税制，目前已不适应经济社会发展的需要，存在着诸多问题，如房产税税种老化；以房产的原值或房屋出租收入为计税依据进行课税，并不是以市场价值或者房产评估值为依据，税收弹性低，存在着累退性；房产税是针对营业性住房的"保有环节"税，筹资功能低；房地产税费繁多，负担重；房地产税费重开发流转环节，轻保有环节；等等。

针对前述的房产税现存问题，国务院常务会议（2011年1月）同意在部分城市进行对个人住房征收房产税试点。作为首批房产税改革试点城市，上海、重庆随即公布个人部分住房征收房产税试点细则（见表1）。这体现了国家对完善房产税制度的决心。房产税试点改革虽然税种名称未变，但由于改变了征税依据，由原来的从房产原值计征变为从市场价值计征，发生了实质性变化，是在个人住房保有环节设置财产税的先例，由此拉开了对住宅征收房产税的序幕。

表1 　　　　　　　　重庆、上海的房产税试点方案

| 城市 | 重庆 | 上海 |
|---|---|---|
| 试点区域 | 9个主要城区 | 上海市行政区域 |
| 纳税人 | 住房产权所有人 | 住房产权所有人 |
| 征收对象 | 试点采取分步实施的办法，首批纳入征税对象的住房包括：（1）个人拥有的独栋商品住宅。（2）个人新购的高档住房。高档住房是指建筑面积交易单价达到上两年主城九区新建商品住房成交建筑面积均价2倍（含2倍）以上的住房。（3）在重庆市同时无户籍、无企业、无工作的个人新购的第二套（含第二套）以上的普通住房 | 上海市居民家庭在上海市新购且属于该居民家庭第二套及以上的住房（包括新购的二手存量住房和新建商品住房）和非上海市居民家庭在本市新购的住房 |
| 税率 | （1）独栋商品住宅和高档住房建筑面积交易单价在上两年主城九区新建商品住房成交建筑面积均价3倍以下的住房，税率为0.5%；3倍（含3倍）至4倍的，税率为1%；4倍（含4倍）以上的税率为1.2%。（2）在重庆市同时无户籍、无企业、无工作的个人新购第二套（含第二套）以上的普通住房，税率为0.5% | 适用税率暂定为0.6%。应税住房每平方米市场交易价格低于本市上年度新建商品住房平均销售价格2倍（含2倍）的，税率暂减为0.4% |
| 计税依据 | 应税住房的计税价值为房产交易价，条件成熟时，以房产评估值作为计税依据 | 参照应税住房的房地产市场价格确定的评估值，评估值按规定周期进行重估。试点初期，暂以应税住房的市场交易价格作为计税依据。房产税暂按应税住房市场交易价格的70%计算缴纳 |

| 城市 | 重庆 | 上海 |
| --- | --- | --- |
| 免税面积 | 扣除免税面积以家庭为单位,一个家庭只能对一套应税住房扣除免税面积。纳税人以前拥有的独栋商品住宅,免税面积为180平方米;新购的独栋商品住宅、高档住房,免税面积为100平方米。纳税人家庭拥有多套新购应税住房的,按时间顺序对先购的应税住房计算扣除免税面积。在重庆市同时无户籍、无企业、无工作的个人的应税住房均不扣除免税面积 | 本市居民家庭在本市新购且属于该居民家庭第二套及以上住房的,合并计算的家庭全部住房面积(指住房建筑面积)人均不超过60平方米(即免税住房面积,含60平方米)的,其新购的住房暂免征收房产税;人均超过60平方米的,对属新购住房超出部分的面积,计算征收房产税 |

深入分析上海、重庆的试点方案,可以看出具有如下的特性:(1)从征税对象看,上海方案只对增量房征税,对存量房不征税,在土地政策不变的情况下,上海方案会在新购房者与旧购房者之间形成不公平。重庆方案尽管既涉及存量也涉及增量,但无论是存量还是增量都仅限于别墅与高档公寓,因此,重庆方案在公平意义上相对可取,但考虑到满足财政筹资时,重庆方案则难当大任。因此,值得在全国范围内推广的房产税改革方案并未真正明确。(2)从抑制房价的调控功能看,上海方案兼顾了免税面积和第二套房的条件,体现了居民的基本居住权要求,同时对非上海居民的买房行为进行限制,更多体现了打击外地炒房行为和本地居民的房产投资投机的行为,而调节贫富差距的意图不明显。重庆方案主要针对本地居民的高档房、独栋商品房以及外地居民的第二套房,因此,重庆方案并未对居民持有的除了高档房等之外的多套住房(无论是旧房还是新房)进行课税,其抑制房地产投机行为的作用要低于上海方案,但重庆方案体现更多的是对贫富差距的调节。(3)从改革效果看,两地征税对象的选择主要是新购住房(除重庆对独栋商品住房征税外),客观上是对既得利益群体的保护,尚未涉及我国房地产市场中的突出问题,即大量的空置房和部分人持有多套住房。同时,两地的方案结合了对房价调控的考虑,多少体现了"权宜之计",但对房价的调控需要配合政府的其他限制政策才能真正发挥作用。

## 三、房产税的功能,取决于房产税的筹资能力

理论界大体形成了有关房产税改革目标的三个主流观点:(1)房产税是影响(降低)住房价格的重要政策工具;(2)房产税可以作为地方的主体税种;(3)房产税应通过调节财富存量而有助于实现收入分配公平。对私人房产开征房产税能否实现上述三个目标,理论界现在还不能作出明确的判断。目前我国并未形成中国特色的房产税制度和理论体系,对于多数的房产税问题,并未形成统一的认识,难以指导税改和税务实践。

但是任何税制的功能发挥程度如何,都首先取决于税制的筹资能力。房产税更是如此。也就是说,房产税的上述功能能否实现,关键是回答房产税的筹资功能到底有多大?若房产税的筹资功能不高,则调节收入分配功能无从谈起。当前房产税占 GDP 的比重仅

为 1% 左右，以此比例去撬动国民收入分配格局，实属"天方夜谭"。同样地，筹资能力不高，也无法实现其对调控房价的功能，原因在于，且不说房产税调控房价的作用机理如何，房产税的筹资能力有限，意味着房产税的征税范围有限，无法让大多数购房者承担房产税税负，购房者也就无须考虑房产税负担，当然房产税也就无法发挥调控房价的功能。最后，对于能否作为地方主体税种，更是需要房产税的筹资能力作保证，若筹资能力不足，则属于地方众多小税种的普通一员而已，无法像营业税、增值税、企业所得税等大宗税种可以成为地方税体系的主体税种。从国际经验看，凡是实行中央与地方分享税制的国家，房产税基本上归属于地方税体系，并成为地方财政收入的主要来源，如 16 个 OECD 国家的财产税占地方税收的比重平均高达 43%。因此，国外的房产税成为名副其实的地方税主体税种。

粗略地看，据中国指数研究院房地产动态政策设计研究组的测算，2010 年年底，城镇住宅总价约 50 万亿元。在此基础上，免除第一套房子的税收负担，假设上述城镇住宅总价的 1/3 为房产税的课税范围，按 1% 的税率计算，则房产税收入为 1670 亿元，相当于 2010 年 894 亿元实际房产税收入的 1.9 倍左右；如果 1/2 为房产税的课税范围，那么房产税收入为 2500 亿元，仅占地方本级财政收入的 6.15%。若从财政体制角度看，1670 亿元或 2500 亿元的新房产税收入，大致相当于市县财政收入的 10%~15%，虽与德国、日本、法国等国相比存在较大差距，但可看出税基广泛的房产税具有良好的筹资功能。此外，目前对住宅开征房产税，虽然扩充了地方财源，但不足以使地方改变当前"土地财政"的倾向，因为上述的 1670 亿元或 2500 亿元，仅相当于 2010 年国有土地使用权出让收入 2.9 万亿元的 5.76% 或 8.59%。由此提出一个问题：房产税的筹资能力到底多大？

# 四、房产税筹资能力实证研究

本文以 35 个大中城市（直辖市、省会城市以及副省级城市）作为研究对象，全面考察房产税税基（包括存量房和增量房）的影响因素。本文采用面板数据模型，综合时间序列和截面数据两方面的信息，研究房产税税基与各自变量之间的关系，实证分析和检验房产税税基的影响因素，提出具体的房产税税基预测模型；通过此模型，并结合未来自变量的趋势，得到未来的房产税税基的模拟值和收入潜力。然后在实证模型基础上，结合上海和重庆方案的税率测算房产税的未来收入。

## （一）模型的建立

对于存量房和增量房，本研究主要以 2002 年为研究起点，原因在于 1998 年 7 月 3 日，国务院颁布《关于进一步深化城镇住房制度改革、加快住房建设的通知》后，从此我国的居民住房需求主要由市场决定，如果商品房的建设周期计为三年的话，则 2002 年为商品房大量上市的时间。同时根据房产税试点的上海"增量房"方案和重庆的"别墅和高档公寓"方案以及"第一套房免税"等假定方案作为基础，测算出各城市人均房产税的税基模拟值。

构建如下多元线性回归的面板数据模型：

$$Ln(Rev_{it}) = a_0 + a_1 Ln(Di_{it}) + a_2 Ln(Rei_{it}) + a_3 Ln(Bz_{it}) + a_4 Ln(P_{it}) + a_5 Ln(Urban_{it}) + e_{it}$$

在上述模型中，我们以根据测算得出的人均房产税税基 Rev 为因变量，人均居民可支配收入 Di、房地产占 GDP 的比重 Rei、建筑面积大小 Bz、房产价格 P、城市化率 Urban 为自变量，取对数表明自变量的变化对因变量变化的弹性。

上述模型的难点在于测算作为因变量的历年房产税税基，本模型将基于现有房地产方面的统计年鉴，根据"重庆方案"和"上海方案"以及"第一套房免税方案"等进行估算，推算各地的房产税历年应税税基。

## （二）税基的估算

税基的估算是确定房产税筹资能力的关键。根据重庆模式和上海模式的暂行规定：应税住房的计税价值为房产交易价。条件成熟时，以房产评估值作为计税依据。因此，在目前相关评估准则还未建立的情况下，本文采用市场交易价格对税基进行估算。

本文采取三种税基测算方法：（1）重庆模式。（2）上海模式。（3）第一套房免税模式。

在筹资能力方面，重庆方案主要针对本地居民的高档房、独栋商品房以及外地居民的第二套房；上海方案主要针对本市居民在本市新购且属于该居民家庭第二套及以上住房的以及外地居民的新购住房。上海方案的征税范围为符合条件的普通住宅，重庆方案的征税范围则是符合条件的高档、独栋商品房。因此一般来说，上海方案的筹资能力高于重庆方案。但两地方案（尤其是上海方案）主要针对新购住房，由此具有一定的交易性质，属于流转税特征。在一个足够长的时间内，所有的存量房都可能进入交易，因此，若不考虑扣除免税面积的不同，两地方案最大的不同在于征税范围的不同。第一套房免税模式，如果不考虑免税面积，征税范围则为所有的居民住宅，因此从直观看，第一套房免税模式的筹资能力将高于重庆模式和上海模式。下面对三种模式进行具体测算。

1. 重庆模式税基的测算。从《中国房地产统计年鉴》获得 35 个城市在每年竣工的别墅与高档公寓面积和套数，把这些面积进行累加作为当前各城市别墅与高档公寓在相应年度的存量。根据重庆免税规定，每个家庭新购独栋商品住宅、高档住宅免税面积为 100 平方米，每个家庭免税 100 平方米。假设每个家庭只购买一套别墅或高档住宅，我们采用每套别墅或高档住宅扣除 100 平方米免税面积计算，然后分别乘以 35 个城市在研究期间内别墅与高档公寓的每年平均价格（由于资料限制，其中 2000～2004 年的别墅与高档住宅竣工套数利用移动平均法计算）。

计算公式为：

人均房产税税基 =（别墅、高档公寓当年存量面积 - 别墅高档公寓当年竣工套数 × 100）
× 该城市别墅与高档公寓当年平均价格 ÷ 当年该城市城镇人口数

表 2 是按重庆模式计算的人均房产税税基。

表2　　　　　　　36 个大中城市 2010 年人均房产税税基（重庆模式）　　　　单位：元

| 城市 | 2010 年人均房产税税基 | 城市 | 2010 年人均房产税税基 |
|---|---|---|---|
| 北京 | 30067.51 | 青岛 | 469.8557 |
| 天津 | 6319.795 | 郑州 | 8746.968 |
| 石家庄 | 1119.347 | 武汉 | 2015.543 |
| 太原 | 513.3304 | 长沙 | 3007.214 |
| 呼和浩特 | 2788.884 | 广州 | 12505.62 |
| 沈阳 | 3552.941 | 深圳 | 12444.64 |
| 大连 | 3219.692 | 南京 | 11335.46 |
| 长春 | 6635.745 | 海口 | 8258.962 |
| 哈尔滨 | 1767.231 | 重庆 | 9240.454 |
| 上海 | 23436.37 | 成都 | 2565.012 |
| 南京 | 5098.771 | 贵阳 | 11494.7 |
| 杭州 | 12828.93 | 昆明 | 1666.69 |
| 宁波 | 6490.081 | 西安 | 5785.12 |
| 合肥 | 1918.705 | 兰州 | 2901.276 |
| 福州 | 11848.31 | 西宁 | 45.95426 |
| 厦门 | 12866.36 | 银川 | 1448.705 |
| 南昌 | 2492.74 | 乌鲁木齐 | 2555.641 |

　　2. 上海模式税基测算。基本假设是 1998 年房改以来到 2008 年的房屋存量都已经进入到增量应税范围，原因是尽管上海是对增量房屋征税，但在一个足够长的时间内，如果原有房居民一旦发生新购行为，则其原有存量房屋也可能随之进入应税范畴。因此，仍用上述重庆试点同样的计算方法得到普通住宅存量（不包含别墅和高档公寓），以非农人口乘以 60 平方米作为减免依据，余额再乘以当年住宅均价，得到应税房屋价值。但是经过处理之后发现用此种方法计算出的余额为负值，说明从目前看以上海模式测算各城市的住宅交易量不足以抵除所有非农人口按 60 平方米进行计算的住宅存量，也说明上海模式难以获得足够的房产税，筹资能力有限。这里的结论也与上海统计局关于"上海人均住宅面积 2011 年达到 17.5 平方米"[①] 统计结果，在总体上吻合。因此本文不对上海房产税模式进行回归分析。

　　以 2010 年为例，本文测算出来的上海模式人均房产税税基价值，如表 3 所示。

---

　　① 上海统计局：《沪人均住房居住面积达 17.5 平方米》，http：//shanghai. aifang. com/news/2011 - 03 - 05/73915. html。

表3　　　　　　36 个大中城市 2010 年人均房产税税基（上海模式）　　　单位：元

| 城市 | 2010 年人均房产税税基 | 城市 | 2010 年人均房产税税基 |
|---|---|---|---|
| 北京 | – 381835. 7354 | 青岛 | – 162420. 5812 |
| 天津 | – 191361. 1845 | 郑州 | – 127346. 4343 |
| 石家庄 | – 175286. 1115 | 武汉 | – 223600. 8706 |
| 太原 | – 359559. 5186 | 长沙 | – 38059. 70916 |
| 呼和浩特 | – 90233. 55577 | 广州 | – 411034. 1118 |
| 沈阳 | – 138794. 3191 | 深圳 | – 428435. 9318 |
| 大连 | – 206189. 4825 | 南京 | – 123634. 8843 |
| 长春 | – 185722. 123 | 海口 | – 368966. 1725 |
| 哈尔滨 | – 193615. 2384 | 重庆 | – 92593. 75076 |
| 上海 | – 416700. 6726 | 成都 | – 128967. 4895 |
| 南京 | – 355957. 1523 | 贵阳 | – 117902. 8609 |
| 杭州 | – 351010. 4933 | 昆明 | – 88764. 56128 |
| 宁波 | 319508. 4265 | 西安 | – 183619. 8039 |
| 合肥 | – 132069. 3424 | 兰州 | – 191563. 2397 |
| 福州 | – 124733. 8569 | 西宁 | – 104887. 0598 |
| 厦门 | – 280594. 0389 | 银川 | – 13142. 31632 |
| 南昌 | – 151107. 6396 | 乌鲁木齐 | – 141297. 0669 |

　　3. "第一套房免税方案"税基测算。这里的第一套房免税方案，实质上是指扣除一定免征面积后的剩余住宅价值进行征税，而免征面积相当于税法上对居民一定范围内住房价值（正常居住需求或者第一套房）的纳税义务免除，体现税法对处于一定范围内居民的照顾。在此基础上形成的房产税课税方案，这里简称为"第一套房免税方案"。

　　　　不同免征额人均税基 = 单位住房价格 × 征税范围 × 人均住宅面积 ×（1 - 住房减值比例）

　　（1）征税范围如表4确定，按照人均免征 30 平方米来计算。从表4可以看出，人均免征面积越大，则征税范围越小。

表4　　　　　　　　　　人均免征面积与征税范围

| 人均免征面积（平方米） | 25 | 30 | 35 | 40 | 45 | 50 | 55 | 60 |
|---|---|---|---|---|---|---|---|---|
| 征税范围（%） | 59. 79 | 48. 62 | 40. 56 | 34. 29 | 30. 12 | 26. 40 | 23. 86 | 21. 39 |

　　资料来源：郑思齐、孙伟增、满燕云：《房产税征税条件和税收收入的模拟测算与分析——基于中国 245 个地级及以上城市大样本家庭调查的研究》，《广东社会科学》2013 年第 4 期。

　　（2）单位住房价格、城镇人口数据来源为《中国房地产统计年鉴》和《中国人口和就业统计年鉴》。我国统计年鉴中对于城市人均住宅面积没有现成统计数据，因此需要根据各地区农村年末平均住宅面积进行按比例估算，估算公式为：城市人均住宅面积＝该年全国城镇人均居住面积/该年全国农村人均居住面积×城市所在省份该年农村人均居住面积。

（3）住房减值比例按照30%测算。

## （三）模型结果

1. 重庆方案。本文利用 EViews 6.0 软件对变量序列 Ln(Rev$_{it}$)、Ln(D$_{it}$)、Ln(Rei$_{it}$)、Ln(Bz$_{it}$)、Ln(P$_{it}$)、Ln(Urban$_{it}$) 及它们各自的一阶差分序列 DLn(Rev$_{it}$)、DLn(D$_{it}$)、DLn(Rei$_{it}$)、DLn(Bz$_{it}$)、DLn(P$_{it}$)、DLn(Urban$_{it}$)进行平稳性检验。

检验结果表明，检验结果显示变量 Ln(D$_{it}$)、Ln(Bz$_{it}$)、Ln(P$_{it}$)的 ADF 值小于1%临界值，表明拒绝原假设，它们是平稳的。Ln(Rev$_{it}$)、Ln(Urban$_{it}$)、Ln(Rei$_{it}$)的 ADF 值绝对值均大于5%临界值，所以接受原假设，表明它们是非平稳的，具有单位根。继续检验它们的一阶差分，结果显示，各个变量的一阶差分的 ADF 值的绝对值均小于临界值，所以拒绝原假设，表明它们的一阶差分是平稳的，即变量 Ln(Rev$_{it}$)、Ln(Urban$_{it}$)、Ln(Rei$_{it}$)均为 I(1) 序列。这说明这6个变量之间可能存在协整关系，为此进行协整检验。本文由于截面数较多，时期数较小，且经过似然比检验发现只存在个体固定效应，因此采用 KAO 检验方法进行协整检验，发现变量间存在协整关系。根据 AIC 信息准则和 SC 准则对滞后阶数进行选择。经过 Hausman 检验，发现模型仅存在个体固定效应，同时在固定效应模型的回归中权重项选择 Cross - section weights，以避免各省市因电信行业发展水平的差异而引起存在截面异方差的问题。最终选取最大化特征根对应各变量系数如表5所示。

表5    重庆模式影响税基的因素回归结果

| 变量 | 系数 | 标准差 | t 统计量 | 概率 |
|---|---|---|---|---|
| C | -26.79574 | 1.293767 | -20.71141 | 0.0000 |
| LnDi | 3.597571 | 0.157065 | 22.90500 | 0.0000 |
| LnRei | -0.215303 | 0.093544 | -2.301633 | 0.0221 |
| LnBz | 0.008685 | 0.028256 | 0.307374 | 0.7588 |
| LnP | -0.141041 | 0.080437 | -1.753435 | 0.0806 |
| LnUrban | -0.190526 | 0.196555 | -0.969329 | 0.3332 |

回归结果表明，在重庆模式下，建筑面积 Bz、城市化率 Urban 和价格 P 的 t 统计量均小于5%临界值，因此不拒绝原假设，即这三个变量对于税基影响不显著。而房地产投资占 GDP 比重 Rei 和人均可支配收入 Di 对于税基有在5%的显著性水平下有影响。其他因素不变的情况下，房地产投资占 GDP 比重每提高1%，则人均房产税税基降低21.5%。当人均居民可支配收入每提高1%，人均房产税税基会提高359.8%，这表明在重庆方案中人均居民可支配收入的提高对于人均房产税税基有重大的促进作用。

2. "第一套房"方案。对 $Ln(Rev_{it})$、$Ln(D_{it})$、$Ln(Rei_{it})$、$Ln(Bz_{it})$、$Ln(P_{it})$、$Ln(Urban_{it})$ 及它们各自的一阶差分序列 $DLn(Rev_{it})$、$DLn(D_{it})$、$DLn(Rei_{it})$、$DLn(Bz_{it})$、$DLn(P_{it})$、$DLn(Urban_{it})$ 进行单位根检验。结果表明，$Ln(Rev_{it})$、$Ln(D_{it})$、$Ln(Rei_{it})$、$Ln(Bz_{it})$、$Ln(P_{it})$、$Ln(Urban_{it})$ 均为 $I(1)$ 序列。对变量进行 Pedroni 协整检验，Group PP 统计量为 $-5.4157$，Group ADF 统计量为 $-4.9127$，均很显著，表明它们认为存在异质性协整关系。同样根据 AIC 信息准则和 SC 准则对滞后阶数进行选择。最终选取个体固定效应模型。各变量系数如表 6 所示。

表6 "第一套房免税"模式影响税基的因素回归结果

| 变量 | 系数 | 标准差 | t 统计量 | 概率 |
|---|---|---|---|---|
| C | -1.7840 | 0.1978 | -9.0191 | 0.0000 |
| LnDi | 0.2952 | 0.0243 | 12.1647 | 0.0000 |
| LnRei | 0.0268 | 0.0133 | 2.0171 | 0.0445 |
| LnBz | 0.0660 | 0.0117 | 5.6375 | 0.0000 |
| LnP | 1.0256 | 0.0171 | 60.0873 | 0.0000 |
| LnUrban | -0.0519 | 0.0182 | -2.8466 | 0.0047 |

调整的 $R^2$ 为 0.99，可见方程的拟合度很好。在"第一套房免税"模式下，房地产投资占 GDP 比重 Rei 对住宅房产税税基在 1% 的显著性水平。与"重庆模式"不同的是，房地产价格、人均可支配收入和建筑面积对房产税税基在 1% 的显著性水平下有显著的正向影响。房地产价格每提高 1%，人均房产税税基提高 102.56%；人均居民可支配收入每增加 1%，房产税税基增加 29.52%；建筑面积每增加 1%，人均房产税税基提高 6.60%。分析其原因，笔者认为，从供给方面，建筑面积增加和房地产投资占 GDP 比重的增加表明房地产企业对于市场看好，并且供给增长速度不断上升，并超过 GDP 的增长速度。从需求来看，房产价格的增加意味着消费者对房产的需求超过供给，房地产市场愈发繁荣，房产具有升值趋势，这种情况会促进购房需求，从而使税基扩大。人均居民收入的增加会增加居民的购买力，对房地产的需求也具有促进作用。而在此种征税模式下，城市化率对人均房产税税基有显著负向影响，城市化率每提高 1%，人均房产税税基则减少 5.20%。考虑其原因，本文中城市化率是城市非农业户籍人口与全市总人口之比，在我国大力推行城镇化建设的国情下，农村人口大量减少，城镇人口增加，买房需求增加，但是普通商品房的建设速度和规模不能满足新城镇人口的需求，因此当城市化率提高时，人均房产税税基会减少。

### （四）测算房产税的未来收入

35 个大中型城市是最有条件进行房产税改革，本文以 2010 年为起点预测未来 10 年 35 个大中型城市的房产税总征税额。

房产税征税额 = 全国人均房产税税基 × 全国城镇人口 × 适用税率

重庆试点的房产税税率是根据独栋商品住宅和高档住房建筑面积交易单价在上两年主城9区新建商品住房成交建筑面积均价的倍数确定的，3倍以下的住房，税率为0.5%，3倍（含3倍）至4倍的，税率为1%；4倍（含4倍）以上的税率为1.2%。本文折中采用1%的税率进行房产税税基的估算。而第一套房免税模式下，由于目前我国的房产税是以房产原值一次减除10%～30%以后的余值为计税依据（本文按照30%）适用税率为1.2%，考虑到居民的承受能力，暂且按照0.8%的税率对房产税改革的结果进行计算。[①]

其次我们要对模型中各个自变量要素的发展趋势进行估计。人均居民可支配收入 Di、建筑面积 Bz、房产价格 P 的未来增长率采用其 2000～2010 年的几何增长率。房地产投资占 GDP 的百分比 Rei 的未来值，需要根据房地产投资未来值和 GDP 未来值进行计算，二者的未来增长率同样采取几何平均法进行估算：

城市化率 = 各城市年末非农业人口 ÷ 各城市年末总人口

因此，采用几何平均法预计未来5年全国的非农业人口和总人口，再对该指标进行计算。带入预测模型对人均房产税税基进行预测，得到如下结果（见表7）。

表7　　　　基于 2010 年数据对"第一套房免税模式"房产税的收入预测

| 年份 | 重庆模式 | | 第一套房模式 | |
|---|---|---|---|---|
| | 人均房产税税基（元） | 房产税税额（亿元） | 人均房产税税基（元） | 房产税税额（亿元） |
| 2011 | 4714.159 | 327.90 | 77111.2 | 4290.9 |
| 2012 | 6780.863 | 489.81 | 88102.52 | 5091.2 |
| 2013 | 9753.617 | 731.67 | 100660.5 | 6040.9 |
| 2014 | 14029.64 | 1092.96 | 115008.6 | 7167.7 |
| 2015 | 20180.28 | 1632.64 | 131401.7 | 8504.6 |

从预测结果中可以看出，重庆方案住宅房产税如果在全国实施，2015 年能产生 1632 亿的税收收入，而第一套房免税方案如果在全国得到推广，由于其税基广泛，假设税收征收率为100%，那么预计 2015 年会产生 8505 亿元税收收入，该方案具有很强的筹资能力。

# 五、结　论

本文在相关理论的基础上分析了房产税具有潜在的筹资功能，并进行了相关的计算来进行模拟分析，主要得出了以下结论。

第一，重庆住宅房产税税基的受到人均居民可支配收入、房地产价格和房地产投资占 GDP 比重的显著影响，弹性系数分别为 -0.33 和 0.46。房产税税基预测模型为：

$$Rev = e^{-26.7957} Di^{-0.2153} Rei^{-0.0216} Bz^{0.0087} P^{-0.1410} Urban^{-0.0905}$$

① 何杨：《存量房房产税征收的效应分析与影响测算》，《中央财经大学学报》2012 年第 3 期。

第二，第一套房免税方案的房产税税基则受更多因素的显著影响，包括人均居民可支配收入、房地产投资占 GDP 比重、建筑面积、商品房价格和城市化率，弹性系数依次为 0.2952、0.0268、0.0660、1.0256 和 -0.0519。

$$Rev = e^{-1.7840} Di^{0.2952} Rei^{0.0268} Bz^{0.0660} P^{1.0256} Urban^{-0.0519}$$

第三，上海方案由于其只对增量房征税，并且当新购房屋与原房屋加总若人均面积 60 平方米以下则免征税，因此税基较小，尽管该方案相比重庆方案能保证一定的公平性，但是筹资能力弱是其大范围实施需要考虑的因素。重庆方案与第一套房免税方案相比，第一套房免税方案由于税基广泛，未来具有明显更大的财政筹资潜力，这有利于建立地方政府稳定的税收体系。综上，三种方案的筹资能力由大到小依次为：第一套房免税方案、重庆方案、上海方案。

第四，从课税范围看，待条件成熟，逐渐扩大房产税的课税范围。应合理确立住房持有人的免税面积，对扣除免税面积后的房产价值课税。此处还是应当考虑到对基本住房面积的免税，上述的测算结果表明，住宅房产税可获得可观的税收收入，在地方一届五年的执政期内则可获得 2.5 万亿元的税收，是地方不可或缺的财政收入来源。此时，房产税将替代"土地财政"，成为地方财政的主要收入来源。

第五，从地区范围看，应分阶段、按步骤推进。房产税改革是长期渐进的过程，应从局部试点、增量试点到大面积试点，再到全国统一征收，逐步推进。对于试点城市，近期内可选择直辖市、省会城市、副省级城市作为房产税改革的试点城市，原因在于：这些城市经济相对发达，居民税负的承担能力也较强，房产税的筹资功能良好，同时由于这些城市的财政状况相对较好，无须将房产税用于填补当地财政收支的缺口；并且由于若干城市前期已有一定的空转经验，使得房产税的推行更为顺利。

第六，完善房产税改革的配套改革。首先，完善房产税的征管制度。新房产税是对房产市场价值（或评估价值）的征税，对房地产的价值进行合理的、公正的税基评估是重要的前提和关键。因此从征管方面看，房产税需要相对成熟的房地产价值评估体系为基础，并应赋予纳税评估以法律地位，使房产税的纳税评估有法可依，改变当前纳税评估无法律地位的局面，克服克服房产税执法的法律风险。税务机关同时应具有约谈、实地调查核实、要求举证等方面的权力。其次，优化纳税服务。作为直接税，房产税的征管应更加突出纳税服务的地位。应进一步提高纳税服务质量，坚持管理与服务并重的原则，切实从方便纳税人合法纳税的角度出发，为纳税人提供优质、高效、规范和透明的现代纳税服务。制度上、渠道上维护纳税人合法权益，真正确立"为纳税人服务"的理念。

## 参考文献

［1］北京大学中国经济研究中心宏观组：《物业税改革与地方公共财政》，《经济研究》2006 年第 3 期。

［2］陈隽：《1994～2010 年税收增长分析及"十二五"税收预测》，《税务研究》2011 年第 8 期。

［3］何杨：《存量房房产税征收的效应分析与影响测算》，《中央财经大学学报》

2012 年第 3 期。

[4] 李升:《房产税的功能定位》,《税务研究》2012 年第 3 期。

[5] 郑思齐、孙伟增、满燕云:《房产税征税条件和税收收入的模拟测算与分析——基于中国 245 个地级及以上城市大样本家庭调查的研究》,《广东社会科学》2013 年第 4 期。

# 我国地方政府财政支出对就业
# 增长影响的实证分析

蔡宇泽*

【摘要】本文研究了 1998～2010 年我国各省财政的财政总支出、社会保障和就业支出与基本建设支出对于就业的影响，在分析了三者对于就业增长作用的基础上，通过面板数据模型，从全国、分区域、分省份三个角度分析了财政支出如何影响就业增长。结果显示，在全国范围内，财政支出、社会保障和就业支出以及基本建设支出对就业都有显著的促进作用，在东部地区的整体影响力普遍更大，中部地区基本建设支出对于就业促进作用较为明显，西部地区社会保障和就业支出则更能够促进就业的增长。

【关键词】财政总支出　社会保障和就业　基本建设支出　就业增长

## 一、引　　言

实现社会充分就业一直是历届政府共同的政策目标。我国面临的就业问题相对于其他国家而言更为严峻，每年上千万的新增劳动人口需要社会不断创造新的工作岗位来接纳。1997 年亚洲金融危机过后，我国政府开始实施积极的财政政策，力图实现保增长、促就业。面对 2008 年的全球金融危机，本已开始实施稳健财政政策的中央政府再度重启积极的财政政策，以避免经济危机导致我国的就业形势进一步恶化。这些年各地方政府的财政支出都经历了年均将近 20% 的增长，那么对于就业增长的促进能力是否显著呢？面对就业形势常年严峻这一现实，政府的积极财政政策能否有效促进就业受到了各界的广泛关注。另外，关于财政支出对于就业的影响能力，也可以细分为投资性支出和服务性支出进行研究。其中投资性支出在财政支出当中反映为基本建设支出，而服务性支出则可以由社会保障和就业支出代表。我国政府在财政支出上长期偏重于投资性支出。对投资性支出与服务性支出对就业的影响力进行比较显得尤为重要，因为如果两者对于就业的促进作用相当甚至是社会保障和就业支出对于就业促进作用更强，那么现行的这种财政支出结构性偏向就应当予以调整，从而更有效率地实现政策目标。

基于以上的思考，本文希望通过 1998～2010 年省级面板数据进行实证检验，以验证财政支出当中的投资支出与社会保障和就业支出对于就业的促进作用，得出相关的结论并提出相应的政策建议。

---

* 蔡宇泽，男，1990 年生，中央财经大学财政学院 2013 级硕士研究生，研究方向：资产评估、财税理论与政策。

# 二、文献综述

关于财政支出对就业的影响，之前的研究普遍认为财政政策对于就业有较强的影响力。Ludger 和 Andreas（2003）通过实证分析发现，当央行保证名义汇率稳定时，财政政策能促进就业。Ludger 和 Andreas（2006）认为，当政府支出规模不是太大以及不是完全依靠税收融资时，政府支出可以刺激居民消费增加就业。Mark（2006）通过对美国国内数据的研究发现，联邦和州政府的支出不仅提高了就业，还提高了经济总产出。Pappa（2009）通过 SVAR 模型研究得出，美国实际工资和就业随着政府消费和投资的增长而显著地增长。Monacelli，Perotti 和 Trigari（2010）通过量化研究得出，政府支出增长 1%，失业率将下降 0.6%。Bartik 和 Erickcek（2010）对美国密歇根州的财政刺激计划进行实证研究后认为，在该就业促进项目中，财政支出 4000 美元能够在每一年创造出一个工作岗位。Chodorow-Reich 等（2011）使用工具变量法对美国的就业支出进行研究发现，衰退期多支出 10 万元支出增加 3.8 个工作岗位，其中 3.2 个来自非政府部门。Auerbach 和 Gorodnichenko（2012）使用 SVAR 模型对美国 2008 年以来的数据进行研究发现，政府消费在衰退期的挤出效应是很小的，对于总体就业是有促进作用的。对于中国政府的财政支出能否对就业产生较强的影响，此前的实证研究得出的结果差异相对较大。张宏亮、张广盈和张建涛（2005）通过协整分析后发现，就业的财政支出的弹性较小，短期内财政支出对就业的效应难以实现。曾学文（2007）使用协整分析得出我国财政支出对开发就业潜力起了一定的作用，但效果不甚理想。但是，王文甫（2008）通过实证研究认为，中国政府的财政支出在短期内对就业是有较为明显的作用的。He 等（2009）利用 SVAR 模型对中国的财政刺激政策进行研究后也认为，政府刺激政策短期内能够在非农部门增加 1800 万~2000 万个工作岗位。不过其短期的乘数为 0.84，而中期则增大到 1.1，因此需要分开短期和中期进行研究，以免夸大刺激政策的影响力。

考虑到财政支出作为一个总体统计科目在分析时可能存在一些干扰因素，一些学者开始试着将财政支出中的特定科目分离出来，进行更加系统的研究。郭新强和胡永刚（2012）将财政支出分为投资性支出和服务性支出，通过实证分析发现，政府增加投资性支出会刺激就业，而增加服务性支出则抑制就业。但是，政府投资性支出对就业的促进效应是短期的，而服务性支出对就业短期内存在抑制效应，并不等于说政府增加服务性支出无助于促进就业。关于政府投资对于就业的影响，张卫国（2005）通过对 1987~2001 年省级面板数据的分析发现，地方政府投资增长 1%，将拉动就业增长 0.026%。Jha（2009）通过研究美国的就业促进政策发现，基础建设相比于减税有更大的乘数，更能促进就业。Dhont 和 Heylen（2009）对欧元区研究发现，生产性支出对于促进就业的作用比对无业人员的转移支付更有效。也有学者直接针对政府财政的社会保障支出进行研究，Bellettini 和 Ceroni（2000）实证研究发现，社保支出有利于人力资本形成，从而促进就业。郑秉文和胡云超（2004）对英国养老制度的研究发现，财政的社会保障支出对劳动供给具有激励和非激励的影响，影响着人们的就业意愿、劳动参与率，以及影响劳动力流动、就业和再就业，从而影响到政策的实施效果。Brown、Merkel 和 Snower（2011）认

为，就业补助促进就业并且不会拉大收入差距，但是其效用是边际递减的。

## 三、模型构建

本文将先对财政支出进行总体分析，再对财政支出的政府投资项目和社会保障项目分别进行分析，通过使用1998～2010年的省级数据建立计量模型，希望通过计量模型分析财政总体支出、投资支出和社会保障支出项目对于就业的影响力，并以此为基础得出相应的结论与政策建议。因此根据前文的分析，本文构建了如下的模型：

$$JOB_{it} = C + \alpha EXP_{it} + \beta X + \mu_i + \epsilon_{it} \qquad (1)$$

$$JOB_{it} = C + \alpha SOC_{it} + \beta X + \mu_i + \epsilon_{it} \qquad (2)$$

$$JOB_{it} = C + \alpha INV_{it} + \beta X + \mu_i + \epsilon_{it} \qquad (3)$$

其中，下标 i 表示省份；下标 t 表示年份；$\mu$ 为不可观测的地区效应；$\epsilon$ 为随机误差项；C、$\alpha$ 和 $\beta$ 为待估参数。

本文将就业人数（JOB）作为因变量，将财政支出（EXP）、社会保障支出（SOC）和投资（INV）分别作为模型的自变量，希望能够通过面板数据模型得出的系数量化分析财政支出、投资和社保支出对于就业的影响情况。

X 为控制变量矩阵，是影响税收收入增长的其他因素，Lachenmaier 和 Rottmann（2011）研究就业时就加入了经济增加值和真实工资率的控制变量。因此本文共选取了 5 个控制变量，力图更全面地将能够影响到就业情况的宏观变量纳入模型，增强模型的解释能力。这五个控制变量分别是税收收入（TAX）、第一产业增加值（FIR）、第二产业增加值（SEC）、第三产业增加值（THI）和人均工资（WAG）。

关于政府税收收入对于就业的影响，Dhont 和 Heylen（2009）认为，高消费税和低资本税能够促进就业。Velamuri（2012）使用 probit 模型认为，某些税收补贴将会降低就业，即税收减少会降低就业。Arulampalam，Devereux 和 Maffini（2012）对欧洲九国 1996～2003 年数据分析认为，提升 1 元税收将减少 0.49 元工资。Slonimczyk（2012）认为，降低个人所得税减少非正规就业，增加正规就业人数从而提高就业率。因此，税收对于就业的影响争议较大。理论上，税收的增加将会减少企业的利润空间从而导致用工需求的下降，但是考虑到税收种类较多，不同的税可能由于税源差异导致对就业产生完全不同效应，因此该控制变量的系数难以估计。经济增长对于就业的促进作用是显而易见的，但是不同产业对就业的影响则可能有差异，这与不同产业的用工需求和发展阶段有关。第一产业发展对于劳动力的需求应当是不断下降的，这和农业机械化和集约化有关，因此预估第一产业增加值的系数应当为负数。而第二产业的用工需求则很大程度上取决于其自身的产业结构，劳动力密集型和知识密集型产业的发展对于就业有促进作用，而资本密集型和资源密集型产业的增长则不一定能够促进就业，而且生产自动化程度对于就业的影响也较难预估，所以第二产业增加值的系数难以估计。第三产业对于就业的促进作用则是较为显著的，之前的研究也都予以证实。Illy 等（2011）对德国各州的面板模型分析发现，第三产业的发展对就业促进作用明显。因此预估第三产业增加值的系数为正数。而人均工资的上升将降低企业的用工需求，Gomes（2010）对美国 2000～2008 年月度数据研究显示，工资正增长显著地提高了失业率，所以工资的系数预估为负数。

本文的财政支出数据都来源于 1998～2010 年的中国财政年鉴。其中投资项目在 1998～2006 年的数据来源于基本建设支出科目；2007～2010 年数据则来源于中经网；统计数据库的投资资金来源中国家预算内资金科目，两者在口径上大致相当，可以用于近似计算。社保项目在 1998～2006 年的数据来源于抚恤和社会福利救济费、行政事业单位离退休经费和社会保障补助支出三个科目，2007～2010 年的数据则来源于社会保障和就业科目。虽然 2007 年的预决算科目改革对科目进行了一定程度的调整，但是新设立的社会保障和就业科目大体上只是对原先三个科目进行了统一口径，所以在进行分析时依然可以进行近似替代。另外，就业数据来源于国家统计局数据库的年度就业人数统计，其中 2006 年由于农村就业人数的缺失导致缺少综合统计数据，因此笔者通过 2005 年城镇登记就业人数与年度就业人数的比值，在 2006 年城镇登记就业人数的基础上近似计算出 2006 年年度就业人数的数据。控制变量方面，税收收入的数据同样来源于 1998～2010 年中国统计年鉴的省级财政预决算表，第一、第二、第三产业增加值的数据来源于中经网数据库的第一、第二、第三产业增加值（现价）项目，工资数据则来源于国家统计局数据库的年度在岗职工平均工资统计项目。

在数据处理方面，由于我国地区间的人口差距也较为明显，因此总量水平可能不能完全代表实际的差异，所以本文对就业、财政支出、基本建设支出、社会保障和就业、第一产业增加值、第二产业增加值、第三产业增加值和税收都进行了人均处理。人均就业数据代表了近似的就业率，由于统计口径较大，所以实际就业率所受到的影响应当比本文估计的参数大。而工资数据由已经是人均水平，因此不进行处理。为了消除数据的量纲并消除异方差，本文将对除就业以外的其他变量数据都取自然对数，最后的模型结果则代表相关自变量变化一个百分点对于因变量的影响力。因此最后的模型如下：

$$JOB_{it} = C + \alpha LnEXP_{it} + \beta_1 LnFIR_{it} + \beta_2 LnSEC_{it} + \beta_3 LnTHI_{it} + \beta_4 LnTAX_{it} + \beta_5 LnWAG_{it} + \mu_{it} + \epsilon_{it} \tag{4}$$

$$JOB_{it} = C + \alpha LnSOC_{it} + \beta_1 LnFIR_{it} + \beta_2 LnSEC_{it} + \beta_3 LnTHI_{it} + \beta_4 LnTAX_{it} + \beta_5 LnWAG_{it} + \mu_{it} + \epsilon_{it} \tag{5}$$

$$JOB_{it} = C + \alpha LnINV_{it} + \beta_1 LnFIR_{it} + \beta_2 LnSEC_{it} + \beta_3 LnTHI_{it} + \beta_4 LnTAX_{it} + \beta_5 LnWAG_{it} + \mu_{it} + \epsilon_{it} \tag{6}$$

之后对相关变量进行平稳性检验，全国层面和东中西部的数据检验显示，这些变量都符合一阶平稳。最后进行协整检验，结果显示自变量和因变量之间符合协整关系。

由于我国地域辽阔，各省市之间的经济社会发展差异较大，所以本文将分别对全国层面、东中西部和各省的数据进行三次回归分析。根据常用的划分方法，东部地区包括北京、天津、河北、辽宁、山东、江苏、上海、浙江、福建、广东和海南；中部地区包括吉林、黑龙江、山西、河南、湖北、湖南、安徽和江西；西部地区则包括四川、重庆、广西、内蒙古、陕西、宁夏、甘肃、贵州、西藏、青海、云南和新疆。

# 四、实 证 分 析

## （一）全国性分析

对于全国 31 个省市的数据进行分析显示，可以建立变截距模型进行分析，并应当使用控制时间效应的固定效应模型。为了得到财政支出、社会保障以及政府投资对于就业的影响能力，本文分别进行了三次回归计算，模型 1 的财政支出项代表财政支出总额，模型 2 的财政支出项代表社会保障和就业，模型 3 的财政支出项代表基本建设支出（见表 1）。

**表 1**                              **全样本面板数据回归分析结果**

| 变量 | 模型 1 | 模型 2 | 模型 3 |
|---|---|---|---|
| 财政支出 | 0.0733 *** | | |
| | (4.894) | | |
| 社会保障和就业 | | 0.0117 *** | |
| | | (3.2107) | |
| 基本建设支出 | | | 0.0129 *** |
| | | | (4.4311) |
| 第一产业增加值 | − 0.0456 *** | − 0.0293 *** | − 0.0519 *** |
| | ( − 4.1603) | ( − 2.6955) | ( − 4.499) |
| 第二产业增加值 | − 0.0467 *** | − 0.0235 ** | − 0.0369 *** |
| | ( − 3.7311) | ( − 2.0167) | ( − 3.0782) |
| 第三产业增加值 | 0.1027 *** | 0.1136 *** | 0.1159 *** |
| | (6.4841) | (7.1496) | (7.4051) |
| 税收 | 0.0114 *** | 0.0145 *** | 0.0139 *** |
| | (2.8602) | (3.5625) | (3.4965) |
| 工资 | − 0.1216 *** | − 0.0808 | − 0.0829 *** |
| | ( − 5.4884) | ( − 3.819) | ( − 3.9701) |
| 常数 | 0.9181 *** | 0.5836 *** | 0.8612 *** |
| | (4.7663) | (3.0543) | (4.4899) |
| 样本数 | 403 | 403 | 403 |
| 修正 $R^2$ | 0.9186 | 0.9156 | 0.9177 |
| F 值 | 95.5668 | 91.8511 | 94.3909 |

注：括号内为 t 检验值，***、** 分别表示在 1%、5% 的显著性水平下拒绝原假设。

根据模型的结果我们可以看到，政府财政支出总额对于就业有着显著的正效应，每增加 1% 的人均财政支出，总体的就业率就能够上升 0.07%，考虑到本文就业指标的统计口径较大，换算到实际就业率的效果应当更加显著。而社会保障和就业与基本建设支出对就业的影响同样显著，增加1%的人均社会保障和就业与人均基本建设支出分别能够使就业率提升0.0117%和0.0128%，该结果同之前的研究结果相似。在控制变量未发生变化的情况下，可以比较发现基本建设支出对就业的促进相对而言还是强于社会保障和就业支出的。这一结果表明，我国的财政政策对就业的影响能力还是很显著的，这同我国政府对经济干预能力较强的现状相符。政府不仅可以通过财政支出对市场进行干预，而且还可以有行政手段相配合，因此财政总支出有着很强的影响力。基本建设支出的影响力更强，说明在我国政府投资性支出对于就业的影响能力仍然强于服务性支出，这与郭新强和胡永刚（2012）的研究结果相似。我国经济社会的发展虽然已经开始由粗放型向集约型转变，但是投资对经济的直接影响作用依然较为强烈，政府投资的扩张能够更为显著地带来经济和就业的增长。而由于目前我国经济结构还偏重于劳动密集型，对于人力资本的要求较低，就业培训的水平也相对较低，因此社会保障和就业支出对于就业的影响能力相对较弱。

控制变量当中，第一产业和第二产业的增长对于就业的影响显著为负，农业目前的发展阶段主要依靠技术升级和生产集中而非人力投入，尹志峰和李辉文（2012）通过面板模型研究发现，我国1999年后第一产业对劳动力的吸收作用有限，而且技术进步倾向于节约劳动力。另外，技术进步同样会削弱第二产业的吸纳就业能力，因此两个变量系数出现负数还是可以接受的。第三产业的增长对就业的影响则显著为正，这主要是因为第三产业对经济的拉动能力显著，因此能够促进就业。税收收入对于就业的影响同样为正，这与我国目前劳动供给总体大于需求，劳动者权利保障不足和劳资关系中劳动者处于相对弱势的现状有关，税收收入增加对于企业带来的经济压力很大程度上转移到了劳动力实际工资的降低，因此反而带来就业的增长。同时，个人税收的增长也会产生财富效应从而强化劳动者的就业意愿，从而提高就业人数。最后，工资对于就业的影响力显著为负则符合前文的预估结果。

## （二）区域性分析

根据模型检验的结果，东、中、西部可以分别建立变截距模型进行分析。类似于全国层面的面板数据，所以对于东中西部地区分别估计了9个模型，这些模型都是控制时间效应的固定效应模型（见表2）。

上述结果表明，财政总支出、投资和社会保障支出对于就业的影响应当和社会经济发展状况较为相关。东部地区财政支出对于就业的促进作用更为明显，人均财政总支出增加1%，就业率提高0.09%，而社会保障和就业与基本建设支出对于就业的影响同样显著，增加1%的人均社会保障和就业与人均基本建设支出分别能够使就业率提升0.011%和0.019%，两者的差距较小。这主要是由于东部地区经济较为发达，社会建设相对完善，其政府执行效率和手段都优于其他地区，因此在财政支出的执行上更能够实现其预期效果，对就业的促进作用也理应最为显著。由于其社会保障和就业培训水平也较高，因此其对就业的促进能力相对较弱。而东部地区的政府投资则由于其高效能够更快地转化为实际产出，从而促进经济增长和就业率上升。同时，东部地区由于基础设施较为完善，因此其政府投资主要集中于产业扶持等方面，通过带动产业发展最终创造工作岗位。

表2　东、中、西部面板数据回归分析结果

| 变　量 | 东部 模型4 | 东部 模型5 | 东部 模型6 | 中部 模型7 | 中部 模型8 | 中部 模型9 | 西部 模型10 | 西部 模型11 | 西部 模型12 |
|---|---|---|---|---|---|---|---|---|---|
| 财政支出 | 0.098*** (2.711) | | | 0.017 (0.381) | | | 0.087*** (5.058) | | |
| 社会保障和就业 | | 0.011* (1.920) | | | 0.002 (0.312) | | | 0.032*** (3.944) | |
| 基本建设支出 | | | 0.019*** (3.619) | | | 0.0001 (0.021) | | | 0.010* (1.943) |
| 第一产业增加值 | 0.001 (0.054) | 0.024 (1.037) | -0.016 (-0.662) | 0.082*** (3.585) | 0.081*** (3.412) | 0.084*** (3.579) | -0.076*** (-4.357) | -0.072*** (-3.991) | -0.063*** (-3.332) |
| 第二产业增加值 | -0.161*** (-4.813) | -0.138*** (-4.226) | -0.159*** (-4.973) | 0.065*** (2.726) | 0.066*** (2.868) | 0.067*** (2.894) | -0.040*** (-2.645) | -0.017 (-1.142) | -0.017 (-1.093) |
| 第三产业增加值 | 0.149*** (3.852) | 0.195*** (5.699) | 0.179*** (5.346) | 0.058* (1.825) | 0.061* (1.835) | 0.058* (1.821) | 0.089*** (4.934) | 0.070*** (3.557) | 0.104*** (5.313) |
| 税收 | 0.009 (0.881) | 0.020* (1.747) | 0.010 (1.006) | 0.021 (0.712) | 0.026 (1.014) | 0.027 (1.059) | 0.009*** (2.755) | 0.008** (2.231) | 0.009** (2.591) |
| 工资 | -0.181*** (-3.819) | -0.124*** (-2.938) | -0.083** (-2.009) | -0.002 (-0.069) | 0.004 (0.116) | 0.003 (0.082) | -0.113*** (-3.455) | -0.060* (-1.732) | -0.106*** (-2.954) |
| 常数 | 1.576*** (3.027) | 0.827* (1.812) | 1.115** (2.508) | -1.381*** (-3.012) | -1.397*** (-3.026) | -1.378*** (-2.901) | 1.056*** (4.766) | 0.957*** (4.101) | 1.167*** (4.872) |
| 样本数 | 143 | 143 | 143 | 104 | 104 | 104 | 156 | 156 | 156 |
| 修正 $R^2$ | 0.897 | 0.894 | 0.901 | 0.955 | 0.955 | 0.955 | 0.948 | 0.944 | 0.939 |
| F值 | 45.26 | 43.77 | 47.61 | 89.49 | 89.43 | 89.32 | 99.57 | 92.69 | 84.62 |

注：括号内为t检验值，***、**、*分别表示在1%、5%、10%的显著性水平下拒绝原假设。

相对而言，西部地区人均财政总支出提高1%，就业率则提高0.087%，而社会保障和就业与基本建设支出增加1%，则分别能够使就业率提升0.032%和0.01%，社会保障和就业支出对就业的促进作用明显高于基本建设支出。西部地区的社会保障和就业培训水平较低，投入的增长能够快速提升其相对水平。而且由于西部地区教育较为落后，劳动力的素质相对其他地区较低，所以社会保障和就业支出能够较为显著地提升劳动力素质，使其符合用工需求，从而促进就业增长。而西部地区的投资主要集中于基础设施的改善方面，而且由于行政效率和社会发展情况都相对落后，所以投资的转化能力较弱，导致其投资对于就业的促进作用相对较弱。

中部地区的主要解释变量不仅系数明显小于其他两个地区，而且都未能通过t检验。中部地区相比于东部地区经济而言经济较不发达，相对于西部地区则又缺乏足够的财政支持，所以财政支出对于就业的促进作用较弱，而且不显著。

另外，控制变量方面，只有中部地区出现了变量系数与全国层面分析相反的情况，其第一产业和第二产业对于就业产生了拉动作用。由于经济结构的变化或社会经济背景的差异都可能导致经济结构参数随着横截面个体的变化而变化，仅用变化截距来反映个体差异的影响，未必适合研究实际情况。同时，由于中部地区的分析系数不显著，因此本文决定构建变系数模型，针对各个省份进行一个更加详细的分析，并以此对中部地区的情况有更好的了解。

## （三）省级分析

由于本文涉及了五个控制变量，如果将所有变量都使用变系数模型进行回归，则可能在统计学上出现大量的变量不显著，因此 Zhang 等（2002）提出了半变系数模型，并提出了相应的估计方法。王宁和张应剑（2008）也证明理论该模型切实可行，并提出了相应的分析方法。董敏和袁云峰（2012）在对浙江省进行面板数据分析时也使用了该模型，运用当中将控制变量系数设为了不变系数。所以，本文决定使用半变系数模型，将控制变量的系数固定，仅针对解释变量进行变系数回归。其中，模型 13 使用财政总支出代表财政支出项，模型 14 使用社会保障及就业代表财政支出项，模型 15 使用基本建设支出代表财政支出项。结果如表 3 所示。

表3 省级变系数模型回归结果

| 地区 | 模型 13 | 模型 14 | 模型 15 |
| --- | --- | --- | --- |
| 北京 | 0.1604 *** | 0.0611 *** | 0.0753 |
| 天津 | − 0.01 | − 0.0363 *** | − 0.0178 |
| 河北 | 0.0069 | − 0.0093 | − 0.009 |
| 上海 | 0.0386 * | − 0.0021 | 0.0292 * |
| 辽宁 | 0.0375 ** | 0.0129 ** | 0.0125 *** |
| 山东 | 0.0174 | − 0.0074 | − 0.0003 |
| 福建 | 0.0528 *** | 0.0073 ** | 0.0098 *** |

| 地区 | 模型 13 | 模型 14 | 模型 15 |
|------|---------|---------|---------|
| 江苏 | 0.0369 ** | 0.0062 | 0.014 * |
| 浙江 | 0.0693 *** | 0.0174 *** | 0.0217 *** |
| 广东 | 0.0387 * | − 0.0059 | − 0.0153 |
| 海南 | 0.0349 *** | 0.0136 *** | 0.0176 *** |
| 河南 | 0.0265 * | 0.0085 | 0.0162 *** |
| 山西 | 0.0102 | − 0.0105 ** | − 0.0003 |
| 吉林 | − 0.0049 | − 0.0308 *** | − 0.0085 |
| 黑龙江 | 0.0038 | − 0.0169 *** | − 0.0188 *** |
| 安徽 | 0.0389 *** | 0.0113 * | 0.02 *** |
| 湖南 | 0.0245 * | 0.0023 * | 0.0095 ** |
| 湖北 | 0.0411 *** | 0.0138 | 0.0164 *** |
| 江西 | 0.0153 | − 0.0007 | 0.0081 * |
| 内蒙古 | − 0.0081 | − 0.0283 *** | − 0.0005 |
| 广西 | 0.0254 * | 0.0023 | 0.009 * |
| 陕西 | − 0.0056 | − 0.0157 ** | − 0.0043 |
| 四川 | 0.0287 ** | 0.0097 * | 0.0167 *** |
| 重庆 | 0.0492 *** | 0.0262 *** | 0.0323 *** |
| 贵州 | 0.0408 *** | 0.0083 | 0.0105 |
| 云南 | 0.0302 * | − 0.0001 | − 9.22E − 05 |
| 西藏 | 0.0413 *** | 0.0101 * | 0.0152 *** |
| 甘肃 | 0.0288 ** | 0.0083 * | 0.0081 ** |
| 宁夏 | 0.005 | − 0.0105 | − 0.0014 |
| 新疆 | 0.0028 | − 0.0167 ** | − 0.0048 |
| 青海 | 0.0102 | − 0.0059 | 0.0093 ** |

注：括号内为 t 检验值，***、**、* 分别表示在 1%、5%、10% 的显著性水平下拒绝原假设。

根据模型的结果，北京、上海、辽宁、福建、江苏、浙江、广东、海南、河南、安徽、湖南、湖北、广西、四川、重庆、贵州、云南、西藏和甘肃的财政总支出对于就业有显著的促进作用。其中北京的促进作用最强，弹性为 0.16；而湖南的影响力最弱，增加 1% 的财政支出只能带来就业率增长 0.024%。东部各省的财政总支出对于就业的促进能力最强，这些省份都较早开始对外开放，经济社会的发展都进入了一个较为成熟的阶段，政府普遍拥有较高的行政效率，因此有更强的能力将财政支出更好地转化为就业岗位的创造。

社会保障和就业对就业有显著影响的省份包括北京、天津、辽宁、福建、浙江、海南、山西、吉林、黑龙江、安徽、湖南、内蒙古、陕西、四川、重庆、西藏、甘肃和新疆。北京的财政社保支出对就业的正向促进作用最大，提高 1% 的人均社会保障和就业支出能带来就业率上升 0.06%；西藏的正向效应最小，弹性只有 0.01%。而天津的财政社保支出对就业的副作用最大，山西的副作用则最小。中部地区有相对更多的省份的社会保障和就业支出对就业有显著的作用，但是大部分都是较为微弱的副作用，这可能源于这些地区产业较为落后，对于劳动力的培训指导无法直接提高失业者的就业，导致结构性失业。同时，在相对落后地区由于生活成本较低，社保支出可能足以覆盖最低生活成本而导致就业意愿的下降。这两方面原因都可能导致中部地区部分省市出现社会保障和就业支出对就业出现微弱的反作用。可以看到，东部地区通过显著性检验的省市只有天津的社会保障和就业支出对就业出现了反作用，一定程度上证明了东部地区产业结构需要劳动力培训的支持以及社保支出不足以降低劳动者就业意愿这两方面原因。

最后，上海、辽宁、福建、江苏、浙江、海南、河南、黑龙江、安徽、湖南、湖北、江西、广西、四川、重庆、西藏、甘肃和青海的财政投资对于就业有着显著的影响力。只有黑龙江出现了财政投资对就业有副作用，而有促进作用的省份中，重庆的促进作用最大，增加 1% 的基本建设支出可以使就业率提升 0.03%，江西的促进作用则最小，只能提升 0.008%。中部地区各个省份的基本建设支出对于就业的影响力更加显著，但是整体的影响力并未明显大于东部地区和西部地区。政府投资对于就业的促进作用主要在于直接投资项目的工作岗位创造和扶持私营企业发展两个方面，其投资越具有生产性，则对于就业的促进作用越明显。中部地区相对于西部地区社会发展较为发达，投资的生产性转换上相对较快，而相对于东部地区则有着投资总量远未饱和的优势，不会对私人资本产生挤出效应影响私营企业的用工需求，因此其各省的投资效果普遍显著。

至于控制变量，通过显著性检验的变量符号基本上都符合此前的分析。

不过从数据结果上可以发现，分区域的面板数据结果和分省级的面板数据结果有一定的差异，本文认为这同估计方法的差异有关。西部省份相对都较为落后，人均数据在全国范围内都排名靠后，而全国层面的统一分析可能由于其低于平均水平而导致估计系数与西部地区统一分析结果相比出现偏差。但是由于其系数数值的变化不影响整体的分析结果，因此本文认为这些差异可以忽略不计。

## 五、结 论

本文通过对 1998～2010 年省级面板数据的分析，从全国层面、区域层面和省级层面分别研究了财政总支出、社会保障和就业支出以及基本建设支出对于就业的影响。通过上文的实证检验结果我们可以得出如下结论：

第一，财政支出对于就业有着较为显著的促进作用。我国政府普遍具有较强的市场调节能力，财政政策可以在行政手段的配合下更好地对经济产生影响。具有更高行政效率的地方政府的财政支出对于就业普遍具有更强的刺激作用。东部地区，特别是北京，其增加 1% 的人均财政支出能够使就业率增长超过 0.16%，这表明政府的财政支出能够更好地转化为就业岗位的创造能力。

第二，社会保障和就业支出以及基本建设支出对于就业的促进作用存在较为明显的地区差异，总体而言社会保障和就业支出对于就业的促进作用要小于基本建设支出。傅勇、张晏（2007）认为，我国地方政府存在"重基本建设、轻人力资本投资和公共服务"的问题，政府投资支出远高于社保等服务支出，导致投资对于经济和就业的促进作用都更为显著。但是政府投资也可能导致资本对劳动的替代性失业以及过度投资下的结构性失业，因此黑龙江甚至出现了政府投资对就业产生了副作用。由于社保和就业培训不同、不同产业结构的用工标准差异以及劳动力就业意愿等方面的原因，不同地区的财政社会保障和就业支出对于就业的影响力差别较为显著，在相对发达的东部省市效果较为明显。

# 参考文献

［1］傅勇、张晏：《中国式分权与财政支出结构偏向：为增长而竞争的代价》，《管理世界》2007 年第 3 期。

［2］郭新强、胡永刚：《中国财政支出与财政支出结构偏向的就业效应》，《经济研究》2012 年第 2 期。

［3］童敏、袁云峰：《区域金融结构对经济效率影响的实证研究》，《中央财经大学学报》2012 年第 1 期。

［4］王宁、张应剑：《基于系数估计的趋势性分析检验变系数模型中的不变系数》，《工程数学学报》2008 年第 4 期。

［5］王文甫：《政府支出、技术进步对劳动就业的效应分析》，《经济科学》2008 年第 3 期。

［6］曾学文：《我国转型期财政和货币政策开发就业潜力的效果分析》，《财贸经济》2007 年第 2 期。

［7］张宏亮、张广盈、张建涛：《中国的财政政策对就业效应的协整分析》，《统计与信息论坛》2005 年第 5 期。

［8］张卫国：《转型期中国地方政府投资行为对经济增长与就业的影响》，《复旦大学学报》2005 年第 11 期。

［9］郑秉文、胡云超：《英国养老制度市场化改革对劳动力市场的影响》，《中国人口科学》2004 年第 2 期。

［10］Arulampalam W. , Devereux M. P. , Maffini G. . The direct incidence of corporate income tax on wages. European Economic Review, 2012, 56 (6): 1038 – 1054.

［11］Auerbach A. , Gorodnichenko Y. . Fiscal Multipliers in Recession and Expansion// Fiscal Policy after the Financial Crisis. University of Chicago Press, 2012.

［12］Bartik T. , Erickcek G. . The employment and fiscal effects of Michigan's MEGA tax credit program, 2010.

［13］Bellettini G. , Ceroni C. B. . Social security expenditure and economic growth: an empirical assessment. Research in Economics, 2000, 54 (3): 249 – 275.

［14］Brown A. J. G. , Merkl C. , Snower D. J. . Comparing the effectiveness of employment subsidies. Labour Economics, 2011, 18 (2): 168 – 179.

[15] Chodorow-Reich G. , Feiveson L. , Liscow Z. , et al. Does State Fiscal Relief During Recessions Increase Employment? Evidence from the American Recovery and Reinvestment Act, 2011.

[16] Dhont T. , Heylen F. . Employment and growth in Europe and the US—the role of fiscal policy composition. Oxford Economic Papers, 2009, 61 (3): 538 – 565.

[17] Gomes P. M. . Fiscal policy and the labour market: the effects of public sector employment and wages. 2010.

[18] He D. , Zhang Z. , Zhang W. . How large will be the effect of China's fiscal stimulus package on output and employment? Pacific Economic Review, 2009, 14 (5): 730 – 744.

[19] Illy A. , Schwartz M. , Hornych C. , et al. Local economic structure and sectoral employment growth in German cities. Tijdschrift voor economische en sociale geografie, 2011, 102 (5): 582 – 593.

[20] Jha V. . The Effects of Fiscal Stimulus Packages on Employment. International Labour Organization, 2009.

[21] Lachenmaier S. , Rottmann H. . Effects of innovation on employment: a dynamic panel analysis. International Journal of Industrial Organization, 2011, 29 (2): 210 – 220.

[22] Linnemann L. , Schabert A. . Fiscal policy in the new neoclassical synthesis. Journal of Money, Credit and Banking, 2003: 911 – 929.

[23] Linnemann, Ludger, Andreas Schabert. Productive government expenditure in monetary business cycle models. Scottish Journal of Political Economy, 2006, 53 (1): 28 – 46.

[24] Mark, Gius. Impact of government spending on employment and output at the state level: 1980 – 2000. Journal of Business & Economic Studies, 2006, 12 (2): 27 – 32.

[25] Monacelli T. , Perotti R. , Trigari A. . Unemployment fiscal multipliers. Journal of Monetary Economics, 2010, 57 (5): 531 – 553.

[26] Pappa E. . The effects of fiscal shocks on employment and the real wage. International Economic Review, 2009, 50 (1): 217 – 244.

[27] Slonimczyk F. . The effect of taxation on informal employment: evidence from the Russian flat tax reform. Research in Labor Economics, 2012 (34): 55 – 99.

[28] Velamuri M. . Taxes, health insurance, and women's self-employment. Contemporary Economic Policy, 2012, 30 (2): 162 – 177.

[29] Zhang W. , Lee S. Y. , Song X. . Local polynomial fitting in semivarying coefficient model. Journal of Multivariate Analysis, 2002, 82 (1): 166 – 188.

# 财政支出规模与结构变动对经济增长的影响

## ——基于环渤海地区*面板数据的实证分析

宋秀曼**

【摘要】本文通过对环渤海地区5个省（直辖市）1991～2011年的面板数据进行实证分析，考察环渤海地区的财政支出规模和结构对经济增长的影响，找出财政支出最优规模，并对实际支出情况进行分析，找出环渤海地区财政支出的规模和结构问题。实证结果表明：从财政支出规模来看，环渤海地区最优财政支出规模为21.22%，实际财政支出规模不足。另外，除辽宁省财政支出过量外，其他省（直辖市）财政支出不足。从财政支出结构来看，支出结构相当不合理，其中山东省的支出结构问题最严重，而财政支出中的科研支出不足问题也是需要重视的问题。

【关键词】环渤海地区　财政支出规模　财政支出结构

# 一、引　言

　　环渤海地区处于东北亚经济区的中心地带，是中国北部的黄金海岸，包括辽东半岛、山东半岛、京津冀三省二市，同时可辐射到山西省及内蒙古中部和东部盟市。全区陆域面积达112万平方公里，总人口2.6亿人，占中国国土的12%和人口的20%。环渤海地区共有157个城市，约占全国城市的1/4，其中城区人口超百万的城市有13个。以京津两个直辖市为中心，大连、营口、秦皇岛、唐山、东营、烟台等沿海开放城市为扇面，以沈阳、呼和浩特、太原、石家庄、济南等省会城市为区域支点，构成了中国北方最重要的集政治、经济、文化、国际交往和外向型、多功能、密集的城市群落。目前，在全国和区域经济中发挥着集聚、辐射、服务和带动作用，已成为中国北方经济发展的引擎。环渤海区域合作市长联席会办公室的统计数字显示，2010年，地区生产总值实现12.07万亿元，约占全国生产总值的30.3%，是2005年的2.18倍，年均增长16%；地区社会消费品零售总额达到4.3万亿元，是2005年的2.32倍，年均增长14.84%；地区全社会固定资产投资完成8.93万亿元，是2005年的3.61倍，年均增长25.7%。① 环渤海主要城市（省）也保持较高的增长速度，据统计2013年前三季度，北京全市实现地区生产总值13766.2亿元，按可比价格计算，同比增长7.7%；河北省全省生产总值实现20947.3亿元，比上

---

　　*　环渤海地区包括北京、天津、河北、辽宁、山东5个省（直辖市）。

　　**　宋秀曼，女，1990年生，中央财经大学财政学院2013级硕士研究生，研究方向：资产评估、财税理论与政策。

　　①　http://economy.enorth.com.cn/system/2011/05/29/006647428.shtml。

年同期增长 8.5%；山东省全省实现生产总值 39601.7 亿元，按可比价格计算同比增长 9.6%；辽宁省全省地区生产总值 19263.9 亿元，按可比价格计算，比上年同期增长 8.7%；天津市全市生产总值 10223.04 亿元，按可比价格计算，同比增长 12.6%。五个主要省（直辖市）的增长率平均为 9.42%，高于全国 2013 年前三季度生产总值增长率 7.7% 近两个百分点。[①] 环渤海地区被经济学家誉为继珠三角、长三角之后中国经济的第三个增长极，在拉动中国经济增长和对外开放的沿海发展战略中占有极其重要的地位。

环渤海地区经济地位非常重要，环渤海地区的经济增长也是值得关心的。因此，本文试图从研究财政支出的规模和结构变动对经济增长的影响入手，来研究环渤海地区经济增长和财政支出的关系。本文的研究思路是：第一，以内生经济增长理论为基础，提出分析问题的理论模型。第二，利用面板数据的固定效应变系数模型，从财政支出的规模和结构两方面来研究环渤海地区财政支出与经济增长的关系，并据此测算数最优财政支出规模和结构。第三，结合实证分析的结果，得出结论。

# 二、文献综述

当前关于财政支出与经济增长的理论大多是建立在内生增长理论的框架之下的，其中 Barro 的内生增长理论尤为突出。Barro（1990）将政府支出分为投资性支出和消费性支出，其中投资性支出能够增加资本存量，保证经济能够持续增长；消费性支出对经济增长的促进作用并不是直接的，而是通过其中的转移支付来提高整个社会的福利水平，实现经济的更好增长。Capolupo（2000）以及 Colmm 和 Ravikumar（2001）分析了政府人力资本支出对经济增长的重要性。Kei Hosoya（2003）建立了一个包含医疗卫生支出外部性的模型，着重研究了具有外部性的财政支出对经济增长的重要性。Blankenau、SimPson 和 Tom-ljanovich（2007）用实证分析的方法研究了教育支出和长期增长之间的关系，研究结果表明，发达国家的公共教育支出和经济增长之间存在正相关关系。

除了以上外国学者，国内还有很多学者对财政支出与经济增长的关系进行过研究。如马拴友（2000）利用我国 1979~1998 年政府消费支出数据进行实证分析，研究结果表明我国政府支出不足，政府最优支出规模为 21.2%。邹薇（2003）从调整成本的角度对我国财政支出规模对经济增长的效应进行研究，研究结果表明财政支出的调整成本急剧上升对经济增长产生负效应，会削弱财政支出对经济增长的拉动力度。张明喜、陈志勇（2005）通过对公共支出与经济增长理论的研究，认为财政支出规模对经济增长的影响取决于总支出的边际效应，研究表明中国最优财政支出规模应为 20.0%，中国实际财政支出规模未达到最优。付文林、沈坤荣（2006）利用协整分析方法，分析了中国公共支出相关变量的长期增长效应，得到两点结论：一是政府经济建设性支出比重增加会提高 GDP 增长率，而文教费和维持性支出比重与 GDP 增长率之间有着负的双向因果关系；二是地方政府支出比重与经济增长率之间呈现出正相关关系。刘卓珺、于长革（2006）从经济增长理论与模型角度，对公共投资的经济效应进行理论分析，并进行了实证检验，认

---

① http://economy.enorth.com.cn/hbh/index.htm。

为在合理规模区间内,公共投资与产出正相关;研究结果还表明,我国当前公共投资的最优规模为4.5%,公共投资占财政总支出的合理比重为22%左右。齐福全(2007)利用VAR模型着重分析北京市财政支出与经济增长的关系,发现从支出绝对量规模上来看,财政支出规模伴随经济增长而增长,从相对规模角度来看,政府支出占GDP的比例没有发生显著变化;另外,生产性财政支出冲击对经济增长产生长期的抑制作用,非生产性财政支出冲击短期有利于经济增长,长期阻碍经济增长。杨友才、赖敏晖(2009)利用门槛回归模型,以实际政府财政支出占GDP的比重为门槛变量,并以两部门生产模型构造实证检验模型,发现财政支出规模确实存在门槛效应,我国的最优政府财政支出规模为11.6%;另外,我国的政府财政支出规模经常性过分膨胀,总体上看应该削减政府财政支出规模。

综观学界对财政支出与经济增长关系的研究,虽然不同学者分析问题的方法有很大不同,但是绝大多数学者都仅以全国或省为视角,选择简单的时间序列模型,泛泛地分析财政支出与经济增长的关系;很少从区域视角来分析地方财政支出与地方经济增长的关系;尤其是以环渤海地区为对象,研究财政支出与经济增长的文献更是寥寥无几。然而,以相邻行政区的组合为特定区域的中观经济,在国民经济发展中居于举足轻重的地位,发挥着承上启下的作用。区域内政府供给的公共产品具有很强的外部性,财政支出的规模和结构就不能简单地照搬全国或地方的经验规律。因此,本文将以环渤海地区为研究对象来研究财政支出与经济增长的关系,弥补现有研究不足。

# 三、理论模型

本文在建立模型时,沿用Barro的内生增长理论。假设政府支出规模为g,这里的政府支出全部进入企业的生产,只是有些政府支出与生产有关,会影响产出,同时还存在一些政府支出,对生产可能不起任何作用,但是无论如何,这里我们认为政府的支出全部进入企业。

假设一个寿命无穷的家庭在一个封闭经济中的效用函数为:

$$U = \int_0^\infty u(c(t))e^{-rt}dt$$

其中,c(t)为在时点t的消费水平;r为折现率,表示消费者对时间的偏好程度;r值越大,表明消费者对未来的消费越不感兴趣;u(c)为效用函数,可以设定其为:

$$u(c) = \frac{c^{1-\theta}-1}{1-\theta}$$

其中,θ为参数,−θ为消费的边际效用弹性;θ>0且0≠0。

假设企业的生产函数为:

$$y = f(k,g)$$

其中,k为企业的资本投入,这里为了简化模型,把企业的劳动投入也看作特殊的资本投入，所以省略了公式中的劳动投入指标。g 为政府提供的公共服务支出。

假设生产函数规模报酬不变，则生产函数可以变形成为：

$$y = k \cdot f\left(1, \frac{g}{k}\right) = k \cdot f\left(\frac{g}{k}\right)$$

假设政府对收入征税，税率为 $\tau$，税收总量为 T，则政府支出约束为：

$$g = T = \tau \cdot y = \tau \cdot k \cdot f\left(\frac{g}{k}\right)$$

在政府支出 g 一定的情况下，消费者进行效用最大化决策，得到消费增长率为：

$$\rho = \frac{\dot{c}}{c} = \frac{1}{\theta}\left[(1-\tau) \cdot f(g/k) \cdot (1-\varphi) - r\right]$$

$$\varphi = f'\left(\frac{g}{k}\right) \cdot \frac{g}{k} = \tau \cdot f'\left(\frac{g}{k}\right)$$

其中，$\varphi$ 代表产出 y 对政府投入 g 的弹性，在 k 一定时，$0 < \varphi < 1$。

在经济达到均衡时，消费增长率等于经济增长率，所以经济增长率为 $\rho$。

在生产函数为柯布—道格拉斯生产函数形式时，即 $y = A \cdot k^{1-\alpha} \cdot g^{\alpha}$，可以证明使经济增长率最大的 $\tau$ 应满足：$\tau = g/y = \alpha$。其中，$\tau$ 为财政支出占产出的比重，$\alpha$ 为财政支出的产出弹性，二者相等时，经济增长率最大。

为了测算出财政支出的最优规模，可以用测算出财政支出的产出弹性 $\alpha$ 来代替，并且为了更好地研究支出结构对经济增长的效应，将生产函数修正为：

$$y = A \cdot k^{1-\alpha} \cdot g_1^{\alpha_1} g_2^{\alpha_2} g_3^{\alpha_3} \cdots g_n^{\alpha_n}$$

其中，$g_i = \lambda_i g$；$\sum_1^n g_i = g$；$\sum_1^n \alpha_1 = \alpha$。同样可以证明，经济增长率最大化时，各项财政支出占财政总支出的比重应等于各项财政支出的产出弹性与财政总支出的产出弹性之比。财政支出结构必须根据产出的财政支出弹性来安排财政的各项支出，否则经济增长就不能达到最大。

# 四、研究思路与数据说明

## （一）研究思路

为了研究或渤海地区财政支出规模和结构变动对经济增长的影响，本文选取了环渤海地区最主要的五个省（直辖市）来进行分析，包括北京市、天津市、河北省、辽宁省和山东省。另外，本文主要考虑消费性支出、投资性支出、文教卫支出、科研支出及转移支付支出 5 项财政支出。

1. 财政支出变动特征分析。在具体分析过程中，首先需要分析环渤海地区财政支出的变动特征。在分析环渤海地区财政支出特征时，从两方面切入，即财政支出规模的变动特征和财政支出结构的变动特征。

在财政支出规模的变动特征分析中，用财政支出占地区生产总值的比重来衡量财政支出规模，可以分别计算出 1991～2011 年环渤海地区财政支出规模指标和五个省（直辖市）各自的财政支出规模指标一共 6 个指标，然后对各时段的变化情况进行具体分析。

在财政支出结构的变动特征分析中，主要分析两个层次的指标，即支出项目层次和个体层次。

在支出项目层次的分析中，主要利用各项财政支出占总支出的比重来衡量财政支出结构，可以分别计算出环渤海地区的总体结构指标，即环渤海地区消费性支出/环渤海地区财政支出总额，以及五个省（直辖市）各自的支出结构指标，如北京市消费性支出/北京市财政支出总额，然后对各时段的变动情况进行具体分析。

在个体支出层析的分析中，主要利用某省的财政支出总额（某省某项财政支出）占环渤海地区财政支出总额（环渤海地区该项财政支出总额）的比重，如北京市财政支出总额/环渤海地区财政支出总额、北京市消费性支出/环渤海地区消费性支出，来分析个体结构特征。

2. 模型回归分析。在分别对环渤海地区的财政支出情况和经济增长情况进行分析后，接下来需要对二者之间的关系进行研究。本文选用面板数据模型中的固定效应变系数模型，来研究财政支出规模和结构对经济增长的影响，为了研究财政支出结构，将消费性支出、投资性支出、文教卫支出、科研支出和转移支付支出引入模型之中，建立如下模型：

$$Y = A \cdot L^{\beta_1} \cdot K^{1\beta_2} \cdot G_{xf}^{\alpha_1} \cdot G_{kz}^{\alpha_2} \cdot G_{wjw}^{\alpha_3} \cdot G_{ky}^{\alpha_4} \cdot G_{zy}^{a5}$$

为了克服序列异方差问题，对模型进行对数化处理，得到：

$$LnY_{it} = LnA_i + \beta_{1,t}LnL_{it} + \beta_{2,i}LnK_{it} + \alpha_{1,i}(LnG_{xf})_{it} + \alpha_{2,i}(LnG_{tz})_{it} + \alpha_{3,i}(LnG_{wjw})_{it} + \alpha_{4,i}(LnG_{ky})_{it} + \alpha_{5,1}(LnG_{zy})_{it} + \mu_i$$

其中，i 表示不同个体；t 表示不同时间；Y 表示环渤海地区总产出；K 表示物质资本存量；L 表示劳动力人数；$G_{xf}$ 表示地方财政支出中的消费性支出；$G_{tz}$ 表示地方财政支出中的投资性支出；$G_{wjw}$ 表示地方财政支出中的文教、卫生等相关支出；$G_{ky}$ 表示地方财政支出中的科研相关支出；$G_{zy}$ 表示地方财政支出中的转移支付相关支出。

对模型进行估计，得出结果，确定财政支出最优规模最优结构，然后利用理论模型的结论对实际情况进行分析，得出结论。

## （二）数据说明

本次数据来源于中经网统计数据库、中华人民共和国国家统计局网站和《中国财政年鉴》。本文最终收集了北京市、天津市、河北省、辽宁省、山东省 5 个地区 1991～2011 年的面板数据进行分析，来研究我国环渤海地区政府公共支出规模和结构对经济增长的影响。下面对分析中所用数据指标进行详细说明。

1. 产出 Y。我们使用 1991～2011 年的 GDP 数据作为产出数据，以 1978 年为基期按 GDP 平减指数进行折算来消除通货膨胀的影响，将 GDP 调整为实际 GDP。

2. 劳动投入量 L。由于缺乏劳动时间统计数据，本文通过投入生产的劳动力人数来衡量劳动投入量，用从业人数代表，得到 1991～2011 年中国劳动投入数据。

3. 物质资本存量 K。本文的资本数据用资本存量表示。由于我国不存在真实资本存量的总量和结构数据，但是却有一批学者专门进行过资本存量的测算研究。本文引用代表学者张军所测算出的 1991～2009 年的资本存量数据，并运用张军的测算方法，测算出 2010 年和 2011 年两年的资本存量数据。

4. 政府各项支出。本文将政府支出划分为购买性支出和转移性支出。购买性支出分为政府投资和社会消费两部分。政府投资主要指政府基础设施投资、财政投融资和财政农业投资；社会消费则包括文教科学卫生支出、行政管理支出、国防支出。转移性支付包括社会保障、财政补贴、税收支出等。需要强调和说明的是，本文将文教卫支出和科研支出从消费性支出中分离出来，作为独立的两个变量（$G_{wjw}$ 和 $G_{ky}$），所以本文中的消费性支出实际上是指分离出文教卫支出和科研支出等具有非单纯消费性支出后的纯消费性支出。

政府投资支出 $G_{tz}$：包含基本建设支出、挖潜改造资金、简易建筑费、地质勘探费、增拨国有企业流动资金、支援农村生产支出、工业、交通、商业等部门的事业费、城市维护费、国家物资储备支出、城镇青年就业经费等。

政府消费支出 $G_{xf}$：政府消费支出扣除文教卫生支出及科研支出，这部分我们认为其为政府消费。

政府文教卫生支出 $G_{wjw}$：包含教育事业费、文体广播事业费及卫生事业费，单列这部分是因为这部分能够提升劳动者的知识技能和劳动者的身体健康状况等，进而提升了人力资本总量。

政府科学研究支出 $G_{ky}$：包含地方政府财政决算支出中科技三项费用、科学事业费两项支出。

政府转移支付支出 $G_{zy}$：包含社会保障支出、政府补贴支出、抚恤和社会福利救济费以及国家债务偿还本息支出等。

# 五、实 证 分 析

## （一）描述统计分析

1. 财政支出规模分析。本文用财政支出占 GDP 的比重来衡量财政支出规模。下面对整个环渤海地区以及五个主要省（直辖市）的财政支出规模的变动特征进行描述性分析。

图 1 描述的是整个环渤海地区以及 5 个主要省（直辖市）的财政支出规模变动情况，是利用财政支出占 GDP 的比重来衡量的。由图 1 可以看出，1991～2011 年总共 21 年间，环渤海地区财政支出占 GDP 的比重总体上呈现出缓慢上升的变动趋势，财政支出占 GDP 的比重平均达 10.31%，最高点为 2011 年，为 14.61%。尽管总体上呈现出上升趋势，但是也存在阶段性下降，如 1991～1994 年，财政支出规模从 10.33% 逐年递减到 7.46%，降低近 3 个百分点。这主要是因为这段时期正处于分税制改革前夕，当时正实行"分级包干"财政体制，财政支出虽然分级包干，但缺乏明确的事权划分作为前提，结果是"包而不干"，从而导致财政支出规模的减小。1994～2001 年，财政支出规模稳步提高，这主要是由于 1994 年分税制改革，使中央和地方的财政关系划分更加明确，积极发展地方财政使地方直接受益，从而驱使地方政府逐步加大财政支出规模。2002～2007 年，财

政支出规模比较稳定，这时地区建设已经逐步成熟，不需要大量的基本建设支出，只需要稳定的支出来保持经济发展即可。从 2008 年开始，环渤海地区财政支出规模开始上升，这主要是由于 2008 年经济危机的影响，经济危机导致经济萧条，政府为了刺激经济，采用积极的财政政策，加大政府支出，使支出规模逐渐加大。

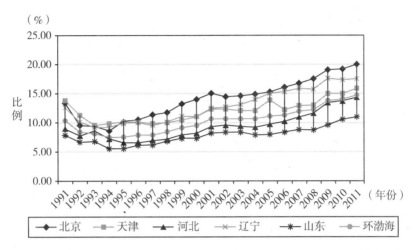

**图 1　环渤海地区、各省（直辖市）财政支出占 GDP 比重变动趋势**

　　从各省（直辖市）的财政支出规模来看，北京市财政支出规模最高，均值为 14.05%，高于环渤海地区平均水平 3.75 个百分点，在 2011 年达到最大值，为 19.97%；辽宁省次之，财政支出规模均值为 12.80%，高于环渤海地区平均水平 2.5 个百分点，在 2011 年达到最大值，为 17.63%；天津市再次之，财政支出规模均值为 12.00%，高于环渤海地区平均水平 1.7 个百分点，在 2011 年达到最大值，为 15.89%；河北省又次之，财政支出规模均值为 9.44%，低于环渤海地区平均水平 0.86 个百分点，在 2011 年达到最大值，为 14.43%；山东省财政支出规模最低，均值为 7.83%，低于环渤海地区平均水平 2.47 个百分点，在 2011 年达到最大值，为 11.03%。可以看出，环渤海内部各个省（直辖市）的财政支出规模相差很大，最高与最低均值相差 6.22 个百分点，2011 年，财政支出规模最高与最低相差 8.94 个百分点。

　　另外，环渤海地区各省（直辖市）财政支出规模基本上和环渤海总体保持一致，都表现为在 1994 年以前，支出规模下降，1994～2001 年，基本上都表现为逐渐上升，之后进入一个比较稳定的阶段，然后从 2008 年前后开始逐渐上升。

　　2. 财政支出结构分析。本文从两个层次来分析财政支出结构的变动特征，环渤海总体分析和个体分析，其中个体分析是分别对 5 个省（直辖市的情况）进行分析。总体分析和个体分析又分别从支出项目角度和个体角度分别进行分析。其中，支出项目角度的分析侧重于分析财政支出各项目（如消费性支出、投资项支出）的支出占支出总额的比重，考察支出结构的项目性差异。个体角度的分析则侧重于分析环渤海各主要省（直辖市）的财政支出占整个环渤海地区的财政支出的比重，考察支出结构的个体性差异。

　　（1）环渤海总体分析。

　　① 支出项目角度分析。图 2 描述的是 1991～2011 年，环渤海地区各项财政支出，包

括消费性支出、投资性支出、文教卫支出、科研支出和转移支付支出，占环渤海地区财政支出总额的比重的变动情况。

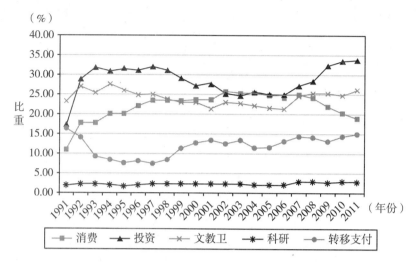

**图2 环渤海地区财政支出各组成部分所占比重**

从图2可以看出，环渤海地区财政支出中所占比重最大的是投资性支出，2011年，投资性支出占比高达34.03%，环渤海地区1/3的财政支出用于投资性支出。从变动趋势方面来看，投资性支出在1991～1992年出现了大幅度上升的情况，之后1993～1997年基本稳定，从1998年开始逐渐下降，截至2003年，仅5年时间就下降了6.67%，之后两年在较低水平保持稳定；从2007年开始，投资性支出比重开始迅速上升，所占比重年均增长率为6%。

其次是文教卫支出，2011年，文教卫支出高达26.05%，占用了超过1/4的财政支出。从变动趋势方面来看，文教卫支出比重总体上比较稳定，虽然也存在波动，但是基本上是围绕25%上下的小幅波动，1992～1995年，支出比重在25%以上，最大偏离为2.67个百分点，1996～2007年，支出比重在25%以下，最大偏离为3.73个百分点；2008年以后，支出比重基本上稳定在25%，波动幅度非常小。

再次是消费性支出，2011年，消费性支出占比为18.87%，不到财政支出的1/5。从变动趋势方面来看，消费性支出总体上呈现出先上升后下降的变动趋势，以2002年为分界点，2002年之前，消费性支出所占比重逐渐增大，并且比重的增长速度越来越慢。消费性支出在1991年占比仅为10.93%，之后仅用3年时间，就增加到20%；接下来的8年时间（1995～2012年）仅增长了5%。可以看出在2002年之前，消费性支出比重不断上升，但是上升趋势逐渐变缓。在2002年之后，消费性支出先是在2003～2007年稳定在25%左右，在2008年之后消费性支出逐渐减小；到2011年，比重已经降低到20%以下，降幅超过5个百分点。

最后是转移支付支出，2011年，其所占比重为14.93%。从其变动趋势来看，1991～2011年，经历先下降、后上升，然后保持稳定的过程。1991～1997年，转移支付比重逐渐下降，1997～2001年，逐渐上升，并在之后基本稳定，波动幅度较小。值得关注的是，最近几年，这项支出所占比重呈上升趋势。

环渤海地区财政支出中所占比重最低的是科研支出。科研支出占比在1991～2001年整个时期中都稳定不变。所占比重范围在 1.66% ~ 2.84%，与其他支出相比，科研支出所占比重非常小，且不存在明显的变动趋势。

② 个体角度分析。图 3 描述的是环渤海地区的 5 个最主要省（直辖市）——北京、天津、河北、辽宁和山东的财政支出占环渤海地区财政支出总额的比重变动趋势。从图 3 可以看出，在环渤海地区，山东省的财政支出比重最大，1991 ~ 2011 年 21 年间，山东省财政支出比重均值为 28.68%，最大值出现在 1998 年，为 30.52%；最小值出现在 1991 年，为 27.35%。最大值与最小值仅相差约 3 个百分点，说明山东省财政支出占整个环渤海地区财政支出的比重非常稳定。支出比重排在第二位的是辽宁省，其 21 年间财政支出比重均值为 24.57%，最大值出现在 1992 年，为 29.23%；最小值出现在 2004 年，为 22.28%。最大值与最小值相差近 7 个百分点。从图 3 可以看出，辽宁省财政支出在整个环渤海财政支出中所占比重呈现出明显的下降趋势。支出比重排在第三位的是河北省，其 21 年间财政支出均值为 19.42%，最大值出现在 1993 年，为 22.03%；最小值出现在 2003 年，为 18.54%。其最大值与最小值的差为 3.49%，看似差距比较大，但是如果从 1995 年看起，则最大值为 20.23%，最小值为 18.54%，相差仅 1.69%。从图 3 中可以看出，河北省财政支出在环渤海财政支出中所占比重在 1995 年之后非常稳定。支出比重排在第四位的是北京市，其 21 年间的财政支出比重均值为 18.26%，最大值出现在 2004 年，为 21.49%；最小值出现在 1994 年，为 12.73%。最大值与最小值相差 8.76%，从图 3 也可以看出北京市财政支出比重变化最大。1991 ~ 1994 年，支出比重一直下降，到达最低值，之后保持明显的上升趋势，在 2004 年达到最大值，之后缓慢下降，并且在 2011 年被河北省超越。财政支出比重最低的是天津市，其 21 年间的均值为 9.07%，最大值出现在 2005 年，为 10.28%；最小值出现在 1993 年，为 7.94%。最大值与最小值相差仅 2.34 个百分点，从图 3 可以看出天津市的财政支出占比远低于其他地区的支出比重，并且非常稳定。

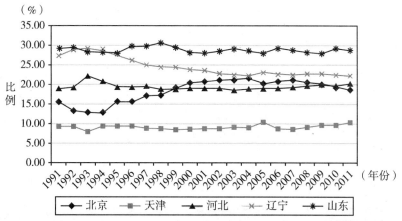

**图 3　各省（直辖市）财政支出占环渤海地区财政支出总额比重的变动趋势**

（2）个体层次分析。个体层次的分析主要分为 5 个部分，即分别针对北京市、天津市、河北省、辽宁省和山东省的分析。

① 北京市支出结构分析。图 4 为北京市各项财政支出占北京市财政支出总额的比重变动图。图 5 为北京市各项财政支出占环渤海地区该项财政支出总额的比重变动趋势。

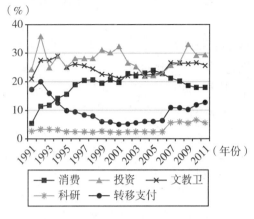

图4　北京市各项财政支出占北京市
财政支出总额的比重变动

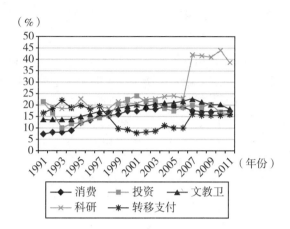

图5　北京市各项财政支出占环渤海地区
该项财政支出总额的比重变动趋势

由图4可以看出，北京市的财政支出中，比重最大的是投资性支出，1991～2011年21年间，平均支出比重为27.54%，2011年支出比重为29.40%，约占北京市财政支出总额的1/3。比重排在第二位的是文教卫支出，平均支出达24.42%，2011年支出比重为25.66%，约占北京市财政支出总额的1/4，并且所占比重比较稳定。比重排在第三位的是消费性支出，平均支出达18.40%，2011年支出比重达17.91%，略带低于平均水平。消费性支出表现出在2005年之后逐年下降。排在第四位的是转移支付支出，平均达9.63%，2011年支出比重更达到12.62%，在近些年表现出明显的上升趋势。支出比重最低的是科研支出，平均支出仅占3.29%，2011年支出比重为5.64%，在2005年之前一直保持稳定的低支出比重，2005年之后明显上升，且保持较高水平。

由图5可以看出，尽管北京市的财政支出个项目占北京市财政支出总额的比重差异较大，但是北京市各项财政支出在整个环渤海地区该项财政支出中作战比重却比较集中，尤其是在2007年之后，处科研支出外的四项支出在整个环渤海地区该项指出总额中所占比重基本趋同，在2011年，消费性支出、投资项支出、文教卫支出、转移支付支出所占比重分别为17.62%、16.04%、18.28%和15.69%，可以看出差异较小。值得注意的是，北京市科研支出占环渤海地区科研支出的比重在2007年大幅上升，达到环渤海科研总支出的42.09%，并在之后维持在这个水平。表现出北京市对科研支出的重视程度已经远远超过其他环渤海地区。

②天津市支出结构分析。图6为天津各项财政支出占北京市财政支出总额的比重变动图。图7为天津市各项财政支出占环渤海地区该项财政支出总额的比重变动趋势。

由图6可以看出，天津市的财政支出中，比重最大的是投资性支出，1991～2011年21年间，平均支出比重达37.05%，2011年支出比重达44.56%，约占北京市财政支出总额的1/2，并且保持明显的上升趋势。比重排在第二位的是文教卫支出，平均支出达22.81%，2011年支出比重为23.53%。虽然文教卫支出排在第二位，但是其支出比重仅为投资性支出的一半，所占比重比较稳定。比重排在第三位的是消费性支出，平均支出达14.89%，2011年支出比重达14.00%，略带低于平均水平。消费性支出表现出在2008年

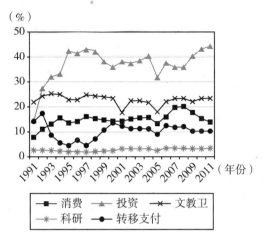

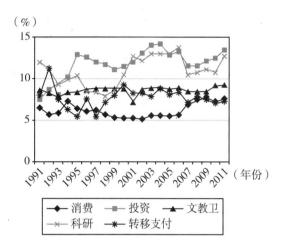

**图6　天津各项财政支出占北京市
财政支出总额的比重变动**

**图7　天津市各项财政支出占环渤海地区
该项财政支出总额的比重变动趋势**

之后逐年下降。排在第四位的是转移支付支出，平均达10.36%，2011年支出比重更达到10.53%，在近些年比较稳定。支出比重最低的是科研支出，平均支出仅占3.29%，2011年支出比重为2.70%，在且一直保持稳定的低支出比重，变动趋势不明显。

由图7可以看出，尽管天津市的财政支出个项目占北京市财政支出总额的比重差异较大，但是天津各项财政支出在整个环渤海地区该项财政支出中作战比重却比较集中，各项支出比重均集中在5%~15%之间。在2007年之后投资支出、文教卫支出占整个环渤海地区各项支出总额的比重呈现出明显的上升趋势。但是其所占比重仍低于15%，从整个环渤海地区来看，比重较低。而消费性支出和转移支付支出比较稳定，且比重接近，在2011年分别占7.62%和7.65%，在整个环渤海地区所占比重偏低。

③河北省支出结构分析。图8为河北省各项财政支出占北京市财政支出总额的比重变动图。图9为河北省各项财政支出占环渤海地区该项财政支出总额的比重变动趋势。

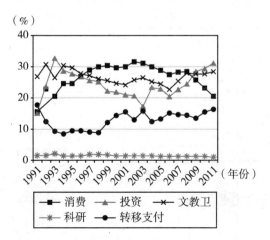

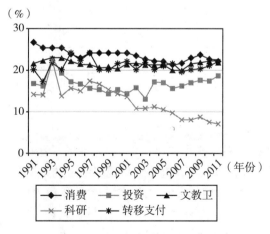

**图8　河北省各项财政支出占北京市
财政支出总额的比重变动**

**图9　河北省各项财政支出占环渤海地区
该项财政支出总额的比重变动趋势**

第二辑

57

由图 8 可以看出，河北省的财政支出，从平均情况来看，比重最大的是文教卫支出，1991~2011 年 21 年间平均支出比重达 26.77%，2011 年支出比重达 28.42%，不到河北省财政支出总额的 1/3，并且保持上升趋势。比重排在第二位的是消费性支出，平均支出达 26.62%，2011 年支出比重为 20.72%，消费性支出所占比重在 2007 年之后逐年下降。比重排在第三位的是投资性支出，平均支出达 24.42%，2011 年支出比重达 31.23%。投资性支出在 2006 年之后逐年上升，且在 2011 年所占比重占河北省财政支出比重的第一位。排在第四位的是转移支付支出，平均达 12.88%，2011 年支出比重达到 16.27%，在近些年呈现出比较明显的上升趋势。支出比重最低的是科研支出，平均支出仅占 1.41%，2011 年支出比重为 0.94%，远远低于北京市和天津市该项指出所占比重，且比重仍在不断下降。

由图 8 可以看出，与北京市和天津市相比，河北省各项财政支出在整个环渤海地区该项财政支出中作战比重却比较分散，各项支出比重均集中在 5%~30% 之间。在 2009 年之后投资支出、转移支付支出占整个环渤海地区各项支出总额的比重呈现出明显的上升趋势。而消费性支出、文教卫支出和科研支出则有下降趋势，其中科研支出从 1997 年开始就逐年下降，从 1997 年的 17.30% 下降为 2011 年的 7.03%，下降了超过 10 个百分点。

④ 辽宁省支出结构分析。图 10 为辽宁省各项财政支出占北京市财政支出总额的比重变动图。图 11 为辽宁省各项财政支出占环渤海地区该项财政支出总额的比重变动趋势。

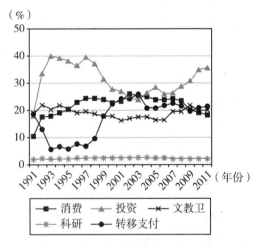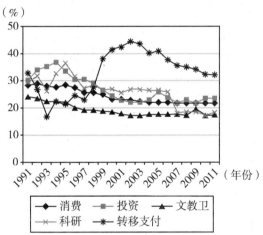

**图 10　辽宁省各项财政支出占北京市财政支出总额的比重变动**　　**图 11　辽宁省各项财政支出占环渤海地区该项财政支出总额的比重变动趋势**

由图 10 可以看出，辽宁省的财政支出中，比重最大的是投资性支出，1991~2011 年 21 年间，平均支出比重达 31.34%，2011 年支出比重达 35.88%，超过辽宁省财政支出总额的 1/3，并且近几年呈现出明显的上升趋势。比重排在第二位的是消费性支出，平均支出达 21.84%，2011 年支出比重为 18.21%，所占比重在最近几年逐年下降。比重排在第三位的是文教卫支出，平均支出达 19.02%，2011 年支出比重达 20.35%，总体上比较稳定。排在第四位的是转移支付支出，平均达 17.06%，2011 年支出比重更达到 21.38%，在近些年变动趋势不明显，比较稳定。支出比重最低的是科研支出，平均支出仅占

2.32%，2011 年支出比重为 2.23%，并且支出比重非常稳定。

　　由图 11 可以看出，除转移支付支出外，辽宁省其他 4 项财政支出在整个环渤海地区该项财政支出中比重却比较集中。其中投资性支出、文教卫支出和消费性支出在 1999 年之后均比较稳定，科研支出则在 2006 年出现了显著的下降，在此之前辽宁省财政支出比重占环渤海地区科研支出比重接近 30%，但是 2006 年之后，比重降到 20% 以下，这主要是因为在 2006 年，北京市的科研支出骤增。另外，和其他地区的稳定比重转移支付支出相比，辽宁省的转移支付支出占整个环渤海地区的比重在 2003 年之前不断增加，在之后则不断下降，并且下降势头还在继续。尽管如此，2011 年，辽宁省的转移支付支出占整个环渤海转移支付支出总额的比重仍在 30% 以上。

　　⑤ 山东省支出结构分析。图 12 为山东省各项财政支出占北京市财政支出总额的比重变动图。图 13 为山东省各项财政支出占环渤海地区该项财政支出总额的比重变动趋势。

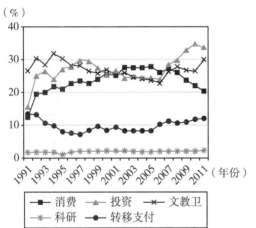

**图 12　山东省各项财政支出占北京市财政支出总额的比重变动**

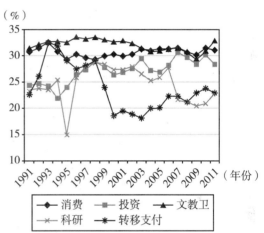

**图 13　山东省各项财政支出占环渤海地区该项财政支出总额的比重变动趋势**

　　由图 12 可以看出，山东省的财政支出项目中的消费性支出、投资项支出和转移支付支出 1991～2011 年 21 年间的排列比重顺序发生的较大的变化。在 1996 年之前，文教卫支出所占比重排在第一位，然后是投资性支出，接着是消费性支出；1997～2006 年，支出比重排序变动比较大，消费性支出甚至占第一位；2007 年之后，投资性支出逐渐上升，成为比重最大的支出，然后是转移支付支出，消费性支出再一次成为三者中比重最低的支出，并且所占比重还在持续下降。除此之外，比重排在第四位的是转移支付支出，平均支出达 9.70%，2011 年支出比重达 12.02%，比重缓慢提升。排在第五位的是科研支出，平均达 1.91%，2011 年支出比重更达到 2.17%，在近些年变动趋势不明显，比较稳定。

　　由图 13 可以看出，除了消费性指出和转移支付支出占环渤海地区这两项总支出的比重比较稳定外，其他三项指出变动非常剧烈。其中投资性支出比重的变动存在上升的趋势，另外两项支出则总体上呈现下降趋势，其中科研支出在 2007 年出现了大幅下降，原因是北京市科研支出的骤增。另外，从整体上看，山东省的财政支出项目在整个环渤海地区的支出项目总额中所占比重比较高。

## （二）模型估计分析

我们采用个体固定效应变系数回归模型，对财政支出规模和结构对经济增长的影响进行实证分析，分别得到五个个体的模型，另外采用个体固定效应联合模型来得到整个环渤海地区的情况，因此总共需要 6 个模型，一个用来研究整个环渤海地区的情况，然后利用另外 5 个模型分别对 5 个地区进行分析。模型具体形式如下。

个体固定效应变系数模型：

$$LnY_{it} = c + c_i + \beta_{1i}LnL_{it} + \beta_{2i}LnK_{it} + \alpha_{2i}(LnG_{xf})_{it} + a_{2i}(LnG_{tz})_{it} + \alpha_{3i}(LnG_{wjw})_{it}$$
$$+ \alpha_{4i}(LnG_{ky})_{it} + \alpha_{5i}(LnG_{zy})_{it} + \mu^{it} \quad (i = 1, 2, \cdots, 5; t = 1, 2, \cdots, 21)$$

固定效应联合模型：

$$LnY_{it} = c + \beta_1 LnL_{it} + \beta_2 LnK_{it} + \alpha_1(LnG_{xf})_{it} + \alpha_2(LnG_{tz})_{it} + \alpha_3(LnG_{wjw})_{it}$$
$$+ \alpha_4(LnG_{ky})_{it} + \alpha_5(LnG_{zy})_{it} + \mu_{it} \quad (i = 1, 2, \cdots, 5; t = 1, 2, \cdots, 21)$$

1. 估计结果分析。本文利用 EViews 6.0 对模型进行回归，估计结果见表 1。

表 1 模型估计结果

| 变量 \ 地区 | 北京市 | 天津市 | 河北省 | 辽宁省 | 山东省 | 环渤海 |
|---|---|---|---|---|---|---|
| c | 0.454378 | 0.454378 | 0.454378 | 0.454378 | 0.454378 | 2.076082 |
| K | 0.598663 | 0.632633 | 0.773701 | 0.62125 | 0.748954 | 0.541568 |
| L | 0.238907 | − 0.3941 | − 0.32524 | − 0.14942 | 0.821376 | − 0.160796 |
| $G_{xf}$ | 0.00336 | 0.022587 | 0.061448 | 0.021442 | 0.012547 | 0.0141912 |
| $G_{tz}$ | 0.083992 | 0.083534 | 0.104054 | − 0.03684 | 0.057982 | 0.101825 |
| $G_{wjw}$ | 0.126276 | 0.12733 | 0.042673 | 0.081821 | 0.052399 | 0.058620 |
| $G_{ky}$ | 0.074176 | 0.04163 | 0.06389 | 0.09314 | 0.074853 | 0.073478 |
| $G_{zy}$ | − 0.00697 | − 0.03365 | − 0.05669 | − 0.0178 | 0.084128 | − 0.035941 |
| 个体固定效应 | | | | | | |
| $c_i$ | − 1.06001 | 1.783151 | 3.209624 | 1.941799 | − 5.87457 | — |

在对个体进行分析之前，先看整个环渤海地区的情况。从整个环渤海地区的情况来看，投资性支出的产出弹性最大，为 0.1018，投资性支出对经济增长的影响是非常显著的。产出弹性排在第二位的是科研支出，为 0.0734，稍微低于投资性支出。本文的科研支出包括科技三项费用、科学事业费，这两项费用对于提升科技水平和提高劳动生产率效果显著，从而能在很大加速经济的发展。排在第三位的是文教卫支出，弹性为 0.05862。排在第四位的是消费性支出，产出弹性为 0.01419。本文中研究的消费性支出为剥离出科

教文卫支出的纯消费性支出，由回归结果可以看出消费性支出尽管是非生产性支出，看似一次性消费掉了，但实际上却对经济增长有正向影响。最后是转移支付支出，产出弹性为 -0.035941，说明转移支付支出对经济增长会产生负效应，但是转移支付的目标本质上是实现社会公平，而负效应可以看成是追求社会公平的成本。

从估计结果可以，在北京市的财政支出项目中，文教卫支出的产出弹性最大，为0.1263，文教卫支出对经济增长的影响是非常显著的；产出弹性排在第二位的是投资支出，为0.0840；排在第三位的是科研支出，为0.0742。这三项支出是北京市的财政支出中对经济增长影响最大的三项支出，至于消费性支出和转移支付支出，对经济增长只能产生微小影响，甚至转移支付对经济增长影响为负。

天津市的财政支出项目中，同样是文教卫支出、投资性支出和科研支出排在前三位，产出弹性分别为0.1273、0.0835和0.0416。这三项支出同样是影响天津市经济增长的主要因素。与北京市不同的是，天津市的消费性支出对经济的增长影响更大，产出弹性为0.0226，说明消费性支出（本文指分离出文教卫支出和科研支出后的纯消费性支出）对经济增长也能产生拉动作用。另外，天津市的转移支付支出为负，且负效应比北京市大。

河北省的情况与北京和天津的情况不同，在所有财政支出项目中，投资性支出的产出弹性最大，为0.1041；其次是科研支出，为0.0639；接着是消费性支出，为0.0614；而文教卫支出仅排在第四位，产出弹性为0.0427；最后是转移支付支出，为 -0.0567。可以看出，河北省的文教卫支出对经济增长的影响并不显著，反而是投资性支出对经济增长影响最大。这是由于与北京市和天津市相比，河北省基础建设投资不足，因此投资性支出对经济增长的边际贡献更大一些。

辽宁省的情况又呈现出新的特点：在所有财政支出项目中，科研支出产出弹性最大，为0.09314；文教卫支出次之，为0.0818；然后是消费性支出、转移支付支出和投资性支出。可以看出，辽宁省的科研支出和文教卫支出是辽宁省经济增长的主要推动力，而投资性支出却对经济增长产生负效果。

山东省的情况更特殊一些，在所有财政支出项目中，转移支付的产出弹性最大，为0.0841；其次是科研支出、投资性支出和文教卫支出，产出弹性分别为0.0580、0.0524和0.0749；最后是消费性支出，产出弹性为0.0125。山东省是唯一一个所有支出项目对经济增长都会产生正效应的省（直辖市），并且值得注意的是山东省的转移支付支出对经济增长的影响最大，这是在其他地区都没有出现过的情况。

从个体固定效应可以看出，北京和山东的经济自发增长率低于整个环渤海地区的平均水平，河北省、辽宁省和山东省则高于整个环渤海地区的平均水平。我们认为北京市和山东省的经济自发增长率低的原因是因为这两个地区自身的经济发展水平远高于其他地区，这使得自发的经济增长更加困难。

2. 实际支出与最优支出对比分析。表2为最优支出规模和结构的比较分析表，其中G为财政支出总额；$G_{xf}$为消费性支出；$G_{tz}$为投资性支出；$G_{wjw}$为文教卫支出；$G_{ky}$为科研支出；$G_{zy}$为转移支付支出。每一个地区都有产出弹性比重和实际支出比重两行数据。其中除了G列，产出弹性比重均是指某项财政支出的产出弹性占财政支出总额产出弹性的比重，而G列的产出弹性指的是实际产出弹性，不是比重。除G例外，实际支出比重是指某项财政支出占总支出的比重，而 G 列的实际支出比重是指实际支出占地区总产值的比重。另外，实际支出比重所计算的是 2011 年的财政支出占 GDP 得比重和各项财政支出占总支出的比重。

表2　　　　　　　　　　　最优支出规模和结构的比较分析　　　　　　　　　单位:%

| 地区 | 比重 | G | Gxf | Gtz | Gwjw | Gky | Gzy |
|------|------|------|------|------|------|------|------|
| 北京 | 产出弹性 | 28.08 | 1.20 | 29.91 | 44.96 | 26.41 | −2.48 |
| | 实际支出 | 19.97 | 17.91 | 29.40 | 25.66 | 5.64 | 12.62 |
| 天津 | 产出弹性 | 24.14 | 9.36 | 34.60 | 52.74 | 17.24 | −13.94 |
| | 实际支出 | 15.89 | 14.00 | 44.56 | 23.53 | 3.35 | 10.53 |
| 河北 | 产出弹性 | 21.54 | 28.53 | 48.31 | 19.81 | 29.66 | −26.32 |
| | 实际支出 | 14.43 | 20.72 | 31.23 | 28.42 | 0.94 | 16.27 |
| 辽宁 | 产出弹性 | 14.18 | 15.13 | −25.99 | 57.72 | 65.70 | −12.56 |
| | 实际支出 | 17.57 | 18.21 | 35.88 | 20.35 | 2.23 | 21.38 |
| 山东 | 产出弹性 | 28.19 | 4.45 | 20.57 | 18.59 | 26.55 | 29.84 |
| | 实际支出 | 11.03 | 20.44 | 33.78 | 29.98 | 2.17 | 12.02 |
| 环渤海 | 产出弹性 | 21.22 | 6.69 | 47.99 | 27.63 | 34.63 | −16.94 |
| | 实际支出 | 14.61 | 18.87 | 34.03 | 26.05 | 2.70 | 14.93 |

　　根据第三部分的理论模型我们得出两个结论：一是使经济增长率最大的财政支出占产出的比重应等于财政支出的产出弹性。二是经济增长率最大化时，各项财政支出占财政总支出的比重应等于各项财政支出的产出弹性比重。下面根据这两个理论来分析环渤海地区的财政支出规模和结构是否达到最优。

　　由表5可以看出，整个环渤海地区的财政支出占GDP的比重（14.61%）低于财政支出的产出弹性（21.22%），说明环渤海地区的财政支出不足，未达到最优的财政支出规模。

　　从结构方面来看，在产出弹性为正的支出项目中，除消费性支出占财政支出的比重（18.87%）高于产出弹性比重（6.69%）外，其他各项支出占总支出的比重均低于其各自的产出弹性，说明环渤海地区财政支出中的消费性支出过量，但这里所讲的消费性支出又是维持政府基本管理职能的必要支出，不可能无限压缩这部分支出，因此应该在不影响政府基本职能的情况下，尽量压缩消费性支出。另外，从环渤海地区消费性支出的变动趋势图上可以看出，消费性支出所占比重正逐年下降，所以可以预期，消费性支出过量的问题会逐渐得到解决。

　　接下来分析投资性支出、科研支出和文教卫支出不足的情况。首先，投资性支出不足，根据其产出弹性所确定的最优支出规模为47.99%，但是实际支出比重仅为34.03%，相差近14个百分点，因此环渤海整体应进一步加大投资性支出规模。其次，文教卫支出略微不足。可以看出文教卫支出的实际支出比重（26.05%）仅仅略微低于其最优支出规模（27.63%），所以，环渤海地区的文教卫支出规模非常合适，基本上已经达到最优支出规模。最后，科研支出严重不足。环渤海地区的科研支出比重非常低（2.70%），并且多年来一直非常稳定，但是根据产出弹性确定的科研支出的最优支出规模应该为34.63%，因为科研支出可以显著提高劳动身产率和科技水平，促进经济发展。但是经过比较，环渤海地区这项支出的实际支出规模与其对经济增长的影响极不成比例，因此环渤海地区应该有针对性使财政支出向科研支出倾斜。

接下来进行个体情况的分析。首先来看北京市的情况。从支出规模上来看，北京市实际财政支出规模为19.97%，而最优财政支出规模为28.08%，可以看出北京市的财政支出规模严重不足。从结构来看，北京市的消费性支出严重过量，投资性支出基本达到最优水平水平，文教卫支出和科研支出不足。接下来看天津市的情况。从支出规模上来看，天津市实际财政支出规模为15.89%，而最优财政支出规模为24.14%，可以看出天津市财政支出规模也不足。从支出结构方面来看，天津市消费性支出过量，但是与最优财政支出规模的差距并不像北京市那样大，也就是说，消费性支出过量，但是情况没有北京严重。天津市的投资性支出过量，且实际支出比重超过最优比重近10个百分点。天津市的文教卫支出和科研支出不足，文教卫支出过量，科研支出严重不足。接下来是河北省的情况，从支出规模上来看，河北省的财政支出规模也不足，且低于最优财政支出规模近7个百分点。从支出结构来看，河北省的消费性支出、投资性支出和科研支出都不足，河北省的科研支出比重在环渤海地区是最低的，仅为0.94%，远低于最优指出规模（29.66%）。除此之外，还需要注意河北省的文教卫支出是过量的。接下来是辽宁省，从支出规模上来看，辽宁省财政支出规模过量，这是5个地区中唯一一个。另外，辽宁省的消费性支出也是过量的，而文教卫和科研支出不足。最后是山东省的情况，从支出规模来看，山东省支出规模不足，消费性支出、投资性支出和文教卫支出军过量，科研支出和转移支付支出不足。

从支出项目上看，消费性支出普遍过量，只有河北省的消费性支出表现出不足的特点。投资性支出中，除去产出弹性为负的辽宁省，其余四个省（直辖市）中，北京市的投资性支出基本达到最优，天津市和山东省的投资性支出过量，河北省支出不足。文教卫支出中，北京市、天津市、辽宁省支出不足，河北省和山东省支出过量。科研支出中，总体上都表现出严重不足的情况，其中河北省和辽宁省情况最严重。最后是转移支付支出，只有山东省的产出弹性为正，表现为支出不足。

表3是对实际财政支出规模的过量和不足情况进行统计所得到的汇总表，其中将财政支出情况划分为5个层次——基本最优、不足、过量、严重不足和严重过量。"基本最优"是指实际支出比重与最优比重相差不超过2%，"不足"是指实际支出低于最优规模2%~10%，"过量"是指实际支出高于最优支出2%~10%，"严重不足"是指实际支出低于最有规模10%以上，"严重过量"是指实际支出超过最有支持10%以上。对产出弹性为负的项目，没有进行分类。通过对实际支出情况的分类可以更直观地看出环渤海地区财政支出规模与结构是否达到最优以及与最优情况的差距。

表3　　　　　　　　　　财政支出规模和结构情况汇总

| 地区 | G | $G_{xf}$ | $G_{tz}$ | $G_{wjw}$ | $G_{ky}$ | $G_{zy}$ |
|------|-----|---------|----------|-----------|----------|----------|
| 北京 | 不足 | 严重过量 | 基本最优 | 严重不足 | 严重不足 | — |
| 天津 | 不足 | 过量 | 过量 | 严重不足 | 严重不足 | — |
| 河北 | 不足 | 不足 | 严重不足 | 过量 | 严重不足 | — |
| 辽宁 | 过量 | 过量 | — | 严重不足 | 严重不足 | — |
| 山东 | 严重不足 | 严重过量 | 严重过量 | 严重过量 | 严重不足 | 严重不足 |
| 环渤海 | 不足 | 严重过量 | 严重不足 | 基本最优 | 严重不足 | — |

# 六、结　　论

根据以上的分析，得出以下几点结论：

第一，环渤海地区总体财政支出规模不足，局部地区支出过量。环渤海地区最优财政支出规模为21.22%，但是环渤海地区2011年实际财政支出规模为14.61%，低于最优支出规模。从环渤海各地区来看，北京市、天津市和河北省的财政支出不足，距离最优支出规模的差距分别为8.12%、8.26%和7.11%，可见这三个地区财政支出不足的程度接近。山东省的财政支出总体规模严重不足，左右财政支出规模和实际支出规模相差17.16%，而山东省2011年实际财政支出规模仅为11.03%，说明山东省的支出不足情况更加严重。除此之外，值得关注的是，辽宁省是整个环渤海地区唯一一个财政支出过量的地区，实际支出超过最优支出规模3.40个百分点。由此可见，现阶段加大财政支出规模利于环渤海地区的经济增长，但是也需要注意，要有针对性的加大支出不足和严重不足地区的财政支出规模，对于财政支出过量的局部地区，应该压缩财政支出规模。

第二，财政支出结构不合理。2011年，环渤海地区除转移支付支出外的四项财政支出中，文教卫支出基本上达到最优，但是其他三项支出不是严重过量就是严重不足，说明财政支出结构相当不合理。从各个省（直辖市）的情况来看，山东省的支出结构问题最严重。2011年，五项财政支出都是严重过量或者严重不足，其中消费性支出、投资性支出、文教卫支出、科研支出和转移支付支出与最优支出规模的差距均在10%以上，分别为15.99%、13.21%、11.40%、−24.38%和−17.82%，差距过大，不利于经济发展。其他地区虽然不如山东省问题严重，但是也确实存在着支出严重过量或严重不足的问题。有针对性的调整财政支出在各个支出项目上的分配，向最优规模倾斜，是环渤海各地区需要提上日程的紧要问题。

第三，科研支出严重不足。虽然每项财政支出都存在过量和不足的问题，但是科研支出项目支出严重不足的问题需要引起重视。不仅整个环渤海地区该项支出严重不足，环渤海内部的各个省（直辖市）的该项支出都存在严重不足的问题。2011年，整个环渤海地区的该项支出与最优支出的差距为31.93%，北京、天津、河北、辽宁和山东的差距分别为：20.77%、13.89%、28.72%、63.47%和24.38%，其中辽宁省的差距最大。如此大的差距的原因是：科研支出对经济增长的正效应非常大，且环渤海地区该项支出比重非常低。另外，环渤海地区的该项指出占财政支出的比重非常稳定，所以需要政府有意识的加大科研支出，促进经济更好更快发展。

## 参考文献

［1］付文林、沈坤荣：《中国公共支出的规模与结构及其增长效应》，《经济科学》2006 年第 1 期。

［2］刘卓珺、于长革：《公共投资的经济效应及其优规模分析》，《经济科学》2006 年第 1 期。

［3］马拴友：《政府规模与经济增长：兼论中国财政的最优规模》，《世界经济》2000 年第 11 期。

［4］齐福全：《地方财政支出与经济增长关系的实证分析——以北京为例》，《经济科学》2007 年第 3 期。

［5］杨友才、赖敏晖：《我国最优政府财政支出规模——基于门槛回归的分析》，《经济科学》2009 年第 2 期。

［6］张军等：《中国省际物质资本存量估算：1952～2000》，《经济研究》2004 年第 10 期。

［7］张明喜、陈志勇：《促进我国经济增长的最优财政支出规模研究》，《财贸经济》2005 年第 10 期。

［8］庄子银、邹薇：《公共支出能否促进经济增长：中国的经验分析》，《管理世界》2003 年第 7 期。

［9］Barro, Robert J.. Government spending in a simple model of endogenous growth. Journal of Political Economy, 1990, 98: 103 – 125.

［10］Capolupo. Output taxation, human capital and growth. The Manchester School, 2000, 68: 166 – 183.

［11］Devarajan S., Swaroop V. Zou H.. The composition of public expenditure and economic growth. Journal of Monetary Economics, 1996, 37: 313 – 344.

［12］Kei Hosoya. Tax financed government health expenditure and growth with capital depending externality. Economics Bulletin, 2003, 5: 1 – 10.

［13］William F. Blankenau, Nieole B. SimPson & Marc Tomljanovich. Public education expenditures, taxation, and growth: linking data to theory. The American Economic Review, 2007, 97: 393 – 397.

# 长三角地区科教文卫事业支出规模、结构对经济增长影响的实证分析

杨天添[*]

【摘要】本文研究了 1998～2011 年长江三角洲地区科教文卫事业支出规模、结构对经济增长的影响。在对长江三角洲科教文卫事业支出规模、结构变动与经济增长的描述分析的基础上，运用 Panneldata 模型中的固定效应模型，实证分析结果显示：长江三角洲科教文卫事业支出规模对经济增长存在显著的促进作用，且其边际效应在三省市之间存在显著的差异；该区域科教文卫事业支出结构特点在一定程度上影响其对经济增长的作用，除医疗卫生支出和科学事业支出外，教育和文化传媒事业支出对经济增长都具有显著正效应；由于长江三角洲三省市的教育事业支出都在四项事业支出中始终保持最大比重，因此教育事业支出对经济增长的边际效应大于文化与传媒事业支出。

【关键词】长江三角洲地区 经济增长 科教文卫事业支出

## 一、引 言

长江三角洲位于我国东部沿海开放带和沿江产业密集带的交汇部，地跨上海市和苏浙两省。改革开放 30 多年来，长江三角洲各城市经济都有了长足的发展，已形成了以上海为中心，南京、杭州为副中心，大中小城市体系齐全，城乡发展比较协调，经济实力强，社会、文化发展水平高的城市群。长三角地区在全国的经济地位明显提升，2012 年 GDP 总量逼近 9 万亿元，达 89951 亿元，占全国 GDP 总量的 17.3%；公共财政预算收入突破 1 万亿，达 10355 亿元，占全国 GDP 总量的 11.5%，占全国财政收入的 8.83%。随着经济快速发展，该地区财政支出规模也不断扩大。1998 年长三角财政支出规模为 1181.759 亿元，2011 年为 13979.19 亿元，增长了近 10.83 倍。

1998 年，国家提出建立"公共财政基本框架"的目标，开始"转变财政职能，优化支出结构"。从此，长三角地区也开始注重优化财政支出结构，着力解决就医就学等民生问题。随着科教兴国、人才强国战略的提出，长三角地区增加了对科教事业支出，比如，2003 年上海市将新增财力用于落实"科教兴市"建设；浙江省根据"科教兴省"战略和建设"文化大省"的相关资金投入政策，省财政对科教两部门及文化传播等单位预算以 2002 年支出数为基础按 12.8% 的比例增长安排。2007 年，人才强国战略的实施也进入全面推进的新阶

---

* 杨天添，女，1990 年生，中央财经大学财政学院 2013 级硕士研究生，研究方向：资产评估、财税理论与政策。

段。长三角地区财政支出政策也加大对文教科学事业支持，如 2007 年浙江省加大财政对科教文卫事业的投入，使事业发展支出在全省财政支出中比重上升为 58.2%。

综上所述，在长三角地区经济较快增长的阶段，该地区的科教文卫事业支出规模与结构也发生了较大变化。那么长三角地区科教文卫事业支出规模与结构对该区域经济增长的影响如何？这种影响在该区域内部是否具有地区差异？对这些问题的研究有助于探明在区域经济视角下科教文卫等非生产性财政支出对经济增长影响的机制，为优化区域经济财政支出规模与结构提供实证检验。

## 二、文献综述

国外学者针对财政支出规模对地区经济增长影响的实证研究发现，财政支出根据不同种类的划分有可能使财政支出规模与经济增长呈现不同的相关关系，而属于非生产性支出或社会消费支出的科教文卫事业支出对经济增长产生负影响。Landau（1986）利用 65 个发展中国家 1960～1980 年的数据研究发现，公共支出尤其是消耗性支出对经济增长产生负影响；Barro（1990）把财政支出纳入内生经济增长模型，建立了以公共支出为中心的内生增长模型，从一般的均衡分析框架出发，将财政支出项目划分为非生产性财政支出和生产性财政支出，其实证结论表明，前者对人均 GDP 产生显著的负影响，后者对人均 GDP 产生统计上不显著的正影响。国外学者实证研究还发现，科教文卫事业支出对经济增长影响还受到其他外生因素影响。Blankenau 和 Simpson（2004）把人力资本分为公共和私人投资两部分，并将此引入到内生经济增长模型中发现，公共教育支出对经济增长的影响受到政府支出水平、生产技术水平以及税收等因素的影响。同时，按不同种类划分的财政支出结构变化对经济增长影响也呈现不同的相关关系，而属于非生产性支出的科教文卫支出与经济增长正相关。Devarajan，Swaroop 和 Zou（1996）对 43 个发展中国家 1970～1990 年的数据研究发现，传统的生产性财政支出在总支出中的比例与经济增长负相关，而政府部门的非生产性支出在总支出中的比例与经济增长正相关。

国内学者实证研究所得出的结论，虽然有部分与国外学者相似，即认为财政支出规模、结构对经济增长影响的结论会因研究对象划分和期限的不同而不同，但大多学者研究发现科教文卫支出对经济增长产生正面影响。马拴友（2003）通过实证研究发现，基本建设支出、行政管理支出等财政支出对经济增长产生负影响，而科技三项费用、文教支出、工商部门事业费等财政支出对经济增长产生正影响。曾媚红（2005）利用我国 1980～2000 年各项数据采用 Barro 的最优税收结构框架分析经济增长中的最优财政支出结构，研究发现行政管理支出对经济增长具有负面影响，而科教文教支出和国防支出对经济增长具有正面影响。

由上述可以看出，关于科教文卫事业支出规模与结构对经济增长的影响仍然没有定论，但经过长期的理论与实证研究，学术界在一定程度上达成一些共识：科教文卫等非生产性支出通过积累人力资本、促进技术进步等途径对经济增长起到间接诱导作用。

国内学者的以上分析大多基于全国所有省市的面板数据，而且对科教文卫事业支出的分析都是纳入所有财政支出之中一起分析，很少利用省际面板数据单独研究某一经济区域内的科教文卫事业支出规模、结构对该区域经济增长的影响，以及这种影响的区域共性和地方个性。我国在 1998 年提出建立"公共财政基本框架"的目标，开始"转变财政职能，优化支出结构"，各省市对科教文卫事业支出出现新变化。而作为我国经济社会发展高水平地区的长三角地区，在我国区域经济中具有较高地位，其科教文卫事业支出对经济增长的影响具有典型性。基于以上思考，本文将通过对 1998～2011 年长江三角洲地区上海、江苏和浙江三个省市的面板数据进行实证研究，并试图分析该区域科教文卫事业支出规模、结构对经济增长的影响，以及这种影响的区域共性与地方个性。本文结构如下：第三部分主要从数据处理、指标选择及模型构建角度，介绍本文的研究思路；第四部分将进行实证分析并阐述分析结果；第五部分给出本文的结论。

# 三、研 究 思 路

本文的研究目的是实证分析 1998～2011 年长江三角洲地区科教文卫事业支出规模、结构对经济增长的影响，并试图发现这种影响的区域共性和地区个性。

本文首先对 1998～2011 年上海、江苏和浙江三个地区科教文卫事业支出规模、结构变化特征与经济增长的关系进行描述分析，并初步研究该地区科教文卫事业支出结构的变化特征，为下文计量分析做准备。公共支出规模是一定财政年度内公共支出的总额，其衡量指标主要有绝对量和相对量两种指标。由于长三角地区三省市经济社会差别较大，若使用绝对量指标，将受到较多其他因素干扰。同时，为了能够动态反映三省市四项事业支出规模增长变化特征，因此本文采用人均 GDP 弹性系数的相对指标，来反映长三角地区科教文卫事业支出的规模变化；而经济增长则用人均 GDP 增长率来反映。同时，本文选择长三角地区三省市各项事业支出占四项事业支出总和的比重变化，来反映科教文卫事业支出的结构变化。由于该地区三省市人口差异加大，本文用各省市人口占区域总人口的比重为权重，对三省市各项事业支出占四项事业支出总和的比重进行修正，从而试图更准确地刻画出长三角地区各省市科教文卫事业支出结构变化特征。

本文利用 1998～2011 年属于长江三角洲地区的上海、江苏、浙江三省市的国内生产总值和科教文卫事业财政支出组成的面板数据进行模型分析。首先，考虑到长江三角洲三个地区存在较大的经济社会差异性，本文用人均指标来表示四项事业支出和经济增长。因为在我国目前的户籍制度下，一个地区的公共服务主要覆盖有该地区的户籍人口，所以本文采用户籍人口来求取各项人均指标。对上海、江苏和浙江的国内生产总值（万元）除以各自的户籍人口（万人）得到人均国内生产总值（RJGDP）；加总每个地区各年科教文卫事业费用（万元）后除以相应的户籍人口（万人）得到人均四项事业支出（RJGZH）代表财政支出规模。随后，计算三省市科教文卫四项事业各自的人均支出并分别用 RJKJ、RJJY、RJWC 和 RJWS 表示。

本文的模型构建以内生增长理论为基础，将财政支出引入柯布—道格拉斯生产函数：

$$GDP = AK^{\alpha}L^{\beta}G_0^{\gamma 0}G^{*\gamma 1} \tag{1}$$

$$GDP = AK^{\alpha}L^{\beta}G_0^{\lambda 0}G_1^{\lambda 1}G_2^{\lambda 2}G_3^{\lambda 3}G_4^{\lambda 4} \tag{2}$$

在式（1）和式（2）中，K 表示资本投入；L 表示劳动投入；$G_0$ 表示其他财政支出；

$G^*$ 表示科教文卫四项事业支出总和；$G_1$、$G_2$、$G_3$ 和 $G_4$ 分别表示教育事业、科学事业、文化传媒事业和医疗卫生事业支出。为缓解式（1）和式（2）可能存在的异方差问题，对式（1）和式（2）进行对数变换，分别得到财政支出规模和结构对经济增长影响效应分析的 Paneldata 模型：

$$LnGDP_{it} = C_{it} + \alpha_i LnK_{it} + \beta_i LnL_{it} + \gamma_{0i} LnG_{0it} + \gamma_{1il} LnG_{it}^* + \varepsilon_{it} \qquad (3)$$

$$LnGDP_{it} = C_{it} + \alpha_i LnK_{it} + \beta_i LnL_{it} + \lambda_{0i} LnG_{0it} + \lambda_{1il} LnG_{it}^1 + \lambda_{2it} LnG_{it}^2 + \lambda_{3it} LnG_{it}^3$$
$$+ \lambda_{4it} LnG_{it}^4 + \varepsilon_{it} \qquad (4)$$

为了研究长三角地区科教文卫事业支出规模、结构对经济增长的影响，本文将资本投入（K）、劳动投入（L）和其他财政支出（$G_0$）视为外生变量，因此式（3）和式（4）变为：

$$LnGDP_{it} = C_{it}^* + \gamma_{1i} LnG_{it}^* + \mu_{it} \qquad (5)$$

$$LnGDP_{it} = C_{it}^* + \lambda_{1i} LnG_{it}^1 + \lambda_{2i} LnG_{it}^2 + \lambda_{3i} LnG_{it}^3 + \lambda_{4i} LnG_{it}^4 + \mu_{it} \qquad (6)$$

长三角地区科教文卫事业支出规模、结构对经济增长的影响随时间变化很可能发生结构变化，而且该区域三省市经济社会差异鲜明，故选择既有个体影响又有结构变化的个体时间固定效应变系数模型：

$$y_{it} = \alpha + \alpha_i^* + \gamma_t + \beta_{it} x_{it} + \mu_{it} \quad (i = 1, 2, \cdots, N; t = 1, 2, \cdots, T)$$

试图通过该模型中的截距项 $\alpha_i^*$ 来表示个体差异，时期个体衡量 $\gamma_t$ 反映时期对经济增长特有的影响。

考虑到 GDP 的滞后效应，因此在四项事业支出规模对经济增长影响的模型中加入滞后一期的 GDP 变量。同时，由描述分析可知，该区域科教文卫事业支出规模对经济增长影响可能存在滞后效应，因此，本文研究长三角地区科教文卫事业支出规模对经济增长影响的 Paneldata 模型为：

$$LnRJGDP_{it} = \alpha + \alpha_i^* + \gamma_t + \beta_{1i} LnRJGDP_{it-1} + \beta_{2i} LnRJGZH_{it-1} + \beta_{3i} LnRJGZH_{it} \qquad (7)$$

而长三角地区科教文卫事业支出结构对经济增长影响的 Paneldata 模型为：

$$LnRJGDP_{it} = \alpha + \alpha_i^* + \gamma_t + \beta_1 LnRJJY_{it} + \beta_2 LnRJKJ_{it} + \beta_3 LnRJWC_{it} + \beta_4 LnRJWS_{it} \qquad (8)$$

# 四、实证分析

## （一）长江三角洲地区科教文卫事业支出规模、结构变动特征与经济增长的描述分析

1. 长江三角洲地区科教文卫事业支出规模与经济增长的描述分析。1998～2011 年，长江三角洲地区的科教文卫事业财政支出规模可以大致分为三个阶段，如图 1 所示。

第一阶段是 1998～2002 年，长三角三个地区的科教文卫事业财政支出规模呈现"一波三折"的特点：先下降、后上升随后又出现下降并回落到 1999 年的支出规模水平，此

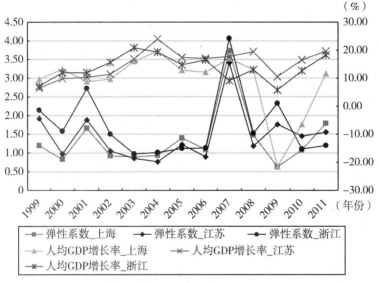

图1  1998~2011年长三角地区科教文卫事业支出增长的
弹性系数与人均GDP年增长率

间变动幅度较大。但该阶段长三角地区财政支出规模弹性系数都保持在1以上，说明此阶段该区域四项事业人均支出增长的速度快于人均GDP增长速度，规模增长速度较快。这是因为在此阶段长三角地区为了响应国家"建立公共财政"政策，开始注重优化财政支出结构，着力解决民生问题。其次，在此阶段，该区域的四项事业支出弹性系数在地区之间差距较大。从弹性系数的平均数看，三地排名从高到低分别为浙江、江苏和上海。同时在第一阶段，长三角地区人均GDP增长率稳中有升并维持在10%左右，且从三地的平均数看，增长最快的是浙江，其次依次是上海和江苏。

第二阶段是2003~2006年，该地区的科教文卫事业财政支出规模受上阶段下降趋势影响后，开始在较低位趋稳并大体上围绕数值1附近波动，且三个地区差距不大，说明在该阶段长三角地区科教文卫四项事业支出增长的速度大致与GDP增长速度相当。而在2003~2006年，该地区人均GDP增长速度加快，三地平均数从第一阶段的10.49%上升到第二阶段的17.27%。由于该阶段人均GDP增长速度加快，因此四项事业支出虽然相对规模增长有所放缓，但在绝对量上是有所增加的。其次，虽然第一阶段的四项事业人均支出增长速度在人均GDP之上，但人均GDP增长速度在第二阶段才显现出明显上升趋势，在一定程度上说明了四项事业支出对经济增长的影响可能具有滞后效应。

第三阶段是2007~2011年。在该阶段中，除了上海市在2009年的弹性系数低于1外，其他省份都在1以上，且区域平均数为2.08，说明长三角地区在此阶段公共支出增长的速度总体上仍然保持在GDP增长速度之上。2007年，长三角地区四项事业支出弹性系数有大幅提高，增长幅度260%左右。这是由于2007年人才强国战略实施进入全面推进的阶段，长三角地区财政支出政策开始加大对科学文教事业支出。如2007年浙江省科教文卫事业发展支出占全省财政支出比重上升为58.2%，弹性系数在2008年马上开始大幅回落，随后浙江和江苏两省开始回升，但上海市仍持续下降到1以下后，才开始反弹。

虽然，这可能与 2008 年国际金融危机有一定关系，但危机过后弹性系数也仍在比 2007 年低的水平波动，除上海市回升幅度较大外，浙江、江苏两省回升幅度较小。这说明长三角地区的科教文卫支出长期增长机制得不到有效保障。在此阶段，四项事业支出增长的弹性系数与人均 GDP 增长率变化趋势比较一致，尤其是上海市。在 2008～2009 年上海市四项事业支出开始大幅下降的同时，经济增长率也开始下降甚至出现负增长。在 2009～2011 年上海市四项事业支出开始上升同时，经济增长率也开始反弹。

为了更深入地分析，表 1 给出了长三角地区科教文卫事业支出增长的弹性系数与人均 GDP 年增长率在三个阶段的平均数和标准差。由表 1 可以看出，在三个阶段中，第二阶段（2003～2006 年）三个地区弹性系数和人均 GDP 增长率的均值差别最小，而且其均值偏差也最小，说明在第二阶段长三角地区科教文卫事业支出规模增长和人均 GDP 增长差异有最小，而且比较平稳。第三阶段（2007～2011 年），四项事业支出增长的弹性系数均值和偏差最大，说明该阶段四项支出规模增长速度较快，但变动幅度较大。同时，该阶段人均 GDP 增长率的偏差也是最大的。整体来看，四项事业支出增长的弹性系数呈现先下降后上升的变化趋势，而人均 GDP 增长率呈现先上升后下降的变化趋势，说明四项事业支出对经济增长的影响可能具有滞后性。

表 1　　　　　1998～2011 年长三角地区科教文卫事业支出增长的弹性系数与
人均 GDP 年增长率的统计特征

| 地区\平均数 | 指标 | 区域 | | 上海 | | 江苏 | | 浙江 | |
|---|---|---|---|---|---|---|---|---|---|
| | | 平均数 | 标准差 | 平均数 | 标准差 | 平均数 | 标准差 | 平均数 | 标准差 |
| 第一阶段（1998～2002 年） | 弹性系数 | 1.52 | 0.46 | 1.15 | 0.37 | 1.46 | 0.51 | 1.99 | 0.58 |
| | 人均 GDP 增长率 | 10.36% | 0.02 | 10.29% | 0.02 | 9.50% | 0.02 | 11.67% | 0.03 |
| 第二阶段（2003～2006 年） | 弹性系数 | 1.00 | 0.15 | 1.08 | 0.23 | 0.93 | 0.20 | 1.06 | 0.08 |
| | 人均 GDP 增长率 | 17.66% | 0.03 | 15.15% | 0.03 | 18.81% | 0.03 | 17.85% | 0.03 |
| 第三阶段（2007～2011 年） | 弹性系数 | 2.08 | 1.08 | 1.74 | 1.20 | 1.87 | 0.88 | 2.04 | 1.23 |
| | 人均 GDP 增长率 | 12.80% | 0.05 | 2.71% | 0.16 | 16.79% | 0.04 | 11.79% | 0.05 |

2. 长江三角洲地区科教文卫事业支出结构变动特征的描述分析。从图 2 可以看出，1998～2011 年，长三角地区科教文卫事业各项支出结构变化呈现出"不变中有变"的特征。在此期间，长三角地区三个省市的教育、医疗卫生和文化与传媒事业支出在四项事业支出中的比重大小基本保持不变：在这四项公共事业支出中，教育事业一直处于明显的领先地位；除上海市，医疗卫生事业支出在四项事业支出中的比重一直处于第二位，文化与传媒事业支出一直比重较低。到 2007 年，长三角地区的科学事业支出都出现了提高，其中上海市提高幅度最大，甚至超过了医疗卫生事业支出，成为四项事业支出中比重第二的事业支出项目。而江苏省和浙江省的科学事业支出在 2007 年出现较大幅度提高后，保持平稳，且一直在四项事业支出中占据第三位置。在此期间，苏浙两省的教育事业支出占四项事业支出总和的比重，从 1998 年开始小幅上升后都在 2008 年左右出现小幅下降的变化趋势。而上海市在从 1998 年开始小幅上升后在 2002 年开始一直持续小幅下降，且到 2007

年出现较大幅度下降并在 2008 年达到最低后,在 2009 年开始一直保持较大幅度上升。

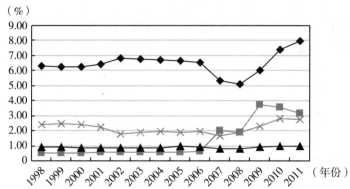

(a) 1998~2011年上海市人口加权修正后的四项事业支出占四项事业支出总和的比重

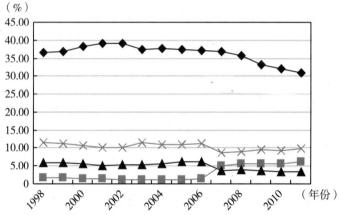

(b) 1998~2011年江苏省人口加权修正后的四项事业支出占四项事业支出总和的比重

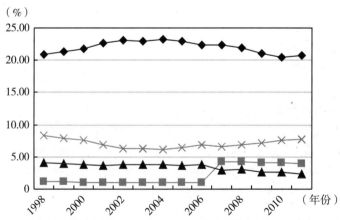

(c) 1998~2011年浙江省人口加权修正后的四项事业支出占四项事业支出总和的比重

图 2　1998~2011 年长三角地区人口加权修正后的四项事业
支出占四项事业支出总和的比重

## （二）长江三角洲地区科教文卫事业支出规模对经济增长的模型分析

长江三角洲地区科教文卫事业支出规模对经济增长的个体时间固定效应变系数回归方程及结果如表 2 所示。

**表 2　　　　长江三角洲地区科教文卫事业支出规模对经济增长的影响**

$$LnRJGDP_{it} = 0.413 + \alpha_i^* + \gamma_t + \beta_{1i}LnRJGDP_{it-1} + \beta_{2i}LnRJGZH_{it-1} + \beta_{3i}LnRJGZH_{it} \quad (1)$$

$$i = 1, 2, 3,\ 依次代表上海、江苏和浙江$$

| 项　　目 | | 上海 | 江苏 | 浙江 |
|---|---|---|---|---|
| 各因素长期均衡的影响系数 | $\beta_{1i}$ | 0.849* | 1.006* | 1.009* |
| | $\beta_{2i}$ | 0.687* | 0.558* | 0.590* |
| | $\beta_{3i}$ | 0.729* | 0.551* | 0.594* |
| 各地区人均 GDP 对平均人均 GDP 偏离 | $\alpha_i^*$ | 0.908 | −0.394 | −0.514 |
| $R^2$ | | 0.9996 | 0.9996 | 0.9996 |
| 调整的 $R^2$ | | 0.9991 | 0.9991 | 0.9991 |

注：＊表示 5% 水平下显著。

从表 2 反映的情况来看，可以得出以下结论：

第一，长三角各地区的滞后一期人均 GDP 对本期人均 GDP 都存在显著影响。其中，浙江省影响最大，其上期人均 GDP 每增加一个百分点，可以带动本期人均 GDP 增加 1.009 个百分点。上海市滞后一期人均 GDP 对本期人均 GDP 影响明显低其他两省。

第二，长三角地区的科教文卫事业支出规模对经济增长具有显著的促进作用，但该区域三个地区的科教文卫事业支出规模对经济增长的边际效应也存在显著的差异。其中，上海的科教文卫事业支出规模对经济增长的带动作用最强，其人均科教文卫事业支出每增加一个百分点，可以带动人均 GDP 增加 0.729 个百分点。浙江、江苏四项事业支出规模对经济增长的带动作用分为排名第二和第三，且相差不大。

第三，长三角地区科教文卫事业支出规模对经济增长具有显著的滞后作用。三个地区滞后效应强度排名与当期效应相同：上海第一，其后依次是浙江和江苏。其中，上海的科教文卫事业支出规模对经济增长的滞后带动作用最强，其滞后一期人均科教文卫事业支出每增加一个百分点，可以带动人均 GDP 增加 0.687 个百分点。浙苏两省的四项事业支出规模对经济增长的滞后带动作用差别不大，每增加一个百分点可以带动人均 GDP 增长的百分点分别为 0.590 和 0.558；

第四，从各地区人均 GDP 对平均人均 GDP 偏离（$\alpha_i^*$）的估计结果来看，长三角地区三个地区来差距较大，上海最高，浙江最低，说明在个体时间固定效应变系数回归模型中，上海人均 GDP 的起点比江苏和浙江要高，而浙江人均 GDP 的起点比江苏低。

反映受时期特有影响而产生人均 GDP 对平均人均 GDP 的偏离（$\gamma_t$）的估计结果由表 3 和图 3 表示。

表 3 模型（I）$\gamma_t$ 估计结果统计

| 年份 | $\gamma_t$ 的估计值 | 年份 | $\gamma_t$ 的估计值 |
|---|---|---|---|
| 1999 | −0.0319 | 2006 | 0.0466 |
| 2000 | 0.0068 | 2007 | −0.1343 |
| 2001 | −0.0460 | 2008 | 0.0241 |
| 2002 | 0.0108 | 2009 | −0.0467 |
| 2003 | 0.0522 | 2010 | 0.0139 |
| 2004 | 0.0699 | 2011 | 0.0085 |
| 2005 | 0.0261 | | |

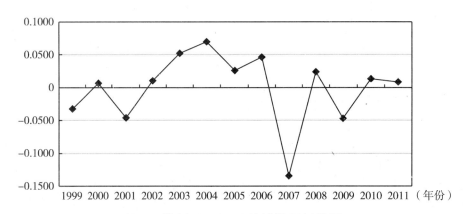

图 3 模型（I）$\gamma_t$ 估计结果折线图

从表 3 和图 3 的估计结果可以进一步看出，时期对长三角地区人均 GDP 增长率产生的偏离是有正有负、波动变化的。总体来看，1999 ~ 2002 年和 2008 ~ 2011 年首尾两时段的时期特有影响对该地区人均 GDP 增长率偏离幅度较小；2003 ~ 2007 年的中间时段的时期特有影响对该地区人均 GDP 增长率偏离幅度较大。具体而言，1999 ~ 2002 年，时期对该地区的人均 GDP 增长率总体上产生负的偏离，并表现出先升后降 "N" 形的变动特征。而 2003 ~ 2006 年，时期对长江三角洲地区的人均 GDP 增长率产生正的偏离，并在 2004 年最高。2007 年的时期特有影响对该地区人均 GDP 增长率产生最大的负偏离，最后时期特有影响开始产生正负交替的影响作用，且偏离幅度逐渐变小。

### （三）长江三角洲地区科教文卫事业支出的结构变动特征对经济增长的实证分析

科教文卫事业支出的结构变动特征对经济增长的个体时间固定效应变系数距回归方程及结果如表 4 所示。

**表4　　　长江三角洲地区科教文卫事业支出结构对经济增长的影响**

$$LnRJGDP_{it} = 21.527 + \alpha_i^* + \gamma_t + \beta_1 LnRJJY_{it} + \beta_2 LnRJKJ_{it} + \beta_3 LnRJWC_{it} + \beta_4 LnRJWS_{it} \quad (\text{II})$$

i = 1，2，3，依次代表上海、江苏和浙江

| 项　　目 | | 上海 | 江苏 | 浙江 |
|---|---|---|---|---|
| 各因素长期均衡的影响系数 | 教育事业（$\beta_{1i}$） | 3.228 ** | 2.041 * | 3.719 * |
| | 科学事业（$\beta_{2i}$） | 0.040 *** | 0.093 *** | -0.015 *** |
| | 文化与传媒事业（$\beta_{3i}$） | 0.256 ** | 0.405 * | -0.030 *** |
| | 医疗卫生事业（$\beta_{4i}$） | -21.176 ** | -11.109 * | -18.433 * |
| 各地人均GDP对平均人均GDP偏离 | $\alpha_i^*$ | 6.447 | -5.763 | -0.684 |
| $R^2$ | | 0.9998 | 0.9998 | 0.9998 |
| 调整的 $R^2$ | | 0.9995 | 0.9995 | 0.9995 |

注：* 表示5%水平下显著，** 表示10%水平下显著，*** 表示不显著。

从表4反映的情况来看，可以得出以下结论：

第一，长三角地区科教文卫四项事业支出中，除了科学事业支出对经济增长的作用不显著外，其他事业支出对经济增长的作用都显著。原因可能是长三角地区的科学事业财政支出比重到了2007年以后才有较大幅度增大，之前在四项公共事业支出中一直处于最低水平，没有一个长期积累过程，因此科学事业支出对经济增长的作用在1998～2011年这14年间不显著。

第二，医疗卫生事业支出对经济增长具有显著的负效应，且其负的边际效应较大。这是因为医疗卫生事业支出对经济增长的影响是通过改善人们健康状况，提高了劳动力身体素质，通过人力资本积累从而促进经济增长，效应显现时间很长；同时，医疗卫生事业支出存在结构欠合理、效率不高的现状，其对经济资源的消耗作用大于对经济增长的促进作用。长三角地区三个省市中，负效应最大的上海市，其医疗卫生事业支出每增加1个百分点，人均GDP增长率将下降21.176个百分点。浙江省的负效应大小与上海市差距不大，为每增加1个百分点，人均GDP增长率下降18.433个百分点。最小的是江苏省，每增加一个百分带你，人均GDP增长率下降11.109个百分点，与上海市和浙江省的差距较大。

第三，长三角地区的教育事业对经济增长具有显著的促进作用。这两项事业支出中，教育事业对经济增长的促进作用较大。三个省市中，浙江省的促进作用最大，上海市是与其差距不大，最后是江苏省。浙江省教育事业支出每增加一个百分点，可以带动人均GDP增长率增加3.719个百分点，而上海市则为3.228个百分点，江苏省为2.041个百分点。在1998～2011年间，该区域教育支出比重相对较大且相对稳定，其效益具有长期积累，因此其对经济增长正效应作用比较显著。

第四，文化传媒事业支出对经济增长的作用随省市不同而不同。其中，江苏省的文化

传媒事业支出对经济增长的促进作用最强也最显著。其文化传媒事业支出每增加 1 个百分点能带动人均 GDP 增长率增加 0.405 个百分点。上海市文化传媒事业支出对经济增长也具有显著正效应，每增加 1 个百分点能使人均 GDP 增长率增加 0.256 个百分点。而浙江省的作用不显著，而且为负效应。

第五，从各地区人均 GDP 对平均人均 GDP 偏离（$\alpha_i^*$）的估计结果来看，在长三角地区三个省市的科教文卫事业四项支出对经济增长的边际效应变化情况下，长三角各地区人均 GDP 水平差距较大，起点人均 GDP 最高为上海省，其次是浙江省，最低是江苏省。

反映受时期特有影响而产生人均 GDP 对平均人均 GDP 的偏离（$\gamma_t$）的估计结果由表 5 和图 4 表示。

表 5 模型（II）$\gamma_t$ 估计结果统计

| 年份 | $\gamma_t$ 的估计值 | 年份 | $\gamma_t$ 的估计值 |
|---|---|---|---|
| 1999 | − 0.3071 | 2006 | 0.2235 |
| 2000 | − 0.2415 | 2007 | 0.0969 |
| 2001 | − 0.1375 | 2008 | 0.0815 |
| 2002 | − 0.0834 | 2009 | 0.0293 |
| 2003 | − 0.0300 | 2010 | 0.0226 |
| 2004 | 0.0642 | 2011 | − 0.0438 |
| 2005 | 0.1539 | | |

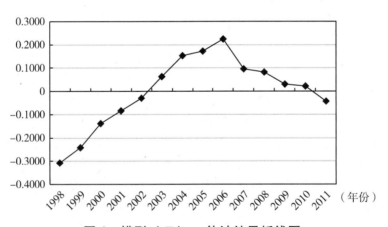

图 4 模型（II）$\gamma_t$ 估计结果折线图

从表 5 和图 4 的估计结果可以进一步看出，时期特有影响对长三角地区人均 GDP 增长率产生的偏离是先负后正的特点，偏离幅度是逐渐变小再逐渐变大又逐渐变小的特征。总体来看，1998 ~ 2002 年时段的时期特有影响对该地区人均 GDP 增长率偏离为负，且偏离幅度逐渐变小；2003 ~ 2011 年时段的时期特有影响对该地区人均 GDP 增长率偏离为正，且幅度从 2003 年开始变大到 2006 年达到最大后，开始变小。2011 年时期特有影响对长三角地区人均 GDP 增长率开始出现负偏离。

# 五、结　　论

本文对 1998～2011 年长三角地区科教文卫事业支出规模与结构对经济增长的影响进行了描述分析和 Paneldata 模型分析，可以得出下面的结论：

第一，1998～2011 年，长江三角洲地区科教文卫事业支出规模从 GDP 弹性系数指标来看，四项事业支出的 GDP 弹性系数变化波动较大且呈阶段性特征：第一阶段（1998～2002 年）和第三个阶段（2007～2011 年）波动较大，而第二阶段波动较小。这说明长三角地区科教文卫事业支出规模受政策变化影响较大，缺乏长期稳定增长机制。

第二，长江三角洲科教文卫事业支出规模对经济增长存在显著的促进作用，三省市对经济增长的边际效应也存在显著的差异。四项事业支出滞后一期对经济增长带动效应显著，说明长三角地区科教文卫事业支出规模对经济增长具有显著的滞后作用。三个地区滞后效应强度排名与当期效应相同，依次是上海、浙江和江苏。

第三，1998～2011 年，长江三角洲科教文卫事业支出结构变化呈现出"不变中有变"的特征。三省市在此期间的教育、医疗卫生和文化与传媒事业支出在四项事业支出中的比重大小基本保持不变，且教育事业都一直处于明显的领先地位，其他两项支出比重一直处于较低水平。该区域四项事业支出结构变化存在地区差异，上海市四项事业支出结构变化特征有别于苏浙两省。三省市的科学事业支出比重在 2007 年都出现较大幅度上升，但上海市与苏浙两省不同，其科学事业支出比重在 2007 年后一直保持上升趋势，并超过医疗卫生事业支出排名第二位；而苏浙两省的科学事业支出比重在 2007 年出现较大幅度上升后保持稳定，并始终排在第三位置。

第四，该区域科教文卫事业支出结构特点在一定程度上影响其对经济增长的作用。该区域在 1998～2012 年科学事业支出一直处于低水平，没有一个长期积累过程，因此科学事业支出对经济增长的作用不显著。医疗卫生事业支出存在结构欠合理、效率不高的现状；而且支出比重不高，又加上效应显现时间很长，因此实证分析发现医疗卫生支出对经济增长具有显著的负效应，且其负的边际效应较大，地区间从大到小排名依次为上海、浙江和江苏。教育事业支出和文化传媒事业支出对经济增长具有显著正效应，且由于教育事业支出在四项事业支出中一直保持最大比重，因此其对经济增长的边际效应大于文化传媒事业。

## 参考文献

[1] 陈秀山、徐瑛：《中国区域差距影响因素的实证研究》，《中国社会科学》2004年第 5 期。

[2] 陈志国：《地方财政支出对区域经济增长俱乐部收敛性的影响分析》，《财政研究》2008 年第 12 期。

[3] 金戈：《公共支出与经济增长关系的实证研究：一个文献综述》，《浙江社会科学》2009 年第 6 期。

［4］金戈：《经济增长中的最优税收与公共支出结构》，《经济研究》2010年第11期。

［5］梁云芳、高铁梅：《中国房地产价格波动区域差异的实证分析》，《经济研究》2007年第8期。

［6］马拴友、于红霞：《转移支付与地区经济收敛》，《经济研究》2003年第3期。

［7］冉光和、张明玖、张金鑫：《公共服务供给与经济增长关系区域差异的实证研究》，《财政问题研究》2009年第11期。

［8］张钢、段澂：《我国地方财政支出结构与地方经济增长关系的实证研究》，《浙江大学学报（人文社会科学版）》2006年第36卷第2期。

［9］Abu Nurudeen, Abdullahi Usman. Government expenditure and economic growth in Nigeria, 1970 – 2008: a disaggregated analysis. Business and Economics Journal, 2010: 1 – 12.

［10］Barro, Robert J.. Government spending in a simple model of endogenous growth. Journal of Political Economy, 1990, 98: 103 – 125.

［11］Devarajan, Swaroop and Zou. Productive government expenditure and economic Growth. CESifo Working Paper, 1996: 12 – 20.

［12］Gerhard Glomm, B. Ravikumar. Productive government expenditures and long-run growth. Journal of Economic Dynamics and Control, 1997, 21: 183 – 204.

［13］Pierre-Richard Agenor, Kyriakos C. Neanidis. The allocation of public expenditure and economic growth. The Manchester School, 2011, 79 (4): 899 – 931.

［14］William F. Blankenau, Nicole B. Simpson. Public education expenditures and growth. Journal of Development Economics, 2004, 73: 583 – 605.

# 我国地方政府间税收竞争对税收收入影响的实证分析

陈慧娴[*]

【摘要】本文研究了 1999 ~ 2012 年我国地方政府间税收竞争对税收收入的影响，利用面板数据模型，从全国、分区域、分省份、分税种四个角度实证分析了税收竞争如何影响地方政府的税收收入，结果显示，总体而言税收竞争会减缓税收收入的增长，这种影响会随着时间的推移而减弱；东部地区的税收竞争产生的负面作用最为强烈，但是在滞后两期内开始呈现正面效应；北上广地区的税收竞争对税收收入增长的制约作用最大，而江苏和浙江两个省份的税收竞争呈现出显著的正滞后效应；另外，增值税的税收竞争也在第二期对增值税收入显示出了显著的正向作用。

【关键词】税收竞争　税收收入

## 一、引　　言

税收竞争是地方政府通过牺牲税收利益的手段，来防止本地税源流出、吸引外地税源流入的税收收入最大化行为。改革开放后，地方政府逐渐成为独立的经济主体，税收分权的激励体制加以以 GDP 增长为核心的政绩考核机制使地方政府间的税收竞争不断加剧。1984 年，国务院颁布规定对经济特区和沿海 14 个港口城市的企业所得税即增值税方面给予减征、免征等优惠，大大促进了国外资本的流入，使东部沿海开发区的经济得到迅猛发展；2000 年，我国开始西部大开发战略，针对其经济落后现状，实行外商企业两免三减半等众多直接优惠；2004 年税务总局发布文件在东北地区率先实行增值税由生产型向消费型转变的试点，扩大增值税抵扣范围。这些具有明显区域导向性的税收政策使地方政府能够利用税收优惠的差异性进行税收竞争。另外，地方政府在国家规定的地方税权范围内也可以通过差别化税收政策进行税收竞争，将税收收入以财政返还的形式返还给投资者，如 2000 年北京市规定对外贸企业的企业所得税进行返还。可见，在我国，由于地方政府不具有设置税率和税种的自主权力，税收竞争形式以税收优惠和财政返还为主。然而在现实中，出现了异化的甚至是制度外的恶性税收竞争，如有些地方在招商引资过程中，给一些落后的微利企业提供税收优惠，或者采用先征后返的方式进行变相税收减免，不仅侵蚀了政府的税收利益，往往也未达到引进资本来调整产业结构、促进经济发展的目标，使税

---

* 陈慧娴，女，1991 年生，中央财经大学财政学院 2013 级硕士研究生，研究方向：资产评估、财税理论与政策。

收竞争的边际成本远远高于边际效益，未实现地方政府税收最大化的目标。基于以上思考，本文将利用我国 1999 ~ 2012 年省际面板数据，验证我国地方政府间的税收竞争对地方税收收入的影响。

## 二、文献综述

国内外关于税收竞争的实证研究集中于对税收竞争的存在性和竞争性质的判别。通过构建某地区的税负反应函数来估计其他地区税负变量的系数，系数不显著、显著为正、显著为负分别表示"不存在税收竞争"、"存在替代性税收竞争"和"存在互补性税收竞争"。实证模型主要分为两类：第一类采用空间滞后（Spatial Lag）模型，运用非线性回归和最大似然法进行反应函数的估计。第二类采用空间工具变量（Spatial Instrumental Variables）模型，运用工具变量回归法进行反应函数的估计，主要选用年龄结构、收入作为税率的工具变量。大量学者采用以上两种空间计量模型对美国和欧洲国家的税收竞争进行实证研究，都得到了正斜率的反应函数（Egger et al.，2005；Devereux et al.，2008），认为政府间的税收竞争是一种竞赛到底的性质。然而 Chirinko 和 Wilson（2011）认为，前人的研究忽略了对总冲击的控制，而且未将滞后效应考虑在内。他们对以上两个关键因素进行修正后，通过研究美国 1965 ~ 2006 年 48 个州财产税的面板数据，得到了负的反应函数，认为州政府税收竞争表现出了策略替代的特征。Teemu（2012）选择财产税最低税率的变化来刻画对邻区的反应，分别采用了空间滞后模型和空间工具变量模型对芬兰自治市的财产税税收竞争进行了研究，并没有发现显著的财产税税率互动。另外，Gibbons 和 Overman（2010）与 Eugster 和 Parchet（2011）首次采用类实验设计（quasi-experimental design）估计税收竞争反应函数，他们认为类实验法可以提供外生变量，估计出的空间随机互动参数更具可靠性。国内学者也对我国地方政府间的税收竞争的空间互动进行了相关研究。沈坤荣和付文林（2006）利用空间滞后模型，将其他省加权税负作为解释变量，拟合出了给定地区的税率反应函数，实证表明 1992 年和 2003 年的省际间税收竞争反应函数系数为负，即各省级政府之间采取了策略替代型的空间互动。郭杰、李涛（2009）也采用了类似模型，但是使用了 1988 ~ 2005 年的省级面板数据，并将税收收入分解为 7 个税种，运用系统广义矩法回归，发现增值税、企业所得税、财产税类的税负水平表现出显著的同期的空间策略互补特征，而营业税、个人所得税的税负水平却表现出显著的同期的空间策略替代特征。

在验证了税收竞争的客观存在后，关于税收竞争带来的成本—效益问题，学术界争议很大。大多数学者采用数理模型来推导税收竞争是否带来了政府公共支出的不足以及地区福利的下降，很少有实证文章涉及。国内学者李涛、黄纯纯、周业安（2011）将税收、税收竞争、经济增长纳入一个分析框架，选择地区间的空间策略性互动指标作为税收竞争的代理变量，构建了中国 1998 ~ 2005 年省级面板数据的空间计量模型，利用系统广义矩阵法对模型参数进行估计，经过实证分析，发现税收竞争促进了经济增长，其中与企业税负密切相关的企业所得税、增值税、地方费类收入之间的竞争给经济增长带来了显著的正效应。谢欣、李建军（2011）直接构建了税收竞争强度指标，利用 1999 ~ 2008 年中国省际面板数据实证分析了广义税收、总体税收、八个具体税种以及非税收入竞争的经济增长效应，采用截面加权广义最小二乘法对固定效应模型进行回归，发现企业所得税、财产税类、营业税、资源税的竞争有助于经济增长，个人所得税、城建税和行为税不利于经济增长，增值税和非税收入对经济增长的影响不显著，但是总体上税收竞争对经济增长的积极作用大于消极作用。

综上可见，目前国内外关于税收竞争的实证研究主要集中于两个方面：一是利用空间计量模型验证税收竞争的存在和判断税收竞争的空间互补/替代策略；二是利用数理模型推导出税收竞争带来的经济效应。本文的研究与以往研究有如下三点不同：首先，目前国内外的实证研究鲜有涉及税收竞争的税收收入效应，本文将利用中国省际面板数据为这一问题提供实证分析；其次，本文将考虑税收竞争的时滞效应，考察税收竞争对税收收入增长的当期和滞后两期影响；最后，本文还进一步深入讨论了税收竞争对税收收入增长影响的地区差异和税种差异。

# 三、指标、模型与数据

## （一）指标选取

1. 税收竞争强度。税收竞争强度是本文重点关注的解释变量。因为我国并不是真正意义上的财政分权国家，而是在全国实行统一的税收政策，各个地区的税种和税率应当没有差别，即各个地区的实际税收负担应当趋同。但是，各地方政府从中央政府那争取到的税收优惠范围和数量不同，各地区也存在一些国家统一税收政策之外越权制定地区性所得税优惠政策的现象（傅勇、张晏，2007）。也就是说，各地方进行税收竞争的努力不同，导致各地方的实际税负存在差异。若某地区的相对税负水平较低，说明该地区使用税收竞争手段降低税负水平的能力越强，税收竞争强度越高。因此我们用全国平均税负与该省的实际税负的比率来表示该地区的相对税负，作为税收竞争强度的代理变量。该指标定义如下：

$$CI_{ijt} = (TAX_{jt}/GDP_t)/(TAX_{ijt}/GDP_{it})$$

$CI_{ijt}$ 为税收竞争指标，表示 i 省份在 j 种税收收入上的竞争强度。$TAX_{jt}$ 为 31 个样本省份在 t 年的 j 种税收收入总和，$GDP_t$ 为 31 个样本省份在 t 年的 GDP 总和，$TAX_{it}$ 为 i 省份在 t 年的 j 种税收收入，$GDP_{it}$ 为 i 省份在 t 年的 GDP。即 i 省份在 t 年的税收竞争强度为全国实际税率与该省份实际税率的比值，比值越大（$CI_{ijt}$ 越大），表明该省份的相对税率越低，税收竞争越强。为了分辨出税收竞争对税收收入增长的短期和长期影响，我们设置两期滞后变量，$CI_{ij,t-1}$、$CI_{ij,t-2}$。本文在讨论地方整体税收竞争的同时，将进一步对税收收入进行分解，分别分析各税种竞争的税收收入效应，故取 $CI_{ijt}(j=1,2,\cdots,5)$，表示总税收、增值税、营业税、企业所得税和个人所得税的竞争强度。

2. 影响税收收入增长的其他变量。为减少残差项的扰动、提高整个模型的解释力度，本文选择影响税收收入增长的其他因素作为控制变量。1994 年分税制改革以来，我国税收收入一直保持着超 GDP 增长的态势，很多学者对税收收入的高速增长成因进行了研究，可以总结为以下三个方面：一是经济发展因素。毋庸置疑，经济增长为税收提供税基，为税收增长提供了直接动力。其中产业结构的变化、企业效益和居民收入的提高是重要贡献因素。二是政策性因素。税收政策和制度的变动也会对税收收入产生明显影响，包括正面（如征收新税、提高税率）和负面（如扩大税收优惠、降低税率）两种影响。三是税收征管因素，在税率和税基确定的情况下，最终征得的税收收入取决于税务部门的征管能力和税收努力。综上，我们分别从经济、政策、征管效率三个角度设置控制变量。

首先，我们选取不同税收收入口径对应的税基作为经济因素的代理变量，总税收收入口径对应的税基为第二产业增加值（SEC）加上第三产业增加值（THI），因为第二、第三产业贡献了税收收入的主要份额，地方政府利用税收竞争进行争夺资源时也主要集中于第二、第三产业；增值税税基（BZZS）用不含建筑业的第二产业增加值与批发零售业增加值之和近似代替，营业税税基（BQYS）用建筑业增加值加上不含批发零售业的第三产业增加值近似代替，企业所得税税基（BQYS）选取营业盈余数额近似替代，个人所得税税基（BGRS）用劳动者报酬近似替代。

其次，政策因素难以量化，因此我们设置一系列虚拟变量作为影响各税种收入的政策因素代理变量，用$DUM_{09}$刻画2009年增值税转型这一税收政策的影响；$DUM_{08}$代表内外资企业所得税合并带来的影响；$DUM_{06}$、$DUM_{08}$刻画2006年及2008年个税免征额提高对个人所得税收入的影响。这三个时间虚拟变量在相应年份之前赋值为0，之后赋值为1。

最后，征管效率由税务机关的征税能力、征税努力、纳税人的纳税能力等因素决定，这些因素不可观测，一般采用各地区税务部门的人员数量作为代理变量，但是由于本文的研究区间为1999～2012年，《中国税务年鉴》在2008年后不再统计各地国税局和地税局的人员情况，数据不可获得，故本文不考虑征管效率对税收增长的影响。

## （二）模型设置

税收竞争强度是本文的研究重点，在加入影响税收增长的其他控制变量后，本文建立如下税收收入决定模型：

$$TAX_{it} = C + \alpha CI_{it} + \beta X + \mu_i + \epsilon_{it}$$

其中，下标 i 表示地区，下标 t 表示年份，$\mu$ 为不可观测的地区效应，$\epsilon$ 为随机误差项，C、$\alpha$、$\beta$ 为待估参数。X 表示影响税收收入的其他因素所组成的控制变量矩阵，不同税收收入口径对应的影响因素不同。本文基于以上模型分别对总体税收和四个分税种的竞争强度进行分析，得到以下五个模型：

$$LnTAX_{it} = C + \alpha_1 TCI_{it} + \alpha_2 TCI_{i,t-1} + \alpha_3 TCI_{i,t-2} + \beta_1 LnSEC_{it} + \beta_2 LnTHI_{it} + \mu_{it} + \epsilon_{it} \quad (1)$$

$$LnZZS_{it} = C + \alpha_1 ZCI_{it} + \alpha_2 ZCI_{i,t-1} + \alpha_3 ZCI_{i,t-2} + \beta_1 LnBZZS_t + DUM_{09} + \mu_{it} + \epsilon_{it} \quad (2)$$

$$LnYYS_{it} = C + \alpha_1 YCI_{it} + \alpha_2 YCI_{i,t-1} + \alpha_3 YCI_{i,t-2} + \beta_1 LnBYYS_t + \mu_{it} + \epsilon_{it} \quad (3)$$

$$LnQYS_{it} = C + \alpha_1 QCI_{it} + \alpha_2 QCI_{i,t-1} + \alpha_3 QCI_{i,t-2} + \beta_1 LnBQYS_t + DUM_{08} + \mu_{it} + \epsilon_{it} \quad (4)$$

$$LnGRS_{it} = C + \alpha_1 GCI_{it} + \alpha_2 GCI_{i,t-1} + \alpha_3 GCI_{i,t-2} + \beta_1 LnBGRS_t + DUM_{06} + DUM_{08} + \mu_{it} + \epsilon_{it}$$

(5)

其中，TAX、ZZS、YYS、QYS、GRS 分别表示税收收入、增值税收入、营业税收入、企业所得税收入、个人所得税收入，TCI、ZCI、YCOMP、QCI、GCI 代表对应税种的税收竞争强度，BZZS、BYYS、BQYS、BGRS 代表对应税种的税基变量，$DUM_{06}$、$DUM_{08}$、$DUM_{09}$ 为时间虚拟变量。

式（1）为总税收收入增长模型，用来分析地方政府间税收竞争是否对地方税收收入增长有显著的影响，本文将利用该模型，分别从全国层面、区域层面、省级个体层面进行实证分析；式（2）~ 式（5）为分税种收入增长模型，用来分析增值税、营业税、企业所得税、个人所得税的收入竞争是否对对应税种收入的增长有显著影响。分税种时，我们仅从全国层面进行实证分析。

面板数据模型包括混合效应模型、变截距模型和变系数模型。在进行模型形式的选取时，我们一般进行两步检验，首先，利用 WALD F 检验使用混合效应模型还是固定效应模型，原假设为使用混合效应模型；然后，利用 Hausman 检验使用固定效应模型还是随机效应模型，原假设为使用随机效应模型。

### （三）数据来源

本文采用 1999~2012 年中国 31 个省（自治区、直辖市）的面板数据，共 434 个样本，原始数据均来源于《中国统计年鉴》。为保持税收口径一致，各地方税收收入和分税种收入取自《各地区财政收入》；总税收收入、增值税以及营业税对应的税基数据取自《按三次产业分地区生产总值》；营业盈余和个人报酬数据来自《地区生产总值收入法构成项目》，由于《中国统计年鉴》未披露 2004 年和 2008 年的营业盈余数据，本文采用前后两年的平均值进行补值。另外，本文根据最新的标准将全国分为东、中、西部地区，东部地区包括京北京、天津、河北、辽宁、上海、江苏、浙江、福建、山东、广东、海南 11 个省、直辖市，中部地区包括山西、吉林、黑龙江、安徽、江西、河南、湖北、湖南 8 个省，西部地区包括重庆、四川、贵州、云南、西藏、陕西、甘肃、宁夏、青海、新疆、内蒙古、广西 12 个省、自治区。

## 四、实证分析

### （一）税收竞争对地方税收收入影响的实证分析

1. 全国层面——个体固定效应模型。本文对全国 1999~2012 年 434 个样本进行协方差分析检验，F 值（42.46）在 1% 的显著性水平下远大于其临界值，意味着应该选择变截距模型。同时，全样本的 Hausman 检验在 1% 的显著性水平下拒绝原假设，说明用个体固定效应模型进行回归更合适。回归结果如表 1 所示。

表1                                    全国面板数据回归结果

| 变量 | 截距项 | 当期竞争强度 | 滞后一期竞争强度 | 滞后二期竞争强度 | 第二产业增加值 | 第三产业增加值 | Adj. R² |
|------|--------|------------|----------------|----------------|--------------|--------------|---------|
| 系数 | -3.550 *** | -0.725 *** | -0.0216 * | -0.0297 ** | 0.458 *** | 0.691 *** | |
| | (-38.19) | (-32.84) | (-1.79) | (-2.49) | (21.43) | (28.56) | 0.998 |

注：括号内为 t 检验值，\*\*\*、\*\*、\* 分别表示在1%、5%、10%的显著性水平下拒绝原假设。

根据对全国面板数据进行个体固定效应模型的回归结果可以看出，就全国而言，当期税收竞争指标、滞后一期税收竞争指标和滞后两期税收竞争指标的系数均为负，分别通过了1%、10%和5%的显著性检验。税收竞争强度每提高0.01，将使得当期税收收入下降0.725个百分点，滞后一期税收收入下降0.02个百分点，滞后两期的税收收入下降0.03个百分点，说明税收竞争在当期会制约地方政府的税收收入，但是在以后年份中这种制约作用明显减小。代表总体税收收入税基的第二、第三产业增加值都在1%的显著性水平下显著为正，说明了经济因素对税收收入增长的决定性作用。

2. 区域层面——个体固定效应模型。由于东、中、西部的经济状况、经济结构存在着很大差异，相应的税收竞争强度以及其对税收收入产生的影响也不一样，我们进一步研究不同区域税收竞争对税收收入增长的影响，对东部地区11个省份154个样本、中部地区8个省份112个样本、西部12个省份168个样本分别进行回归。通过两步检验发现，三大区域的 WALD F 检验和 Hausman 检验均拒绝了原假设，都应采用个体固定效应模型。

如表2所示，东、中和西部地区的模型拟合优度均在99%以上，说明拟合出的模型整体解释力度很高。东部地区个体固定效应模型回归结果显示，当期竞争强度系数为-1.01，通过了1%的显著性水平检验，说明东部地区税收竞争强度每提高0.01，当期税收收入会下降1.01个百分点，税收竞争带来的负面作用要高于全国水平。但是东部地区的滞后两期税收竞争强度的系数为0.221，在5%的水平下显著为正，说明税收竞争在滞后两期开始对税收收入开始产生显著的正面影响，虽然影响力度较弱，但可以看出东部地区的税收竞争较为完善，虽然在当期牺牲了较大的税收利益，但是却实现了以后年份的税收增长利益。

表2                          东、中、西部面板数据回归结果

| | 东部地区 | 中部地区 | 西部地区 |
|---|---------|---------|---------|
| 常数项 | -3.632 *** | -3.735 *** | -2.839 *** |
| | (-27.131) | (-20.295) | (-15.387) |
| 当期竞争强度 | -1.01 *** | -0.884 *** | -0.670 *** |
| | (-9.454) | (-16.607) | (-23.377) |
| 滞后一期竞争强度 | -0.103 | -0.004 | -0.040 |
| | (-0.695) | (-0.309) | (-1.519) |

| | 东部地区 | 中部地区 | 西部地区 |
|---|---|---|---|
| 滞后二期竞争强度 | 0.221** | 0.000 | −0.067* |
| | (2.293) | (0.056) | (−2.541) |
| 第二产业增加值 | 0.314*** | 0.464*** | 0.572*** |
| | (9.191) | (11.193) | (13.608) |
| 第三产业增加值 | 0.840*** | 0.701*** | 0.539*** |
| | (24.679) | (13.679) | (10.643) |
| Adj. R² | 0.998 | 0.996 | 0.997 |
| F-statistic | 5978.108 | 2297.480 | 3750.437 |
| D-W | 1.035 | 1.169 | 1.279 |

注：括号内为 t 检验值，***、**、* 分别表示在 1%、5%、10% 的显著性水平下拒绝原假设。

中部地区个体固定效应模型回归结果显示，当期竞争强度系数为 −0.884，通过了 1% 的显著性水平检验，说明中部地区税收竞争强度每提高 0.01，当期税收收入会下降 0.884 个百分点，从滞后期来看，中部地区的税收竞争对税收收入增长不存在显著的滞后效应。

西部地区个体固定效应模型回归结果显示，当期竞争强度系数为 −0.67，通过了 1% 的显著性水平检验，说明西部地区税收竞争强度每提高 0.01，当期税收收入会下降 0.67 个百分点。从滞后期来看，中部地区的滞后两期税收竞争强度也出现了显著的制约税收收入增长的作用，但是这一制约作用也明显小于当期税收竞争。

三个地区的第二、第三产业增加值均对税收收入产生了显著的正作用，但是东部和中部地区的第三产业的税收增长作用明显要强于第二产业，说明东中部地区服务业发展迅速，已经成为税收增长的支柱。西部地区经济发展较慢，第三产业带来的税收增长效益不如第二产业，但差距也不大。

3. 省级个体层面——变系数模型。不同的经济社会背景使经济参数在横截面个体间存在差异，为了更好地反映个体差异，我们选择含个体影响的变系数模型，对全国 31 个省、市、自治区 434 个样进行回归。

如表 3 所示，除河北、安徽、山东、湖南、贵州、陕西六个省外，当期税收竞争强度变量的系数在剩余 25 个省份均显著，且符号为负，说明大多数省份的税收竞争侵蚀了当期地方政府的税收收入，制约了税收收入的增长，这与前面全国和分区域分析得到的结论一致。其中，广东（−3.312）、北京（−2.548）、上海（−1.563）三个地区的税收竞争对税收收入的侵蚀作用最严重，这与"北上广"发达的经济水平是相符的。作为全国综合实力最强的地区，这些地区不仅能够得到国家税收优惠政策的倾斜，同时对高新技术企业和人才的强烈需求，也使得地方政府有动力去努力争取更多税收优惠政策来吸引这些要素流入。从滞后期税收竞争强度来看，绝大多数省份都不显著，但值得关注的是江苏和浙江两个省份在滞后两期时，税收竞争强度对税收收入产生了显著的正作用，系数分别为

0.550 和 0.553，说明这两个省份的税收竞争边际效益大于边际成本，税收竞争引入的劳动资本要素很好的转化为了生产力，促进了当地经济的发展。另外第二产业和第三产业增加值系数分别在 22 个、27 个省份显著为正，这与我们的预期一致。

表3　　　　　　　　　省级个体变系数模型的回归结果

| 地区 | 当期竞争强度 | 滞后一期竞争强度 | 滞后二期竞争强度 | 第二产业增加值 | 第三产业增加值 |
|---|---|---|---|---|---|
| 北京 | -2.548*** | 0.288 | -1.103 | -0.048 | 1.115*** |
| 天津 | -1.105** | -1.593*** | 0.639 | 0.599*** | 0.587*** |
| 河北 | -0.505 | 0.137 | -0.507** | 0.114 | 1.088*** |
| 山西 | -1.023*** | 0.323 | -0.491** | 0.554*** | 0.612*** |
| 内蒙古 | -0.416** | -0.124 | -0.396** | 0.620*** | 0.468*** |
| 辽宁 | -1.682* | 1.342 | -0.967* | 0.638*** | 0.541** |
| 吉林 | -0.995*** | 0.087 | -0.112 | 0.755*** | 0.348 |
| 黑龙江 | -0.867*** | -0.185 | -0.038 | 0.523*** | 0.742*** |
| 上海 | -1.563** | 1.032 | -0.348 | 0.649*** | 0.624*** |
| 江苏 | -1.015*** | -0.357 | 0.550* | 0.206 | 0.928*** |
| 浙江 | -1.032*** | -0.124 | 0.553** | 0.190 | 0.982*** |
| 安徽 | -0.342 | -0.321 | -0.180 | 0.910** | 0.116 |
| 福建 | -0.724* | -0.220 | 0.486 | -0.019 | 1.223*** |
| 江西 | -1.057*** | 0.278 | -0.045 | 0.504*** | 0.605** |
| 山东 | -0.903 | -0.284 | -0.120 | 0.371 | 0.809*** |
| 河南 | -0.997*** | -0.044 | -0.419 | 0.583*** | 0.664*** |
| 湖北 | -0.632** | -0.287 | -0.177 | 0.506* | 0.728*** |
| 湖南 | -0.082 | -0.009 | -0.018 | 0.705** | 0.338 |
| 广东 | -3.312*** | 1.122 | -0.414 | 0.564 | 0.722* |
| 广西 | -1.309*** | -0.065 | 0.048 | 0.782*** | 0.357* |
| 海南 | -0.937*** | 0.139 | -0.297 | 0.339** | 0.811*** |
| 重庆 | -1.224*** | -0.096** | 0.032 | 0.296** | 0.842*** |
| 四川 | -0.478*** | 0.067*** | 0.038 | 1.043*** | -0.018 |
| 贵州 | 0.059 | -0.412 | -1.114 | 0.219 | 0.875*** |
| 云南 | -1.067*** | -0.134 | -0.337 | 0.346 | 0.830*** |
| 西藏 | -0.623*** | -0.104 | -0.227 | 0.577*** | 0.539*** |
| 陕西 | -0.608 | -0.178 | -0.476 | 0.787*** | 0.335** |

| 地区 | 当期竞争强度 | 滞后一期竞争强度 | 滞后二期竞争强度 | 第二产业增加值 | 第三产业增加值 |
|---|---|---|---|---|---|
| 甘肃 | − 1. 573 *** | 0. 891 * | − 0. 406 *** | 0. 699 *** | 0. 474 ** |
| 青海 | − 0. 470 * | − 0. 205 | − 0. 470 | 0. 480 ** | 0. 747 ** |
| 宁夏 | − 1. 274 *** | − 0. 274 | − 0. 405 | 0. 852 *** | 0. 255 * |
| 新疆 | − 0. 876 ** | 0. 047 | 0. 034 | 0. 321 ** | 0. 971 *** |

注：*** 、** 、* 分别表示在 1% 、5% 、10% 的显著性水平下拒绝原假设。

## （二）分税种竞争对其收入增长影响的实证分析

为了更准确地检验地方税收竞争的税收增长效应，我们设计了分税种竞争强度指标，重点考察增值税、营业税、企业所得税和个人所得税的竞争对其收入在增长的影响。利用模型（2）~模型（5）进行实证分析。其中，企业所得税收入增长模型 WALD F 检验拒绝了原假设，Hausman 检验接受原假设，因此应选择随机效应模型，其他三个税种收入增长模型的 WALD F 检验和 Hausman 检验均拒绝了原假设，应采用固定效应模型，回归结果见表 4。

**表 4**                **不同税种收入增长模型回归结果**

| 指 标 | ZZS（增值税） | YYS（营业税） | QYS（企业所得税） | GRS（个人所得税） |
|---|---|---|---|---|
| 常数项 | − 2. 497 *** | − 4. 651 *** | 4. 165 *** | 0. 527 *** |
| | （− 12. 662） | （− 27. 537） | （15. 739） | （0. 928） |
| 当期竞争强度 | − 0. 677 *** | − 0. 735 *** | − 7. 025 ** | − 0. 732 *** |
| | （− 20. 641） | （− 16. 089） | （− 18. 091） | （− 16. 623） |
| 滞后一期竞争强度 | 0. 027 | − 0. 050 | − 0. 101 ** | − 0. 137 ** |
| | （0. 720） | （− 1. 026） | （− 2. 294） | （− 2. 315） |
| 滞后两期竞争强度 | 0. 081 ** | − 0. 029 | − 0. 162 *** | 0. 046 |
| | （2. 394） | （− 0. 646） | （− 4. 251） | （0. 956） |
| 税基变量 | 0. 971 *** | 1. 156 *** | 0. 617 *** | 0. 742 *** |
| | （85. 144） | （131. 877） | （37. 413） | （21. 656） |
| 2006 年虚拟变量 | — | — | — | 0. 206 *** |
| | | | | （7. 908） |
| 2008 年虚拟变量 | — | — | 0. 485 *** | 0. 907 *** |
| | | | （15. 724） | （2. 869） |

续表

| 指　标 | ZZS<br>（增值税） | YYS<br>（营业税） | QYS<br>（企业所得税） | GRS<br>（个人所得税） |
|---|---|---|---|---|
| 2009 年虚拟变量 | - 0.118 *** | — | — | — |
|  | ( - 7.517) |  |  |  |
| Adj. R² | 0.995 | 0.994 | 0.923 | 0.989 |
| F-statistic | 3343.778 | 1707.671 | 948.061 | 937.353 |

注：括号内为 t 检验值，*** 、** 分别表示在 1%、5% 的显著性水平下拒绝原假设。

分税种来看，四个税种的当期税收竞争强度指标都通过了 1% 的显著性检验，对该税种的收入产生了负面影响。但是四个税种滞后期税收竞争强度对税收收入的影响则产生了差异，增值税滞后两期的税收竞争强度系数出现了正值，即当期增值税的税收竞争对滞后两年的增值税收入增长产生了积极的作用。营业税税收竞争的滞后一期和滞后两期指标系数未通过显著性检验。企业所得税滞后一期和滞后两期的系数为 - 0.101 和 - 0.162，分别在 5% 和 1% 的显著性水平上对企业所得税收入增长产生了负面影响，而当期税收竞争强度系数 - 0.809，说明这一制约作用在以后年份明显减小。个人所得税滞后一期竞争强度系数为 - 0.137，通过了 5% 的显著性检验，绝对值明显小于当期竞争强度系数，因而个人所得税之间的税收竞争对滞后一期税收收入增长的制约作用小于对当期税收收入的影响。

就其他控制变量而言，四个税种的税基指标均对税收收入增长产生了显著的正面作用，税收政策因素虚拟变量指标也都在 1% 的水平上拒绝原假设，与已有研究一致。

# 五、结　　论

本文运用税收收入增长模型研究了税收竞争对地方税收收入增长的影响，利用我国 1999 ~ 2012 年省际面板数据进行实证分析得出以下结论：

第一，地方政府间的税收竞争减少了当期地方政府的税收收入额。虽然这一影响在两年的滞后期内明显减弱了但却并未能扭转为正面影响，有可能是因为地方政府在追求经济发展的自利行为过程中，进行过度的税收竞争，只顾及当前利益，盲目通过税收优惠手段引进资本流入，未能实现经济的长足发展，税基增加和经济规模效应带来的税收收入增长未抵消税收负降低带来的减少作用。因此政府在招商引资过程中，不能盲目追求项目数量和金额，在引进前，要综合考虑项目是否能发挥本地优势、是否环保、是否能够带来长期的经济利益，引进后还要注意合理吸收流入的生产要素，采取各种配套措施和政策，快速有效地将其转化为生产力，为税收提供可观税基，实现政府税收收入的增长。

第二，就不同区域来看，税收竞争强度每提高 0.01，东部、中部和西部的地方税收收入增长分别降低 1、0.868 和 0.670 个百分点，东部地区税收竞争产生的负面作用最为强烈，但是东部地区的税收竞争对滞后两期的税收收入增长产生了正面影响，可以解释为东部地区税收竞争发展时间久，手段也较为完善和多样化，其经济最为发达，投产速度快、产能转化率高，从而能够实现规模经济，在长期内实现促进税收收入增长的目标。中部和西部地区，政府在税收方面让利的能力较弱，产能转化效率也与东部地区存在差距，因此其当期税收竞争带来的税负减少影响较小，但是也失去了税收竞争可能带来的长期税收增长利益，这也是使全国内竞争强度系数为负的原因。因此中西部地区在推进税收竞争的过程中，固然要最大限度地争取税收优惠，吸引资本流入、发展本地经济，同时还应该逐步构建服务型政府，帮助企业加速投资向生产的转化，实现长期内经济增长和税收收入增加的正和博弈。

第三，就不同税种来看，增值税、营业税、企业所得税、个人所得税的税收竞争强度每提高 0.01，相应的税种收入分别降低 −0.667、−0.735、−7.025 和 −0.732 个百分点。其中增值税的税收竞争会在第二期发挥规模经济效应，对增值税税收收入的增加将抵消增值税税负降低导致的税收减少。营业税和企业所得税是与市场经济活动紧密相连的，也是地方政府进行税收竞争的主要税种，但是本文发现这两种税收竞争没有给地方政府带来长期的税收增长利益，说明地方政府还需规范税收竞争手段，限制竞争的范围，弱化税收竞争对税收收入的侵蚀作用，追求税收经济边际效应大于边际成本，努力实现税收竞争—发展当地经济—促进税收增长的最优路径。

## 参考文献

[1] 安体富：《如何看待近几年我国税收的超常增长和减税的问题》，《税务研究》2002 年第 8 期。

[2] 付勇、张宴：《中国式分权与财政支出结构偏向：为增长而竞争的代价》，《管理世界》2007 年第 3 期。

[3] 郭杰、李涛：《中国地方政府间税收竞争研究——基于中国省级面板数据的经验证据》，《管理世界》2009 年第 11 期。

[4] 李涛、黄纯纯、周业安：《税收、税收竞争与中国经济增长》，《世界经济》2011 年第 4 期。

[5] 沈坤荣、付文林：《税收竞争、地区博弈及其增长绩效》，《经济研究》2006 年第 6 期。

[6] 谢欣、李建军：《地方税收竞争与经济增长关系实证研究》，《财政研究》2011 年第 1 期。

[7] 赵志耘、杨朝锋：《分税制改革以来我国地方税收增长研究》，《财贸经济》2008 年第 8 期。

[8] Chirinko, Robert S., Wilson, Daniel J.. Tax competition among U. S. states: racing to the bottom or riding on a seesaw? CESifo Working Paper: Public Finance, 2011, No. 3525.

[9] Devereux, Michael P., Ben Lockwood, Michela Redoano. Do countries compete over corporate tax rates. Journal of Public Economics, 2008, 92 (5 – 6): 1210 – 1235.

[10] Egger, Peter, Michael Pfaffermayr, Hannes Winner. Commodity Taxation in a "Linear" world: a spatial panel data approach. Regional Science and Urban Economics, 2005a, 35

(5): 527 –541.

[11] Eugster, B. , Parchet, R. . Culture and taxes: towards identifying tax competition. DEEP Working Papers, University of Lausanne, 2011.

[12] Gibbon, S. , Overman, H. G. . Mostly pointless spatial econometrics. SERC Discussion Papers, 2010 (61) .

[13] Teemu Lyytikainen. Tax competition among local governments: Evidence from a property tax reform in finland. Journal of Public Economics, 2012 (96): 584 –595.

# 西部地区经济增长、财政支出规模与结构变动的实证分析

郭雅静[*]

【摘要】 本文对1978~2011年我国西部地区的面板数据进行了回归分析,研究我国西部地区财政支出与经济增长之间的相互关系,以及财政支出中支农支出对西部经发展的影响。结果发现西部地区人均消费的增长对经济增长有明显促进作用,财政支出占GDP的比重以及人均财政支农支出与经济增长并无显著正相关,也不存在明显的"挤出效应"。

【关键词】 经济增长　财政支出　支农支出

## 一、研究背景

长期以来,由于自然、气候、资源、人口以及对外开放程度等多方面因素的影响,东西部发展的差异长期存在。我国西部地区土地面积538万平方公里,占全国国土面积56%;目前有人口约2.87亿,占全国人口总数的22.99%。西部地区疆域辽阔,人口稀少,是我国经济欠发达、需要加强开发的地区。全国尚未实现温饱的贫困人口大部分分布于该地区,它也是我国少数民族聚集的地区。

西部地区的经济发展状况受到诸多客观环境因素的制约。首先,社会历史、自然地理因素造成西部经济发展缓慢。新中国成立时,全国70%的工业集中在国土面积不到12%的东南沿海,而西北地区的总产值仅占全国的3%,西南地区仅占6%。改革开放以来,经过20多年的发展,沿海地区建立了较为完善的市场经济体系,国民生产总值每年都有大幅度增长。与东部地区高增长的经济相比,西部地区的发展相对迟缓,东西部差距日趋扩大。地区发展差距日趋扩大已影响了中国经济进一步稳定、健康、协调发展,同时也影响了民族团结、社会稳定和边防的巩固。从地理上看,东部地区地形以平原为主,气候湿润,土壤肥沃,适宜农业生产。西部地区多高原山地,干旱少雨,生态环境恶化,生产生活方式落后,交通、通讯不便,限制了资金的投入。其次,劳动力素质低下,思想观念落后。就全国的人才分布来看,东部地区集中了大部分大中专学历以上的人员,故东部地区思想先进,有较高技术能力的人力资源。思想观念方面,西部地区总体比较闭塞,思想守旧,接受新事物的能力不强,这也从主观方面阻碍了西部地区的经济发展。再次,产业结构不合理。东西部地区由于自然资源禀赋的差距,形成了不同的产业结构,西部地区自然资源丰富,形成了第一、第二产业为主的产业结构,服务业、

---

* 郭雅静,女,1990年生,中央财经大学财政学院2013级硕士研究生,研究方向:资产评估、财税理论与政策。

旅游业等利润偏高的行业相对落后，这也是导致西部地区经济落后的原因之一。最后，国家政策因素也导致了东西部差距的拉大。改革开放以来，国家以"效率优先，兼顾公平"为原则，在一定时期内采取优惠政策的区域性倾斜，将更多的资金优惠、项目优惠、政策优惠投向于东部地区，这就进一步加剧了东西部的差距。

统筹地区发展，促进共同富裕，是我国经济发展所不能忽视的，为了加快西部民族地区的发展，缩小其与发达国家的差距，2000年，国务院发布《关于实施西部大开发若干政策措施的通知》，开始实行西部大开发政策，从多个方面支援西部建设。在支援西部的举措中，财政占据着重要地位，财政支出投资于基础设施建设、三大产业发展、社会保障支出以及医疗卫生等公共领域。然而，财政支出对经济增长的影响到底如何，是否确实可以起到促进经济增长的作用，还是由于对私人投资的挤出效应而对经济增长起到了负面影响。从财政支出的结构来看，在农业占据着主要地位的西部地区，财政支农支出的数量，是否对经济增长有显著作用，本文将通过对西部地区[①]的实证分析加以验证。

## 二、文献综述

关于财政支出与经济增长的关系，国内外诸多学者做过相关的理论及实证研究。但由于国家政治经济体制差异、地区发展水平差异、变量选取的区别、研究范围与研究时段的不同，研究结果多种多样。Ram（1986）发现，当财政支出占GDP的比重在一定范围内时，财政支出增长率的进一步提高，会对经济增长带来正面效应，但如果突破这个范围，则会对经济增长造成负面影响。Landau（1983）、Tullock（1987）以及Karras（1993）等的研究结果却得出财政支出规模与经济增长显著负相关。Shee-hey（1993）则认为财政支出和经济增长之间存在非线性关系。Armey（1995）通过用类似拉弗曲线的图形来进一步描述了财政支出与经济增长之间的这种非线性关系。

在国内，郭庆旺、吕冰洋和张德勇（2003）选取GDP增长率、国家财政支出占GDP的比重、教育支出占财政支出比重、基本建设支出占财政支出比重、科学研究支出占财政支出比重以及社会文教费支出占财政支出比重以及经济建设费支出占财政支出比重作为变量，并引入虚拟变量，通过格兰杰因果检验确定其滞后期，运用线性回归方法，研究财政支出结构与经济增长的关系，得出财政支出总水平与经济增长负相关，财政生产性支出与经济增长正相关的结论。马栓友（2000）通过对我国IS—LM模型中各变量采取线性回归方法进行研究，得出我国财政政策对促进经济增长有效性的结论。马树才和孙长清（2005）运用协整回归、主成分分析的方法研究私人资本存量、劳动力人数、财政支出绝对规模的增长率对GDP增长率的影响，对我国财政支出的最优规模作出了估计。张淑翠（2011）采用数据本身隐含信息进行内分组的面板平滑转移模型来检验财政支出与经济增长之间的非线性效应，并进一步拓展了Armey曲线推论。研究发现，我国省级政府财政一般预算支出规模和财政支出结构均与经济增长之间存在Armey曲线所描绘的非线性效应，财政一般预算支出及财政支出结构都存在最优规模。

① 本文选取西部地区十个省，陕西、甘肃、宁夏、青海、新疆、内蒙古、四川、云南、贵州、广西作为样本。将经济发展较好、具有较多政策优惠的直辖市重庆，以及地势特殊、受民族因素影响较大的西藏除去。

关于经济增长与财政支出结构的关系，Devarajan，Swaroop 和 Zou（1996）从支出的用途和性质上，将其分为生产性公共支出和非生产性公共支出，并将二者占总支出的比重通过经济学中的 CES 生产函数模型来探讨公共支出结构与经济增长关系。

各类学者的结论大致可以分为以下三类：第一类认为，生产性财政支出对经济增长起正向作用，而非生产性支出则起负向作用，如 Grier 和 Tullock（1989）通过经验判断，政府的投资性支出与 GDP 的实际增长率呈正相关，政府的消费性支出则与 GDP 增长负相关。第二类观点认为，生产性财政支出不一定能促进经济增长，二者没有必然联系。如 Munnell（1992）和 Gramlich（1994）的研究认为，公共投资中基础设施的投入对经济增长的效应并不明确。而第三种观点则与第一种观点完全相反，提出非生产性支出对经济增长有正向促进作用，生产性支出与经济增长负相关。如 Devarajan，Swaroop 和 Zou（1996）通过对 43 个发展中国家 20 年的统计数据进行分析研究，结果发现生产性支出在总支出中的比例与经济增长负相关，这意味着发展中国家大量的生产性公共支出并没有对经济增长起到促进作用。

学者们所研究的地区、时间的不同，导致了实证研究结果的差异性。关于经济增长与财政支出规模及结构的关系问题，很大程度上与所研究地区的发展程度，产业结构、经济环境以及一些相关政策有关。针对我国的国情，我国地方财政支出结构的经济增长效应具有比较鲜明的地区差异性，不同地区的各项财政支出的产出弹性差异性较大，因而，我国一定要注意地方经济发展水平和各项地方财政支出的产出弹性要相互适应。

# 三、描述性分析

## （一）西部地区经济增长与财政支出规模的变动特征

就总量而言，改革开放 30 年以来，我国 GDP 和财政支出的绝对量都呈现出高速增长的趋势，GDP 增长速度长期保持在 8% 以上，高于同期世界经济增长水平。财政支出绝对量的增加也与 GDP 增长率一样稳步高速增加。西部地区的经济借着改革的春风，也在快速发展。如图1 是西部地区在 1978～2011 年 33 年间，人均 GDP 变化趋势；图2 是西部地区人均财政支出变化趋势。

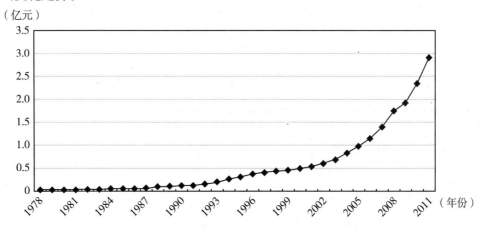

图1　1978～2011 年西部地区人均 GDP 增长趋势

（亿元）

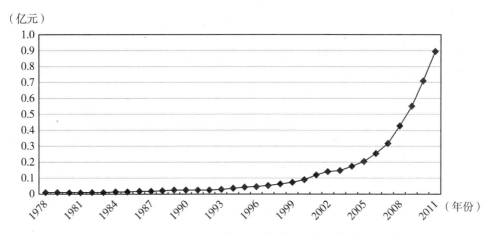

图2　1978～2011年西部地区人均财政支出增长趋势

20世纪90年代之前，西部地区各省的经济增长都比较缓慢，没有明显的增速。这个时期处于我国改革开放的初始阶段，国家提出"效率优先，兼顾公平"的原则，让一部分人和地区先富起来，政策导向和资金供给优先偏向于工农业基础较为优越、开放程度较高的东部地区。90年代开始，西部地区人均GDP开始出现较快的增长趋势，1995年之后，西部人均财政支出也出现快速增长迹象。这可能是源于1994年我国的财政体制实行分税制改革。这一系列体制改革直接影响到我国各级政府财力随经济平稳增长的机制，也可能是导致我国西部地区在1994年、1995年之后财政支出及GDP急剧上升的原因。此外，1996年，我国建立了市场经济体制，有利的市场环境，成为经济增长巨大的推动力。

为了缩小东西部差距，国家于1999年开始着手推进西部大开发战略，2000年正式发布通知，实施西部大开发政策，增加对西部地区的财政支持，大力开展基础设施建设和保障民生的工程，呼吁和鼓励各方力量支援西部经济建设。2000年左右，西部地区的财政支出总量迎来新的转折，此后一直保持较快的增速，各省GDP总量也稳步增加，比开发前翻了好几番。财政支出总额是衡量一定时期内地方政府支配社会资源的多少，满足公共需要能力高低的重要指标。通过比较西部大开发前后，西部地区财政支出总量的变化，可以反映西部地方政府对社会经济影响能力的增强。

就增长速度而言，西部各省的GDP增速从改革开放至今总体上呈波动上升趋势，由于各省产业结构、地区发展水平的差异，西部各省的GDP增速在不同年份略有不同，但总体保持较高增速率。表1为各省34年实际GDP的平均增长速度，分为3个时段来分析比较。

表1　　　　　　　　　　1978～2011年西部十省GDP平均增长率　　　　　　　单位:%

| 时间 \ 地区 | 甘肃 | 广西 | 贵州 | 内蒙古 | 宁夏 | 青海 | 四川 | 陕西 | 新疆 | 云南 |
|---|---|---|---|---|---|---|---|---|---|---|
| 1978～1990年 | 4.87 | 8.80 | 8.42 | 8.35 | 7.29 | 6.54 | 7.04 | 7.40 | 10.03 | 9.80 |
| 1991～2000年 | 8.16 | 8.84 | 7.08 | 9.19 | 8.55 | 6.57 | 8.43 | 7.49 | 10.22 | 8.37 |
| 2001～2011年 | 12.58 | 14.50 | 14.12 | 19.74 | 16.80 | 15.54 | 13.53 | 17.42 | 12.80 | 14.13 |

1978～1990 年为第一阶段，这是改革开放最初的 12 年，许多政策都处于探索和起步阶段；1991～2000 年为第二阶段，这一阶段市场经济体制开始孕育发展，直到正式建立；2001～2011 年为第三阶段，西部大开发战略实施，对西部地区经济发展的投入及重视程度都有大幅提升，西部地区各项指标在此期间增长迅速。纵向来看，西部 10 省的年平均增长率在三个阶段大多呈递增趋势，只有贵州和云南在第二阶段的增速与第一阶段相比稍有下降。就增速上升的幅度来看，第二阶段年平均增长率的增加幅度较小，大部分省区年平均增长率基本都只上升 1 个百分点左右。第三阶段年平均增长率的上升幅度非常明显，很多省区年平均增长率比第二阶段翻一番，可见西部大开发以后的这一时期，西部地区的经济增长十分迅猛。

横向来看，各省之间的经济增长情况差异很大，第一阶段，甘肃省明显处于落后地位，与其他各省的年平均增长率相去甚远，此时，新疆的年平均增长率位于领先地位，是甘肃省的 2 倍还多。第二阶段，甘肃省年平均增长率大幅提升，各省之间的差异缩小，年平均增长率基本处于相一致的水平，新疆仍然略具优势。第三阶段，各省之间的年平均增长率出现了重新排列组合的情形，新疆和甘肃位于最末，增长率为 12% 左右，内蒙古、陕西和宁夏位居前列，GDP 年平均增速都比第二阶段翻一番。

以上分析说明，西部各省的经济结构、经济实力本身存在较大差异，不同政策对不同地区的影响程度和作用范围有很大差异，故不同阶段的政策效果在不同省区的经济增速上会出现很不一致的反映。因而，针对广阔的西部地区，特别应注重政策制定的"因地制宜"，才能促进地区健康、和谐、同步发展。

表 2 为西部各省 GDP 对西部地区 GDP 的贡献率，及各省 GDP 占西部地区总 GDP 的比重。我们依然分为三个阶段来进行分析。

**表 2**         **1978～2011 年各省 GDP 对西部地区 GDP 的贡献率**     单位:%

| 地区<br>时间 | 甘肃 | 广西 | 贵州 | 内蒙古 | 宁夏 | 青海 | 四川 | 陕西 | 新疆 | 云南 |
|---|---|---|---|---|---|---|---|---|---|---|
| 1978～1990 年 | 9.87 | 7.86 | 6.53 | 11.86 | 11.70 | 12.80 | 8.95 | 9.75 | 12.61 | 8.06 |
| 1991～2000 年 | 7.93 | 9.46 | 5.73 | 12.09 | 10.55 | 10.77 | 9.50 | 9.16 | 14.97 | 9.83 |
| 2001～2011 年 | 7.43 | 8.62 | 5.37 | 17.35 | 10.97 | 10.40 | 9.15 | 10.44 | 12.53 | 7.73 |

由表 2 中数据可知，在第一阶段，对西部地区 GDP 贡献最大的 5 个省区依次是：青海、新疆、内蒙古、宁夏、甘肃；第二阶段，贡献最大的 5 个省区依次是：新疆、内蒙古、青海、宁夏、云南；第三阶段贡献率最大的 5 个省区依次是：内蒙古、新疆、宁夏、陕西、青海。结合表 1 的分析可知，甘肃省的年平均 GDP 增长率虽然进步很大，但其对总体 GDP 贡献率却处于下降趋势，这说明甘肃省的经济发展状况在整个西部地区处于比较落后的状况，发展速度与其他省区相比有一定差距。新疆的 GDP 年平均增长率在三个阶段的变化虽然不大，但其绝对值一直处于较高水平，对西部地区总体经济的贡献率也一直位居前列。内蒙古的 GDP 年平均增速和 GDP 贡献率在第三阶段都有飞快地发展，两个比率都处于 10 省当中最高的。

就财政支出占 GDP 的比重来看，1995 年为一个转折点（见图 3）。1978～1995 年，西部地区财政支出占 GDP 的比重总体呈下降趋势。这段时间，西部地区的 GDP 和财政支出都处于较低水平，且增长速度十分缓慢，经济的增长率甚至还不如财政支出的增幅，所以才导致政支出占 GDP 比重的下降。特别是 1986 年以后，由于经济体制的改革，"放权让利"等，国家逐渐把一部分事权下放企业，西部公共财政支出占 GDP 的比重逐年下滑，一直延续到 1994 年左右达到新的最低水平，此时，我国进行了"分税制"的改革，具体区分了中央税和地方税，国家提出建立新的公共财政体制。1995 年以后，随着市场经济体制的建立，这一比重在西部各省都不同程度地开始上升，并大致保持上升趋势。1998 年以来，为了扩大内需，刺激经济的增长，我国采取了积极的财政政策。2000 年，西部大开发战略的实施，GDP 增长速度大幅加快，财政支出数额也大幅增长。中央政府不断加大对西部的财力扶持，显著提高了西部地方政府财政支出的规模，西部地方政府在经济中发挥着越来越重要的作用，故使得政支出的增长速度超过了 GDP 增长率，造成了在 1995 年之后，财政支出占 GDP 的比重逐渐上升的情形。

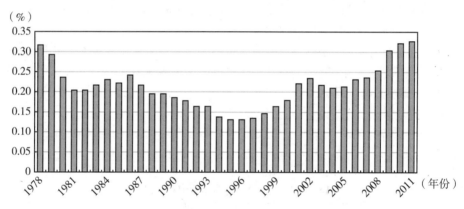

**图 3　1978～2011 年西部地区财政支出占 GDP 的比重**

由以上分析可知，公共财政支出规模的变化往往与我国经济体制改革是一致的，经济体制的改革会通过财政支出的变化来加以体现。

### （二）西部地区财政支农支出的变动趋势

西部地区农业所占比重相对较大，经济发展对农业的依赖性较强，因而农业的发展关系整个西部地区经济的增长。1992～2011 年西部各省支农支出占财政支出的比重在 5%～15%。2005 年党的十六届五中全会上，"三农"被正式提出，进一步加强了对农业的关注和政策上的扶持。故 2005 年之后，这一比重开始呈现明显持续上升趋势。

就西部各省支农支出占 GDP 比重而言，从改革开放到西部大开发之前，各省支农支出占 GDP 的比重变化平稳，但也保持着较低水平，为 1%～2%。这一时期，西部地区的经济增长速度也处于相对缓慢的状态，财政支出规模也无明显大幅增长。故支农支出占 GDP 的比重变化趋势也比较平缓。西部大开发之后，随着 GDP 和财政支出规模的迅速增长，支农支出占 GDP 比重略有波动，2005 年"三农"问题提出之后，这一比重迅速增长，从 2005 年至今，西部地区支农支出占财政支出比重的增长率一直大于 GDP 增长率，并继续保持这一趋势。

# 四、面板数据实证分析

## （一）模型及变量的选择

本文以西部 10 省自 1992 ~ 2011 年的 GDP、财政支出，以及财政支农支出为基础，建立面板数据模型。由于研究对象为我国西部地区各省，其经济发展水平、产业结构和发展模式各有不同，因此选用能够代表不同起点和不同结构的变系数固定效应模型。为研究西部地区经济增长与财政支出以及财政支农支出的关系，设立如下模型：

$$rjGdp_{it} = c_i + \beta_{1i}rjznzc_{it} + \beta_{2i}Gzhgm_{it} + \beta_{3i}rjXf_{it} + \xi_{it}$$

其中，被解释变量 $rjGdp_{it}$，代表 i 省在 t 期的人均 GDP；解释变量中，$rjznzc_{it}$ 代表 i 省在 t 期的财政支农支出，$Gzhgm_{it}$ 代表 i 省在 t 期的财政支出占 GDP 的比重；$\xi_{it}$ 是随机扰动项。由于 1992 ~ 2011 年财政支出项目统计口径稍有变动，财政支农支出所包含的项目略有不同。具体如表 3 所示。

表3　　　　　　　　　　　　　　财政支农支出包含的项目

| 时　　　间 | 项　　　目 |
| --- | --- |
| 1992 ~ 2002 年 | 支援农村生产支出类、农林水利气象等部门的事业费 |
| 2003 ~ 2006 年 | 农业支出、林业支出、水利和气象支出 |
| 2007 ~ 2011 年 | 农林水事务 |

此模型构造的目的在于通过最小二乘回归，得出人均支农支出、财政支出占 GDP 的比重以及人均消费对人均 GDP 的解释程度，研究我国西部地区经济增长是否与财政支出规模有关，在农业占据重要地位的西部地区，对农业的投入是否与经济增长显著相关等问题。

## （二）面板单位根检验

单位根检验是确定面板数据平稳性的方法，主要包括以下五种检验方法：LLC 检验、Breitung 检验、IPS 检验、ADF-Fisher 检验和 PP-Fisher 检验。其原假设为：序列存在单位根，即各变量是非平稳过程；备择假设为：变量为平稳过程。表4、表5、表6 分别为对四个变量的原序列、一阶差分、二阶差分在 5% 的置信水平下做出的单位根检验结果。由表4 的检验结果表明，西部地区的 rjGdp、rjXf、Gzhgm、rjZnzc 均不能拒绝"存在单位根"的原假设，这说明四个变量的原序列都不平稳。

表5 为对 rjGdp、rjXf、Gzhgm、rjZnzc 进行一阶差分的检验结果，由 Statistics 值及其伴随概率 p 可知，rjGdp、rjXf、rjZnzc 的检验结果不能拒绝"存在单位根"的原假设，其一阶差分序列依然不平稳；而 Gzhgm 的检验结果表明，其可以拒绝原假设，故认为 Gzhgm

为一阶单整。

表 6 是对剩余三个变量 rjGdp、rjXf、rjZnzc 的二阶差分检验结果，rjZnzc 的各项检验指标都说明该序列平稳，可以拒绝原假设；rjGdp 和 rjXf 的 LLC 检验结果表明其不能拒绝"存在单位根"的原假设，IPS 检验、ADF-Fisher 检验和 PP-Fisher 检验则表明，rjGdp 和 rjXf 的二阶差分不存在单位根，及该序列平稳。本文接受 IPS 检验、ADF-Fisher 检验和 PP-Fisher 检验的结果，认为 rjZnzc、rjGdp 和 rjXf 均为二阶单整。

**表 4** 原序列面板单位根检验

| 指　标 | rjGdp | rjXf | Gzhgm | rjZnzc |
|---|---|---|---|---|
| Levin, Lin & Chu t | 28.5135 | 29.0462 | − 0.84417 | 12.7157 |
| | (1.0000) | (1.0000) | (0.1993) | (1.0000) |
| Breitung t-stat | 21.2038 | 13.7973 | 5.02893 | 11.4355 |
| | (1.0000) | (1.0000) | (1.0000) | (1.0000) |
| Im, Pesaran and Shin W-stat | 31.2972 | 33.3013 | 1.85290 | 16.0940 |
| | (1.0000) | (1.0000) | (0.9681) | (1.0000) |
| ADF-Fisher Chi-square | 1.3E − 08 | 9.6E − 05 | 11.0855 | 0.11151 |
| | (1.0000) | (1.0000) | (0.9440) | (1.0000) |
| PP-Fisher Chi-square | 0.00020 | 0.00428 | 10.5123 | 0.02276 |
| | (1.0000) | (1.0000) | (0.9579) | (1.0000) |

注：显著性水平为 5%；（ ）中数值为伴随概率 p 值。

**表 5** 一阶差分序列面板单位根检验

| 指　标 | rjGdp | rjXf | Gzhgm | rjZnzc |
|---|---|---|---|---|
| Levin, Lin & Chu t | 24.6186 | 17.4585 | − 9.52258 | 6.39851 |
| | (1.0000) | (1.0000) | (0.0000) | (1.0000) |
| Breitung t-stat | — | — | — | — |
| Im, Pesaran and Shin W-stat | 18.9566 | 19.8264 | − 10.4349 | 6.37189 |
| | (1.0000) | (1.0000) | (0.0000) | (1.0000) |
| ADF-Fisher Chi-square | 0.00351 | 0.00490 | 134.522 | 8.51021 |
| | (1.0000) | (1.0000) | (0.0000) | (0.9879) |
| PP-Fisher Chi-square | 4.93823 | 34.0887 | 132.175 | 11.0393 |
| | (0.9997) | (0.0255) | (0.0000) | (0.9452) |

注：显著性水平为 5%；（ ）中数值为伴随概率 p 值。

**表6** 二阶差分序列面板单位根检验

| 指 标 | rjGdp | rjXf | Gzhgm | rjZnzc |
|---|---|---|---|---|
| Levin, Lin & Chu t | 9.30580 | 12.9251 | — | −13.1096 |
| | (1.0000) | (1.0000) | | (0.0000) |
| Breitung t-stat | — | — | | — |
| Im, Pesaran and Shin W-stat | −5.84654 | −3.64762 | — | −13.0814 |
| | (0.0000) | (0.0001) | | (0.0000) |
| ADF-Fisher Chi-square | 89.6109 | 98.4775 | | 160.780 |
| | (0.0000) | (0.0000) | | (0.0000) |
| PP-Fisher Chi-square | 251.184 | 281.056 | — | 189.864 |
| | (0.0000) | (0.0000) | | (0.0000) |

注：显著性水平为5%；（ ）中数值为伴随概率 p 值。

## （三）面板协整检验

根据以上单位根检验的结果，四个变量 rjGdp、rjxf、Gzhgm 及 rjznzc 分别为 2 阶单整、2 阶单整、1 阶单整、2 阶单整。当解释变量个数多于 1 个，各变量之间即使不是同阶单整，也可以存在协整关系。以下是运用 Pedroni（Engle-granger based）和 Kao（Engle-granger based）对 rjGdp、rjxf、Gzhgm 及 rjznzc 协整关系的检验。原假设为"不存在协整关系"，若可以拒绝原假设则说明变量之间存在长期稳定关系。表 7 为四个变量协整检验的结果，除 Panel rho 和 Group rho 的检验结果不能拒绝原假设外，其他 5 个指标都表明，四个变量之间存在长期稳定关系。

**表7** 协整检验结果

| Panel v | Panel rho | Panel PP | Panel ADF |
|---|---|---|---|
| 2.523169 | 0.190492 | −4.288422 | −2.335197 |
| (0.0058) | (0.5755) | (0.0000) | (0.0098) |
| Grouprho | Group PP | Group ADF | Kao |
| 1.199086 | −9.315944 | −3.419189 | −2.320910 |
| (0.8848) | (0.0000) | (0.0003) | (0.0101) |

注：显著性水平为5%；（ ）中数值为伴随概率 p 值。

## （四）最小二乘回归分析及检验

根据已构造的面板数据变系数模型：

$rjGdp_{it} = c_i + \beta_{1i}rjznzc_{it} + \beta_{2i}Gzhgm_{it} + \beta_{3i}rjXf_{it} + \xi_{it}$，对存在协整关系的面板数据变量进

行最小二乘回归。回归结果的拟合优度99.32%，修正后的拟合优度为99.15%，说明模型的解释程度达标，没有遗漏重要变量；此次回归的F值为601.8520，其伴随概率为0.0000，说明回归结果显著；Durbin-Watson stat值为2.1950，经检验不存在自相关问题。

具体回归结果归纳如表8所示。

表8　　　　　　　　　　　　最小二乘回归检验结果

| 地区 | $c_i$ | $\beta_1$ | $\beta_2$ | $\beta_3$ |
|---|---|---|---|---|
| 四川 | 0.072870 | 17.93047 | 1.071912 | 1.000905 |
| | | (3.505202) | (1.075128) | (2.668572) |
| 贵州 | -0.015148 | 3.275831 | 0.119064 | 2.729408 |
| | | (2.144468) | (0.418157) | (7.410980) |
| 云南 | 0.234597 | -8.974984 | -0.974409 | 3.835298 |
| | | (-1.127125) | (-0.496818) | (3.667602) |
| 陕西 | 0.000729 | 4.049080 | -0.554241 | 2.999444 |
| | | (1.900175) | (-1.385028) | (14.21530) |
| 甘肃 | -0.087497 | -4.557525 | -0.180930 | 3.919722 |
| | | (-3.176422) | (-0.804133) | (14.33123) |
| 青海 | -0.105801 | 2.163734 | 0.139145 | 3.504578 |
| | | (1.861078) | (0.428837) | (9.945182) |
| 宁夏 | -0.069467 | 2.465244 | -0.319819 | 3.912234 |
| | | (2.125537) | (-0.882998) | (11.41843) |
| 新疆 | -0.257988 | -2.894334 | 0.422630 | 4.682032 |
| | | (-1.725313) | (0.545462) | (9.944251) |
| 广西 | -0.037520 | -0.814724 | -0.152509 | 3.081142 |
| | | (-0.231021) | (-0.215232) | (9.169050) |
| 内蒙古 | 0.265225 | 9.970987 | -2.162479 | 2.758382 |
| | | (4.553084) | (-3.78138) | (13.34347) |

注：显著性水平为5%；（ ）中数值为t值。

由表8结果可知，西部各省人均财政支农支出与人均GDP关系不确定，云南、甘肃、新疆、广西呈负相关，但除甘肃省在统计上显著之外，其余三省在统计上不显著；其他六省的人均财政支农支出与人均GDP呈正相关，青海和陕西的统计结果不显著。就人均GDP与财政支出占GDP比重的关系而言，有6个省呈现负相关，4个省呈现正相关，除内蒙古之外，统计结果均很不显著。在三个解释变量中，只有各省的人均消费与人均GDP呈显著正相关关系。

下面将具体分析出现上述结果的原因。

就人均财政支农支出与人均 GDP 的关系来看，在第一产业占据着重要地位的西部地区，财政支农支出并没有对经济增长产生明显的推动作用，只有四个省的实证研究表明二者之间呈正相关且统计显著。支农支出没有出现预计的对经济增长的高产出，但是从整体上来看，是由于其投资的不稳定性和不连续性。财政用于"三农"的财政投入数量不断增加，但年度间不均衡，财政支农支出占财政总支出和总收入的比重一直在一个比较低的水平徘徊，直接导致了财政支农的低效率。此外，是财政支农支出投入的方向过多，专注力不够，而导致的结果是财政投入经费的有限性和国民经济发展的多样性的矛盾。如农业事业单位人员庞杂导致事业费支出过大，而造成了财政支出结构不合理。由于西部地区财政底子薄弱，导致对财政支农支出的需求很大，尽管在 1998 年实施积极财政政策以来，中央和地方财政用于"三农"的投入增加较多，增长较快，1998 年全国财政支农支出占财政总支出平均比重最高达到 10.69%，西部地区为 9.35%，财政净投入与支农支出的比例、农业 GDP 增加值与支农支出的比例也都经历了较大幅度的增长。但到 2001 年之后，三项比例都有了不同程度的下降，2002 年全国财政支农支出仅占财政总支出的 7.71%，西部地区为 7.07%。另一方面，由于西部地区国民经济对农业的依存度较高、农村非农业部门支持能力低、农业生产结构单一、生产条件落后、农民收入水平低、结构单一且不稳定等特点，使得财政资源对于"三农"目标实现的有效性没有彻底发挥。

就财政支出占 GDP 的比重与人均 GDP 的增长来看，财政支出占 GDP 的比重与 GDP 的增长无明显关系。除内蒙古之外，财政支出占 GDP 的比重的逐年增加对西部地区经济增长并无促进作用。从中央实施积极财政政策以来，国家在西部地区的财政投入一直在增加，1995 年实行了过渡期转移支付制度，对西部地区进行财政扶持，包括税收返还、体制返还及专项补助等。这些基本解决了一些地区的温饱问题，但西部地区的整体经济状况并未有较大的改善，与东部地区还相差很多。究其原因，首先，由于西部地区本身经济条件落后，大量的财政支出都用于解决西部地区的温饱，基础设施匮乏的问题，巨大的公共事业支出需求占用了大量的财政资金，用于开辟支柱产业，优化产业结构的资金不足。其次，与东部地区相比，由客观因素造成的西部地区投资环境落后，如气候、地形、土壤、区位、交通等。财政资金的投入，虽一定程度上改善了西部地区的经济发展环境，但其对投资的吸引力依然低于东部地区。

就人均消费与人均 GDP 的关系而言，西部十省的人均消费与人均 GDP 都呈显著的正相关，相关系数 $\beta_3$ 基本上位于 3 到 4 之间，这说明人均消费增长 1 个单位，会促进 GDP 增加 3 到 4 个单位。由此可见，增加西部地区内部需求，是该地区促进经济增长的途径之一。

# 五、结　论

本文初步研究了经济增长与财政支出以及财政支农支出的变动关系，根据以上的实证分析，得出以下几点结论：

第一，由协整检验结果可知，人均 GDP、人均财政支农支出、人均消费以及财政支出占 GDP 的比重四个变量之间存在长期稳定均衡关系，但不能说明变量之间有因果联系。

第二，由最小二乘回归结果可知，总体而言，西部地区财政支农支出与 GDP 的增长无显著相关性。对西部地区支农支出投入的增加并不会带来经济的增长，虽然西部地区基础产业所占比重较高，但其经济发展并不依赖于财政对农业的投入；此外，财政支出占 GDP 的比重与 GDP 的增长无显著相关性。财政支出与 GDP 的关系并不符合瓦格纳法则所描述的，当国民收入增长时，财政支出会以更大比例增长。这说明财政支出占 GDP 的比重不是越大越好，这一比重的增加对经济的增长并无明显促进作用，可能还会存在一定的"挤出效应"，抑制私人投资。当然，二者之间无显著相关性也可能是由于，西部地区财政资金利用不合理，效率较低所导致的，因而没有发挥其对经济增长的促进作用。

第三，根据实证分析的结果可知，西部各省之间自身的经济发展水平差距就很大，由于资源禀赋、发展方式、增长潜力等多种因素的作用，人均支农支出、人均消费、财政支出占 GDP 的比重对各省人均 GDP 的影响程度也存在很大差异。如人均支农支出对人均 GDP 的影响，在甘肃省呈显著负相关，在贵州、宁夏、内蒙古、四川呈显著正相关，且对于四川省，支农支出对 GDP 的影响非常明显，远大于其他各省，还有一些省的统计量不显著。针对此问题，财政支出的投入和财政支出结构因充分考虑到各省自身特点，因地制宜。

## 参考文献

[1] 高军、刘博敏：《财政支出可以长期促进经济增长吗——基于省级面板数据的协整分析》，《宏观经济研究》2013 年第 6 期。

[2] 郭庆旺、吕冰洋、张德勇：《财政支出结构与经济增长》，《经济理论与经济管理》2003 年第 11 期。

[3] 黄思宁：《西部地区财政支农的效率评价研究》，首都经济贸易大学：统计学系，2006 年。

[4] 黎友焕、王凯：《改革开放 30 年财政支出与中国经济增长——基于省级面板数据的实证分析》，《华东经济管理》2010 年第 1 期。

[5] 马树才、孙长清：《经济增长与最优财政支出规模研究》，《统计研究》2005 年第 1 期。

[6] 马栓友：《财政政策与经济增长的实证分析》，《山西财经大学学报》2001 年第 4 期。

[7] 曾芳芳：《促进西部地区发展的财政政策思考》，中国经济出版社 2006 年版。

[8] 张淑翠：《我国财政支出对经济增长非线性效应——基于省级面板数据的平滑转移模型实证分析》，《财经研究》2011 年第 8 期。

[9] Daniel Landau. Government Expenditure and Economic Growth: A Cross-Country Study. Southern Economic Association, 1983: 783 – 792.

[10] Devrarajian, S., Swaroop, V., Zou H.. The composition of public expenditure and economic growth. Journal of Public Economics, 1996 (37): 313 – 344.

[11] Gramlich, E.. Infrastructure investment: a review essay. Journal of Economic Liter-

ature, 1994, 32 (3): 1176 – 1196.

[12] Grier, K., Tullock G.. An empirical analysis of cross-national economic growth, 1951 – 1980. Journal of Monetary Economics, 1989 (24): 259 – 276.

[13] Munnella. Infrastructure investment and economic growth. Journal of Economic Perspective, 1992, 6 (4): 189 – 198.

[14] Rati Ram. Government size and economic growth: a new framework and some evidence from cross-section and time-series data. American Economic Association, 1986, 76 (1): 191 – 203.

[15] Sheng-Tung Chen, Chi-Chung Chen, Yoonbai Kim. Economic growth and government size in OECD countries: new evidence from the quantile regression approach. Economics Bulletin, 2011 (31): 416 – 425.

[16] William R. DiPeitro, Emmanuel Anoruo. Government size, public debtand real economic growth: a panel analysis. Journal of Economic Studies, 2012, 39 (4): 410 – 419.

第
二
辑

# 省域间政府财政自给率变动及影响因素分析

## ——以东部地区 11 省[*]为例

李傲颜[**]

**【摘要】** 本文在对东部地区各省份的自给率变动情况进行描述性分析的基础上，用 11 个省份 1995～2011 年的面板数据建立模型，分析多种因素对地方政府财政能力的影响。实证结果表明：现有税制下，东部地区各省财政自给能力仍需提高；经济发展水平、对外开放和市场竞争、财政努力程度对其有正向影响；政府规模对其有负向影响；而人口规模对财政自给能力的影响具有不确定性；调整产业结构，努力发展第三产业，有利于财政自给能力的提高。

**【关键词】** 财政自给率 影响因素 东部地区

# 一、引　言

财政自给能力是指在不依赖高层政府财政援助的情况下，各级政府独立地为本级支出筹措收入的能力，各级政府财政自给能力的差异主要源于政府间支出责任的分配、政府间课税权力的分配模式和各辖区的经济发展水平（王雍君，2000）。1994 年起，全国施行分税制改革，财权上移至中央政府，大部分事权下放至地方政府，以此为节点，我国地方政府和中央政府的财政自给能力发生了明显的变化：中央政府的财政自给率由 0.73 跃至 1.66，而地方政府的财政自给率由 1.02 降至 0.59。[①] 同时，受省域间不同发展水平的影响，各省或直辖市的财政自给能力也存在很大差异。财政政策不仅要保持财政能力的纵向公平，还要保持地区间的横向公平。为保持横向公平，我国建立了转移支付制度来保证地方政府履行支出责任，但是归其根本，地方政府职能的有效发挥还是主要依赖于其财政自给能力的强弱。

研究我国省域间财政自给率变动及其影响因素，有利于提高地方政府的财政自给能力，帮助地方政府有效发挥自身职能。作为中国经济最为发达的地区，东部地区的公用服务体系更为完善、政府职能更为健全、产业结构更为优良，其较为完备和成熟的地区发展环境，有利于研究我国地区间财政自给能力的变动规律。因此，本文以东部地区为例，对地方政府的财政自给能力进行分析。

---

\* 东部地区包括北京、天津、河北、辽宁、上海、江苏、浙江、福建、山东、广东、海南 11 个省、直辖市。

\*\* 李傲颜，女，1991 年生，中央财经大学财政学院 2013 级硕士研究生，研究方向：资产评估、财税理论与政策。

① 《中国财政年鉴》，财政自给能力 = 本级财政收入/本级财政支出。

## 二、文献综述

近年来，有很多学者运用计量方法对地方政府的财政能力进行研究。刘伦、胡玲（2004）运用财政能力系数指标来定量探讨乡镇财政的危机程度，通过全国五级财政自给系数纵向对比、分省区四级财政自给能力纵向和横向对比以及两个乡镇个案的财政自给系数，来揭示乡镇财政危机的制度内涵。该研究运用描述性统计方法，对乡镇财政自给率进行了非常深入和全面的分析，但是却没有深层次地运用计量方法剖析财政自给率变动背后的原因。卢洪友、贾智莲（2009）从财政汲取能力和基本公共品供给能力两个角度，选择 23 个指标运用因子分析的方法对全国除西藏和港澳台外的 30 个省份的地方政府财政能力进行了综合评价，得出中国地方政府财政能力总体偏弱，各地方政府之间财政能力参差不齐、弱者居多的结论。该研究通过对多个指标的综合分析得出的财政能力水平很有说服力，但是却不能反映各个因素对财政能力的影响程度和各省财政能力的变动情况。尚元君、殷瑞锋（2009）利用 1993~2005 年中国 31 个省、市、自治区的财政、经济指标面板数据，估测了各地区的财政收入能力，并以此为因变量，用固定效应模型进行实证分析，结果发现产业发展和城市经济水平与财政收入能力正相关，提高财政收入能力需适度控制公共部门规模，地方财政收入占财政总收入比重和财政自给率与财政收入能力正相关。该研究充分剖析了地方政府财政收入能力的影响因素，缺点在于测算财政收入能力时未根据地区发展阶段特点对样本进行分类，使解释变量与财政收入能力的关系较复杂，同时也缺少对不同地区的财政收入能力影响因素的阐释。

关于自给率的计算方法，王雍君（2000）认为需要使用标准收入和标准支出的概念，使用实际财政收支的概念存在缺陷，但不足以影响基本的分析和结论。他使用实际财政收支的概念计算财政自给率，从三个角度对中央、地方和其他国家的财政自给率进行比较分析，得出地方财政自给能力与支出责任极不对称，过低的财政自给能力扭曲了地方财政的决策行为等结论。在实际研究中，许多学者采用预算内收入与预算内支出之比作为财政自给率。如朱恒鹏（2004）在研究非国有经济比重对地方财政收支的影响时，使用了两种口径的地区财政自给率：预算内财政收支自给率和含预算外收支的总财政收支自给率。

此外，对于研究地方政府财政自给能力的意义与其影响因素方面，闻媛（2009）认为，地区间财政自给能力的巨大差异已经成为我国"财政均等化"的一大障碍，地区间财政自给能力差异的成因是地区间产业结构的差异和现行税制缺陷对地区财政自给能力的影响。Petchey J.，Levtchenkova S.（2003）在分析多国财政均等化模型时，指出在提供同等水平服务的情况下，相较低成本的地区，高成本的地区支出更多，需要更多的补助资金。Stotsky 和 Wolde Mariam（1997）通过固定效应方法分离样本的实效差异和地区差异，对地区税收收入能力的决定因素进行研究。韩慧林（2011）根据我国具有代表性的东部、中部、西部地区最近几年有关财政自给能力的相关数据，着重分析了地方财政自给能力差异的原因，主要包括经济水平、地理条件、产业结构的影响，转移支付结构的不合理和均等化程度不理想，地方政府支出责任的分配和课税权利的分配模式不对称等。Yang Song（2013）经过实证分析后，认为财政分权不会自动地促进平等或者阻止平等，财政分权的促成方式对于财政分权如何影响地区间的财政收入不平等是重要的。

综上，近年学者们的研究成果中缺少对于地区财政自给能力影响因素的深入分析，因此，本文选取东部地区的面板数据进行分析。考虑到数据获取的难易，参照多数学者的做法，使用预算内财政收支的比例作为财政自给率，着重分析经济发展水平、人口规模、产业结构、地区开放程度和市场竞争程度、政府规模、财政努力程度等六个因素对东部地区地方政府财政自给能力的影响。

# 三、东部地区财政自给率的描述性分析

1994 年我国开始实施分税制改革，中央与地方的财力发生明显变化，因此本文从 1995 年开始研究我国东部地区的财政自给能力的变动情况。根据前文给出的自给率的定义，各省自给率取值范围为 [0，1]，越接近 1 代表自给能力越强，反之越弱。东部地区大部分省份的自给率位于 (0.5，0.7) 的范围内，且大小居中，趋势相似。所有省份或者直辖市的自给率都小于 1，说明东部地区各政府都不能达到完全自给。上海、北京、广东和江苏的自给率居高，分税制改革初期波动较大，在近年逐渐趋于稳定，波动轨迹趋于一致；河北、海南、辽宁的自给率较低，除辽宁外，在分税制改革初期它们的自给率波动较小，在 2007～2009 年出现了较大波动，且在近年的自给率变化特点不同；其余各省或直辖市的自给率数值居中，并且波动幅度小于自给率偏高或偏低的省或直辖市。下面对上述内容做具体分析。

首先，分析自给率位居前列的几个省或直辖市。上海在 1995 年的自给率就远远高于东部其他省或直辖市，并一直保持着这样的态势，但是后来大部分年度的自给率低于 1995 年；广东和北京的起点位置是相似的。北京在 2000～2002 年的自给率水平还一度与上海持平或超过上海，但是自 2003 左右以后，北京的自给率就有下降趋势，近 5 年低于上海、广东和江苏的自给率。广东的自给率总体上保持着上升趋势，近 5 年的波动状况与上海趋同。江苏的起点位置并不突出，但是自给率却一直保持着上升趋势，近些年在东部地区自给率一直位列第三，在 2004 年左右超过北京。上海与广东都是沿海开放型城市，所以经济发展较为相似。上海一直是我国的中心城市，定位为经济、金融中心，经济建设和发展的自由度高于首都北京，这是二者自给率波动趋势的原因之一。作为首都，北京的城市定位是政治文化中心，在社会福利和社会保障、城市建设和文化传播等方面的支出要明显高于其他省或直辖市，政府规模也较大，北京近年的自给率波动或多或少受到这些因素影响。江苏处于国际六大世界级城市群之一的长江三角洲城市群，根据中国统计学会发布的《地区发展与民生指数 (DLI) 报告》，2011 年江苏 DLI 居全国第一，说明江苏的地区发展与民生改善的状况非常好，综合发展水平较高，良好的发展水平也促成了自给率的不断提高。

然后，分析自给率居后的河北、辽宁和海南。海南省在 1995 年的自给率排第四位，但是在接下来一直处于下降的态势，近年有小幅度上升；辽宁和河北的自给率起点相似。辽宁在 1997 年自给率出现了一次小幅上升，直到 2007 年以后才再次有明显上升趋势；河北的自给率在 2007 年有一次明显上升，略早于大多数省或直辖市自给率的上升点，随后河北省自给率的下降幅度也较其他省或直辖市明显，近两年自给率仅高于海南省。海南省是我国最大的"热带宝地"，作为一个四面环海和少数民族众多的省份，它的发展方式明显区别于其他省或直辖市，旅游业、农业和渔业是支柱产业，经济基础和投资热度较弱于其他沿海省市，最开始的自给率居高，主要是源于建省前的积累。辽宁和河北的经济总量相近，人口规模存在较大差异，前者的对外开放程度较后者大，是我国重要的老工业基地之一，也是最早实行对外开放政策的沿海省份之一，后者处于中原地区，与多个省市相邻，交通便捷，地区间交流密切。

通过表1对东部地区各省市自给率特点作进一步分析。表1是我国东部11省自给率的描述性统计量，根据JB统计量及其相伴概率可知，各省自给率变化均近似服从正态分布。从标准差的值可以看出，各省自给率波动相差不大，江苏、海南的自给率变动较为剧烈，主要原因可能为：海南的产业构成主要以旅游业、渔业和农业等为主，容易受到经济形势的影响。江苏近年来经济发展增速较高，自给率也有明显增长。从均值、中位数、最值等来看，各省自给率没有达到1的，即预算内收入均不能完全满足预算内支出的需求。总体最值中，上海的最高达到了0.92，海南的最低仅为0.32。北京、上海、广东是东部地区经济最为发达的三个省（直辖市），这三个城市的自给率平均值也位居前三，海南相较其他东部省份发展较为落后，其自给率最低，可见省或直辖市的经济发展水平对于财政自给能力具有决定性影响。浙江的自给率平均值为0.56，稍落后于与其经济发展水平相当甚至落后的福建、山东和天津，说明除经济发展水平以外的其他因素，可能如政府规模、财政努力程度等也会影响地方政府的财政自给能力。

**表1　　　东部地区财政自给率变动描述性统计量（按省份/直辖市计算）**

| 省/市 | 平均值 | 中位数 | 最大值 | 最小值 | 标准差 | JB统计量 | P值 |
|---|---|---|---|---|---|---|---|
| 北京 | 0.72 | 0.72 | 0.87 | 0.62 | 0.0688 | 0.4430 | 0.8013 |
| 福建 | 0.58 | 0.60 | 0.67 | 0.49 | 0.0429 | 0.1623 | 0.9220 |
| 广东 | 0.69 | 0.68 | 0.78 | 0.62 | 0.0494 | 1.0145 | 0.6022 |
| 河北 | 0.49 | 0.48 | 0.62 | 0.41 | 0.0626 | 1.3155 | 0.5180 |
| 海南 | 0.44 | 0.41 | 0.59 | 0.32 | 0.0896 | 1.7483 | 0.4172 |
| 江苏 | 0.64 | 0.62 | 0.80 | 0.51 | 0.0758 | 0.5962 | 0.7422 |
| 辽宁 | 0.49 | 0.49 | 0.67 | 0.41 | 0.0684 | 2.9206 | 0.2322 |
| 山东 | 0.60 | 0.61 | 0.71 | 0.46 | 0.0554 | 2.4390 | 0.2954 |
| 上海 | 0.80 | 0.78 | 0.92 | 0.70 | 0.0639 | 0.9368 | 0.6260 |
| 天津 | 0.60 | 0.59 | 0.69 | 0.54 | 0.0434 | 0.7836 | 0.6758 |
| 浙江 | 0.56 | 0.55 | 0.69 | 0.48 | 0.0597 | 1.0139 | 0.6023 |

注：P值为JB统计量的相伴概率，P值大于5%，说明在5%的置信水平下拒绝原假设，近似服从正态分布，P值大于1%，说明在1%的置信水平下拒绝原假设，近似服从正态分布。

通过表2对东部地区所有省市各年的自给率变动进行分析。表2是我国东部地区各年度自给率的描述性统计量，根据 JB 统计量及其相伴概率可知，各年度自给率变化也均近似服从正态分布。从标准差的值可以看出，各年度自给率波动有较大差异，1997～1999年的自给率变动较弱，其他年度的自给率波动较大，并且波动剧烈程度在近年有上升趋势。1997～1999 年是分税制改革的初期，各省财政活动还处于适应阶段，随着改革的进一步深化，在新的税收体制下，各省的财政活动差异也逐步体现，这可能是自给率波动程度随时间小幅上升的原因之一。另外，2008 年的自给率均值最高，1995 年的自给率均值最低，总体上看，各年均值变化不大。1995 年是分税制改革实施后的第一年，必然会对各省自给率产生较大的负面影响。自给率最大值出现在 2008 年，最小值出现在 2009 年，结合图 1 可知，这两年的自给率波动也较大，大部分东部省市的财政自给率在这两年经历了一次上升后迅速下降。2008 年正值美国次贷危机初期，我国受到的波及尚弱，或处于初级阶段，总体上，前一年国内经济和国内股市一片繁荣的余温还存在。而 2009 年，我国经济环境开始受到次贷危机的显著影响。2008～2009 年，国际和国内经济形势的变化是影响地方政府自给率大小及波动的重要原因。

**表 2          东部地区财政自给率变动描述性统计量（按年度计算）**

| 年度 | 平均值 | 中位数 | 最大值 | 最小值 | 标准差 | JB 统计量 | P 值 |
|------|--------|--------|--------|--------|--------|-----------|------|
| 1995 | 0.57 | 0.51 | 0.89 | 0.46 | 0.1292 | 4.8437 | 0.0888 |
| 1996 | 0.59 | 0.54 | 0.89 | 0.50 | 0.1195 | 6.4725 | 0.0393 |
| 1997 | 0.62 | 0.60 | 0.77 | 0.49 | 0.0891 | 0.6675 | 0.7162 |
| 1998 | 0.63 | 0.62 | 0.83 | 0.52 | 0.0913 | 1.1594 | 0.5601 |
| 1999 | 0.62 | 0.62 | 0.79 | 0.49 | 0.0863 | 0.7206 | 0.6975 |
| 2000 | 0.60 | 0.59 | 0.78 | 0.45 | 0.1061 | 0.6147 | 0.7354 |
| 2001 | 0.59 | 0.60 | 0.78 | 0.42 | 0.1190 | 0.4738 | 0.7891 |
| 2002 | 0.58 | 0.57 | 0.72 | 0.41 | 0.1118 | 0.7118 | 0.7005 |
| 2003 | 0.58 | 0.58 | 0.74 | 0.41 | 0.1106 | 0.6527 | 0.7215 |
| 2004 | 0.56 | 0.55 | 0.74 | 0.38 | 0.1116 | 0.3691 | 0.8315 |
| 2005 | 0.59 | 0.61 | 0.76 | 0.37 | 0.1260 | 0.6721 | 0.7146 |
| 2006 | 0.62 | 0.63 | 0.87 | 0.38 | 0.1410 | 0.1435 | 0.9308 |
| 2007 | 0.62 | 0.63 | 0.76 | 0.34 | 0.1222 | 2.5596 | 0.2781 |
| 2008 | 0.69 | 0.69 | 0.92 | 0.37 | 0.1552 | 0.4382 | 0.8032 |
| 2009 | 0.60 | 0.60 | 0.82 | 0.32 | 0.1513 | 0.1832 | 0.9125 |
| 2010 | 0.59 | 0.57 | 0.82 | 0.38 | 0.1336 | 0.2727 | 0.8725 |
| 2011 | 0.60 | 0.60 | 0.77 | 0.39 | 0.1218 | 0.3588 | 0.8358 |

注：P 值为 JB 统计量的相伴概率，P 值大于 5%，说明在 5% 的置信水平下拒绝原假设，近似服从正态分布，P 值大于 1%，说明在 1% 的置信水平下拒绝原假设，近似服从正态分布。

# 四、东部各省自给率变动影响因素的实证分析

## (一) 模型设定和检验

本文着重分析以下六个因素对财政自给能力的影响：经济发展水平、人口规模、产业结构、地区开放程度和市场竞争程度、政府规模、财政努力程度。由文献综述可知，政府支出责任和税收权利也会对财政自给能力产生影响，但是鉴于已有学者分析认为二者不匹配造成地方政府财政自给能力较弱，并且它对各省财政自给能力具有普遍影响，不因各省发展环境不同而异，在现有税制下暂时难以改变，所以本文暂不分析这一影响因素。依据上文，采取预算内收支之比作为自给率（fssr）代表政府财政自给能力。另外，依次使用人均地区生产总值（gdppc）、人口密度（dpop）作为经济发展水平和人口规模的量化指标；使用三大产业占地区生产总值的比例（prim，sec，tert）代表产业结构；使用实际利用外商直接投资占地区生产总值比例（fdi）、进出口总额（tiev）占地区生产总值的比例，即外资依存度和外贸依存度代表地区开放程度和市场竞争程度；使用实际财政支出占地区生产总值的比例（exp）代表政府规模；根据国外学者 Bahl（1972）的研究，使用实际财政收入与预期财政收入之比（dge）表示财政努力程度，预期财政收入的值用实际财政收入和地区生产总值建立模型进行估算得到。本文使用的数据来源于历年《中国财政统计年鉴》、各省统计年鉴和《新中国 60 年统计资料汇编》。

需要说明的是，与财政努力程度相比，财政收入的预算执行率，即实际财政收入与预算财政收入之比，不适合用于反映政府对于获取财政收入的努力程度。因为其中的预算财政收入是在政府角度根据前一年度已掌握的信息对未来年度财政收入的预测值；而使用下列模型得到的预期财政收入，是在掌握过去、现在和未来的信息的基础上，对其中某一年度财政收入的估计值，包括了政府在前一年度不能考虑到的影响因素，更接近该年度政府理应得到的财政收入，财政努力程度更能反映政府获取财政收入的努力大小。

为了计算政府努力程度需要对预期财政收入进行估算，采用以下截面单元和时期均为固定效应的模型对预期财政收入进行估算，各时期的固定效应代表了除经济规模以外的因素对于财政收入的影响。

$$Lnrev = \beta_0 + \beta_1 Lngdp + \varepsilon \qquad ①$$

将 11 个省份 1995～2011 年的实际财政收入代入 rev，地区生产总值代入 gdp。经单位根检验 Lnrev 与 Lngdp 均为一阶单整序列，且二者存在协整关系。建立面板数据变系数固定效应模型，通过似然比检验，即引入固定效应是合适的。最后再次将 gdp 代入估计后的模型，计算得到预期财政收入，再求算实际财政收入与预期财政收入的比率得到财政努力程度。

经过单位根检验，量化指标中 fssr、fdi、tiev 为平稳序列，其余量化指标序列为一阶单整。由于属于同阶单整的两个变量才能进行回归，所以，首先分别用 fdi、tiev 解释 fssr，建立固定效应变系数模型，得到如下结果（见表3、表4）。

表3                                    外资依存度对自给率的解释

| | | | | $fssr = c + c_i + \alpha_i fdi + \varepsilon$, $R^2 = 0.800201$ | | | | | | ② |
|---|---|---|---|---|---|---|---|---|---|---|
| 地区 | 北京 | 天津 | 河北 | 上海 | 江苏 | 浙江 | 福建 | 山东 | 广东 | 海南 | 辽宁 |
| c | | | | | 0.590421 ** (0.0000) | | | | | | |
| $c_i$ | 0.268 | −0.010 | −0.192 | 0.158 | 0.196 | −0.148 | 0.026 | 0.054 | 0.050 | −0.270 | −0.131 |
| $\alpha_i$ | −22.29 ** | 1.37 | 41.76 * | 5.84 | −17.42 | 29.22 * | −3.26 | −10.79 | 5.77 | 11.19 ** | 4.80 |
| | (0.0046) | (0.6889) | (0.0163) | (0.2398) | (0.0816) | (0.0190) | (0.4359) | (0.3639) | (0.0590) | (0.0000) | (0.4593) |

注：（ ）内为 t 统计量的相伴概率，* 代表 5% 的置信水平下显著，** 代表 1% 的置信水平下显著。

表4                                    外贸依存度对自给率的解释

| | | | | $fssr = c + c_i + \alpha_i tiev + \varepsilon$, $R^2 = 0.795726$ | | | | | | ③ |
|---|---|---|---|---|---|---|---|---|---|---|
| 地区 | 北京 | 天津 | 河北 | 上海 | 江苏 | 浙江 | 福建 | 山东 | 广东 | 海南 | 辽宁 |
| c | | | | | 0.606239 ** (0.0000) | | | | | | |
| $c_i$ | −0.042 | −0.016 | −0.054 | 0.202 | −0.106 | −0.163 | −0.009 | −0.052 | 0.384 | −0.142 | −0.0003 |
| $\alpha_i$ | 0.902 ** | 0.086 | −3.919 | −0.054 | 1.712 ** | 1.916 ** | −0.228 | 1.274 | −1.724 * | −0.500 | −2.61 |
| | (0.0091) | (0.8734) | (0.2203) | (0.8119) | (0.0000) | (0.0005) | (0.8600) | (0.3955) | (0.0458) | (0.6188) | (0.2058) |

注：（ ）内为 t 统计量的相伴概率，* 代表 5% 的置信水平下显著，** 代表 1% 的置信水平下显著。

下面将所有解释变量纳入模型，根据似然比检验结果，采用固定效应变截距模型进行分析，模型④ ~ ⑨的基本回归方程为：

$$fssr = c + c_i + \alpha_1 Lngdppc + \alpha_2 Lndpop + \alpha_3 \{fdi, tiev\} + \alpha_4 \{prim, sec, tert\}$$
$$+ \alpha_5 dge + \alpha_6 exp + \varepsilon$$

含有多个量化指标的因素每次代入一个指标，得到如下回归结果（见表5）。

表5                                    自给率与各影响因素回归结果汇总

| 变量 | 模型④ | 模型⑤ | 模型⑥ | 模型⑦ | 模型⑧ | 模型⑨ |
|---|---|---|---|---|---|---|
| Lngdppc | 0.041450 | 0.086573 ** | 0.063466 ** | 0.060259 | 0.093567 ** | 0.054548 ** |
| | (0.0576) | (0.0000) | (0.0000) | (0.0097) | (0.0000) | (0.0000) |
| Lndpop | 0.272291 * | 0.063408 | 0.083694 | 0.007454 | −0.240184 ** | −0.174507 * |
| | (0.0009) | (0.5041) | (0.3129) | (0.9315) | (0.0156) | (0.0543) |
| fdi | 9.307211 ** | 7.901438 ** | 8.318034 ** | — | — | — |
| | (0.0000) | (0.0000) | (0.0000) | | | |
| tiev | — | — | — | 0.558319 ** | 0.636707 ** | 0.640624 ** |
| | | | | (0.0037) | (0.0006) | (0.0006) |

| 变量 | 模型④ | 模型⑤ | 模型⑥ | 模型⑦ | 模型⑧ | 模型⑨ |
|------|-------|-------|-------|-------|-------|-------|
| prim | - 0. 372412 | — | — | 0. 136875 | — | — |
|      | (0. 2443) |  |  | (0. 6804) |  |  |
| sec | — | - 0. 427913 ** | — | — | - 0. 703050 ** | — |
|     |  | (0. 0108) |  |  | (0. 0000) |  |
| tert | — | — | 0. 541821 ** | — | — | 0. 877321 ** |
|      |  |  | (0. 0017) |  |  | (0. 0000) |
| dge | 0. 049716 ** | 0. 061805 ** | 0. 052639 ** | 0. 080770 ** | 0. 081913 ** | 0. 070479 ** |
|     | (0. 0967) | (0. 0329) | (0. 0657) | (0. 0112) | (0. 0063) | (0. 0188) |
| exp | - 1. 397828 ** | - 1. 450167 ** | - 1. 471588 ** | - 1. 421173 ** | - 1. 514331 ** | - 1. 527241 ** |
|     | (0. 0000) | (0. 0000) | (0. 0000) | (0. 0000) | (0. 0000) | (0. 0000) |
| $R^2$ | 0. 822782 | 0. 828069 | 0. 831464 | 0. 794777 | 0. 813626 | 0. 812612 |

注：（）内为 t 统计量的相伴概率，* 代表 5% 的置信水平下显著，** 代表 1% 的置信水平下显著。

## （二）实证结果分析

1. 对模型②和模型③的实证分析。外资依存度和外贸依存度是衡量一个国家或地区的对外开放程度的重要指标，也从侧面反映了一个国家或地区的市场竞争程度。如表 3 和表 4 所示，两个方程 $R^2$ 均在 0. 80 左右，说明总体来看东部地区各省对外开放程度和市场竞争程度与地方政府财政自给能力存在相关关系。

具体来看各省的系数值，第一个模型中，浙江、河北、海南的系数为较大的正数并且显著，说明这三个地区外资依存度的提高能够显著提高政府的财政自给能力，这主要是因为：浙江是沿海经济比较发达的地区，并且对外经济交流较多，外商投资对经济发展的贡献较大；海南四面环海，先后设立了洋浦开发区、海口保税区、亚龙湾国家旅游度假区等，外商投资和进出口总额都迅速增长，逐步实现了开放型经济，因此它的对外开放程度对地方政府的税收贡献较大，有助于提高政府的财政自给能力。相对于浙江和天津，河北的开放程度较低，而其系数最大，说明现阶段加大引入外资可以显著通过促进经济增长而提高地方财政能力。北京的系数显著为负，说明外商直接投资对于北京政府的财政自给能力呈现负相关的关系，这可能是由于环渤海地区外资依存度的提高对于该地区经济增长的促进作用较弱（罗忠洲，2007）。余下几个地区，实际外商直接投资占 GDP 比例的系数不显著。

再看第二个模型中各省的系数，江苏、浙江和北京的系数显著为正，说明这三地外贸依存度的提高可以促进地方政府财政自给能力的提高，并且它的影响幅度在北京较弱，在余下两地较强。而在广东这一因素对财政自给能力呈现负面的影响，在其他几省系数不显著。Julia Wörz（2004）运用动态面板数据模型进行实证研究，发现贸易在中高等技术密集型产业的专门化能够对经济的长期增长起到积极的作用。系数较为显著的几个省和直辖市，北京对外贸易发展较晚，江苏和浙江对外贸易发展较早，而广东在 20 世纪 90 年代就处于较高的对外贸易水平，现在发展较为成熟，因此，他们的外贸依存度对经济增长的影响处于不同的阶段，从而对政府的财政自给能力影响也有差异。

2. 对模型④至模型⑨的实证分析。表 5 展示了各因素对东部地区各省政府财政自给能力的影响，使用面板数据进行回归可以有效提高估计量的抽样精度并获取更多的信息，如表 5 所示大部分量化指标的系数都是显著的。首先，观察地区经济发展水平对政府财政自给能力的影响，经济发展水平的提高可以有效促进地方政府财政自给能力的提高，这个结果是毋庸置疑的。再看人口密度对财政自给能力的影响，在模型④中其影响为正向的，而在模型⑧、模型⑨中其影响为负向的，其余模型中不显著，说明人口规模对于政府财政自给能力的影响是不确定的。可以这样理解这种不确定性，东部沿海地区经济较其他地区发达，吸引许多来自其他地区的人才，一方面，促进了东部地区经济建设和社会发展，有助于政府财政收入的提高；另一方面，人口的过度集中也带来了很多社会问题，增加了公共服务的成本，给政府增加许多开支。

随后，是对外开放程度和市场竞争程度的影响，由表 5 可见，外资依存度和外贸依存度都对财政自给能力有着显著的正向影响，因此，总体来看东部地区通过引入外资、增加对外贸易逐渐开放地区经济、增强市场竞争，有利于政府财政自给能力的提升。此外，根据对表 2 和表 3 的分析可知，各省也应注意调整外资结构和贸易结构，保持对外开放和市场竞争对经济增长的良性刺激。

再看产业结构对地方政府财政能力的影响，由表 5 可知，第一产业比重的系数不显著，第二产业比重系数显著为负，第三产业比重系数显著为正，即降低第二产业比重、发展第三产业有利于地方政府财政能力的提高。彭志龙（2001）的研究发现，在中低收入阶段第一产业比重下降，第二产业比重上升，第三产业比重上升，进入高收入阶段以后，以美国、英国、日本为例（1980 年，美国人均 GNP 为 12850 美元，英国为 8580 美元，日本为 10390 美元），第一产业比重下降，第二产业比重也下降，第三产业比重上升。我国东部沿海各省经济发展水平较高，以 2011 年为例，除河北（人均 GDP，33969 元）和海南（人均 GDP，32377 元）较低外，其余地区尤其上海和北京的人均 GDP 已达到 80000 元以上。虽然与前者口径不一致，但是也足以说明东部地区已接近高收入阶段，因此第二产业比重下降，第三产业比重上升，顺应地区经济发展，也利于政府财政自给能力的提高。

最后，通过财政努力程度和政府财政支出占 GDP 比例两个指标来看政府自身对财政自给能力的影响。由表 5 后两行可见，财政努力程度对财政自给能力的影响均显著为正，政府财政支出占 GDP 比例对财政自给能力的影响显著为负。亦即在东部沿海地区，政府越努力筹集财政收入其财政自给能力越强，而政府规模越大致使财政自给能力越弱，说明政府规模过大对于增加财政收入无益，这可能是由于地方政府尾大不掉，效率低下以及相伴而生的寻租行为对地方经济发展和财政收入增加带来的不利影响。

# 五、结　论

本文初步研究了东部地区 11 省自给率变动，及经济发展水平、人口规模、对外开放程度和市场竞争程度、财政努力程度和政府规模等因素对东部沿海地区地方政府财政自给率的影响，得出以下几点结论。

第一，在我国现有税制下，东部地区 11 省尚不能达到财政完全自给，即预算内财政收入不能支撑全部预算内支出。各省、直辖市自给率波动服从正态分布，波动趋势较为一致。上海、北京、江苏的财政自给能力较强，河北、海南的财政自给能力较弱，其他省份居中。

第二，地区经济发展水平、对外开放程度和市场竞争程度等的增强，可以提高东部沿海地区地方政府的财政自给能力。与此同时，地方政府也应调整外资结构和竞争结构以保持外资和贸易对经济增长的促进作用。适当调整产业结构，增加第三产业比重，也利于东部地区政府财政自给能力的提高。

第三，人口规模对政府的财政自给能力的影响具有不确定性，东部地区良好的发展机遇吸引外来人才，同时大量人口的涌入也产生了很多问题。地方政府财政努力程度能够促进财政自给能力的提高，而政府规模的扩大对财政自给能力有着不利影响，说明东部地区地方政府现有规模过大，不适宜再扩张。

## 参考文献

［1］韩慧林：《地方财政自给能力的区域差异与均衡配置》，《财会月刊》2011 第35 期。

［2］刘伦、胡玲：《乡镇财政自给能力分析》，《中央财经大学学报》2004 年第 4 期。

［3］卢洪友、贾智莲：《中国地方政府财政能力的检验与评价——基于因子分析法的省际数据比较》，《财经问题研究》2009 年第 5 期。

［4］罗忠洲：《东部沿海地区对外开放度与经济增长的实证分析》，《财经论丛》2007 年第 5 期。

［5］彭志龙：《从国际比较看我国第三产业比重》，《统计研究》2001 年第 3 期。

［6］尚元君、殷瑞锋：《对地方政府财政收入能力影响因素的实证分析》，《中央财经大学学报》2009 年第 5 期。

［7］王雍君：《地方政府财政自给能力的比较分析》，《中央财经大学学报》2000 年第 5 期。

［8］闻媛：《中国东、中、西部地区间财政自给能力差异分析》，《社会科学辑刊》2009 年第 6 期。

［9］朱恒鹏：《地区间竞争、财政自给率和公有制企业民营化》，《经济研究》2004 年第 10 期。

［10］Bahl R. W.. A Representative Tax System Approach to Measuring Tax Effort in Developing Countries. Staff Papers-International Monetary Fund, 1972: 87 – 124.

［11］ Petchey J. , Levtchenkova S. . Fiscal Capacity Equalization and Economic Efficiency. New South, 2003: 1 – 2.

［12］ Song Y. . Rising Chinese Regional Income Inequality: The Role of Fiscal Decentralization. China Economic Review, 2013.

［13］ Stotsky J. G. , Wolde Mariam A. . Tax effort in sub-Saharan Africa. International Monetary Fund, 1997.

［14］ Worz J. . Skill Intensity in Foreign Trade and Economic Growth. Tinbergen Institute, 2004.

# 东部地区人口变动对政府财政支出影响的实证分析

李同军　王晶晶　宋柳玉[*]

【摘要】本文运用线性回归模型，就人口变动对财政支出的贡献进行实证研究，得出人口变动很大程度上影响政府财力的结论，并用协整检验和格兰杰因果性检验解释其相关程度。然后利用面板数据模型，对 1978～2012 年我国东部地区 11 个省级行政区人口变动对地方政府财政支出的变动效应进行实证分析。结果表明，东部地区内部人口变动对财政支出的贡献度差距较大，地域上不平衡，时间上表现为影响弹性波动不稳定。

【关键词】人口变动　财政支出　平稳性检验　面板数据模型

## 一、引言及文献综述

改革开放以来，我国对人口流动的限制政策从宽松到严格，再到逐渐弱化的变迁过程，在以东部地区表现尤为明显。人口变动成为财政支出增长的重要影响因素。如图 1 所示，1978～2012 年 35 年间，东部地区的人口增加了 1.56 倍，而财政支出增长了 188 倍。不论从人口政策角度还是经济发展角度，人口与财政支出都有相互影响。为更好地履行财政职能，发挥财政支出作用以推动经济增长，人口变动对财政支出的影响程度有必要进一步明确。

然而这些数据只能说明特定区域总体的状况，并不足以让我们做进一步了解，为深入分析，我们还要引入这两个指标在省级层面的数据进行分析。在一定时期人口变动和财政支出的具体变化趋势如何？这两种指标的相关方向及趋势如何？人口变动对财政支出影响的省际差异程度如何以及导致这些差异的各种因素有哪些？深入研究人口变动对财政支出的影响以及其中的机制效应，具有重要的理论和现实意义。在本文中将一一进行探讨。

在财政分权体制下，人口流动会给流入地区的财政支出造成重要影响，虽然纳税人口的增加会使地方政府财政收入增加，但流动人口增加会造成教育设施、社会治安、城市交通这些准公共产品的拥挤问题，从而增加地方的财政成本。人口流动对地方财政的效应相互叠加，使得其财政政策影响并不明确。在西方财政文献中，关注人口流动的文献较少。基于人口流动自由度较高的特性，Hamilton（1975）认为人口的自由流动并不是公共品有

---

* 李同军，男，1991 年生，中央财经大学财政学院 2013 级硕士研究生，研究方向：资产评估、财税理论与政策；王晶晶，女，1990 年生，中央财经大学财政学院 2013 级硕士研究生，研究方向：财税理论与政策；宋柳玉，女，1989 年生，中央财经大学财政学院 2013 级硕士研究生，研究方向：财税理论与政策。

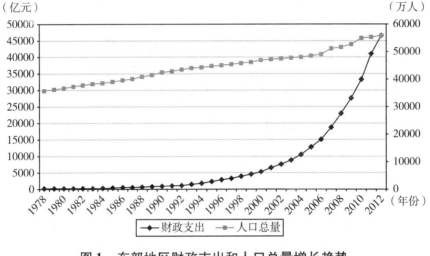

（亿元）                                                              （万人）

图例：━◆━ 财政支出　　━■━ 人口总量

**图1　东部地区财政支出和人口总量增长趋势**

效提供的充分条件。虽然人口流动为人们对公共品的偏好揭示提供了工具，但如果公共品本身缺乏价格机制，在其消费上仍然存在"搭便车"问题，即穷人纷纷流向富人社区享受较高水平的公共品。他认为通过财政分区的方式限制人口的无序流动是公共品有效提供的充分条件。由于地方不同类别公共支出对经济增长的作用存在差别（Aschauer，1989；Barro，1991），地方政府财政资源总体上的相对稀缺性，导致地方在促进经济增长和提升居民公共福利的目标一般存在冲突，地方政府为了实现短期中经济快速增长，有激励在其财政支出结构中偏向于经济生产性支出项目，而导致居民消费性公共服务出现供给不足。Kam Wing（2010）则从我国户口制度入手，通过定性分析，认为我国当前户籍制度影响了公共物品作用的发挥，导致了公共资源配置效率的低下，需通过改革建立更加科学更有效率的流动人口管理机制。

国内学者对人口与财政直接关系做了大量研究。付文林（2007）利用2000年全国人口普查的数据对我国人口流动与公共支出竞争之间的关系进行了一个计量实证，得出尽管存在户籍控制，但人口流动倾向还是反映了公共支出影响的结论。毕先萍（2009）通过实证分析，估计地区劳动力流动规模，构造相关指标并建立面板数据模型，得出劳动力流动对下一期地区经济增长有正向影响，而对本期经济增长有负向影响。蒋云赟、任若恩（2007）研究发现，人口因素是财政政策能够具有可持续性的重要因素之一，通过利用代际核算体系来对人口因素和我国财政政策关系进行分析，结果表明如果能将生育率保持在可持续生育率水平之上，对缓解财政政策的不平衡有很大的帮助。王德祥、李建军（2009）利用湖北、山东和吉林3个省共178个县（市）的数据，分析了辖区人口和辖区面积对于地方于财政支出的影响。经研究发现，得出结论人口和人均财政支出呈现"U形"的关系，并且当辖区人口规模在100万人左右的时候，人均公共财政支出是最少的；而且，辖区面积扩大也将引起人均财政总支出的增加，但是面积和人均财政在教育上的支出呈"倒U形"的关系；郭玉清、姜磊（2009）通过研究发现，省市辖区的人口规模通过拥挤和集聚两种外部性决定了对于财政支出的影响，但是财政支出对于辖区人口规模的影响则是具有反向激励效应。关于我国的省际数据，实证结果表明，财政基建、文教医卫、科技三类生产性支出都显著推进了经济的增长。但是，财政生产性支出的边际收益表现出了从西到东递增的趋势。财政支出在科技、基础设施等领域投入的增加有助于经济增长。杨胜利、高向东（2013）通过研究人口老龄化与社会保障财政支出的关系发现，经济的发展必然会引起人口老龄化，而人口老龄化也会带给经济发展来问题，也会导致关于社会保障方面的财政支出的增加，从而也影响到了国民收入再分配以及经济的可持续发展。

从以上研究可以看出，人口流动和财政支出之间的关系成为国内外学者们普遍关心的焦点，但总的来说国内研究大都以全国或省份为切入点，很少以具有人口变动代表性较强的某一地区作为研究对象或者较少运用计量模型进行分析，这使人口变动和财政支出关系理论不具有代表性。本文在已有研究基础上，利用相关数据进行实证研究，采用描述统计和相关性分析方法，通过统计数据和计量模型来分析研究人口变动对财政支出变动的具体影响，以期对此问题有进一步理解和发现。

## 二、东部地区的人口和财政支出的描述统计分析

### （一）人口特征分析

改革开放以来，我国一直致力于经济建设和社会的发展。为了达到经济进步、人民生活水平提高的目的，也采取了一系列的人口政策和措施，这就使我国东部地区人口的发展和全国人口发展的趋势大体相似呈现出了阶段性的发展。为了方便研究我们把东部地区人口发展分为了以下几个阶段，分为以下几个阶段 1978～1985 年，1986～1995 年，1996～2005 年，2006～2012 年（见表1）。

**表1**          **1978～2012 年我国东部地区人口变动数据**

| 年份 | 1978～1985 | | | | 1986～1995 | | | |
|------|------|------|------|------|------|------|------|------|
| 地区 | 平均人口数（万人） | 人口增量（万人） | 增长率（%） | 人口密度（人/平方公里） | 平均人口数（万人） | 人口增量（万人） | 增长率（%） | 人口密度（人/平方公里） |
| 北京 | 939.72 | 109.50 | 11.65 | 559.10 | 1098.11 | 223.10 | 20.32 | 653.33 |
| 天津 | 772.05 | 80.53 | 10.43 | 656.49 | 885.37 | 126.86 | 14.33 | 752.85 |
| 河北 | 5536.00 | 491.00 | 8.87 | 294.48 | 6082.60 | 810.00 | 13.32 | 323.56 |
| 辽宁 | 3591.46 | 292.20 | 8.14 | 243.36 | 3904.27 | 308.00 | 7.89 | 264.54 |
| 山东 | 7472.11 | 535.00 | 7.16 | 487.03 | 8336.70 | 925.00 | 11.10 | 543.38 |
| 江苏 | 6061.56 | 379.15 | 6.25 | 600.44 | 6716.77 | 796.12 | 11.85 | 665.34 |
| 浙江 | 3913.56 | 278.60 | 7.12 | 383.51 | 4222.96 | 299.53 | 7.09 | 413.83 |
| 广东 | 5404.25 | 591.45 | 10.94 | 305.28 | 6462.64 | 1048.04 | 16.22 | 364.94 |
| 福建 | 2623.56 | 323.00 | 12.31 | 215.23 | 3041.00 | 417.00 | 13.71 | 249.48 |

续表

| 年份 | 1978～1985 | | | | 1986～1995 | | | |
|---|---|---|---|---|---|---|---|---|
| 地区 | 平均人口数（万人） | 人口增量（万人） | 增长率（%） | 人口密度（人/平方公里） | 平均人口数（万人） | 人口增量（万人） | 增长率（%） | 人口密度（人/平方公里） |
| 上海 | 1183.00 | 145.00 | 12.26 | 187.60 | 1335.50 | 165.00 | 12.35 | 2117.82 |
| 海南 | 569.62 | 69.06 | 12.12 | 167.64 | 664.62 | 118.16 | 17.78 | 195.60 |
| min | 569.62 | 69.06 | 6.25 | 167.64 | 664.62 | 118.16 | 7.09 | 195.60 |
| max | 7472.11 | 591.45 | 12.31 | 656.49 | 8336.70 | 1048.04 | 20.32 | 2117.82 |
| ave | 3460.63 | 299.50 | 9.75 | 372.74 | 3886.41 | 476.07 | 13.27 | 594.97 |
| 全国 | 100931.00 | 9592.00 | 9.50 | 108.22 | 114735.20 | 13614.00 | 12.07 | 123.02 |
| 平均 | 2968.56 | | | | 3374.56 | | | |

| 年份 | 1996～2005 | | | | 2006～2012 | | | |
|---|---|---|---|---|---|---|---|---|
| 地区 | 平均人口 | 人口增量 | 增长率 | 人口密度 | 平均人口 | 人口增量 | 增长率 | 人口密度 |
| 北京 | 1366.12 | 278.60 | 20.39 | 812.79 | 1816.16 | 488.00 | 26.87 | 1080.55 |
| 天津 | 990.73 | 94.81 | 9.57 | 842.44 | 1236.59 | 338.00 | 27.33 | 1051.50 |
| 河北 | 6672.90 | 367.00 | 5.50 | 354.96 | 7082.55 | 390.00 | 5.51 | 376.75 |
| 辽宁 | 4128.88 | 132.40 | 3.21 | 279.76 | 4335.66 | 118.00 | 2.72 | 293.77 |
| 山东 | 8899.20 | 465.00 | 5.23 | 580.05 | 9453.17 | 298.00 | 3.15 | 616.15 |
| 江苏 | 7331.38 | 478.08 | 6.52 | 726.22 | 7805.67 | 246.34 | 3.16 | 773.20 |
| 浙江 | 4490.39 | 202.02 | 4.50 | 440.04 | 4717.34 | 169.91 | 3.60 | 462.28 |
| 广东 | 7386.30 | 1002.87 | 13.58 | 417.11 | 9744.13 | 2545.29 | 26.12 | 550.25 |
| 福建 | 3400.80 | 274.00 | 8.06 | 279.00 | 3646.78 | 190.00 | 5.21 | 299.18 |
| 上海 | 1651.50 | 439.26 | 26.60 | 2618.93 | 2201.31 | 415.89 | 18.89 | 3409.81 |
| 海南 | 782.60 | 84.85 | 10.84 | 230.32 | 861.47 | 51.00 | 5.92 | 253.53 |
| min | 782.60 | 84.85 | 3.21 | 230.32 | 861.47 | 51.00 | 2.72 | 253.53 |
| max | 8899.20 | 1002.87 | 26.60 | 2618.93 | 9744.13 | 2545.29 | 27.33 | 3409.81 |
| ave | 4281.89 | 347.17 | 10.36 | 689.24 | 4809.17 | 477.31 | 11.68 | 833.36 |
| 全国 | 126935.60 | 8367.00 | 8.80 | 136.10 | 133423.40 | 4648.00 | 9.49 | 143.06 |
| 平均 | 3733.40 | | | | 3924.22 | | | |

第一阶段，1978～1985年。

新中国成立以后到20世纪60年代末，我国为了社会安定，经济发展，恢复新中国成立之前国家动荡社会不安的形式，一直提倡生育，是一个鼓励生育的阶段。使得这段时间我国的人口迅速增长，到了1981年更是突破了10亿人口达到了100072万人。1978～

1985 年，作为计划生育政策的转型时期，虽然有中国第一次计划生育汇报会上提出计划生育要提倡实行"晚、稀、少"的政策作用，但是东部地区的人口数量还是很大的。从表 1 中我们可以看出，在这一阶段全国人口的总数已经超过了 10 亿人，而东部地区的平均人口为 3460.63 万人，全国省市的平均人口为 2968.56 万人，可见东部地区省市平均人口数远远大于全国的平均数。而且，在此阶段，东部地区人口密度最小的是海南省为 167.64 人/平方公里，大于全国的人口密度 108.22 人/平方公里；而人口密度最大的天津市已经达到 656.49 人/平方公里。在这一阶段，东部地区人口增长最快的是福建省增长率为 12.31%，增长最慢的是江苏省为 6.25%。而全国的人口增长率为 9.50%。

第二阶段，1986 ~ 1995 年。

20 世纪 80 年代是"一孩化"政策时期。在这一时期虽然实行了"一孩"政策，但是对于农村，少数民族等特殊情况还是有例外的，这就使虽然有国家对于人口限制的政策的存在，但东部地区更是由于经济的发展人口增长居高不下。从表 1 中可以看出，在这一阶段，东部地区的平均人口为 3886.41 万人，而全国的省市平均人口为 3374.56 万人，可见相对于中部和西部地区，东部地区的人口仍然是比较多的。人口最多的省市是山东省，有 8336.70 万人。人口最少的是海南省，仅有 664.62 万人。全国的人口增长率是 12.07%，东部地区人口增长最快的是北京市已达到 20.32%，这个增长速度是很惊人的，超过了全国增长率的近 8 个百分点。增长速度最慢的是浙江省仅有 7.09%。从人口密度上来看，全国平均人口密度是 123.02 人/平方公里，东部地区人口密度最大的是上海市人口密度为 2117.82 人/平方公里，这个数字是全国人口密度将近 10 倍。人口密度最小的仍然海南省是 195.60 人/平方公里。

第三阶段，1996 ~ 2005 年。

20 世纪 90 年代，我国主要的人口政策是"少生优生"。2001 年出台了《中华人民共和国人口与计划生育法》，以在一定程度上限制我国人口的数量，提高人口素质。从表 1 中可以看出这些政策的一些成效。1996 ~ 2005 年，全国平均人口数为 126935.60 万人。增长的人口数为 8367.00 万人，增长率为 8.80%，较前两个阶段的 9.50% 和 12.07% 来说都是一个比较小的数字。可见人口的增长在一定程度上得到了控制。在这一时期人口增长最快的是上海市，增长率为 26.60%，是全国人口增长率的近 3 倍。增长率最小的是辽宁省，仅有 3.21%，远远低于全国人口增长的平均水平，这与东北地区人口迁移是有关系的。这一时期，全国人口密度是 136.10 人/平方公里。而东部地区无论从人口密度最大值、最小值还是平均值哪个方面考虑，都大于这个值。说明东部地区的人口相对于中部、西部来说仍然是很密集的。其中最密集的地区仍为上海市，达到了 2618.93 人/平方公里，将近全国人口密度的 20 倍。而人口密度最小的海南省也达到了 230.32 人/平方公里。

第四阶段，2006 ~ 2012 年。

2004 年修订的《中华人民共和国宪法》第二十五条中规定，国家推行计划生育，使人口的增长同经济和社会发展计划相适应。而且从 2010 年以来进入了严格计划生育政策松动阶段。可见国家并不是一味地控制人口的增长，而是更加注重综合地考量人口增长和经济的关系。从表 1 中可以看出，这一时期全国的平均人口为 133423.40 万人，增长量是 4648.00 万人，增长率为 9.49%，是一个相对来说比较平稳和合理的数值。东部地区人口增长最快的是天津，增长率为27.33%，可见滨海新区的发展不仅促进了经济发展，更吸引了人口的聚集增长，这可以说是我国二线城市进一步发展的迹象。而之前人口迅速增长的上海市的人口增长率为18.89%，我国的一线城市逐步达到饱和的状态。人口增长率最小的仍为辽宁省为2.72%。而人口密度最大的仍然是上海市，3409.81人/平方公里。人口密度最小的海南省253.53人/平方公里，仍然高于全国的平均值143.06人/平方公里。

### （二）人均财政支出变动特征

我们把1978～2012年的数据划分成7个小阶段，每个阶段为5年，也就是将数据分为7组：1978～1982年、1983～1987年、1988～1992年、1993～1997年、1998～2002年、2003～2007年、2008～2012年，来分析东部地区人均财政支出变动特征。图2是1978～2012年东部地区11个省份人均财政支出变动图。

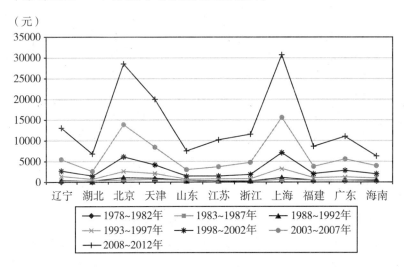

**图2 东部地区各省级行政区人均财政支出变动**

从整体看，东部地区各省（直辖市）人均财政支出呈增长趋势，这是1978年改革开放以来中国经济持续快速发展和计划生育政策的实施使得人口自然增长率下降的必然结果。从图1也可以看到，前三个阶段，也就是1978～1992年，东部地区各省（直辖市）人均财政支出增长极度缓慢，几乎近似零增长。第4、第5两个阶段，也就是1993～2002年，增长速度开始增加，这得益于1994年分税制改革实现了财政收入的迅速增长和两个比重的迅速提高。最后两个阶段，也就是2003～2012年，各省（直辖市）的人均财政支出都大幅度提升，并且增长迅速。同时，东部地区各省（直辖市）的人均财政支出总体趋势相同但变动的绝对量和相对量又各有差异。其中上海、北京、天津三个直辖市从20世纪90年代就开始进入了人均财政支出的高增长阶段，并且这三个市的人均财政支出的绝对数也位居前三。上海市2012年的人均财政支出达17576.73元，而河北省的只有5597.85元，差距悬殊。这是由于上海、北京、天津三地经济活跃，资本和人力聚集，使得财政收入基数大，同时，经济发达地区也要求相应的公共设施和服务配套，从而财政支出基数也相应变大导致人均财政支出增多。

再从东部地区人均 GDP 增长率与人均财政支出的对比关系来分析人均财政支出的变动特征，以东部各省（直辖市）的均值作为分析指标。由图 3 可知，前三个阶段人均 GDP 增长率是快于人均财政支出增长率的，后三个阶段慢于人均财政支出增长率。比如 2008～2012 年阶段，人均财政支出增长率为 1.52%，而人均 GDP 增长率却只有 0.96%。造成前三阶段人均 GDP 增长率快于人均财政支出增长率的主要原因，一方面是改革开放的改革红利大，经济增长迅速，使得人均 GDP 增长迅速；另一方面是 1970 年计划生育政策才刚开始实施，政策效果还未体现，加之财税体制改革使地方财政收入相对降低，从而人均财政支出增速缓慢。后三个阶段增速情况逆转的原因是：一方面，我国已经进入经济改革的深水区，经济增长速度相对放缓，是为了给经济转轨释放更大的空间，这个阶段人均 GDP 增速放缓是跟大背景一致的；另一方面，我国已经入老龄化社会，社会保障基金的统筹基金存在严重缺口，而这一部分的缺口目前是由财政弥补的，这是造成人均财政支出增速快的一个原因。另一个原因是，随着经济的发展、人民生活水平的调高，对公共设施和公共服务的需求也相应提高，而公共产品要么是由政府提供，要么由政府购买，从而财政支出巨大。

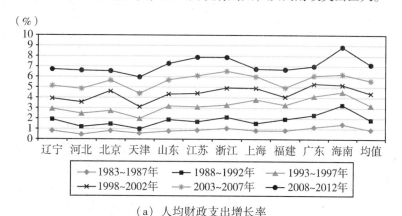

（a）人均财政支出增长率

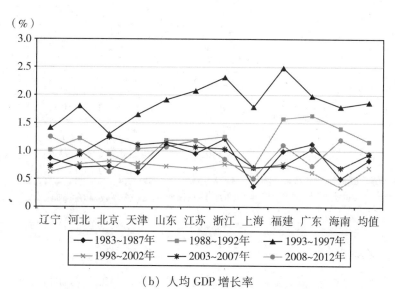

（b）人均 GDP 增长率

图 3 东部地区人均财政支出增长率和人均 GDP 增长率走势

第二辑

121

# 三、变量设定及相关检验

## (一) 数据处理与指标设定

本文以东部地区 11 个省份的财政支出总和作为衡量东部地区的政府财力的指标，以 11 个省份的人口之和作为衡量东部地区人口变动的指标。即将各省份每年的财政支出和人口指标作为横截面数据按单个年份进行汇总，最后得到总指标。数据的自然对数变换不会改变其原有的协整关系并能使其趋势化。因此，为了消除异方差和时间序列的不利影响，对上述数据进行对数变换后定义如下变量：

GZHZ 表示东部地区年财政支出之和，RKZ 表示东部地区人口总数之和；LnGZHZ 表示东部地区年财政支出之和的对数值，LnRKZ 表示东部地区人口总数之和的对数值。

本文选取了我国东部地区 11 省份财政支出和人口总数的面板数据，省份包括北京、天津、辽宁、河北、山东、上海、江苏、浙江、福建、广东、海南。研究数据来自《中国统计年鉴 (2012)》以及各省统计年鉴、中经网数据库等，采集数据区间为 1978 ~ 2012 年。

## (二) 线性回归模型分析

从文献综述和东部省份人口和财政支出的描述性分析可知，人口变动与财政支出之间比人存在相互促进和相互影响的关系，下面通过一元线性关系为例对其进行实证分析，设立模型如下，并根据模型对我国东部地区政府财力和人口增长进行估计与分析，估计结果如表 2 所示。

表 2　　　　　　东部地区人口变动与财政支出变动的关系模型结果数据表

| 模型 | 样本方程 | 估计方程 | 样本量 | $R^2$ | 调整 $R^2$ | 回归标准差 |
|---|---|---|---|---|---|---|
| 模型一 | GZHZ = a(1) + b(1)RKZ | GZHZ = −75865 + 1.88RKZ | 35 | 0.75 | 0.74 | 6247.06 |
| 模型二 | RKZ = a(2) + b(2)GZHZ | RKZ = 41507 + 0.40GZHZ | 35 | 0.75 | 0.74 | 2872.70 |
| 模型三 | LnGZHZ = a(1) + b(2)LnRKZ | LnGZHZ = −137.22 + 13.55LnRKZ | 35 | 0.98 | 0.97 | 0.27 |
| 模型四 | LnRKZ = a(2) + b(2)LnGZHZ | LnRKZ = 10.14 + 0.07LnGZHZ | 35 | 0.98 | 0.98 | 0.02 |

由表 2 可知，我国东部地区人口变动和政府财政支出增长无论从绝对量还是相对量来看，都具有一定的相关关系。从模型一至模型四可以看出，财政支出总量与人口总量之间存在相关关系但不明显，经过对数变换后的数据消除了异方差的影响，显然具有明显的相关性。

## (三) 平稳性检验

为了判断变量是否平稳以及避免变量之间出现伪回归现象，对面板数据进行单位根检验是有必要的。只有当面板数据平稳时才能进行回归分析。如果数据同阶单整但是不平稳，则需要运用协整性检验进一步验证，以确定变量之间是否存在某种长期稳定关系。为检验上述判断，本文采用 ADF 检验来对各个变量做单位根检验，结果见表 3。

表 3　　　　　　LnGZHZ、LnRKZ 及其差分序列的单位根检验结果

| 序列 | 检验类型（c，t，n） | ADF 值 | 临界值（5%） | 结论 |
|---|---|---|---|---|
| LnGZHZ | （c，t，1） | -0.74 | -3.55 | 非平稳 |
| DLnGZH | （c，0，1） | -3.44 | -2.95 | 平稳 |
| LnRKZ | （c，t，1） | -2.93 | -3.56 | 非平稳 |
| DLnRKZ | （c，0，1） | -5.08 | -2.95 | 平稳 |

注：（c，t，n）分别表示在 ADF 检验中是否有漂移项、时间趋势和滞后期，DLnGZHZ、DLnRKZ 分别为 LnGZHZ 和 LnRKZ 的一次一阶差分。

对原序列进行检验发现，LnGZHZ 和 LnRKZ 的 ADF 检验值均大于在 5% 显著性水平下的临界值，所以原序列为非平稳序列，进而对其一阶差分进行检验，发现经过一阶差分后序列的 ADF 检验值均小于在 5% 显著性水平下的临界值，所及拒绝存在单位根的零假设，可见一阶差分后的序列是平稳的。因此，LnGZHZ 和 LnRKZ 两个序列都是一阶单整的，对应两者之间可能存在协整关系，满足协整关系的必要条件。

既然时间序列 LnGZHZ 和 LnRKZ 都是一阶单整，则在两个变量之间存在长期稳定的均衡关系，因此可以进一步进行协整检验。此处采用基于 VAR 模型的 Johanson 协整检验方法，对 LnGZHZ 和 LnRKZ 进行协整检验，取滞后期 K=2，表 4 显示了 Johanson 协整检验结果。

表 4　　　　　　　　　　Johanson 协整检验结果

| 特征值 | 迹统计量 | 5% 水平临界值 | 原假设 $H_0$ | 备择假设 $H_1$ |
|---|---|---|---|---|
| 0.2111 | 17.4902 | 29.68 | r=0 | r≥1 |
| 0.2541 | 8.2935 | 15.41 | r≤1 | r≥2 |
| 0.0652 | 1.5506 | 3.76 | r≤2 | R=3 |

检验结果如表 4 所示。以检验水平 5% 进行判断可知，LnGZHZ 和 LnRKZ 之间存在协整关系，即长期来看我国东部地区人口流动与政府财力之间存在稳定关系。

## （四）格兰杰因果检验

本文进一步采用格兰杰因果关系检验法，以考察序列 LnGZHZ 和 LnRKZ 之间存在的协整关系。表 5 表示格兰杰检验的有关结果。

**表5** 　　　　　　　　　格兰杰检验的有关结果

| 零假设 | 观察期 | F 统计量 | P 值 |
|---|---|---|---|
| LnRKZ does not Granger Cause LnGZHZ | 33 | 2.84006 | 0.0753 |
| LnGZHZ does not Granger Cause LnRKZ |  | 1.35411 | 0.2746 |

在 5% 的显著性水平下，LnRKZ 不是 LnGZHZ 的格兰杰原因的假设被拒绝，LnGZHZ 不是 LnGZHZ 的格兰杰原因的假设被接受。即对于我国东部地区来说，人口变动显著影响了政府财力，而政府财力对人口变动的影响作用不明显。

基于上述分析可知，无论从绝对影响角度还是从弹性影响角度来看，农民收入与财政支农支出都存在长期稳定的协整关系。

# 四、面板数据模型建立与分析

在以上分析的基础上，为深入研究人口流动对财政支出变动的影响，建立相关计量模型。在模型中人口总量 RK 为解释变量，财政支出 GZH 为被解释变量，由此可得到以下一般化的模型形式：

$$GZH_t = \beta_0 + \beta_1 \times RK_t + \mu_t \, (t = 1,2,\cdots,35)$$

其中，$\mu_t$ 为随机误差项，为简化模型，我们专门研究人口对财政支出的影响，我们将影响财政支出的其他因素归入到随机误差项。下标"t"表示年份，1，2，…，35 代表 1978 年，1979 年，…，2012 年。此模型可用于区域层面的个体固定效应分析，也将其转化，用于分省个体时间序列模型。

## (一) 区域层面——个体固定效应模型

在区域层面上，选择面板数据的计量估计模型过程中，先采用 Hausman 检验确定是否采用随机效应模型，若 Hausman 检验拒绝随机效应模型，则采用 F 检验确定是否存在多余的固定效应模型，本研究经检验后，确定对绝对量分析和弹性分析均采用个体固定效应模型。运用我国 1978～2012 年东部地区省级行政区的面板数据进行回归，回归结果如表6 所示。

**表6** 　　　　　　　　　东部地区面板数据回归结果

| 模型 | 截距项 | 解释变量系数 | 修正 $R^2$ | F 值 | D – W |
|---|---|---|---|---|---|
| 绝对数模型 | – 5082.74（– 20.4） | 1.43（23.68） | 0.62 | 57.86 | 0.09 |
| 弹性值模型 | – 73.82（– 35.12） | 9.89（37.61） | 0.81 | 151.99 | 0.11 |

注：绝对数模型是指解释变量与被解释变量均未取对数的原数据序列模型，弹性值模型是指解释变量与被解释变量均取对数的数据序列模型；括号内为 t 统计值；截距项与解释变量系数在 1% 的水平上显著。

如表 6 所示，根据东部地区面板数据个体固定效应模型的回归结果，RK 的系数 $\beta_1$ 的估计值为 1，43，该估计值的 t 统计值为 23.68，设定显著性水平为 $\alpha = 0.05$，在自由度为 $v = 35 - 2 = 33$ 下，查 t 分布表，得 $t_{0.025}(33) = 2.03$，可知，解释变量 RK 对被解释变量 GZH 有重要影响。其经济学含义为：东部地区人口每增加 1 万人，东部地区财政支出就会增加 1.43 亿元。从绝对数的角度上来看，在区域层面财政支农支出对农民增收的贡献比较明显。

根据东部地区面板数据个体固定效应模型的回归结果，RK 的系数 $\beta_1$ 的估计值为 9.89，该估计值的 t 统计值为 37.61，设定显著性水平为 $\alpha = 0.05$，在自由度为 $v = 35 - 2 = 33$ 下，查 t 分布表，得 $t_{0.025}(33) = 2.03$，可知，解释变量 LnRK 对被解释变量 LnGZH 有重要影响。其经济学含义为：东部地区人口每增加 1%，东部地区财政支出就会增加 9.89%。即人口 1% 的增长会引致财政支出 9.89% 的增长，因此从相对数的角度上来看，在区域层面财政支农支出对农民增收的贡献也是比较明显的。

## （二）个体省级行政区层面——基于时间序列的回归检验

为进一步研究 1978 ~ 2012 年这一个跨度为 35 年的期间，东部地区 11 个省级行政区地区有的人口增长对财政支出增长的影响，本文分别对各个省级行政区地区进行 OLS 回归，回归方程为：

$$GZH_t = \beta_0 + \beta_1 \times RK_t + \mu_t \ (t = 1, 2, \cdots, 35)$$

其中下标 i 表示东部地区 11 个省级行政区，回归结果如表 7 所示。

表 7             11 个东部省级行政区回归结果

| 指标地区 | 截距项（c） | RK | 修正 $R^2$ 值 | F 值 | D - W |
|---|---|---|---|---|---|
| 北京 | -2938.05（-13.57） | 2.83（17.25） | 0.90 | 297.54 | 0.16 |
| 福建 | -3326.77（-5.41） | 1.19（6.16） | 0.52 | 37.99 | 0.09 |
| 广东 | -6706.17（-12.95） | 1.14（16.03） | 0.88 | 257.03 | 0.24 |
| 河北 | -6200.80（-5.20） | 1.10（5.80） | 0.49 | 33.67 | 0.08 |
| 江苏 | -13070.47（-5.54） | 2.05（6.04） | 0.51 | 36.46 | 0.08 |
| 辽宁 | -67503.02（-6.9） | 18.27（7.45） | 0.62 | 55.52 | 0.09 |
| 山东 | -11039.80（-5.48） | 1.41（5.99） | 0.50 | 35.93 | 0.08 |
| 上海 | -3730.93（-9.09） | 3.33（11.51） | 0.79 | 132.46 | 0.39 |
| 天津 | -2361.12（-11.71） | 2.81（13.57） | 0.84 | 184.15 | 0.14 |
| 海南 | -868.59（-4.89） | 1.40（5.70） | 0.48 | 32.55 | 0.10 |
| 浙江 | -9187.71（-12.98） | 2.25（14.13） | 0.85 | 199.72 | 0.19 |

注：括号内为 t 统计值；截距项与解释变量系数在 1% 的水平上显著。

由表 7 的统计结果可知，1978 ~ 2012 年 11 个东部省级行政区 RK 系数的 t 统计值最低为海南，该值为 5.70，设定显著性水平 $\alpha = 0.05$，在自由度 $v = 35 - 2$ 下，查 t 分布表可知，$t_{0.025}(33)=2.03$ 由 $t_i \geqslant 5.7 > t_{0.025}(33)=2.03$ 可知，11 个省级行政区解释变量 RK 对被解释变量 GZH 均有重要影响。人口变动对财政支出增长的贡献度最高的 3 个省级行政区是辽宁、上海、北京，其贡献度分别为 18.27、3.33、2.83，即辽宁、上海、北京人口每增加 1 万人，财政支出就会分别增加 18.27 亿元、3.33 亿元、2.83 亿元；人口变动对财政支出增长的贡献度最低的 3 个省级行政区是河北、广东、福建，其贡献度分别为 1.1、1.14、1.19，即辽宁、上海、北京人口每增加 1 万人，财政支出就会分别增加 1.1 亿元、1.14 亿元、1.19 亿元。

## （三）综合描述

为了从整体上把握人口流动对财政支出的影响，本文将模型检验的结果在图 4 中进行反映。

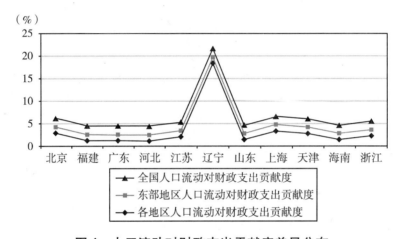

图 4　人口流动对财政支出贡献度差异分布

由图 6 可知，1978～2012 年，我国东部地区人口流动对财政支出贡献度不大，而且略低于全国平均水平，除北京、上海、天津、辽宁和浙江之外，各省级行政区人口流动对财政支出贡献度均低于全国平均水平。可见，除个别直辖市或经济发达省份之外，人口流动带来的财政支出增加并不明显。不难发现，这种贡献程度一方面与经济发展程度成正相关关系，另一方面也与常住人口和流动人口变动程度紧密相关。

## 五、结　　论

通过以上分析可知，一方面，某一地区人口的增加或流动会对财政支出规模产生显著的影响，另一方面社会经济状况对人口流动的影响也会间接影响财政支出的规模。

第一，从线性回归模型可以看出，我国东部地区人口变动和政府财政支出增长无论从绝对量还是相对量来看，都具有一定的相关关系。财政支出总量与人口总量之间存在相关关系但不明显，经过对数变换后的数据消除了异方差的影响，显然具有明显的相关性。

第二，在经过协整检验后得出我国东部地区人口流动与政府财力之间存在稳定关系。

格兰杰因果检验的结论则更加具体的说明这一关系：即对于我国东部地区来说，人口变动显著影响了政府财力，而政府财力对人口变动的影响作用不明显。

第三，财政支出政策的应根据人口结构的变动做出方向性的调整，以达到公共资源的最优配置。同时为平衡人口流动对财政支出的贡献，财政支出在人口政策制定以及社保支出应更多地惠及流动人口。

第四，通过面板数据和时间序列模型分析，一方面，东部地区人口变动对财政支出贡献度整体低于全国平均水平；另一方面，受经济发展水平和人口政策的影响，东部地区内部人口变动对财政支出的贡献度差距较大，地域上不平衡，时间上表现为影响弹性波动不稳定。

# 参考文献

[1] 毕先萍：《劳动力流动对中国地区经济增长的影响研究》，《经济评论》2009 年第 1 期。

[2] 付文林：《人口流动的结构性障碍：基于公共支出竞争的经验分析》，《世界经济》2007 年第 12 期。

[3] 郭玉清、姜磊：《FDI 对劳动收入份额的影响理论与中国的实证研究》，《经济评论》2012 年第 5 期。

[4] 郭玉清、姜磊：《财政支出、辖区人口规模与经济增长》，《经济评论》2009 年第 5 期。

[5] 蒋云赟、任若恩：《我国人口结构的变动对财政政策代际平衡状况的影响》，《财贸经济》2007 年第 5 期。

[6] 刘皇、田贵贤、郑继承：《我国财政支出规模的实证分析》，《经济问题探索》2011 年第 4 期。

[7] 王德祥、李建军：《辖区人口、面积与地方财政支出——基于鄂鲁吉 3 省 178 个县（市）数据的实证研究》，《财贸经济》2009 年第 4 期。

[8] 杨胜利、高向东：《我国劳动力资源分布与优化配置研究》，《人口学刊》2014 年第 1 期。

[9] A Call for Reform of China's Household Registration System. Population and Development Review, No. 2, 2010: 405 – 407.

[10] Aschauer, D.. Is government spending productive? Journal of Monetary Economics, 1989, 23: 177 – 200.

[11] Chan, Kam Wing. The household registration system and migrant labor in china: notes on a debate. Population and Development Review. 2010, 32: 357 – 364.

[12] Fan, C. Cindy. China on the Move: Migration, the State, and the Household. New York: Routledge, 2008.

[13] Holcombe R. G, Williams D. W.. The impact of population density on municipal government expenditures. Public Finance Review, 2008.

[14] Robert Breunig, Yvon Rocaboy. Per-capita public expenditures and population size: a non-parametric analysis using French data. Public Choice, 2008: 3 – 4.

# 出口退税对出口贸易的影响分析

## ——以环渤海地区为例

### 刘文祺[*]

【摘要】本文通过描述性分析，考察了 2001～2011 年我国环渤海地区的出口贸易区域结构和贸易主体结构。根据我国出口退税政策的调整，划分出三段时期来研究该地区各个省份出口退税对出口贸易的影响。另外，本文运用三线段回归模型实证分析了出口退税对贸易区域结构的影响；运用面板数据模型实证分析了出口退税对出口贸易主体结构的影响程度。实证分析结果显示：出口退税对我国环渤海地区的出口贸易与有一定的促进效应，并且在不同时期对该地区 5 省具有不同程度的影响；在面板数据模型的分析结果显示，在各个对外贸易主体中，出口退税对外商及港台商投资工业企业的出口贸易的拉动作用最为明显。

【关键词】出口贸易出口退税实证分析

## 一、引言及文献简要综述

自从我国实施出口退税政策以来，我国的出口贸易额发生了显著的变化。1985 年，我国的出口贸易额仅为 273.5 亿美元，到了 2000 年，出口贸易额已迅猛增长至 2492 亿美元，2011 年，我国的出口贸易额已达 18983.81 亿美元，增长了 60 倍之多。2013 年《经济蓝皮书》指出，总体来看，2013 年，全球经济发展环境将有所改善，弱势增长的态势将转为温和复苏。综合考虑各方面因素，预计 2013 年我国出口总额将达约 22950 亿美元，增长 12%。出口贸易额的不断增长受到众多因素的影响，出口退税就是其中重要的影响因素之一。

很多学者对出口退税对出口贸易所产生的影响进行了相关分析。阎坤、陈昌盛（2003）运用两阶段最小二乘法分析证实，扩大出口将同时推动我国税收收入的增长和财政状况的改善，因此经济机制本身并没有导致财政状况与出口退税的矛盾。白胜玲、崔霞（2009）采用月度数据，建立协整检验模型和脉冲响应函数，分析出口退税对我国出口贸易的长期和短期影响。结果显示，出口退税的增长在长期对出口贸易存在着积极的促进作用；而在短期会出现延迟出口或挤占出口的现象，导致当期出口贸易额呈反方向变动。王孝松、李坤望、包群、谢申祥（2010）运用倍差法发现，在其研究案例中，出口退税率的提高能够显著地提升中国纺织品对美出口的增长率，相比未提高出口退税率的商品高出

---

\* 刘文祺，女，1990 年生，中央财经大学财政学院 2013 级硕士研究生，研究方向：资产评估、财税理论与政策。

9%～22%，且这种效果存在于不同大类的商品之间以及同一大类内部各个商品之间。陈文锦（2010）通过对1994～2008年出口退税额与出口额关系进行回归分析，得出出口退税对出口额影响显著，相关系数为0.979。武敬云（2011）构建VEC模型来分析出口贸易、出口退税、外商投资和外部需求四个变量间的短期动态关系，而采用多元线性回归模型来反映长期关系。研究结果表明，出口退税政策在长期和短期均有效且效果显著。张秋菊、蒋迪娜（2012）运用不同行业的面板数据进行协整分析和格兰杰因果关系检验，考察通过结构性调整出口退税政策是否可以促进中国出口稳定增长。研究结果显示：出口退税政策对机电行业产品出口的影响不明显；出口退税政策对高新技术行业、传统行业和"两资一高"行业的出口增长影响显著。因此，我国可以通过提高高新技术行业的出口退税率和降低传统行业及"两资一高"行业的出口退税率，在促进产业升级的同时保持总体出口的稳定增长。

以上学者分别运用了回归分析、脉冲响应、倍差法、VEC模型、协整分析和格兰杰因果关系检验等计量方法，研究了分布在1978～2010年出口退税对出口贸易的影响，得到的结论都指向：出口退税对出口额影响显著，我国的出口退税对我国出口贸易具有正向的推动作用。上述文献大多采用全国的总量数据对出口退税和出口贸易进行分析，本文则是收集环渤海地区各省份出口贸易额与出口退税额的数据进行具体分析，并且采用了文献中未涉及的多线段模型，划分时期考察出口退税如何影响出口贸易。

本文的结构安排如下：第二部分是出口退税影响出口贸易的描述性分析；第三部分是建立模型、估计参数和分析数据；第四部分是几点结论。

## 二、出口退税影响出口贸易的描述性分析

### （一）出口退税影响出口贸易区域结构的描述性分析

纵观环渤海地区近11年出口贸易和出口退税的情况，2001～2011年环渤海地区的出口退税规模越来越大，与此同时，出口额在整体上也是呈上升趋势；但是从2008年开始，出口额首次出现了负向增长。为缓解出口企业的经营压力，2008年下半年以来，我国对出口退税政策进行了4次调整。从2009年开始，该地区出口初步回升。事实说明，出口退税政策的调整确实对出口贸易起到了积极的作用。

下面具体分析该地区各个省份的情况。我们根据出口政策调整范围较大的两个年份2004年和2008年，将研究时期划分为2001～2003年、2004～2007年、2008～2011年来考察每个省份出口贸易随出口退税的变动情况（见表1）。

表1 　　　　　　　环渤海地区5省出口及出口退税变动情况　　　　　　单位:%

| 地区 | 2001～2003年 | | 2004～2007年 | | 2008～2011年 | |
|---|---|---|---|---|---|---|
| | $\Delta EX_1$ | $\Delta RE_1$ | $\Delta EX_2$ | $\Delta RE_2$ | $\Delta EX_3$ | $RE_3$ |
| 北京 | 43.27 | 49.70 | 137.86 | 61.40 | 2.60 | 9.66 |
| 天津 | 51.17 | 48.41 | 82.59 | 965.43 | 5.65 | 17.29 |

续表

| 地区 | 2001～2003 年 | | 2004～2007 年 | | 2008～2011 年 | |
|---|---|---|---|---|---|---|
| | ΔEX₁ | ΔRE₁ | ΔEX₂ | ΔRE₂ | ΔEX₃ | RE₃ |
| 河北 | 49.85 | 137.65 | 82.03 | 632.87 | 19.02 | 90.45 |
| 辽宁 | 32.44 | 81.90 | 86.77 | 618.49 | 21.33 | 54.05 |
| 山东 | 46.56 | 116.15 | 109.54 | 71.33 | 34.89 | 81.19 |
| 平均 | 44.66 | 86.76 | 99.76 | 469.90 | 16.70 | 50.53 |
| 最大值 | 51.17 | 137.65 | 137.86 | 965.43 | 34.89 | 90.45 |
| 最小值 | 32.44 | 48.41 | 82.03 | 61.40 | 2.60 | 9.66 |

资料来源：利用国家统计局官方网站 http://www.stats.gov.cn 以及《中国税务年鉴》中的数据计算得到的。

2004 年以前，还未实施出口退税的新机制，出口额在 2001～2003 年的平均增长率为 44.66%。出口额增长率最高的是天津市，只有 51.17%。与 2004～2007 年相比，在这一阶段，各个省份出口额的变动程度均不是很明显，而且变化率相差不大。由于 2001 年之前的几次出口税率上调，我国的出口退税贸易日益繁荣，出口额在不断增长，出口退税额也在大幅增加。然而从 2001 年开始，我国出现了出口退税资金紧张、中央财政欠退税的现象。大面积的欠退税使得累计欠退税款已经达到一定规模，为了解决这一问题，2004 年政府决定改革出口退税机制，总体上降低出口退税率。

2004～2007 年是环渤海地区出口和出口退税变动幅度最大的一个阶段，平均出口额变动率为 99.76%，而平均出口退税变动率达到 469.9%，比上一时期出口退税增长率平均值高了近 3 倍。这主要是由于 2004 年是出口退税机制改革全面实施的第一年，国家新的出口退税政策出台，"新账不欠，老账要还"。尽管新政策在整体上降低了税率，但从实际数据可以看出，该政策是有效率的。此次调整将平均税率由 15.11% 下调到 12.6%，但此次调整并非像以前那样简单地调低退税率，而是对出口退税机制进行结构性调整，对不同的出口产品实行不同的出口退税率，提高或保持高附加值、高技术含量的产品的出口退税率，降低或取消高能耗、高污染、资源性等"两高一资"产品的出口退税率。调整以后，出口退税率变为 5%、8%、11%、13% 和 17% 五个档次。在这一时期，北京市的出口额增长率最高，为 137.86%；其次是山东省的 109.54%。但北京市的出口退税变动率却是最小值，山东省的出口退税变动率也处于平均值以下，说明出口退税政策对于北京市和山东省出口贸易的促进作用是十分明显的。相反，天津市、河北省和辽宁省的出口退税变动率很高，但相比之下出口额的增长率较小。这表明，出口退税的新机制全面实施之后，出口退税的规模扩大了，但是出口退税对于出口贸易的影响作用可能有一些滞后性。

很明显可以看出，2008～2011 年这一阶段，环渤海地区各省份的出口贸易额平均增长是这三阶段中最低的，北京市的出口贸易额增长率只有 2.6%。可见全球性金融危机对我国环渤海地区的出口贸易造成了较深影响。面对这样的情况，出口退税政策将部分出口产品的出口退税率上调，以刺激出口贸易。从 2009 年 1 月 1 日起，财政部、国家税务总局发布《关于提高部分机电产品出口退税率的通知》，提高部分技术含量高和高附加值的机电产品的出口退税率。其中，航空惯性导航仪、工业机器人等产品的出口退税率由13%、14%提高到17%；摩托车、缝纫机等产品的出口退税率由11%、13%提高到14%，此次调整共涉及553项产品。财政部、国家税务总局又发布了《关于提高轻纺电子信息等商品出口退税率的通知》，规定从2009年4月1日起提高纺织品、服装、轻工、电子信息、钢铁、有色金属、石化等产品的出口退税率。具体调整内容为：CRT彩电等商品的出口退税率调高到17%；纺织品、服装的出口退税率调高到16%；金属家具等商品的出口退税率调高到13%；车辆后视镜等商品的出口退税率调高到11%；锁具等商品的出口退税率调高到9%；次氯酸钙及其他钙的次氯酸盐等商品的出口退税率调高到5%。这是2009年我国第二次上调出口退税率，也是自2008年下半年以来，对出口退税政策所进行的第六次调整。

不妨观察图1和图2，从整体上看，环渤海地区各个省份的出口额和出口退税都呈上升趋势。其中山东省和北京市的出口额和出口退税额曲线分别位于其他几省之上，这恰好印证了上述根据表格所进行的描述性分析，山东省和北京市的出口退税规模较大，并且出口贸易额也处于其他几省之上。

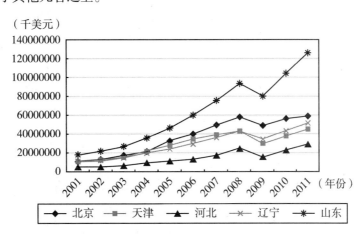

图1　环渤海地区5省出口额趋势

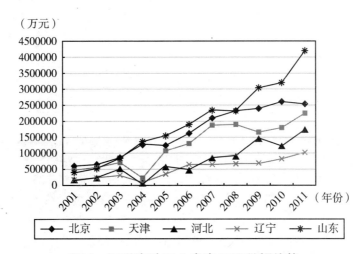

图2　环渤海地区5省出口退税额趋势

图 1 中，各省份的出口额变化趋势十分一致，均在 2008 年以前持续上涨，从 2008 年开始下滑，由于出口退税政策的及时调整，又在 2009 年开始回升。由图 2 可以看出，天津市、河北省和辽宁省在 2004 年的出口退税额有所下降，但由于我国在 2004 年实行的新出口退税政策是结构性降低税率，这三省在 2005 年很快就恢复了退税的规模。总体来说，这 5 省的出口退税规模是逐年扩大的。

### （二）出口退税影响出口贸易主体结构的描述性分析

2000 年，我国国有企业在外贸经营主体所占比例为 46.7%，外资企业所占比例为 47.9%，我国外贸经营主体正式由国有企业转变为外资企业。这一变化主要基于我国对外资的大量引进，以及我国庞大的市场和廉价的劳动力对外资的吸引。

由表 2 可以看出，2001~2011 年这 11 年中，环渤海地区的外资企业出口交货值占比一直高于其他外贸经营主体，而且比重逐年上升。而国有控股工业企业出口交货值的占比则呈下降趋势，由 2001 年的 33% 显著下降到 2011 年的 18.8%。

表 2             环渤海地区外贸经营主体结构占比         单位：亿元

| 年份 | 总值 | 国有控股工业企业 | | 私营工业企业 | | 外商及港台商投资工业企业 | |
|---|---|---|---|---|---|---|---|
| | | 金额 | 比重（%） | 金额 | 比重（%） | 金额 | 比重（%） |
| 2001 | 2698.41 | 903.66 | 33.49 | 118.85 | 4.40 | 1675.9 | 62.11 |
| 2002 | 3291.82 | 1011.45 | 30.73 | 201.95 | 6.13 | 2078.42 | 63.14 |
| 2003 | 4166.35 | 1136.76 | 27.28 | 335.18 | 8.04 | 2694.41 | 64.67 |
| 2004 | 5968.97 | 1156.48 | 19.37 | 628.14 | 10.52 | 4184.35 | 70.10 |
| 2005 | 7540.18 | 1601.66 | 21.24 | 758.35 | 10.06 | 5180.17 | 68.70 |
| 2006 | 9346.61 | 1789.19 | 19.14 | 1014.54 | 10.85 | 6542.88 | 70.00 |
| 2007 | 11848.54 | 2416.63 | 20.40 | 1206.58 | 10.18 | 8225.33 | 69.42 |
| 2008 | 13034.12 | 2644.01 | 20.29 | 1521.65 | 11.67 | 8868.46 | 68.04 |
| 2009 | 10937.15 | 1724.1 | 15.76 | 1568.84 | 14.34 | 7644.21 | 69.89 |
| 2010 | 12995.54 | 2444.13 | 18.81 | 1860.75 | 14.32 | 8690.66 | 66.87 |
| 2011 | 13257.69 | 2492.52 | 18.80 | 1955.57 | 14.75 | 8809.6 | 66.45 |

资料来源：利用国家统计局官方网站 http：//www.stats.gov.cn 中的数据计算得到。

统计资料显示，1996 年，国有企业、中外合资企业和外商独资企业在高新技术产品出口中大约是"三分天下"，各占 1/3 左右；到 2002 年年底，这一格局已经发生较大变化，外商独资企业已占据"半壁江山"，而国有企业所占的比重下降了一半，中外合资企业也下降了 10 个百分点。2005 年，外商投资企业在高新技术产品出口中的份额上升到 88%，外商独资企业高新技术出口份额上升到 67.4%。而国有企业高新技术出口份额则下降到了 7.4%。由于高新技术产品实行的是足额退税的鼓励出口政策，所以这对外商来说也是一个很有吸引力的因素。自加入 WTO 以来，我国的投资环境不断优化，吸引了全球越来越多的投资者。

# 三、出口退税影响出口贸易的实证分析

本文使用的数据来源于我国国家统计局所公布的 2002～2012 年的《中国财政年鉴》、《中国税务年鉴》。本文选取了 2001～2011 年我国环渤海地区 5 省的出口退税额、出口贸易额等统计资料作为建立模型的样本数据。

## （一）出口退税对贸易区域结构的影响

观察 5 省的出口贸易趋势图（见图 1）可知，2008 年与 2009 年是两个变化显著的节点，因此选取 2008 年和 2009 年作为出口退税机制发生变化的时间，来构建三线段回归模型。为了保持序列的平稳性，先对出口贸易额取常用对数，然后再做回归分析。用出口贸易额作为被解释变量，用 EX 表示；时间序列作为解释变量，用 T 表示。设定 t 表示年份，定义两个虚拟变量 $D_1$ 和 $D_2$，当 $2001 \leq t \leq 2008$ 时，$D_1$ 取 0，当 $2008 \leq t \leq 2011$ 时，$D_1$ 取 1；当 $2001 \leq t \leq 2009$ 时，$D_2$ 取 0，当 $2009 \leq t \leq 2011$ 时，$D_2$ 取 1。

设定三段线性回归模型：

$$EX_t = \beta_0 + \beta_1 T + \beta_2 (T-8) D_1 + \beta_3 (T-9) D_2 + \mu_t$$

其中 $\beta_0$、$\beta_1$、$\beta_2$、$\beta_3$ 为待估参数，利用三段线性回归模型，可考察环渤海地区 5 省在 2008 年和 2009 年经历的两次出口退税政策调整改革，如何影响该地区 2001～2011 年出口贸易的变化情况进行测算，由此分析出口退税因素对贸易区域结构的影响。回归结果如表 3 所示。

表3　　　　　　　环渤海地区5省三线段回归模型参数估计结果

| 地区 | α | β | Γ |
|---|---|---|---|
| 北京 | 0.24651 | -0.20391 | 0.099208（0.990714*） |
| 天津 | 0.22823 | -0.46777 | 0.198734（0.981037*） |
| 河北 | 0.25759 | -0.36105 | 0.299699（0.991354*） |
| 辽宁 | 0.20046 | -0.22026 | 0.211828（0.996574*） |
| 山东 | 0.24329 | -0.15707 | 0.22918（0.998041*） |

注：地区按简称排列。2001～2008 年线段斜率为 α，2008～2009 年线段斜率为 β，2009～2011 年线段斜率为 γ，* 为拟合优度。

2001～2008 年，环渤海地区 5 个省份的出口贸易额均随时间的推移呈上涨趋势（见图 3 至图 8），其中河北省的上涨幅度最大，为 25.76%；其次是北京市和山东省，上涨幅度分别是 24.65% 和 24.33%；辽宁省的增长幅度最小，为 20.05%。2008 年经济形势多变，随着国际市场需求减弱、美国次贷危机的爆发、劳动力成本和原材料价格上涨等因素的影响，全球经济发展逐步放缓。由此带来的连锁效应使我国经济也逐步下滑，出口增速首次出现负增长。由2008～2009年线段斜率为β可以看出，环渤海地区5个省份的出口贸易额均开始下降，其中受影响最大的是下降幅度为46.78%的天津市，相比之下山东省受到的影响最小，下降幅度只有15.71%。

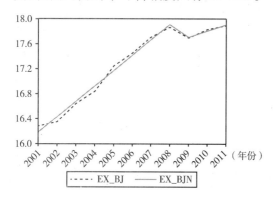

图3 北京市三线段回归模型拟合

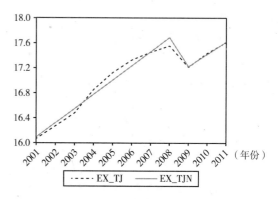

图4 天津市三线段回归模型拟合

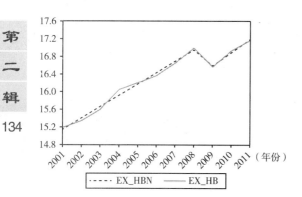

图5 河北省三线段回归模型拟合

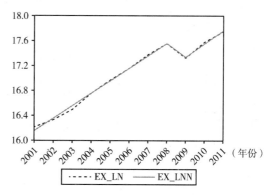

图6 辽宁省三线段回归模型拟合

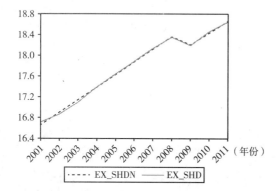

图7 山东省三线段回归模型拟合

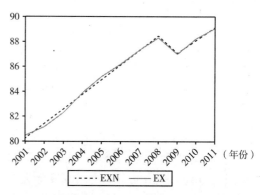

图8 环渤海地区三线段回归模型拟合

面对出口的逐步放缓、出口企业经营压力的不断增加，2008 年下半年以来，我国对出口退税政策进行了多次调整。根据《中国税务年鉴》可知，我国在 2008 年 8 月 1 日调高部分产品出口退税率的基础上，11 月 1 日起调高服装、纺织品、塑料制品、日用及艺术陶瓷制品、家具等产品的出口退税率；12 月 1 日起进一步提高部分劳动密集型产品、机电产品等 3770 项出口商品的退税率；2009 年 1 月 1 日起，又提高部分技术含量和附加值高的机电产品的出口退税率，主要包括：将航空惯性导航仪、工业机器人等产品的出口退税率由 13%、14% 提高到 17%；将摩托车、缝纫机等产品的出口退税率由 11%、13% 提高到 14%。

由于出口退税政策做出了及时调整，2009 ~ 2011 年线段的斜率 γ 恢复为正，出口退税对于出口贸易依然有比较好的促进作用，尤其是在河北省，在 2009 年以后的上涨幅度比第一阶段的上涨幅度还要高 16 个百分点。其他 4 省的增长幅度虽然比第一阶段小，但是总体上来看，经过 2009 年前后出口退税政策的调整，出口贸易额由下降转为上升，说明出口退税对出口贸易起到了积极的作用。

从以 2008 年和 2009 年为突变点所建立的三线段回归模型拟合图来看，京、津、冀、辽、鲁五省的拟合优度分别为 0.990714、0.981037、0.991354、0.996574、0.998041，拟合程度很好，各个省份的三线段回归模型可以解释三个时期中，出口退税对个省份的出口贸易额的不同影响。在出口退税的作用下，环渤海地区的出口额总体呈上升趋势。

## （二）出口退税对贸易主体结构的影响

考察出口退税对贸易主体结构的影响，本文把贸易主体结构划分为国有控股工业企业、私营工业企业和外商及港台商投资工业企业。本文分别把各个省份的国有控股工业企业、私营工业企业和外商及港台商投资工业企业的出口交货值作为被解释变量，建立三个面板数据，以相应省份的出口退税额、工业总产值、农业总产值以及建筑业总产值作为解释变量进行回归。为了保持序列的平稳性，消除异方差，先对因变量和各个自变量取常用对数，然后再做回归分析。国有控股工业企业、私营工业企业和外商及港台商投资工业企业的出口交货值取常用对数的结果分别用 Lgykg、Lsy、Lwz 表示；出口退税额、工业总产值、农业总产值以及建筑业总产值取常用对数的结果分别用 Lre、Lgy、Lny、Ljzhy 表示。根据上文的描述性分析可知，出口退税政策对于各个省份出口贸易额的影响有一定差异，因而对各个省份中的国有控股工业企业、私营工业企业和外商及港台商投资工业企业也会产生不同的影响，因此我们采用固定效应变系数模型进行回归，构造面板数据模型如下：

$$Lgykg_{it} = \alpha_0 + \alpha_i + \beta_{1i} \times Lre_{it} + \beta_{2i} \times Lgy_{it} + \beta_{3i} \times Lny_{it} + \beta_{4i} \times Ljzhy_{it} + \varepsilon_{it} \text{I}$$

$$Lsy_{it} = \alpha_0 + \alpha_i + \beta_{1i} \times Lre_{it} + \beta_{2i} \times Lgy_{it} + \beta_{3i} \times Lny_{it} + \beta_{4i} \times Ljzhy_{it} + \varepsilon_{it} \text{II}$$

$$Lwz_{it} = \alpha_0 + \alpha_i + \beta_{1i} \times Lre_{it} + \beta_{2i} \times Lgy_{it} + \beta_{3i} \times Lny_{it} + \beta_{4i} \times Ljzhy_{it} + \varepsilon_{it} \text{III}$$

下面采用我国环渤海地区 2001 ~ 2011 年的 5 省面板数据来考察出口退税对我国环渤海地区出口贸易主体结构的影响。利用 EViews 6.0 软件，定量分析出口退税对于出口贸易的影响，结果如表 4、表 5、表 6 所示。

表4　　　　　　　　　国有控股工业企业面板数据模型分析结果

| 地区 | $\beta_1$ | $\beta_2$ | $\beta_3$ | $\beta_4$ |
|------|-----------|-----------|-----------|-----------|
| 北京 | - 0. 30445 | 0. 365804 | 0. 637766 | - 0. 31834 |
| 天津 | 0. 402707 | 2. 485425 | - 2. 62226 | - 1. 09054 |
| 河北 | 0. 033197 | 1. 229794 | 3. 800443 | - 3. 39019 |
| 辽宁 | 0. 119638 | 1. 434003 | 0. 643979 | - 1. 28477 |
| 山东 | - 0. 26976 | 1. 081675 | - 0. 96307 | - 0. 11506 |
| $R^2$ | 0.967571 | | | |
| Adj-$R^2$ | 0.941628 | | | |

表5　　　　　　　　　私营工业企业面板数据模型分析结果

| 地区 | $\beta_1$ | $\beta_2$ | $\beta_3$ | $\beta_4$ |
|------|-----------|-----------|-----------|-----------|
| 北京 | 0. 496786 | 2. 074732 | - 4. 16206 | 0. 664247 |
| 天津 | - 0. 11101 | 1. 121167 | - 3. 31268 | 1. 435635 |
| 河北 | - 0. 09515 | 1. 62751 | - 3. 30703 | 1. 31756 |
| 辽宁 | - 0. 13043 | 2. 481163 | - 1. 22666 | - 0. 84996 |
| 山东 | 1. 083942 | 1. 666362 | - 0. 91564 | - 1. 42095 |
| $R^2$ | 0.988648 | | | |
| Adj-$R^2$ | 0.979566 | | | |

表6　　　　　　　外商及港台商投资工业企业面板数据模型分析结果

| 地区 | $\beta_1$ | $\beta_2$ | $\beta_3$ | $\beta_4$ |
|------|-----------|-----------|-----------|-----------|
| 北京 | 0. 197869 | 2. 77293 | 0. 525012 | - 1. 7946 |
| 天津 | 0. 007102 | 1. 994559 | - 2. 54803 | - 0. 32993 |
| 河北 | 0. 021762 | 1. 918159 | 0. 371524 | - 1. 51868 |
| 辽宁 | - 0. 13179 | 1. 5966 | - 0. 81426 | - 0. 60482 |
| 山东 | 0. 354891 | 2. 113299 | - 0. 47104 | - 1. 82376 |
| $R^2$ | 0.994443 | | | |
| Adj-$R^2$ | 0.989997 | | | |

　　由面板数据模型 I 的回归结果可知，京、鲁两省的出口退税变量的系数均为负值，说明出口退税对于国有控股工业企业的出口之间存在着一种负向的相关关系。而由前文对区域结构的分析我们知道，京、鲁两省的出口退税对出口贸易具有很明显的拉动作用，产生这样的矛盾是因为，出口退税的拉动作用主要作用于和外商及港台商投资工业企业的出口

贸易。这可以由表 5 和表 6 的 β₁ 判断，在面板数据模型 II 中，出口退税变动一个单位，北京市私营工业企业的出口交货值会变动 0.5 个单位，山东省私营工业企业的出口交货值会相应变动 1.08 个单位。同样，在外商及港台商投资工业企业面板数据模型分析结果中，出口退税对京、鲁两省的出口贸易也是起到了正向的促进作用。

通过观察三个面板数据的 β₁ 可知，综合环渤海地区 5 省的情况，出口退税对外商及港台商投资工业企业的出口贸易起到的正向作用最明显，因为只有辽宁这一个省的系数为负，而其他各省均为正；而在另外两个面板数据模型中均有超过两个省份的系数为负，因此，在各对外贸易主题中，出口退税对外商及港台商投资工业企业的出口贸易起到的促进作用最明显。对于外资企业来说，我国的廉价劳动力和庞大的市场以及我国针对外资企业的诸多税收优惠，为他们的生存发展提供了良好的市场环境和政策环境。从 2000 年开始，我国外贸经营主体正式由国有企业转变为外资企业。

# 四、结　论

本文从定量层面初步研究了环渤海地区出口退税对出口贸易的影响，根据以上实证分析，得到如下几点结论：

第一，根据描述性分析可知，2004～2007 年，即全面实施出口退税新机制后的几年，是环渤海地区出口和出口退税变动幅度最大的一个阶段，出口退税机制的结构性调整对出口贸易具有积极的影响。

第二，通过建立三线段回归模型，对环渤海地区各省份数据分析可以发现，近 10 年的出口退税对各个省份的出口贸易的促进作用程度不尽相同，5 省的出口额总体呈上升趋势，只在 2008～2009 年中间由于金融危机的影响有所滑坡。

第三，环渤海地区省际面板数据的分析结果显示，在国有控股工业企业、私营工业企业和外商及港台商投资工业企业这三个对外贸易主体中，出口退税对外商及港台商投资工业企业的出口贸易的促进作用最为明显。

## 参考文献

[1] 安贺新：《关于我国财政政策支持出口贸易问题的研究》，《财政研究》2007 年第 5 期。

[2] 白胜玲、崔霞：《出口退税对我国出口贸易的影响：基于主要贸易国的实证分析》，《税务研究》2009 年第 9 期。

[3] 白重恩、王鑫、钟笑寒：《出口退税政策调整对中国出口影响的实证分析》，《经济学（季刊）》2011 年第 3 期。

[4] 陈文锦：《当前中国出口退税率调整对出口额的影响研究》，《经济研究导刊》2010 年第 25 期。

[5] 梁荔、覃雄彪：《出口退税对出口贸易影响的模型分析》，《中国商贸》2011 年第 25 期。

[6] 马海涛、曾康华：《中国省际人均财政收入差异形成的计量研究》，《财贸经济》

2010 年第 5 期。

[7] 王孝松、李坤望、包群、谢申祥:《出口退税的政策效果评估:来自中国纺织品对美出口的经验证据》,《世界经济》2010 年第 4 期。

[8] 武敬云:《出口退税与中国出口贸易增长——基于季度数据 VEC 模型的实证检验》,《中央财经大学学报》2011 年第 9 期。

[9] 阎坤、陈昌盛:《出口退税、扩大出口与财政效应》,《管理世界》2003 年第 11 期。

[10] 张秋菊、蒋迪娜:《出口退税率的调整与出口稳定增长基于中国工业行业面板数据的实证分析》,《财贸研究》2012 年第 1 期。

[11] Circular of the State Administration of Taxation on Tax Issues concerning Bonded Logistics Centersand Export Processing Zones after Their Function Expansion. China's Foreign Trade, 2009 (9): 67.

[12] Earnings Increased 500 Million Yuan Thanks to the Rise of Export Tax Rebate for Aluminiumand Copper Products. China Nonferrous Metals Monthly, Jan., 2009: 1 – 2.

[13] No Changes in Store for Export Tax Rebate Policy. China Nonferrous Metals, 1997 (2): 2 – 3.

[14] RE ExPort Rebate Cancelled Exerting An Influence on RE Industry. China Rare Earth Information, 2005, 11 (6): 1 – 2.

[15] The Impact of Export Tax Refund Policy Adjustment on the Export of Non Ferrous Metals. China Nonferrous Metals Monthly, Dec., 2003: 1 – 6.

# 东部地区房地产税收对房地产价格
# 影响的实证分析

芦 慧[*]

【摘要】本文以东部地区 11 个省市的面板数据为样本，对东部地区房地产税收对房地产价格影响这一问题进行实证分析。在国内外有关房地产税收与房地产价格关系研究的基础之上，通过对面板数据进行平稳性、协整性等检验，建立了固定效应变截距模型，并对面板数据进行因子分析。研究表明，随着时间的推移，房地产税收对房地产价格的影响作用逐渐增强。此外，房地产税种的不同，对房地产价格的影响程度也存在差异。其中，城镇土地使用税和耕地占用税为主要的影响因子，并对房地产价格产生负向影响；与之相比，房产税、土地增值税、契税对房地产价格的正向影响程度相对较小。

【关键词】房地产税收　房地产价格　面板数据　因子分析

## 一、引　　言

随着我国经济的快速发展，居民生活水平正稳健提升，作为具有良好保值增值特性的房地产，不可避免地成为国民投资的焦点。但是，由于企业、居民的非理性投资，导致房地产价格增长过快，在一定程度上阻碍了房地产业健康、稳定的发展。近年来，国家采取了一系列政策措施，不断强化对房地产业的控制力度，保证房产市场的平稳发展，如2011 年 1 月，国务院出台了"国八条"，规定"调整完善相关税收政策，加强税收征管，调整个人转让住房营业税政策，对个人购买住房不足 5 年转手交易的，统一按其销售收入全额征税"[①]；地方政府如北京市在 2011 年 2 月也颁布了"京十五条"，提出"实行差别化土地增值税预征率，经税务部门核定，对定价过高、预计增值额过大的房地产开发项目提高土地增值税预征率"[②] 的规定。可见，完善相关房地产税收政策，是调控房地产价格不可或缺的手段。而房地产税收将如何影响房地产价格？不同种类的房地产税收对房地产价格的作用程度有何不同？对于这些问题的探讨有助于剖析房地产税收对房地产价格影响的作用机理，从而为政府部门调控房价提供科学的依据。

---

* 芦慧，女，1990 年生，中央财经大学财政学院 2013 级硕士研究生，研究方向：资产评估、财税理论与政策。

① 《国务院办公厅关于进一步做好房地产市场调控工作有关问题的通知》（简称"国八条"），2011 年 1 月 16 日。

② 《北京市人民政府办公厅关于贯彻落实国务院办公厅文件精神进一步加强本市房地产市场调控工作的通知》，2011 年 2 月 15 日。

基于上述的思考，本文以 1999～2011 年东部地区 11 个省市①的相关数据为样本，通过建立面板数据模型，对东部地区房地产税收对房地产价格影响这一问题进行实证分析。本文的结构如下：第一部分为引言，简要介绍研究的背景和目的；第二部分为文献综述，主要阐述国内外相关研究进展；第三部分为房地产税收与房地产价格的描述性分析；第四部分为实证分析部分，也是本文的主要部分；最后是根据计量结果，得出研究结论。

## 二、文献综述

关于房地产税收对房地产价格影响的理论研究，国内外专家学者从不同的角度对其进行了探讨。首先，从市场均衡的角度出发，以 Simon（1943）和 Netzer（1966）为代表，通过局部均衡的分析方法，探讨了房地产税负转嫁问题。他们认为，政府对房地产税的课征不会加重地方政府的负担，而是会向后转嫁给消费者；国内学者如况伟大（2012）、梁云芳（2013）等人则通过构建局部均衡模型，对房地产税收对房地产市场的冲击效应进行探讨。况伟大指出，房地产市场的垄断性越强、房价越高，房地产税收的提高对房地产价格的抑制作用更加强烈。梁云芳认为，房地产税收在长期的情况下能够起到降低房地产资产的价格、优化内部结构、推动房地产业快速发展的作用。其次，在对房地产税收与房地产价格关系这一问题进行探讨时，"受益论"一直是国内外专家学者争论的焦点。Tiebout（1956）首先提出了"用脚投票"理论，即消费者会在税收负担与公共服务水平之间进行权衡来决定自己最终的居住环境。之后，Hamilton（1976）和 Fischel（1992）在 Tiebout（1956）理论的基础上分别加入了新的变量，对原有模型进行了完善。他们指出，消费者对住房的调整和选择取决于自身的偏好以及政府所能提供的公共服务水平。最后，国内的相关专家学者也针对房地产税、公共支出、房地产价格三者之间的关系提出了各自的观点。胡洪曙（2007）以财产税的"受益性"为出发点，从公共选择的角度论证了人们在选择居住地时，会在自身所承担的税负和公共服务所带来的好处之间进行取舍。杜雪君（2009）以我国历年的面板数据为基础，通过建立长期均衡模型，得出了房地产税收能够起到抑制房地产价格上涨的作用，而地方支出的增长会促进房地产价格上升的结论。李祥（2012）通过建立固定效应模型，对全国以及各区域的房地产税收对房地产价格影响这一问题进行了实证分析。研究结果表明，从全国层面上，公共服务对房价的正资本化效应要大于房地产税的负资本化效应；而从区域层面上看，东部地区房地产税对房价的影响较大，而中西部地区的影响程度较小。

国内外专家学者从不同的角度探讨了房地产税收与房地产价格之间的作用关系，并取得了一定的理论成果。本文将在以前研究的基础之上，通过建立面板数据模型，以东部地区 11 个省市的面板数据为基础进行分析，使研究更具有针对性，避免了仅采用单一截面数据或时间序列数据的局限性。此外，本文比较了不同房地产税收对房地产价格的影响程度，更鲜明地展现了不同税种之间的差异。

---

① 东部地区包括：北京、天津、河北、辽宁、上海、江苏、浙江、福建、山东、广东、海南。

# 三、房地产税收与房地产价格的描述性分析

## （一）东部地区房地产价格的变动特征

从总量上看，东部地区 11 个省市商品房平均销售价格随着时间的推移，基本呈现出逐步上升的趋势。其中，北京和上海由于地域的优越性和经济发展的快速性，使得其商品房的平均销售价格明显高于其他省市。如表 1 所示，1999～2002 年、2006～2011 年，北京市的商品房平均销售价格居东部 11 个省市之首，2007 年已突破了每平方米 10000 元；上海市紧跟其后，2009 年的销售价格也超过了每平方米 10000 元，并且 2003～2005 年成为东部地区商品房平均销售价格最高的地区。相比之下，河北省和山东省商品房的平均销售价格较低。1999～2001 年，山东省作为商品房平均销售价格最低的省份，其销售价格未超过每平方米 1500 元；2002 年之后，河北省成为商品房平均销售价格最低的省份，截至 2011 年，仅为每平方米 3983 元。可见，由于地域以及经济发展程度的不同，居民对于房地产的需求会存在不同的偏好，在一定程度上会对房地产的销售价格带来较大的冲击，进而造成东部地区各省市商品房平均销售价格的差异。

**表 1**           **1999～2011 年东部地区商品房平均销售价格极值**    单位：元/平方米

| 年份 | 最大值 | 最小值 |
| --- | --- | --- |
| 1999 | 5647（北京） | 1344（山东） |
| 2000 | 4919（北京） | 1427（山东） |
| 2001 | 5062（北京） | 1457（山东） |
| 2002 | 4764（北京） | 1502（河北） |
| 2003 | 5118（上海） | 1463（河北） |
| 2004 | 5855（上海） | 1605.42（河北） |
| 2005 | 6842（上海） | 1862.03（河北） |
| 2006 | 8279.51（北京） | 2111.42（河北） |
| 2007 | 11553.26（北京） | 2585.77（河北） |
| 2008 | 12418（北京） | 2779（河北） |
| 2009 | 13799（北京） | 3263（河北） |
| 2010 | 17782（北京） | 3539（河北） |
| 2011 | 16851.95（北京） | 3982.85（河北） |

资料来源：根据《中国统计年鉴》1998～2012 年度数据整理所得。

Simon（1943）、Netzer（1966）、黄振宇（2011）从市场均衡的角度出发，指出供需状况会影响房地产的销售价格。通常情况下，人口较多的省市，对房地产的需求会有所提升；而人口较少的省市，对房地产会有相对较小的购买力。因此，考虑到人口因素的影

响，以东部 11 个省市的人口作为权数，计算 1999～2011 年的商品房加权平均销售价格，如表 2 所示。

表 2　　　　1999～2011 年东部地区商品房平均销售价格加权平均值及分布

单位：元/平方米

| 年份 | 加权平均值 | 商品房平均销售价格超过加权平均值的省份 |
|---|---|---|
| 1999 | 2023. 90 （2404. 64） | 北京、天津、上海、福建、广东 |
| 2000 | 2130. 11 （2422. 27） | 北京、天津、上海、广东 |
| 2001 | 2201. 84 （2493. 64） | 北京、天津、上海、广东 |
| 2002 | 2294. 90 （2584. 09） | 北京、天津、上海、浙江、广东 |
| 2003 | 2435. 30 （2759. 64） | 北京、天津、上海、浙江、广东 |
| 2004 | 2761. 07 （3117. 40） | 北京、天津、上海、浙江、广东 |
| 2005 | 3453. 59 （3903. 39） | 北京、天津、上海　浙江、广东 |
| 2006 | 3844. 48 （4452. 29） | 北京、天津、上海、浙江、福建、广东 |
| 2007 | 4602. 38 （5388. 73） | 北京、天津、上海、浙江、广东 |
| 2008 | 4762. 10 （5656. 91） | 北京、天津、上海、浙江、广东、海南 |
| 2009 | 5693. 03 （6848. 82） | 北京、天津、上海、浙江、广东、海南 |
| 2010 | 6669. 99 （8185. 45） | 北京、天津、上海、浙江、广东、海南 |
| 2011 | 7171. 13 （8576. 60） | 北京、天津、上海、浙江、福建、广东、海南 |

注：括号内为算术平均值。加权平均值中权数的计算依据为东部地区 11 个省市人口数额占东部地区整体人口数额的比重。

　　通过观察表 2 中的数据可知，一方面，北京、上海等商品房平均销售价格较高的省市，其人口比重相对较低；而山东、河北等省市的人口比重相对较高，因此东部地区商品房平均销售价格的加权平均值会明显小于算数平均值，可见，在考虑人口因素的情况下，会拉低东部地区商品房的平均销售价格。另一方面，1999～2011 年，北京、天津、上海、广东商品房的平均销售价格始终位于东部地区 11 个省市加权平均值之上；福建省商品房的平均销售价格波动较大，只有 1999 年、2006 年、2011 年超过平均水平；而浙江省、海南省随着经济的发展和人民生活水平的提高，两省的商品房平均销售价格分别于 2002 年和 2008 年超越平均价格。

　　从增长速度上看，11 个省市普遍呈现出波动式的发展态势，并且各个省市的波动周期存在差异性。如图 1 所示，上海市商品房平均销售价格的波动最为剧烈，2008 年的增长速度最低，为 -2%，而 2009 年房地产价格回升，增长率达到了 56.7%。其次为北京市，2007 年增长速度达到了 39.5%，较最低增长率扩大了两倍之多。并且，北京市还呈现出正负交替的增长态势，房地产价格缺乏稳定性。

　　房地产价格的这种波动性与中央和地方政府所实行的各种政策法规是密切相关的。1998～2002 年是房地产市场的快速发展期，1998 年国务院颁布《关于进一步深化城镇住

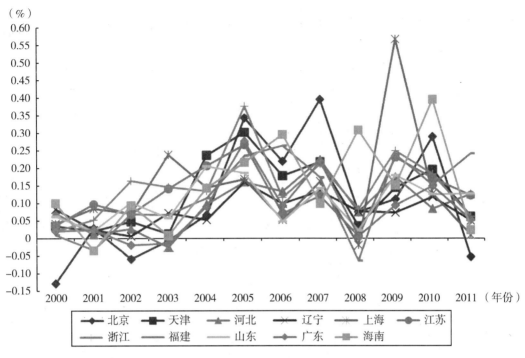

（%）

图1 东部地区商品房平均销售价格增长率变动趋势

房制度改革加快住房建设的通知》，明确提出"促使住宅业成为新的增长点"[①]，因此，各省市房地产价格呈现出了逐步提升的态势。但是，自2003年之后，随着北京、上海等城市房价的过热增长，国家相继出台了"旧国八条"（2005年）[②]、"国六条"（2006年）[③]以及"新国八条"（2011年），对房地产市场进行了严格整顿。此外，各地方政府也相继出台各种政策，对房地产市场进行调控。以北京市为例，2000年，北京市出台了《北京市城镇居民购买经济适用住房有关问题的暂行条例》、2010年出台了《北京市人民政府贯彻落实国务院关于坚决遏制部分城市房价过快上涨文件的通知》、2011年又出台了"京十五条"等[④]，使得北京市的房地产价格时刻处于政府的严格控制之下。因此，房地产价格的变动与政府部门所采取的各种政策措施是分不开的。

## （二）东部地区房地产税收的变动特征

1994～2006年，随着市场经济体制的初步建立和分税制改革的推行，使得房地产税收也进入了改革阶段。如图2所示，东部地区房地产税收增长率均为正值，表明与房地产相关的5种税收在总量上不断增多，均呈现出正增长的态势。在这一期间，由于《土地增值税暂行条例》（1994年）的实施，土地增值税的增长速度加快，2002～2005年均达

---

① 《关于进一步深化城镇住房制度改革加快住房建设的通知》，1998年7月3日。

② 《关于切实稳定住房价格通知》，2005年3月26日。

③ 《中华人民共和国测绘成果管理条例》，2006年5月17日。

④ 李晶：《中国房地产税收制度改革研究》，东北财经大学，2011年。

到了 90% 以上的增长速度；相比之下，城镇土地使用税的增长速度较为平稳，保持 10% ~ 30% 的水平。2007 年至今是房地产税收逐步完善的阶段。在这一时期，房产税继续保持平稳的增长趋势，维持在 20% 左右的增长速度，波动性较低。2006 年新《中华人民共和国城镇土地使用税暂行条例》① 的实施，增加了"对外商投资企业、外国企业征收城镇土地使用税"① 的规定，使城镇土地使用税在 2007 年的增长率达到了 159.13% 的最高水平。此外，2008 年新《中华人民共和国耕地占用税暂行条例》也增加了"对外商投资企业、外国企业征收耕地占用税"② 的内容，使得耕地占用税也在这一时期达到了 100.7% 的增长率。而有关土地增值税和契税相关政策的完善，也使其在这一时期的征收数额稳步提升。

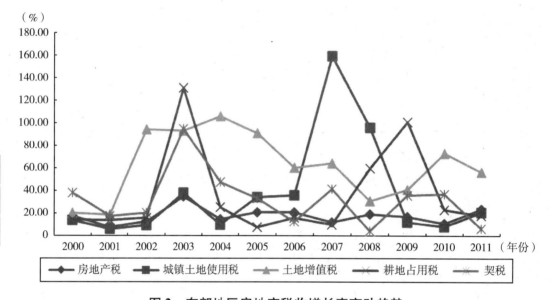

**图 2　东部地区房地产税收增长率变动趋势**

表 3 反映了 1999 ~ 2011 年东部地区 11 个省市房地产税收的人均征收状况，通过观察表 3 中的数据可以看出，在人均房产税的征收上，北京市始终高居榜首，而河北省人均房产税最少。而人均缴纳契税最多的省市则集中在上海市，河北省 1999 ~ 2009 年人均契税征收额最低，2010 年之后为福建省。土地增值税的人均征收状况大致趋同，缴纳最多的省市为北京市和上海市，而缴纳最低的省市为江苏省和河北省。相比之下，其他税种的人均征收额有较大的波动，尤其是人均耕地占用税，浙江、山东、辽宁成为征收最多的省份。但总体来看，北京、上海等经济相对发达的地区，人均房地产税收的征收额明显高于其他的省市，而河北省各类房地产税的人均征收额普遍较低。可见，诸如北京、上海等发达地区，房地产市场相对活跃，土地转让、房屋交易、房屋持有等行为较多，使得房地产税收的征收也明显高于东部其他地区。

① 《中华人民共和国城镇土地使用税暂行条例》，2006 年 12 月 31 日。
② 《中华人民共和国耕地占用税暂行条例》，2007 年 12 月 1 日。

表3 **1999～2011年东部地区房地产税收极值** 单位：元/人

| 年份 | 人均房产税 | | 人均城镇土地使用税 | | 人均土地增值税 | | 人均耕地占用税 | | 人均契税 | |
|---|---|---|---|---|---|---|---|---|---|---|
| | 最大值 | 最小值 | 最大值 | 最小值 | 最大值 | 最小值 | 最大值 | 最小值 | 最大值 | 最小值 |
| 1999 | 115.57 (北京) | 10.35 (河北) | 22.32 (北京) | 1.98 (浙江) | 9.79 (上海) | 0.13 (江苏) | 6.70 (北京) | 1.74 (天津) | 79.63 (上海) | 2.34 (河北) |
| 2000 | 139.38 (北京) | 11.05 (河北) | 21.16 (北京) | 2.07 (江苏) | 3.88 (上海) | 0.20 (江苏) | 9.03 (海南) | 2.08 (天津) | 98.06 (北京) | 3.82 (河北) |
| 2001 | 154.76 (北京) | 10.54 (河北) | 22.36 (北京) | 2.25 (浙江) | 4.63 (广东) | 0.13 (河北) | 13.97 (浙江) | 1.93 (辽宁) | 113.39 (上海) | 4.15 (河北) |
| 2002 | 176.47 (北京) | 12.31 (河北) | 23.15 (北京) | 2.09 (浙江) | 9.82 (北京) | 0.20 (河北) | 18.04 (浙江) | 1.67 (河北) | 129.55 (上海) | 5.23 (河北) |
| 2003 | 211.48 (北京) | 13.30 (河北) | 22.60 (北京) | 3.36 (浙江) | 21.08 (北京) | 0.35 (河北) | 41.00 (浙江) | 1.25 (海南) | 359.51 (上海) | 8.85 (河北) |
| 2004 | 214.15 (北京) | 14.00 (河北) | 23.06 (山东) | 4.79 (浙江) | 52.62 (上海) | 0.39 (河北) | 43.38 (浙江) | 3.40 (河北) | 474.14 (上海) | 15.32 (河北) |
| 2005 | 228.91 (北京) | 16.17 (河北) | 31.84 (山东) | 6.56 (河北) | 130.29 (上海) | 1.25 (河北) | 33.61 (山东) | 3.72 (海南) | 587.44 (上海) | 21.63 (河北) |
| 2006 | 273.84 (北京) | 18.91 (河北) | 39.42 (辽宁) | 7.79 (河北) | 181.67 (上海) | 5.27 (河北) | 42.60 (山东) | 4.59 (天津) | 423.22 (上海) | 25.16 (河北) |
| 2007 | 316.92 (北京) | 20.26 (河北) | 114.98 (辽宁) | 13.37 (海南) | 229.69 (上海) | 11.17 (河北) | 44.18 (山东) | 5.98 (河北) | 561.54 (上海) | 37.4 (河北) |
| 2008 | 376.65 (北京) | 23.22 (河北) | 159.27 (上海) | 39.56 (河北) | 230.89 (上海) | 15.63 (河北) | 67.11 (山东) | 7.15 (上海) | 513.84 (上海) | 39.50 (河北) |
| 2009 | 421.54 (北京) | 27.42 (河北) | 196.22 (辽宁) | 47.45 (河北) | 308.63 (北京) | 21.63 (河北) | 160.23 (辽宁) | 18.66 (河北) | 732.98 (上海) | 56.74 (河北) |
| 2010 | 427.27 (北京) | 29.57 (河北) | 246.97 (辽宁) | 47.94 (河北) | 437.62 (北京) | 45.14 (河北) | 220.42 (辽宁) | 29.80 (河北) | 753.81 (上海) | 85.94 (福建) |
| 2011 | 492.42 (北京) | 38.99 (河北) | 332.53 (辽宁) | 62.91 (河北) | 716.60 (上海) | 73.57 (河北) | 320.33 (辽宁) | 35.32 (河北) | 769.64 (上海) | 109.3 (福建) |

注：总量（万元）为东部地区11个省市房地产税收加总求得，其中2002年11个省份耕地占用税和契税数据缺失，通过移动平均法对数据进行补齐。

资料来源：《中国税务年鉴》、Wind资讯相关数据整理所得。

# 四、实证分析

## （一）数据选取与处理

基于本文的研究内容，通过查询《中国统计年鉴》、《中国税务年鉴》以及 Wind 资讯，选取 1999～2011 年东部地区的相关数据作为研究样本。其中东部地区主要包括北京（BJ）、天津（TJ）、河北（HB）、辽宁（LN）、上海（SH）、江苏（JS）、浙江（ZJ）、福建（FJ）、广东（GD）、山东（SD）、海南（HN）11 个省市；与房地产有关的税收主要有房产税（FC）、城镇土地使用税（TDSY）、土地增值税（TDZZ）、耕地占用税（GDZZ）、契税（QS）、营业税、印花税和个人所得税，由于资料搜集的限制，在此仅选取前 5 项作为主要的研究税种；而房地产价格以 1999～2011 年东部地区各省市商品房的平均销售价格表示。

## （二）模型建立与数据检验

1. 实证分析模型。本文在研究东部地区房地产税收对房地产价格的影响时，利用了 11 个省市 1999～2011 年的面板数据，即涉及横截面、时期、变量二维信息，因此构建面板数据模型进行深入分析更为科学合理。通常面板数据模型分为两大类：变截距模型，即通过截距项的差别来反映成员的个体影响和变系数模型，通过截距和系数的同时变化来反映成员的个体差异和结构变化。模型表现形式如下：

$$y_i = \alpha_i + x_i\beta + \mu_i \tag{1}$$
$$y_i = \alpha_i + x_i\beta_i + \mu_i \tag{2}$$

其中，y 为被解释变量；α 为截距项；x 为解释变量；β 为解释变量的系数向量；μ 为随机扰动项，i = 1，2，3，…，n。

变截距模型和变系数模型又存在固定效应和随机效应两大类。由于本文仅对样本自身的条件进行研究，并非以样本为基础对总体效应进行推论，因此，采用固定效应模型。此外，根据似然比（Likelihood ratio）检验方法，对模型的设定进行检验。通过表 4 的检验结果可知，在给定的置信区间下拒绝原假设，表明选择变截距模型是合理的。

表 4　　　　　　　　　　　模型设定检验

| 检验方法 | | 原假设 | F 统计量 | 结论 |
|---|---|---|---|---|
| 似然比检验方法 | 个体固定 | 截距项相同 | 77.479（0.000） | 拒绝原假设 |
| | 时点固定 | | 17.302（0.000） | |
| | 个体、时点固定 | | 53.870（0.000） | |

注：计量数据利用 EViews 6.0 软件求得；括号内为 P 值，下同。

为了在研究东部各地区房地产税收对房地产价格影响的同时，能够进一步分析 1999～2011 年各个时期的影响变动状况，本文在构建固定效应变截距模型时，引入时期变量。此外，根据似然比检验方法可知，如表5所示，时间固定变截距模型中各个解释变量对被解释变量的影响更为显著，这也是可以接受的，因为随着时间的推移，国家和政府部门会根据国内经济形势的变化而调整财政政策，从而使不同时点下个体的差异性更为显著。因此，本文最终采取时点固定效应变截距模型，并对各项指标取对数，通过变动速率的形式来阐述各个解释变量对被解释变量的作用程度，模型的形式如下：

$$LnJG_{it} = \alpha_i + \beta_1 LnFC_{it} + \beta_2 LnTDSY_{it} + \beta_3 LnTDZZ_{it} + \beta_4 LnGDZZ_{it} + \beta_5 LnQS_{it} + \gamma_t + u_{it} \quad (3)$$

其中，i 表示不同的省市个体；t 表示时间；$\beta$ 为被解释变量的系数；$\alpha$ 为房地产税收对房地产价格的平均影响水平，$\gamma_t$ 表示时期个体变量，反映不同时期的特有影响；$u_{it}$ 为随机扰动项。

**表5**　　　　　　　　　　　**各个变量显著性 t 检验**

| 原假设 | 个体固定 | 时点固定 | 个体、时点固定 |
|---|---|---|---|
| 房产税 | 0.422（0.6736） | 2.881（0.0047） | −0.288（0.774） |
| 城镇土地使用税 | 8.133（0.000） | −5.984（0.000） | 3.006（0.0032） |
| 土地增值税 | 3.764（0.0003） | 2.354（0.0201） | 3.000（0.0033） |
| 耕地占用税 | 0.674（0.5018） | −9.131（0.000） | −1.051（0.2957） |
| 契税 | 3.340（0.0011） | 7.069（0.000） | 0.199（0.8430） |

　　2. 面板数据的单位根检验。为了避免"伪回归"的现象，即由于回归得出不存在关联的变量间具有相互关系的错误结论，在进行计量之前，需要对各个变量进行平稳性检验。常用的关于面板数据的单位根检验方法有两种：一种是相同根情况下的单位根检验，如 LLC 检验、Breitung 检验、Hadri 检验；另一种是不同根情况下的单位根检验，如 Im - Pesaran - Skin 检验、Fisher - ADF 检验和 Fisher - PP 检验。在此，采用 LLC 和 Fisher - ADF 方法对变量进行单位根检验，检验结果如表6所示。

**表6**　　　　　　　　　　　**面板数据单位根检验结果**

| 变量 | 序列 | LLC 检验 | Fisher - ADF 检验 | 结论 |
|---|---|---|---|---|
| 房地产价格 | 水平序列 | 4.017（1.000） | 0.471（1.000） | 非平稳 |
| | 一阶差分序列 | −5.876（0.000） | 59.565（0.000） | 平稳 |
| 房产税 | 水平序列 | −0.157（0.4374） | 5.173（0.9999） | 非平稳 |
| | 一阶差分序列 | −14.234（0.000） | 110.191（0.000） | 平稳 |
| 城镇土地使用税 | 水平序列 | 2.103（0.9823） | 1.532（1.000） | 非平稳 |
| | 一阶差分序列 | −7.389（0.000） | 50.817（0.0005） | 平稳 |
| 土地占用税 | 水平序列 | −0.731（0.2324） | 5.687（0.9998） | 非平稳 |
| | 一阶差分序列 | −8.185（0.000） | 69.846（0.000） | 平稳 |

续表

| 变量 | 序列 | LLC 检验 | Fisher - ADF 检验 | 结论 |
|------|------|---------|------------------|------|
| 耕地占用税 | 水平序列 | 2.448 (0.9928) | 4.451 (1.000) | 非平稳 |
| | 一阶差分序列 | -7.458 (0.000) | 58.4001 (0.000) | 平稳 |
| 契税 | 水平序列 | -2.798 (0.0026) | 15.1139 (0.8573) | 非平稳 |
| | 一阶差分序列 | -9.136 (0.000) | 74.576 (0.000) | 平稳 |

通过观察上述检验结果，在5%的显著性水平下，水平序列不具有平稳性，而一阶差分序列具有平稳性，满足协整检验的条件。

3. 面板数据的协整检验。常用的协整检验方法有 Padroni 检验、Kao 检验和 Johansen 检验。本文采用 Kao 检验方法，检验结果如7所示。

表7　　　　　　　　　　面板数据协整检验结果

| 变量 | 检验方法 | 统计量 | 结论 |
|------|---------|--------|------|
| 房价与房产税 | Kao 检验 | -2.626 (0.0043) | 拒绝原假设，存在协整关系 |
| 房价与城镇土地使用税 | Kao 检验 | -4.578 (0.000) | 拒绝原假设，存在协整关系 |
| 房价与土地增值税 | Kao 检验 | -0.935 (0.0175) | 拒绝原假设，存在协整关系 |
| 房价与耕地占用税 | Kao 检验 | -1.778 (0.0377) | 拒绝原假设，存在协整关系 |
| 房价与契税 | Kao 检验 | -1.492 (0.068) | 拒绝原假设，存在协整关系 |

在给定的置信区间下，拒绝原假设而选择备择假设，表明东部地区房地产税收与房地产价格之间存在协整关系，可以通过建立面板数据模型对东部地区房地产税收对房地产价格影响进行实证研究。

## （三）模型结果

本文利用1999~2011年东部11个省市的面板数据以及 EViews 6.0 软件，对时点固定效应变截距模型（3），进行计量分析。计量结果如下所示（见表8）：

$$LnJG_{it} = 6.94 + 0.17LnFC_{it} - 0.21LnTDSY_{it} + 0.03LnTDZZ_{it}$$
$$- 0.26LnGDZZ_{it} + 0.32LnQS_{it} + \gamma_t \qquad (4)$$

表8　　　　　　　　　固定效应变截距模型时期变量取值

| 年份 | 时间变量 $\gamma_t$ | 年份 | 时间变量 $\gamma_t$ | 年份 | 时间变量 $\gamma_t$ |
|------|------|------|------|------|------|
| 1999 | -0.32 | 2004 | -0.38 | 2009 | 0.70 |
| 2000 | -0.41 | 2005 | -0.27 | 2010 | 0.78 |
| 2001 | -0.38 | 2006 | -0.15 | 2011 | 0.85 |
| 2002 | -0.48 | 2007 | 0.12 | | |
| 2003 | -0.43 | 2008 | 0.37 | | |

相关统计量如表9所示。

**表9** 相关变量的统计结果

| 变量/统计量 | T统计值 |
|---|---|
| C | 23.368 (0.000) |
| LnFC | 2.881 (0.0047) |
| LnTDSY | −5.984 (0.000) |
| LnTDZZ | 2.354 (0.0201) |
| LnGDZZ | −9.131 (0.000) |
| LnQS | 7.069 (0.000) |
| $R^2$ | 0.877375 |
| F统计量 | 52.61003 |
| D−W值 | 0.560517 |

根据计量结果可以得出以下结果：

1. 通过观察表9中的数据可知，各个变量在5%置信水平下均显著，表明各项房地产税收能够对房地产价格的变动产生显著的影响，并且拟合优度 $R^2$ 和 F 统计量也较大，表明模型拟合程度较好，模型整体的显著水平较高。

2. 根据计量结果可知，房地产税、土地增值税、契税对房地产价格产生正向影响，即房地产税、土地增值税、契税每增长1%会引起房地产价格分别增加17%、3%和32%；相反，城镇土地使用税和耕地占用税对房地产价格产生负向影响，即城镇土地使用税和耕地占用税每增长1%，会引起房地产价格下降21%、26%。此外，五种税收相互比较可知，契税的变化对房地产价格的影响程度最大，为32%；其次为耕地占用税26%；而土地增值税对房地产价格的影响程度最小，仅为3%。整体来看，各种房地产税对房地产价格的影响程度并不相同，表明各种房地产税收对房地产价格的影响方式和途径存在差异性，房地产税、土地增值税、契税的增加可能会促使房地产商加大税收转嫁的力度，引起房地产价格的上涨。此外，房地产税收的增加会在一定程度上促使政府加大财政支出的力度，从而向社会大众提供更多的公共设施和公共服务，间接引起房地产价格的上扬。而城镇土地使用税和耕地占用税对房地产价格的影响机制可能与上述三种房地产税相反，从而带来房地产价格的下降。

3. 1999～2011年，不同时期，房地产税收对房地产价格的影响程度也不尽相同。通过观察时间变量 $\gamma_t$ 的变动趋势可知，1999年，房地产税收对房地产价格的影响作用最弱，2011年影响作用最强，随着时间的推移，时间变量对房地产价格的影响作用由负转正，并且影响程度逐步加深。究其原因，可能是由于近年来，国家不断调整有关房地产税收政策，使得房地产税收政策不断完善，也在一定程度上优化了房地产结构，从而带动了房地产价格的提升。

第二辑

149

## （四）因子分析

为了更清晰地体现各个房地产税收对房地产价格影响程度的高低，本文将结合因子分析的方法，对指标进行降维处理，解决信息重叠的问题，从而获得更为科学、更有意义的解释。

本文利用 EViews 6.0 软件，采用极大似然（Maximum Likeihood）因子估计法，对相关指标进行因子分析，已达到用少数几个互不相关的随机变量描述多变量间相互关系的目的。分析结果如表 10 所示。

表 10　　　　　　　　　　　**极大似然法因子分析结果**　　　　　　　单位:%

| 因子序号 | 贡献率 | 累计贡献率 |
|---|---|---|
| 1 | 81.55 | 81.55 |
| 2 | 12.74 | 94.29 |
| 3 | 2.79 | 97.07 |
| 4 | 1.55 | 98.63 |
| 5 | 1.37 | 100 |

通过表 10 可知，前两个因子的累计贡献率达到 94.29%，因此，实现了将 5 维数据降低至 2 维的目的，即求得了两个公共因子。为了了解公因子的实际意义，需要进行进一步的分析。在此，利用 EViews 6.0 软件，采用 Orthogonal Varimax 方法进行因子旋转，结果如表 11 所示。

表 11　　　　　　　　　　**Orthogonal Varimax 法因子旋转结果**

| 指标名称 | 公因子在 F1 上的载荷 | 公因子在 F2 上的载荷 |
|---|---|---|
| 房产税（FC） | 0.305 | 0.903 |
| 城镇土地使用税（TDSY） | 0.798 | 0.505 |
| 土地增值税（TDZZ） | 0.392 | 0.826 |
| 耕地占用税（GDZZ） | 0.942 | 0.298 |
| 契税（QS） | 0.477 | 0.845 |

从表 11 可以看出，城镇土地使用税和耕地占用税在公因子 F1 上具有较高的载荷，而房产税、土地增值税和契税在公因子 F2 上具有较高的载荷。结合固定效应变截距模型的计量结果可知，F1 上的两类指标的变动对房地产价格有负向影响，而 F2 上三类指标的变动对房地产价格有正向影响，因此可以将公因子 F1 称为负因子，F2 称为正因子。因此，从总体趋势上看，当房地产税收同时变动相同的水平时，对房地产价格的负向影响较大，即各项税收均增长 1% 时，整体上会使得房地产价格下跌。这表明，房地产税收资本化对

房地产价格的影响要弱于房地产税收价格波动所带来的冲击。房地产税收的增加虽然在一定程度上能够增加政府支出，改善公共环境，但仍然不能抵消房地产税收带来的负面影响，因此，政府通过控制房地产税收，尤其是增强对城镇土地使用税和耕地占用税的控制力度，能够达到控制房价的目的。

# 五、研究结论

本文通过建立固定效应变截距模型，以1999～2011年东部地区11个省市的面板数据为样本，对东部地区房地产税收对房地产价格影响这一问题进行实证分析，主要得出的结论如下：

第一，各个房地产税种对房地产价格的影响程度不同。根据计量结果可知，房地产税、土地增值税、契税的变动方向与房地产价格的变动方向相同，即上述三种税收每增长1%，会使得房地产税收分别增长17%、3%、32%；而城镇土地使用税和耕地占用税的变动方向与房地产价格的变动方向相反，即上述两种税收每增长1%，会使得房地产价格分别下降21%、26%。此外，从影响程度上看，契税的变动对房地产价格的影响程度最大，其次为耕地占用税、城镇土地使用税和房产税，影响程度最小的是土地增值税。

第二，房地产税收对房地产价格的影响存在时期上的差异性。1999～2006年，随着时间的推移，时期变量对房地产价格产生负向影响，但影响程度减弱；2007年起，这一影响由负转正，表明房地产税收对房地产价格的影响作用不断增大。

第三，通过因子分析可知，前两个因子的累计贡献率达到94.29%，表明存在两个公因子。其中城镇土地使用税和耕地占用税为主要的影响因子，并对房地产价格产生负向影响；而房产税、土地增值税和契税是相对次要的影响因子，对房地产价格产生正向影响。可见，当房地产税收均发生相同程度的变动时，从总体上看，会导致房地产价格的降低。

## 参考文献

[1] 杜雪君、黄忠华、吴次芳：《房地产价格、地方公共支出与房地产税负关系研究》，《数量经济技术经济研究》2009年第1期。

[2] 胡洪曙：《房地产税、地方公共支出与房产价值的关联分析》，《当代财经》2007年第6期。

[3] 黄振宇：《我国住宅市场供给对住宅价格影响的实证分析》，《宏观经济研究》2011年第3期。

[4] 况伟大：《房地产税、市场结构与房价》，《经济理论与经济管理》2012年第1期。

[5] 李祥、高波、李勇刚：《房地产税收、公共服务与房价》，《财贸研究》2012年第3期。

[6] 梁云芳、高铁梅：《中国房地产价格波动区域差异的实证分析》，《经济研究》2007年第8期。

[7] 梁云芳、张同斌、高玲玲：《房地产资本税对房地产业及国民经济影响的实证研

究》,《统计研究》2013 年第 5 期。

[8] Fischel, William A.. Property taxation and the tiebout model: evidence for the bebefit view from zoning and voting. Journal of Economic Literature. 1992, 30: 171–177.

[9] Hamilton, B. W.. Capitalization of intrajurisdictional differences in local tax prices. The American Economic Review. 1976, 66 (5): 743–753.

[10] Netzer, D.. The Economics of the Property Tax. Washington D. C. : Brookings Institution. 1966.

[11] Simon, H. A.. The incidence of a tax on urban real property. Quarterly Journal of Economics. 1943, 57: 398–420.

[12] Tiebout. A pure theory of local expenditures. Journal of Political Economy. 1996, 64 (5): 416–424.

# 我国地方人均财政支出差异及趋势研究：基于2007~2012年的实证分析[*]

李　升　苗云峰[**]

【摘要】本文基于基本公共服务均等化的目标，首先以2011年全国31个省的财政支出数据为基础，采用因子分析方法将各省财政支出项目分为三大类因子：生活服务类支出、发展类支出、保障类支出，通过各省因子得分及其基尼系数G来衡量各省在三类支出上的差异。本文进一步测算了2007~2012年各省地方财政支出负担地方总支出的比例T与各省人均财政支出的离差系数CV之间相关性，从而描述出各省公共服务均等化水平的发展趋势并分析其原因。

【关键词】地方财政支出　区域分解　因子分析　离散系数

## 一、引　言

　　财政支出结构对于社会经济发展有着重要影响，相当一部分研究分析了财政支出结构对于经济增长、居民消费的影响，这已经成为公共经济学关注的一个重要问题。Barro的研究指出不同类别的财政支出结构对于经济增长、居民消费产生不同类型影响。张明喜（2007）基于我国省份1994~2005年面板数据的分析，发现地方财政支出并没有缩小地方经济差距，但从各个支出项目看，科教文卫及社会保障支出的增加对缩小地区差距起到正向作用，而地方行政管理费则起到相反作用。李建强（2012）分析了地方财政支出结构对居民消费的影响，提出财政支出结构对于消费具有挤出效应。另一些学者对于优化公共服务支出结构提出了一些政策。财政支出结构体现政府的活动范围和方向，反映财政资金的分配关系。对于财政支出结构的分析通常分为两个角度：一种是基于我国整体层面的分析，该角度涉及中央政府直接支出以及中央政府向各地区的转移支付；另一种是基于省际数据的分析，探讨省际间财政支出结构的差别，并在此基础上聚类分析，将各省划分为几大类型。张建迎（2006）将财政支出分为经济服务类、社会服务类、政府服务类和其

　　* 本文为教育部人文社科研究青年基金项目"财政体制视角下的房产税改革：理论与实证分析"（项目批准号：12YJC790100）的阶段性成果，并获得北京市2013年高校青年英才计划（Beijing Higher Education Young Elite Teacher Project，项目编号：YETP0993）、中央财经大学中财—鹏元地方财政投融资研究所2012年、2013年课题经费、中央财经大学"中国生态文明建设中的能源财政问题研究"的资助。

　　** 李升，男，1980年生，经济学博士，中央财经大学财政学院副教授，研究方向：企业价值评估、金融资产评估、财税理论；苗云峰，男，1992年生，中央财经大学财政学院资产评估硕士研究生，研究方向：企业价值评估、金融资产评估、财税理论。

他职能，以聚类分析方法对 2003 年 31 个省份的财政支出结构进行了聚类分析，其结果将财政支出结构分为五种类型。

党的十六届五中全会提出了一个重要命题：基本公共服务均等化。党的十六届六中全会进一步将"基本公共服务体系更加完备"列入 2020 年构建社会主义和谐社会的九大目标和主要任务。党的十七大报告提出要"围绕推进基本公共服务均等化和主体功能区建设，完善公共财政体系"。《国家基本公共服务体系"十二五"规划》（2012）中指出，基本公共服务均等化是全体公民都能公平可及地获得大致均等的基本公共服务，其核心是机会均等，而不是简单的平均化和无差异化。党的十八大报告进一步指出，完善促进基本公共服务均等化和主体功能区建设的公共财政体系。可以说，对基本公共服务均等化的财政目标建设，逐渐清晰，得到了越来越明确的表述和重视。

随着对财政的认识不断提升，公共财政理念得到充分的认同，公共财政框架也在不同的国家得到不同程度的构建。公共财政作为政府管理和服务社会的物质基础和政策手段，在改善与保障民生的过程中承担着重要职责，公共财政体系是实现基本公共服务均等化的主要手段。在市场经济条件下，公共财政通过收入再分配职能缩小和熨平由于市场经济初始条件的不公平、市场经济本身的不公平、非市场经济的不公平等多种原因带来的区域之间、城乡之间不同居民在享受基本公共服务方面的过度差距，本身是财政不断凸现"公共性"的重要体现，同时也是我国不断提升公共财政建设水平，让全体社会成员共享改革成果的重要制度安排。本文针对公共服务均等化的目标，基于省际视角和区域间视角，通过因子分析的方法来描述目前我国地方财政支出结构的差异及趋势，并探寻造成这种趋势的原因。

## 二、概念界定及因子分析理论

### （一）基本公共服务均等化

公共服务分为基本公共服务和一般公共服务。基本公共服务对应的是社会公众低层次的或基本的公共需求，主要指与民生直接相关的公共服务，而满足更高层次需求的公共服务则属于非基本公共服务。基本公共服务具有如下的特征：首先，基本公共服务在需求上是无差异的。其次，基本公共服务的供给范围，不仅与社会成员的公共需求有关，也与政府的供给能力有关，因而存在一个动态的发展过程。就基本公共服务的范畴而言，存在着不同的观点。党的十六届六中全会《关于构建社会主义和谐社会若干重大问题的决定》，把教育、卫生、文化、就业再就业服务、社会保障、生态环境、公共基础设施、社会治安等列入基本公共服务。另一种观点认为，不能笼统地将上述公共服务列入基本公共服务范畴，只有其中的义务教育、公共卫生、基础科学研究、公益性文化事业等纯公共服务，才是基本公共服务。

笔者认为，在社会公平的政策理念下，基本公共服务本质上体现为一国的公民权利。一般而言，生存权、受教育权、就业权、居住权和健康权等构成了基本的公民权利。基本公共服务，应是在特定的经济社会发展阶段中，与民生密切相关的最低层次的公共服务。

本文基于省际间和区域间视角来研究地方公共服务水平的差别。参照国家统计局（2011 年）划分国家经济区域的标准：东部地区包括北京、天津、河北、上海、江苏、浙江、福建、山东、广东和海南10 省（市）；中部地区包括山西、安徽、江西、河南、湖北和湖南6 省；西部地区包括内蒙古、广西、重庆、四川、贵州、云南、西藏、陕西、甘肃、青海、宁夏、新疆12 省（区市）；东北地区包括黑龙江、吉林、辽宁。本文的经济区域划分标准如表 1 所示，其中东北地区辽宁划归东部地区，黑龙江、吉林划归中部地区。

表1　　　　　　　　　　　　经济区域划分

| 东部地区 | 中部地区 | 西部地区 |
|---|---|---|
| 北京、天津、河北、上海、江苏、浙江、福建、山东、广东、海南、辽宁 | 山西、安徽、江西、河南、湖北、湖南、黑龙江、吉林 | 内蒙古、广西、重庆、四川贵州、云南、西藏、陕西、甘肃、青海、宁夏、新疆 |

## （二）因子分析理论综述

因子分析法是指从研究指标相关矩阵内部的依赖关系出发，把一些信息重叠、具有错综复杂关系的变量归结为少数几个不相关的综合因子的一种多元统计分析方法。基本思想是：根据相关性大小把变量分组，使同组内的变量之间相关性较高，但不同组的变量不相关或相关性较低，每组变量代表一个基本结构一即公共因子。因子分析（FA）是主成分分析的推广，但其更侧重于解释被观测变量之间的相关关系或协方差结构，适用于研究存在大量的变量因子且某一类因子间存在较为显著的相关关系。

因子分析思想源于 1904 年查尔斯·斯皮尔曼（Charles Spearman）对学生成绩的研究。研究多指标问题时常常会发现，这些指标相关性形成的背景是各种各样的，其中共同的原因称为公共因子；每一个变量也含有其特定的原因，成为特定因子。因子分析的实质就是用几个潜在的但不能观察、互不相关的随机变量去描述许多变量之间的相关关系或者协方差关系，这些随机变量被称为因子。为了使这些因子能够更好地替代原始数据，需要对这些因子给出合理解释。同时还要对因子提取结果进行评价，以便于使用这些因子。

财政支出结构中包含多个项目，2007 年我国实施财政分类改革后，各省的财政支出分类统一为 24 个项目。在这些项目中有一些存在着明显的相关关系，对于经济发展、实现区域财力均等化等方面的作用也存在一致性，因此需要一种方法将每个项目分类为少数几个不相关的因素，并对这些因素的经济学意义予以解释，这也是笔者选择因子分析法来研究地方财政支出结构差异的原因。

假如对于某一问题的研究涉及 p 个指标，且这 p 个指标之间存在较强的相关性，则基本因子模型可以表示为：

$$Z_1 = l_{11}F_1 + l_{12}F_2 + \cdots + l_{1m}F_m + \varepsilon_1$$
$$Z_2 = l_{21}F_1 + l_{22}F_2 + \cdots + l_{2m}F_m + \varepsilon_2$$

第二辑

155

$$\cdots$$

$$Z_p = l_{p1}F_1 + l_{p2}F_2 + \cdots + l_{pm}F_m + \varepsilon_p \tag{1}$$

式（1）中，$F_1$，$F_2$，$\cdots$，$F_m$ 为公因子；$\varepsilon_1$，$\varepsilon_2$，$\cdots$，$\varepsilon_p$ 表示特殊因子，其中包含了随机误差；$\varepsilon_i$ 只与第 i 个变量 $Z_i$ 有关，$l_{ij}$ 称为第 i 个变量在第 j 个因子 Fj 上的载荷（因子载荷），由其构成的矩阵 L 称为因子载荷矩阵。

$$cov(Z_i, F_i) = cov(\sum_{k=1}^{m} l_{ik}F_k + \varepsilon_i, F_j) = l_{ij} \tag{2}$$

由式（2）可知，因子载荷系数的意义即为变量 $Z_i$ 与因子 $F_j$ 的相关性系数。

$$g_j^2 = \sum_{i=1}^{p} l_{ij}^2 \tag{3}$$

式（3）中，g 称为公共因子 $F_j$ 对原始变量向量 Z 的方差贡献；$g_j^2$ 是衡量公共因子相对重要性的一个尺度，其值越大反映了 $F_j$ 对原始变量向量 Z 的方差贡献也越大。

因子分析中的核心问题有：首先考虑是否存在较少的不相关随机变量可以用于描述原始变量之间的关系；如果存在公因子，那么究竟应该选择几个；对于提取出公共因子的含义的解释；评价每一个原始变量与公共因子之间的关系；如何计算因子得分，可以将这些公共因子用于其他的统计分析。本文采用极大似然法（ML）来估计公共因子，采用最小平均偏相关方法（MAP）来确定因子数目。

因子分析的目的不仅是求出公共因子，更重要的是知道每个公共因子的实际意义，以便于对所研究问题作进一步分析。公共因子是否容易解释，很大程度上取决于因子的荷载矩阵。假设因子的荷载矩阵中大部分元素都接近于 0、1 或 –1，公共因子的含义就容易解释了，否则因子的含义将含糊不清，这时候就需要进行因子旋转。每一次旋转后，所得荷载矩阵各列平方和的相对方差之和总会比上一次有所增加；而另一方面，由于荷载矩阵的每一个元素的绝对值均不大于 1，因此，其方差最终一定会收敛于某一个极限。正交旋转得到的因子仍然是相互独立的，并且能够明确地界定出其经济含义。

对于提取出来的某几个具有明确经济学含义的公共因子，因子得分可以对其进行定量描述。所有因子的因子得分之和为 0，因子得分为正代表位于平均水平之上，为负代表位于平均水平之下。本文选用因子得分来作为衡量区域间各财政支出结构的指标。

## （三）差异的衡量指标

衡量总体差异方法有离散系数、基尼系数、变异系数、舒尔兹系数等。这里介绍本文涉及的两种衡量方法。

1. 离散系数。本文采用离散系数 CV 来衡量省际间和区域间人均财政支出的差异水平，设各省人均财政支出标准差为 St. d，均值为 M，则离散系数公式为：

$$CV = St.\ d/M \tag{4}$$

2. 基尼系数，最初是指国际上用来综合考察居民内部收入分配差异状况的一个重要分析指标。它是一个比值，数值在 0 和 1 之间。基尼指数的数值越低，表明财富在社会成员之间的分配越均匀；后来基尼系数被拓展成为用于衡量一切均等问题的指标，本文在衡量地方财政支出在三大类支出上的差异是采用基尼系数法，设样本容量为 N，X 为考察变量，均值为 $\bar{X}$，本文采用的基尼系数计算公式如下：

$$G = \frac{1}{2N(2N-1)\bar{X}} \sum_{X_i=1}^{X_n} \sum_{X_j=1}^{X_n} |X_j - X_i| \qquad (5)$$

其中，$X_j$ 和 $X_i$ 代表总体中的任意两个变量值。

# 三、地方财政支出结构差异的实证研究

## （一）描述性统计

2007 年我国实施财政分类改革后，财政支出分类也发生了变化，一般讲财政支出分为一般公共服务、外交、国防、公共安全、教育、科学技术、文化传媒等 24 个项目。考虑到一些项目属于地方和中央共同负担且地方支出比重很小，如国防、外交等；另一些项目属于个别省份的特殊支出项目，如地震灾后重建、预备费等，本文在研究时将以上项目予以剔除。对于所研究的 16 个项目本文所用数据均系根据《中国统计年鉴 2012》所得。

图 1 给出了 2011 年全国各地人均财政支出的描述，可以看出超过人均财政支出超过 15000 元的省份有上海、北京、西藏、青海，两个来自东部地区，两个来自西部地区，而中部地区人均财政支出整体偏低，这来自于财政支出和人口数量的共同作用。

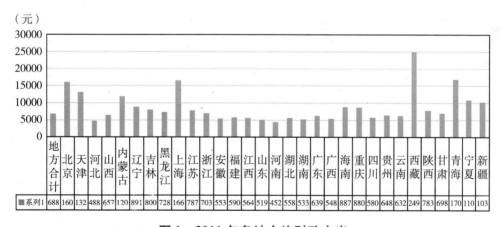

**图1　2011年各地人均财政支出**

表 2 列示出对于 2011 年 31 省份人均财政支出结构的统计性描述结果。可以看出，各省人均总支出的离散系数为 0.7427，离散系数高于该总体离散系数的项目包括教育、科技、环境、城乡社区事务、农林水利事务、交通、商业贸易服务、住房保障等，其中最高的为科技 1.4893，表明这些项目上各省支出差异较大，其中科技支出差异最大。离散系数低于总体离散系数的项目包括，一般公共服务、公共安全、文化体育、社保就业、医疗、资源勘探与电信、其他支出。其中，离散系数最小的三个项目为公共安全、社保就业

和医疗，其中医疗离散系数为最小的 0.4774，表明这些支出项目在各省之间趋同性较大，其中以医疗支出最为突出。

**表 2**                    **2011 年各省人均支出分类项目描述性统计**              单位：元

| 项目 | 均值 | 最大值 | 最小值 | 标准差 | 离散系数 |
|---|---|---|---|---|---|
| 一般公共服务 | 886.5845 | 3553.333333 | 386.0686427 | 458.6673 | 0.517342 |
| 公共安全 | 492.2006 | 1917.037037 | 173.9158663 | 294.8501 | 0.599045 |
| 教育 | 1360.489 | 3210.052601 | 634.524181 | 514.2121 | 0.377961 |
| 科技 | 167.5664 | 1277.030976 | 36.39761813 | 213.7154 | 1.275408 |
| 文化体育 | 167.9923 | 700.3703704 | 55.94383775 | 114.8273 | 0.683528 |
| 社保就业 | 1007.807 | 3290.636704 | 288.4867395 | 520.954 | 0.516918 |
| 医疗 | 553.1528 | 1380.832823 | 224.0299654 | 190.6071 | 0.344583 |
| 环境 | 270.3286 | 861.423221 | 59.20436817 | 180.1522 | 0.666419 |
| 城乡社区事务 | 739.5453 | 4353.542601 | 169.3023256 | 718.6 | 0.971678 |
| 农林水利事务 | 952.5042 | 4686.296296 | 324.3213729 | 683.1475 | 0.717212 |
| 交通 | 723.4609 | 2884.444444 | 133.6826738 | 526.3769 | 0.727582 |
| 资源勘探与电信 | 403.8514 | 2218.176505 | — | 475.3404 | 1.177018 |
| 商业贸易服务 | 128.5847 | 298.8310929 | 51.18863049 | 66.44801 | 0.516764 |
| 国土资源和气象 | 122.8025 | 397.1771294 | | 91.95242 | 0.748783 |
| 住房保障 | 417.3791 | 2251.481481 | — | 506.6085 | 1.213785 |
| 其他 | 372.5876 | 2808.357686 | 43.8658147 | 605.2053 | 1.62433 |
| 总支出 | 8798.664 | 28078.15 | 3429.298 | 4522.442 | 0.513992 |

资料来源：2012 年《中国统计年鉴》及其测算。

## （二）因子分析

由于所分析的财政支出结构包含 16 个支出项目，难以从统计性描述中明确描述出各省之间的差别，因子分析能够从多个变量中综合提取出具有整体描述性的少数因子，通过因子旋转可以得出与各个变量间具有更加明确关系的因子。对各省财政支出项目进行因子分析的前提是各项目之间具有较高的相关性。变量共同度的分析结果显示，除国土资源和气象和商业贸易服务的共同度分别为 0.58329 和 0.762705 外，其他项目的变量共同度均超过 0.90，因子分析的结果较好，说明这 16 个项目分析适合用因子分析方法。

对于 16 个支出项目变量进行因子分析，估计方法采用 ML 估计法；同时为确保结果的精确性，因子数的筛选方法采用 MAP 法。因子变量提取后采用正交旋转进行因子旋转。

通过分析未经正交旋转的因子分析荷载系数矩阵，EViews 筛选出三个符合条件的共同因子，其中 $F_1$ 在各个项目上的荷载系数较多接近于 1，而 $F_2$、$F_3$ 在各个项目上的荷载系数集中在 0.5 左右，这样三个因子的变量表述能力不强，需要对其进行正交旋转。

表 3 是经过因子旋转过后的特征根矩阵，从中可以看出 $F_1$、$F_2$、$F_3$ 特征根 5.229、4.453、3.754，特征根值均大于 1，这三个因子方差贡献率分别为 34.7%、29.6%、24.9%，累计方差贡献率达到 89.3%，用这三个因子足以代表地方财政支出结构的特征。

**表 3** 因子特征根矩阵

| 因子 | 特征根 | 累计特征根 | 方差 | 方差贡献率 | 累计方差贡献率 |
|---|---|---|---|---|---|
| $F_1$ | 5.228940 | 5.228940 | 0.776176 | 0.347489 | 0.347489 |
| $F_2$ | 4.452763 | 9.681703 | 0.698584 | 0.295908 | 0.643397 |
| $F_3$ | 3.754179 | 13.43588 | 3.017965 | 0.249484 | 0.892880 |

表 4 是正交旋转后的因子荷载系数矩阵，本文对荷载系数大于 0.5 的结果以上标标注，便于清晰看出每一个公共因子荷载系数较大的支出项目。因子 $F_1$ 具有较高载荷的项目有一般公共服务、公共安全、文化体育、医疗、农林水利，这些变量大都跟基本生活需求相关，因此可以命名为"生活服务类支出"。因子 $F_2$ 在教育、科技、城乡社区事务、资源勘探、商业贸易服务项目上具有较高的载荷，这些项目大多涉及社会的未来发展潜力或者涉及服务业，因此可以命名为"发展类支出"。因子 $F_3$ 在社保就业、环境、交通、国土气象、住房保障方面具有较高的荷载系数，因此可以命名为"保障类支出"，各类支出均指的是人均支出。

**表 4** 旋转后的因子荷载系数

| 项　　目 | $F_1$ | $F_2$ | $F_3$ |
|---|---|---|---|
| 一般公共服务 | 0.891469 [***] | 0.324987 | 0.283404 |
| 公共安全 | 0.731156 [**] | 0.596724 [*] | 0.266017 |
| 教育 | 0.411841 | 0.701081 [**] | 0.480219 |
| 科技 | −0.010747 | 0.987799 [***] | 0.020019 |
| 文化体育 | 0.712070 [**] | 0.562463 [*] | 0.385812 |
| 社保就业 | 0.261395 | 0.419671 | 0.763037 [**] |
| 医疗 | 0.617950 [*] | 0.256379 | 0.499398 |
| 环境 | 0.343182 | 0.222717 | 0.852620 [***] |
| 城乡社区事务 | 0.028944 | 0.694570 [*] | 0.099101 |
| 农林水利事务 | 0.837344 [***] | 0.038213 | 0.50209 |
| 交通 | 0.428043 | 0.144915 | 0.719228 [**] |
| 资源勘探与电信 | 0.482169 | 0.763129 [**] | 0.172812 |

| 项 目 | $F_1$ | $F_2$ | $F_3$ |
|---|---|---|---|
| 商业贸易服务 | 0.221355 | 0.678892 * | 0.436944 |
| 国土资源和气象 | 0.247864 | − 0.135023 | 0.623931 * |
| 住房保障 | 0.300058 | 0.011581 | 0.745409 ** |
| 其他 | 0.417645 | 0.875051 *** | 0.051207 |

注：表中的因子载荷系数部分予以标注，＊代表介于0.5~0.7之间的较显著载荷系数，＊＊代表介于0.7~0.8之间的次显著载荷系数，＊＊＊代表大于0.8的显著载荷系数。

资料来源：2012年《中国统计年鉴》及其测算。

表5是因子得分及其基尼系数输出结果。可以看出，东部地区的人均发展类支出得分为7.39，远远高于中西部，中西部地区的发展类支出得分均为负，表明位于全国平均水平之下。西部地区的人均生活服务类支出得分为3.42，位居全国最高。西部地区人均保障类支出得分为5.65，远高于东部和中部地区。从以上分析可以看出，中部地区的各项人均支出均处于平均水平之下，东部地区在发展类支出上比例最高，西部地区在基本生活类支出和保障类支出上比例最高。通过对基尼系数的分析发现三类支出基尼系数分别为0.420、0.473、0.438，发展类是支出中地区间差别最大的一类支出，这与前文对离散系数的考察结果，基本一致。

表5　　　　　　　　　　因子得分

| 地区 | 省份 | $F_1$ | $F_2$ | $F_3$ |
|---|---|---|---|---|
| 东部地区 | 北京 | 0.208758 | 3.110724 | 0.490257 |
| | 辽宁 | − 0.09784 | 0.107477 | − 0.28415 |
| | 福建 | − 0.48404 | − 0.35641 | − 0.83669 |
| | 浙江 | 0.183174 | 0.35941 | − 0.74963 |
| | 广东 | 0.29938 | 0.104074 | − 0.46527 |
| | 山东 | − 0.23484 | − 0.22208 | − 0.67845 |
| | 上海 | − 0.56911 | 4.14711 | − 0.1932 |
| | 海南 | 0.446623 | − 0.29963 | − 0.04653 |
| | 河北 | − 0.3679 | − 0.48129 | − 0.38178 |
| | 江苏 | − 0.12041 | 0.288157 | − 0.51177 |
| | 天津 | − 0.05982 | 0.634535 | − 0.18618 |
| 中部地区 | 河南 | − 0.43328 | − 0.39128 | − 0.57709 |
| | 黑龙江 | − 0.39385 | − 0.31212 | 0.161414 |
| | 湖北 | − 0.36005 | − 0.34997 | − 0.39951 |

| 地区 | 省份 | $F_1$ | $F_2$ | $F_3$ |
|---|---|---|---|---|
| 中部地区 | 湖南 | − 0.36247 | − 0.40597 | − 0.48494 |
|  | 吉林 | − 0.19349 | − 0.42088 | 0.415083 |
|  | 江西 | − 0.17483 | − 0.33838 | − 0.49643 |
|  | 安徽 | − 0.53594 | − 0.199 | − 0.39342 |
|  | 山西 | − 0.17151 | − 0.42324 | − 0.02939 |
| 西部地区 | 重庆 | − 0.60593 | − 0.32268 | 0.403127 |
|  | 云南 | − 0.30425 | − 0.44105 | 0.049472 |
|  | 新疆 | 0.778998 | − 0.32488 | 0.237302 |
|  | 西藏 | 5.109854 | − 0.01524 | 0.328975 |
|  | 四川 | − 0.29221 | − 0.43178 | − 0.42117 |
|  | 青海 | − 0.75586 | − 0.25793 | 4.752696 |
|  | 内蒙古 | 0.497821 | − 0.50107 | 0.777976 |
|  | 宁夏 | − 0.09998 | − 0.4234 | 1.211023 |
|  | 甘肃 | − 0.52414 | − 0.5447 | − 0.54213 |
|  | 广西 | − 0.34375 | − 0.45083 | − 0.66061 |
|  | 贵州 | − 0.02277 | − 0.43262 | − 0.64602 |
|  | 陕西 | − 0.01633 | − 0.40506 | 0.157051 |
| 东部地区因子综合得分 | | − 0.7961 | 7.3921 | − 3.8434 |
| 中部地区因子综合得分 | | − 2.6254 | − 2.8408 | − 1.9905 |
| 西部地区因子综合得分 | | 3.4214 | − 4.5512 | 5.6477 |
| 基尼系数 G | | 0.420 | 0.473 | 0.438 |

资料来源：2012 年《中国统计年鉴》及其测算。

发展类支出是较高水平的公共服务类支出，也是目前地区间差异最大的一类支出。依据我国的现实情况，首先，各类支出的基尼系数均相对偏大，超过 0.4，说明各类支出水平存在区域间差距，这与各类支出的离散系数结果一致。其次，基本公共服务均等化中的财政实现机制，一方面体现为基本公共服务方面的财政能力均等化，即"机会"均等机制；另一方面是政府投入及基本公共服务产出之于居民公共需求的满足程度，即"结果"均等机制。对于"机会"均等机制来说，在公共服务体系较为完善、公共服务供给效率相同的条件下，财政可以通过地区间人均财力均等化来实现公共服务均等化。因此，"人均财力均等化"机制需要具备两个条件：公共服务体系的完善和相同的公共服务供给效率，同时假定地方财政不存在着隐瞒以骗取财政拨款的动机。但目前来说，正如表 2 结果表明，我国当前财政均等化的机会不均等，即人均财政支出并不均等，以及由于各区域的公共服务供给效率以及预算制度也存在差异，导致结果的不均等，即各类支出项目的不均等。

### （三）差异的趋势分析

一个国家内各个地区间在经济社会发展方面存在差异，越发达地区，越有优势和潜力发展当地经济，这就是"马太效应"，地方政府财力增长可以有效均衡这种效应。这里选用地方财政总支出中属于地方财政本级收入负担的比例 T 作为衡量近几年地方财力的指标，选用省际间人均财政支出离差率 CV1 和区域间人均财政支出离差率 CV2 作为衡量地方公共服务均等化的指标。

表 6 描述了 2007～2012 年各省及区域间人均财政支出的统计，离差率为标准差与平均值的比值，可以看出省际间离差率 CV1 在 2007 年为 0.62，到 2012 年已缩减为 0.52，且 2007～2012 年省际间人均支出离差率基本呈现逐年下降趋势，表明自 2007 年以来我国各省之间地方财政支出水平差异在缩小，公共服务均等化水平越来越高。将全国分为东中西三大经济区域来看，2007～2009 年区域间人均支出的离差率呈现上升趋势，但 2009～2012 年 4 年间仍然呈逐年下降趋势，表明近年来，我国实行了区域经济协调发展的政策，体现在先后执行了西部大开发、东北老工业基地建设、中部崛起等区域政策，我国区域间财政支出水平的差异在缩小（见表 7）。

**表 6**                 **省际及区域间的人均财政支出统计**         单位：元

| 项　目 | 2007 年人均支出 | 2008 年人均支出 | 2009 年人均支出 | 2010 年人均支出 | 2011 年人均支出 | 2012 年人均支出 |
|---|---|---|---|---|---|---|
| 均值（各省） | 3696.604 | 4704.795 | 5804.289 | 6959.311 | 8798.664 | 10142.38 |
| 最大值（各省） | 10572.3 | 13021.55 | 15891.43 | 18354.54 | 24995.38 | 29430.41 |
| 最小值（各省） | 1998.519 | 2419.779 | 3062.889 | 3632.078 | 4525.799 | 5322.559 |
| 标准差（各省） | 2302.36 | 2729.119 | 3153.144 | 3585.347 | 4597.198 | 5279.856 |
| CV1 离差率（各省） | 0.623 | 0.580 | 0.543 | 0.515 | 0.522 | 0.521 |
| CV2 离差率（东、中、西地区间） | 0.558 | 0.582 | 0.655 | 0.576 | 0.545 | 0.510 |

资料来源：根据各年《中国统计年鉴》和中国经济统计数据库网站（http：//db.cei.gov.cn）测算。

**表 7**                     **地方财政负担衡量比重**

| 　　　　　　年份<br>地方政府支出指标 | 2007 | 2008 | 2009 | 2010 | 2011 | 2012 |
|---|---|---|---|---|---|---|
| 中央转移支付/总支出 | 0.4715 | 0.492248 | 0.531652 | 0.513732 | 0.494467 | 0.486479 |
| 地方财政支出/总支出 | 0.5284 | 0.507752 | 0.468347 | 0.486267 | 0.505532 | 0.513520 |

资料来源：根据各年《中国统计年鉴》测算。

从具体构成看，人均地方财政支出的资金来源，来自地方自身的人均财政收入与地方获得的人均转移支付收入之和。人均财政支出的差异性，反映了各地区在获得转移支付之后地方实际可支配财力方面的差距，是人均财政收入与人均转移支付的整体表现效果。表8 显示，各省 2007～2012 年地方人均财政收入的离散系数分别为 1.055、0.986、0.923、0.828、0.768、0.708，六年间下降了 0.348，另一方面，人均财政支出从 2007 年的 0.623 下降到 2012 年的 0.521，仅下降 0.102。这样的结果反映了如下的问题：第一，由于人均财政支出的离散系数低于人均财政收入的离散系数，由此可见，转移支付起到了均等化人均财力的效果；第二，从 2007～2012 年看，转移支付的均等化效果，近年来呈现下降趋势。

表8                       **2007～2011 年各变量离散系数**

| 项目 \ 年份 | 2007 | 2008 | 2009 | 2010 | 2011 | 2012 |
|---|---|---|---|---|---|---|
| 人均财政支出 | 0.623 | 0.580 | 0.543 | 0.515 | 0.522 | 0.521 |
| 人均财政收入 | 1.055 | 0.986 | 0.923 | 0.828 | 0.768 | 0.708 |
| 人均转移支付的功效 | 0.432 | 0.406 | 0.380 | 0.313 | 0.245 | 0.187 |

注：人均转移支付的功效 = 人均财政收入的离散系数 − 人均财政支出的离散系数，衡量区域间人均转移支付的均等化效果。这里的转移支付指包括税收返还在内的转移支付。

资料来源：根据各年《中国统计年鉴》测算。

从结构上看，现有的转移支付结构存在着如下的问题，抵消了均等化的效果：税收返还维护发达地区的既得利益；专项转移支付项目多数需要地方的配套资金因而不利于均等化，等。具体而言，表9 表明，税收返还从 2007 年的 19.1% 下降到 2012 年的 11.35%；专项转移支付的比重近些年在上升，从 2007 年的 28.67% 提升到 2012 年的 41.43%。因此，可以看出，解释人均转移支付功效下降的主要原因在于专项转移支付的比重在上升。

表9            **中央对地方的转移支付（包括税收返还）主要项目情况**     单位：亿元；%

| 项目 \ 年份 | 2007 | 2008 | 2009 | 2010 | 2011 | 2012 |
|---|---|---|---|---|---|---|
| 均衡性转移支付 | 2503.82 | 3510.52 | 3918.00 | 5452.53 | 7486.81 | 8582.62 |
| 均衡性转移支付占总转移支付的比重 | 11.6 | 12.83 | 11.07 | 14.2 | 18.76 | 18.91 |
| 均衡性转移支付占地方财政的比重 | 6.53 | 7.13 | 6.42 | 7.38 | 8.07 | 8.03 |
| 一般性转移支付 | 7017.21 | 8696.49 | 11319.89 | 14624.84 | 18299.93 | 21429.51 |
| 一般性转移支付占总转移支付的比重 | 32.52 | 31.78 | 31.97 | 38.09 | 45.86 | 47.22 |

续表

| 项目＼年份 | 2007 | 2008 | 2009 | 2010 | 2011 | 2012 |
|---|---|---|---|---|---|---|
| 专项转移支付 | 6186.88 | 9966.93 | 12359.14 | 12724.46 | 16521.65 | 18804.13 |
| 专项转移支付占总转移支付的比重 | 28.67 | 36.42 | 34.91 | 33.14 | 41.41 | 41.43 |
| 税收返还 | 4121.02 | 4282.19 | 5863.92 | 6043.29 | 5078.38 | 5150.83 |
| 税收返还占总转移支付的比重 | 19.1 | 15.65 | 16.56 | 15.74 | 12.73 | 11.35 |
| 总转移支付 | 21580.27 | 27363.94 | 35404.93 | 38392.92 | 39899.96 | 45383.47 |
| 总转移支付占地方财政支出的比重 | 56.29 | 55.56 | 58 | 51.96 | 43.03 | 42.44 |

资料来源：2003～2007年数据来自任强：《公共服务均等化问题》，经济科学出版社2009年版；2008～2012年数据来自财政部网站，www.mof.gov.cn。

# 四、结　论

本文基于因子分析方法对2007～2012年各省间财政支出结构差异进行分析，采用基尼系数和离散系数来衡量地方财政支出的差异，按照省际间视角和东、中、西区域划分的视角，得到如下结论。

第一，我国财政支出项目包括一般公共服务、外交、国防、公共安全等24项，本文通过因子分析表明，用"生活服务类支出"、"发展类支出"、"保障类支出"这三个公共因子可以很好地描述这24项支出类型的大部分信息。

第二，在机会均等方面，各地区间呈现不均衡的状况。在机会均等，也就是人均财力的均等方面，虽然近些年呈现均等化的趋势，但是区域间的不均衡性并未消除，东部、中部、西部呈现明显的区域性不均衡特征。2007～2012年，随着经济的发展、财力的充裕以及国家财政的各项努力，全国省际间人均财政支出离差率逐年递减，均等化程度在逐渐提高。转移支付体系对于西部落后地区的财力照顾，相对偏多，足以使其获得与其他地区具有相当水平的人均财力。通过研究表明，专项转移支付占主导的转移支付结构使得近年来总转移支付的均等化效果在下降。

第三，在结果均等方面，不同的支出项目，区域间的不均衡状况不同。从东、中、西部三类支出的因子得分中，可以看出东部地区在发展类支出上遥遥领先中部和西部，西部地区在生活服务支出以及保障类支出上均处于最高，高于东部和中部地区；中部地区由于中央转移支付水平较低同时人口众多，导致其在三类支出中均落后于平均水平，因此中部地区地方财政压力最大。分税制改革后，地方财政特别是基层财政困难，严重影响基层政府的正常运转，中央为此采取了多项措施，保证了基层财政的正常运转，在一定程度上实现了基本公共服务均等化，改善民生状况，但是目前以科技支出等为主的发展类支出均等化水平仍较低。造成这种状况的原因有：东部地区地方财力水平较高，西部地区严重依赖中央转移支付，中部地区人口众多但是并没有获得更多的政策倾斜。

第四，未来实现区域间公共服务均等化宜采用专项与均衡性转移支付相组合的方式进行。世界各国基本公共服务均等化的模式主要有以下三种：人均财力均等化、公共服务项目标准化、基本公共服务最低水平。就我国而言，未来实现区域间公共服务均等化宜采用目前的专项与均衡性转移支付相组合的方式进行，尤其在发展类支出方面，如教育，设立专项转移支付，并采用类似均衡性转移支付的编制办法，引入科学因素法，如相应公共服务覆盖人群、全国最低的服务标准等因素，完善相应的转移支付体系，确保实现最低的公共服务标准，纠正公共服务提供成本的补偿问题，实现不同地区可以获得水平大致相等的基本公共服务，即基本公共服务的均等化。

## 参考文献

［1］贾康：《健全中央和地方财力与事权匹配的体制》，《中国财政》2008 年第12 期。

［2］马海涛、李升：《中国税收制度改革与发展的思考》，《湖南财政经济学院学报》2011 年第6 期。

［3］张建迎：《中国地区财政支出结构的聚类分析》，《科技信息》2006 年第3 期。

［4］张明喜：《地方财政支出结构与地方经济发展的实证研究——基于聚类分析的新视角》，《财经问题研究》2006 年第1 期。

［5］Barro, R. J.. Government spending in a simple model of endogenous growth. Journal of Political Economy, 1990, 98：103 – 125.

# 政府事权、支出责任与财政支出

## ——来自中部省际财政数据的计量分析

刘梦瑶*

**【摘要】** 本文通过界定政府事权与支出责任，建立二者之间的联系，分析财政支出结构与支出责任动态变动关系，从预算执行的视角分析财政支出总量与结构，从而将预算执行与支出责任建立关系。并通过建立面板数据模型，分析了中部地区八个省份预算执行率、财政支出结构、支出责任动态变动的关系，以及预算执行率、支出责任对财政支出结构的影响。

**【关键词】** 政府事权　支出责任　财政支出结构　预算执行率

## 一、引言及文献综述

1994 年起实行的以改变当时地方财政包干制问题，提高中央财政占全国财政比重为目标的分税制改革至今已走过 20 年，在实现中央财政比重显著提高的阶段性目标的同时也出现了各种不同程度的问题，最为突出的就是中央与地方事权划分不明晰、地方财政事权与财力不匹配、支出责任划分错位严重。本文旨在研究地方政府事权、支出责任与财政支出结构三者之间的动态关系，并运用面板数据（Panel data）模型，以我国中部地区①八个省份为数据样本，从预算执行的视角研究财政支出结构，分析支出责任、财政支出结构对预算执行的影响。

倪红日、张亮（2012）建立了事权细分的分析框架，提出事权包括决策权、支出责任、支出管理三个方面，并在此框架下深入分析了地方财力与事权不匹配的原因。他认为，中央在集中财力、财权后，地方政府实际上只有事权执行职责，而为了应对大量中央专项转移支付，地方财政配套支出超越财力是造成地方财政事权与财力不匹配的重要原因。分税制改革只是实现了阶段性目标，财政体制中对支出责任划分还不合理的问题并未解决。曾康华、唐卓（2013）从预算执行的视角运用描述性统计及 Var 模型研究了 1978～2011 年以来在"建设性财政体制"和"公共财政体制"下我国财政支出结构的问题，分析了我国财政支出结构的变迁及优化方向。张宇（2013）将财政支出结构分为生产性支出和保障性支出，分析了财政支出分权对财政支出结构的影响，并运用广义差分矩

---

* 刘梦瑶，女，1989 年生，中央财经大学财政学院 2013 级硕士研究生，研究方向：资产评估、财税理论与政策。
① 根据国家统计局 2003 年标准，中部地区包括：安徽、河南、黑龙江、湖北、湖南、吉林、江西、山西八个省份。

方法对模型进行了检验。严伟林（2013）从纵向和横向配置两个角度分析了我国政府预算权的配置。他认为在纵向上，未能实现财权与事权的匹配，地方政府对中央的转移支付依赖程度高，容易导致忽视民众对公共产品的需求。在横向上，他从预算编制、预算执行、预算监督三个角度研究得出预算编制权力分散，逻辑关系混乱，缺乏法律约束；预算超收常态化和预算超支频繁化，年末突击花钱现象普遍；预算监督主体重叠交叉监督，实操性差，权责不对称，问责机制不严格等现行问题。

以上研究主要着眼于支出责任与事权的关系及现行支出结构的问题，鲜少从面板数据的角度分析预算支出责任、财政支出结构对预算执行率的影响。本文第二部分从预算执行的视角对财政支出总量与结构变动进行分析，首先对政府事权与支出责任进行界定，分析二者关系，并分析财政支出总量的变动情况。第三部分运用面板数据模型，以预算执行率为指标，分析财政支出结构变动对预算执行率的影响。

## 二、基于预算执行视角的财政支出总量与结构分析

### （一）政府事权与支出责任的界定与衡量

始于 1994 年的分税制改革主要目标是解决"两个比重"过低的问题，经过 20 年的历程，中央财政收入占全部财政收入的比重有了显著提高，阶段性目标得以实现，但同时也出现了各种程度的问题。党的十八大提出要建立"财力与事权相匹配的财税体制"，健全财力与事权相匹配的财税体制是界定中央与地方财政关系的核心内容。

事权是指政府处理事务的权利及职权，是政府职能的体现。市场经济条件下的政府职能就是提供公共物品[①]，因此事权的内涵也就是提供公共物品和服务的职责和权限。事权的划分也就是公共物品供给职责的划分。对事权框架的细分，主要包括决策权、支出责任、支出管理三个方面。[②] 决策权是指决定提供某项公共物品和服务的权利主体，公共物品和服务根据其受益范围不同可以划分为全国性、地方性和混合性的公共产品及服务，与此相对应的建立在公共物品和服务供给基础上的支出事权决策权根据其归属可以划分为中央事权、地方事权、中央与地方混合事权。自分税制改革以来，事权的决策权大多数掌握在中央政府手中。支出责任是指对事权的具体执行承担。由于政府职能实现的主要形式是财政支出，因此，对财政支出的执行也就是对支出责任的履行。财政支出结构反映了国家对于各类支出项目的预算数额及比重，也就反映了各类支出责任的承担计划及意愿，而预算执行率是决算数与预算数的比值，也就反映了对支出责任的履行情况和完成程度。而事权的支出管理是指细化到哪级政府具体执行与执行过程的管理。

2011 年，国家财政支出为 109247.79 亿元，年度财政支出总额占国家年度 GDP 的 23.09%，财政支出比上年增长 21.6%。在国家财政支出规模不断扩大、增长速度较快的

---

① 根据《财政年鉴》中财政预算支出项目，属于基本公共支出的包括：一般公共服务、公共安全、国防、教育、社会保障和就业、城乡社区事务等 17 项。

② 倪红日，张亮．基本公共服务均等化与财政管理体制改革研究．［J］．管理世界．2013

大背景下，政府部门通过财政预算支出为社会公众提供公共产品与服务的效率与结果，成为每个公民越来越关注的问题，其现实意义也越发深远。财政支出结构是指国家对各类支出项目的预算数额及其所占比重，从中可以反映出国家在一定时期内对某些类别科目的重视程度及政策倾向。如2012年党的十八大提出了"完善促进基本公共服务均等化和主体功能区建设的公共财政体系"的要求，在支出结构中，国家加大了对于文化教育、卫生医疗、基础设施等民生类项目的预算支出，减少了对于经济建设的干预和行政管理费用的支出。预算执行率是指在财政支出结构中，该年的决算数额与预算数额之比，反映了支出责任履行情况和完成程度。从预算执行率的视角分析中部地区八省财政支出结构，分析二者的动态变动关系，研究支出责任的履行情况将怎样影响财政支出结构是本文的主要创新之处。

### （二）财政支出总量与结构分析

自1994年分税制改革以来，中央财政收入占全国财政收入的比重有了大幅的上升，基本保持在50%上下。成功实现了中央政府收入集权（见图1）。

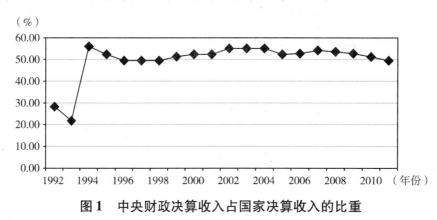

**图1　中央财政决算收入占国家决算收入的比重**

随着中央财政收入占全国财政收入比重的上升，中央财政支出占全国财政支出的比重却明显下降，地方政府财政支出比重不断上升，这表明地方政府需要承担的支出责任越来越多（见图2）。

分税制改革后，中央集中的财力增多，并形成了对地方政府的税收返还与转移支付，这个比例占到了地方财政总支出的30%以上，地方政府对中央财政的依赖性增强。但是，这个变化的弊端也在逐渐显现，由于中央政府对地方大量的专项转移支付，使得地方需要提供配套的财政支出，而在地方财政有限的财力下，往往难以达到，也就出现了事权与财力不匹配的现象（见图3）。

### （三）中部地区财政支出预算执行变动（1994～2011年）

中部地区的8个省份虽然具有相似的经济发展水平，但是各个省份的财力结构却是不同的，也就是在对支出责任的履行中，各级政府所能承担的部分是不同的。其中，河南、湖北、湖南省大体上说从基层政府往上所分布的财力递减，这样确保了基层政府具备足够

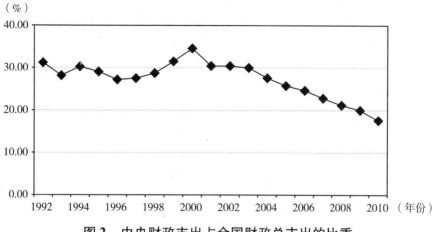

**图2　中央财政支出占全国财政总支出的比重**

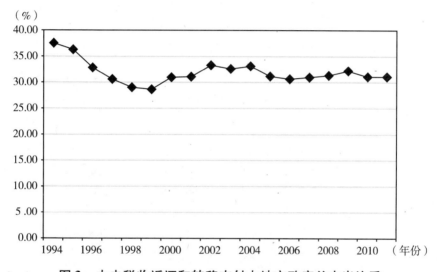

**图3　中央税收返还和转移支付占地方政府总支出比重**

的履行支出责任的财力，能更好地执行财政支出预算；而安徽、黑龙江、吉林、江西、山西省大体上市级政府分布财力较少，而县级、省级政府分布财力较多。从对中部八省预算执行率的折线图可以看到，河南、湖北的财政支出总预算执行率1994~2011年都是较高的，普遍高于其他5个省份；而湖南在2007年之前的预算执行率也是高于其他5个省份，在2007年收支分类改革后预算执行率发生了较大下降。这说明河南、湖北、湖南3省这种基层政府分配较多财力的结构是更为合理的，可以避免事权下移导致的事权与财力不匹配问题，政府可以更好地履行支出责任，完成预算额（见图4）。

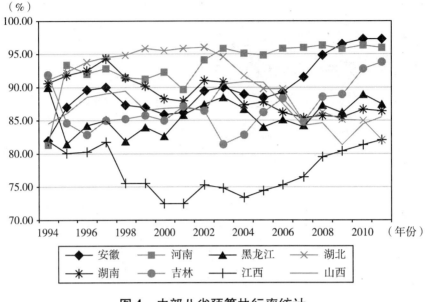

图4 中部八省预算执行率统计

# 三、中部地区各省预算执行率与财政支出结构变动实证分析

从上述分析可知，国家对地方各级省份政府财政支出的各项预算额反映了国家在该年对该省份不同预算科目的计划和愿望，各个省份财政支出结构的变动恰恰反映了国家的某些计划调整，本部分主要从预算执行的视角，也就是地方政府对支出责任的履行情况，研究财政支出结构动态变化对预算执行率有怎样的影响。

财政支出结构科目较多，2007年的收支分类改革将我国的预算科目进行了较大幅度的调整，本文将财政支出结构按照政府职能分为：经济建设、科教文卫、行政管理、国防、社会保障和其他类共六大类，由于不同类别支出的预算额在总支出中所占的比重用来表示政府对该类支出的投入计划，因此本文分别分析各个类别支出的该类支出在支出总额中所占比重动态变动对预算执行率的影响。

## （一）预算执行率与科教文卫类支出比重变动实证分析

科教文卫类支出是自1994年分税制改革以来一直存在的预算科目，在2007年收支分类改革后仍存在，选用此类别科目是为了减少因分类不准确而造成的误差。在分析科教文卫类支出占支出总量的比重变动对预算执行率的影响时，考虑到上期预算执行率可能会影响本年的预算执行率，如某些跨期执行的项目，上期的完成情况会对本期的执行产生影响，加入上年预算执行率也作为解释变量，此外，考虑到2007收支分类改革的影响，虚拟变量作为控制变量（见表1）。

表1                                               变量统计

| 变量类型 | 变量名称 | 变量符号 | 变量说明 |
|---|---|---|---|
| 被解释变量 | 预算执行率 | YS | 该年该类支出决算额比预算额 |
| 解释变量 | 科教文卫类支出 | WJ | 该年科教文卫类支出占财政预算总额的比重 |
| | 上年预算执行率 | FYS | 上年该类支出决算额比预算额 |
| 控制变量 | 虚拟变量 | D1 | 将变量分为 2007 年前后两段 |

经过 LR 似然检验以及 Hausman 检验，该模型采用面板数据（Panel data）模型中的混合效应模型（Mixed effects regression model）。模型如表2所示。

$$YS_{it} = \alpha + \beta_1 WJ_{it} + \beta_2 FYS_{it} + \beta_3 D1_{it} + \varepsilon_{it}$$

结果如表2所示。

表2                                               结果统计

| 变量 | WJ | FYS | D1 | $R^2$ | 观测值 |
|---|---|---|---|---|---|
| 系数 | 0.115613 ** | 0.971602 *** | − 0.006744 * | 0.7586 | 136 |
| | (2.286101) | (85.22528) | (− 1.777460) | | |

注：*** 代表在1%的水平下显著；** 代表在5%的水平下显著；* 代表在10%的水平下显著。

从实证结果我们可以发现，上年预算执行率的相关系数是 0.97，在 1% 的水平下显著，其经济含义是上年预算执行率每增长 1%，会使本年预算执行率上升 0.97%，这可以解释为上年预算执行率如果较高，一方面可能是政府具备与支出责任相匹配的财力，能够很好地完成预算；另一方面可能是对某些跨期执行的项目，如果上期能够按照预计较好地完成，会有助于本期按计划执行。科教文卫类支出的相关系数是 0.116，在 5% 的水平下显著，其经济含义是各省政府的用于科教文卫类支出的政府责任每增加 1%，对它的执行率会上升 0.116%，二者存在正相关关系，这说明中部地区八省的省级政府与相应支出职责对应的财力是较为匹配的，即使支出责任增加，也能很好地完成预算。

### （二）预算执行率与行政管理类支出比重变动实证分析

分析行政类支出变动对预算执行率的影响时，仍然将上年预算执行率也纳入解释变量，考虑 2007 收支分类改革的影响，加入虚拟变量。经过实证分析，该虚拟变量不必要，因此不设虚拟变量（见表3）。

表3                                               变量统计

| 变量类型 | 变量名称 | 变量符号 | 变量说明 |
|---|---|---|---|
| 被解释变量 | 预算执行率 | YS | 该年该类支出决算额比预算额 |
| 解释变量 | 行政管理支出 | XZ | 该年行政管理支出占该省支出总额的比重 |
| | 上年预算执行率 | FYS | 上年该类支出决算额比预算额 |

经过 LR 似然检验以及 Hausman 检验，该模型采用面板数据模型中的个体固定效应模型。模型如下：

$$YS_{it} = \alpha + \beta_1 XZ_{it} + \beta_2 FYS_{it} + \varepsilon_{it}$$

实证结果如表 4 所示。

表 4 结果统计

| 变量 | XZ | FYS | C | $R^2$ | 观测值 |
|------|------|------|------|------|------|
| 系数 | 0.069417* | 0.579944*** | 0.381149*** | 0.7590 | 136 |
|      | (1.748526) | (8.157192) | (5.842752) | | |

注：*** 代表在 1% 的水平下显著，* 代表在 10% 的水平下显著。

从实证结果可以看到，行政管理支出的相关系数是 0.0694，在 10% 的水平下显著，是指行政管理类支出每增加 1%，相应的预算执行率上升 0.069%。说明在行政管理支出方面，地方政府的支出责任与财力、管理等方面匹配较好，即使支出责任增加，执行率也有上升，能够很好地完成预算。

### （三）预算执行率与财政支出结构变动的实证分析

在分类别分析类别预算执行率对对应类别支出的比重变动影响后，本文就各省政府总体预算执行率对该省财政支出结构的动态变动影响进行分析。

1. 实证模型如下：

$$YS_{it} = \alpha + \beta_1 FYS_{it} + \beta_2 WJW_{it} + \beta_3 NY_{it} + \beta_4 DF_{it} + \beta_5 ZF_{it} + \beta_6 D2_{it} + \varepsilon_{it}$$

$$D2 = \begin{cases} 0 & (1994 \leqslant t \leqslant 2006) \\ 1 & (2007 \leqslant t \leqslant 2011) \end{cases}$$

（1）被解释变量：

$YS_{it}$ 为中部八省中的省份 i 在年份 t 的预算执行率，它表示各省在当年对于预算的完成程度：

预算执行率 = 决算额 ÷ 预算额

（2）解释变量：

$FYS_{it}$ 为中部八省中的省份 i 在年份 t 的上年的预算执行率，这里选用 $FYS_{it}$ 作为解释变量是考虑到部分预算项目跨期执行，该年的预算执行率会受到上年执行率的影响：

上年预算执行率 = 上年决算额 ÷ 上年预算额

$WJW_{it}$ 为中部八省中的省份 i 在年份 t 的文教卫生费用支出在预算总支出中的比例：

文教卫生比重 = 文教卫生预算支出额 ÷ 总预算支出额

$NY_{it}$ 为八个省份中的省份 i 在年份 t 的农林水工交商费用在预算总支出中的比例，可以用来代表经济建设类支出：

农林水等比重 = 农林水等预算支出额 ÷ 总预算支出额

$ZF_{it}$ 为中部八省中的省份 i 在年份 t 的中央转移支付补助占该年中央对地方政府转移支付补助总额的比重，表示该省对地方转移支付总额的持有程度。由于分税制改革以来地方对中央转移支付的依赖格局形成，转移支付可以增加地方政府的财力，以及当中央对地方专项转移支付较多时地方政府需要提供与其相匹配的支出，增加一定负担，这两种反向效果都可能影响预算执行率，因此加入作为解释变量。

转移支付比重 = 该省转移支付额 ÷ 地方转移支付总额

$DF_{it}$ 为中部八省中的省份 i 在年份 t 的预算财政支出额占地方政府预算总支出的比重，它表示某省政府对地方政府全部支出责任的承担程度。

地方承担度 = 该省预算支出额 ÷ 地方政府预算支出总额

$XZ_{it}$ 为中部八省中的省份 i 在年份 t 的行政管理类预算支出在预算总支出中的比例

行政管理比重 = 行政管理类预算支出额 ÷ 总预算支出额

实证中使用变量定义说明（见表5）。

表5                              变量统计

| 变量类型 | 变量名称 | 变量符号 | 变量含义及说明 |
|---|---|---|---|
| 被解释变量 | 预算执行率（%） | YS | 决算数除以预算数的值 |
| 解释变量 | 滞后一期预算执行率（%） | FYS | t−1 期的预算执行率 |
| | 科教文卫类（%） | WJW | 科教文卫费用占该年预算支出总额的百分比 |
| | 经济建设类（%） | NY | 经济建设类支出占该年预算支出总额的百分比 |
| | 中央转移支付补助（%） | ZF | 转移支付总额占地方政府转移支付总额的百分比 |
| | 地方支出比重（%） | DF | 预算财政支出占地方政府预算支出总额的百分比 |
| | 行政管理类（%） | XZ | 行政管理类支出占该年预算支出总额的百分比 |

2. 实证结果。

在选定个体固定效应模型做出估计后，利用 LR 似然检验，可得统计结果如表6所示。

表6                              结果统计

| 效果检验 | 值 | d. f. | 概率 |
|---|---|---|---|
| F 值 | 3.872588 | (7, 122) | 0.0008 |
| Cross-section Chi-square | 27.288486 | 7 | 0.0003 |

由于 F 统计量为 3.87，大于在一定显著水平 5% 的临界值，拒绝 $H_2$。（F 统计量对应的 p 值 < 0.05（近似为零），所以推翻原假设（混合模型），建立个体固定效应模型。）

在选定个体固定效应模型作出估计后，利用 Hausman 检验，可得检验结果如表7所示。

表7                                  检验结果

| 检验结果 | Chi-Sq. Statistic | Chi-Sq. d. f. | 概率 |
|---|---|---|---|
| Cross-section random | 27. 082225 | 6 | 0. 0001 |

Hausman 统计量对应的 p 值 <0.05（为 0.0001），拒绝原假设（个体随机效应模型），即应该建立个体固定效应模型。

因此，本模型确定为个体固定效应模型。

3. 实证结果如表 8 所示。

表8                                  结果统计

| 变量 | 相关系数 | t 值 |
|---|---|---|
| C | 0. 251099 *** | 3. 93843 |
| DF | − 1. 21034 * | − 1. 74031 |
| ZF | 0. 605694 ** | 2. 203952 |
| WJW | 0. 297441 *** | 3. 111791 |
| NY | 0. 142265 ** | 2. 18902 |
| XZ | 0. 23593 *** | 2. 830771 |
| FYS | 0. 603175 *** | 10. 02665 |
| $R^2$ | 0. 88644 | |
| 观测值 | 136 | |

注：*** 代表在 1% 的水平下显著；** 代表在 5% 的水平下显著；* 代表在 10% 的水平下显著。

从实证结果中可以发现，FYS 的系数为 0.603，并且在 1% 的水平上显著，这表明，前一年的预算执行率对本年的预算执行率起到积极显著作用，已在前文对其进行了经济解释。地方财政支出结构中的文教卫生费用支出、农林水利工交商业支出对预算执行率均起到了积极促进作用。具体来看，文教卫生费用支出的系数为 0.297，并在 1% 的水平上显著，农林水利工交商业支出的系数为 0.142，在 5% 的显著水平上显著。系数的经济含义是，文教卫生费用支出占比每增加 1%，会促进预算执行率提高 0.297%。对于它的解释，首先从支出责任的角度入手。

从图 5 可以知道，对于文教卫生费用的支出责任，中央承担在 10% 以下，地方承担约 90%。文教卫生费用的支出属于改善人民生活性质的支出，可以增进社会秩序，加快经济技术发展，对于这类支出，由地方政府承担较多的支出责任，可以根据不同地区的实际情况，划分支出责任，由基层政府根据公众需求投入进而改善人民生活，促进人民素质的提高，劳动力水平的上升，技术的进步，因此对该类预算的增加是在有需求的情况下可以较好完成的，从而促进了整体预算执行率的提高。

农林水利工交商业支出占比每增加 1%，会促进预算执行率提高 0.142%。从支出责

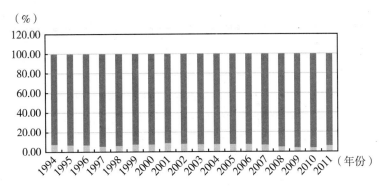

**图5 文教卫生类支出事权划分**

任的角度来说，从表11可以看到，对于农林水利等经济建设类支出，中央承担的支出责任波动较大，在10%~20%，地方承担80%~90%（见图6）。该类支出中涉及许多基础设施、基础产业的支出，如工业建设、交通业对基础设施有较高要求，农林产业是我国的基础产业，该类设施和产业一般投资规模大、建设周期长，不仅能够促进国民经济发展，而且还会影响收入分配，缩小贫富差距，所以应该属于政府支出支持的重点范围。中央政府具备更为雄厚的筹资能力、建设能力，补贴、贷款等政策手段更为多样，较为灵活，对于该类设施、产业的支持，地方政府不具备足够的财力和能力，由中央政府占有较高的事权显然更为合理。而地方政府对于农林水利、工业、交通、商业等产业的持续投入，保障了人民的基本生活水平的不断提升，营造了良好的经济、生活氛围，我国目前处于快速发展的阶段，对于经济建设有着明显的刚性需求以及政府的偏重，许多方面都需要投入建设，因此对该类支出的增加符合我国经济现状，能够较好完成，从而促进了整体执行率的提高。

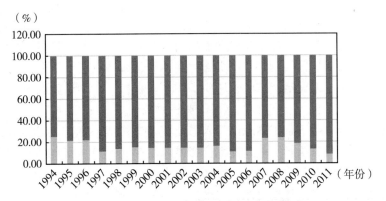

**图6 农林水工交商费用事权划分**

中央转移支付的系数为0.605，在5%的水平上显著。也就是说，该省的中央转移支付占预算财政总支出的比重每提高1%，预算执行率提高0.605%。从1994分税制改革到2011年每年地方政府接受中央转移支付补助（包括税收返还）的比例在30%左右（见图3），这个较高的比例证明地方政府对中央在财政上的依赖性强，所以地方政府在提供公共产品时会注重考虑上级的任务，容易导致公共需求被弱化的现象。在具体的预算执行中，基层政府可能更为注重数量而忽视质量，为完成上级任务，或确保下年的预算额不被缩减，年末大量花钱，乱花钱，虽然预算执行率提高了，但是绩效并未提高，花钱效率低下。

地方支出比重的系数为 −1.21%，在 10% 的水平上显著。这意味着，各个省份政府承担的支出责任在地方政府承担的所有支出责任中所占比重每提高 1%，该省预算执行率下降 1.21%。这是由于分税制改革实行 20 年来，暴露出一些问题，比如地方政府事权与财力不匹配，事权下移加重了地方政府的负担，造成财政困难；而财权不断上移，地方政府往往不具备足够的财力执行事权，履行支出责任。在地方政府负担已经很重的情况下，继续增加支出责任，会使地方政府不堪重负，对预算的完成程度越来越差，反而使预算执行率下降。

# 四、结　　论

通过上述实证分析，我们可以得出以下几点结论。

第一，我国目前存在严重的事权与财力不匹配的现象，政府职能和事权范围界定不清晰，政府"越位"与"缺位"并存，事权重叠交叉现象普遍，事权层层下移；而且相关法律法规体系不完善，缺乏规范性约束，造成地方政府负担过重，财政困难，效率低下。因此，在建设财政体制的过程中，需要清晰界定政府职能和事权范围，明确中央与地方政府各自的支出责任，政府在基础教育、社会保障等"缺位"的方向尽快"补位"，逐步退出一般竞争性领域，"越位"的方向尽快"复位"，地方政府事权重心适当上移，完善事权划分的法律体系，建立事权与财力逐步匹配的财政体制。

第二，总体来说，地方财政支出结构对预算执行率有较为明显的影响，财政支出结构中的科教文卫类、经济建设类支出对预算执行率有较大的促进性影响。国家对于地方政府的预算应该加大科教文卫类、经济建设类支出，同时对于预算科目要根据其性质，确定合理的中央、地方支出责任比例，需要中央大力扶持的领域中央应承担更多的事权，而需要依靠地方政府从实际出发灵活调节的领域应承担更多事权，同时注重赋予其与事权相应的财力，使得预算不但在数量上良好完成，同时兼具绩效。

第三，预算执行率并不是越高越好，其影响因素有多重。横向的预算编制的合理性、预算监督的有效性、预算执行的效率性都会影响预算执行率。纵向的事权划分的层次性、合理性、规范性都会影响到它的水平。预算执行率高，一方面可能是政府执行得好，不但数量上完成程度高，同时兼具规范性、效率性，确保了预算执行的绩效；但另一方面也可能是执行体制存在漏洞，地方政府为迎合中央，确保下年的预算额不被削减而片面追求执行率，年末无计划花钱，对于年中调整的预算来不及无计划就盲目支出，用不到关键地方，混淆事权，增加下级政府压力，使得执行率虽然提高了，但是绩效较差。

## 参考文献

［1］ 龚锋、卢洪友：《公共支出结构、偏好匹配与财政分权》，《管理世界》2009 年

第 1 期。

[2] 黄国平:《财政分权、城市化与地方财政支出结构失衡的实证分析》,《宏观经济研究》2013 年第 7 期。

[3] 寇铁军、周波:《政府间支出责任划分的国际经验与启示——基于发达和发展中国家政府支出结构的比较分析》,《财政研究》2007 年第 4 期。

[4] 李齐云、马万里:《中国式财政分权体制下政府间财力与事权匹配研究》,《理论学刊》2012 年第 11 期。

[5] 李文军:《中国财政支出结构演变与转型研究》,《社会科学》2013 年第 8 期。

[6] 刘尚希课题组:《以明晰支出责任为切入点完善财政体制》,《财税改革》2013 年第 5 期。

[7] 倪红日、张亮:《基本公共服务均等化与财政管理体制改革研究》,《管理世界》2012 年第 9 期。

[8] 庞凤喜、潘孝珍:《财政分权与地方政府社会保障支出——基于省级面板数据的分析》,《财贸经济》2012 年第 2 期。

[9] 闫坤、于树一:《论我国政府间财政支出责任的"错配"和"纠错"》,《财政研究》2013 年第 8 期。

[10] 曾康华、唐卓:《财政模式、预算执行与财政支出结构优化》,《中央财经大学学报》2013 年第 11 期。

[11] Barro, R. J.. Economic growth in a cross section of countries. Quarterly Journal of Economics, 1990, 106: 407 – 444.

[12] Barro, R. J.. Government spending in a simple model of endogenous growth. Journal of Political Economy, 1990, 98: 103 – 125.

[13] Shantayanan Devarajan, Vingya Swaroop, Heng-fu Zou. The composition of public expenditure and economic growth. Journal of Monetary Economics, 1996, 37: 313 – 344.

# 我国民生性财政支出对城乡居民消费支出差距影响的实证研究

## ——基于 2001~2012 年省级面板数据的经验分析

王梦结[*]

**【摘要】** 本文从我国构建民生财政的目标和致力于实现基本公共服务均等化出发，分析政府民生性财政支出对居民消费影响的传导机制，通过建立政府民生性财政支出对城乡居民消费支出影响的省级面板数据模型，并运用我国 31 个省份及东、中、西各地区 2001~2012 年的经验数据进行实证检验。研究表明：财政教育支出有助于缩小城乡居民消费支出差距；财政社会保障支出对于缩小城乡居民消费支出差距没有显著的作用；财政医疗支出没有缩小反而扩大了城乡居民消费支出差距，同时，这三项民生性财政支出对城乡居民消费差距的影响还存在一定的区域差异性。

**【关键词】** 民生性财政支出　城乡居民消费差距　区域差异

## 一、引　　言

近年来，我国政府用于教育、医疗卫生、社会保障和就业等民生领域的财政支出显著增加，民生财政支出占财政总支出的比重大幅上升，而经济建设支出和一般公共服务支出比重大幅下降。这与我国财政支出致力于构建"公共财政"和"民生财政"的目标是契合的。然而"民生财政"的构建不能只停留在各项民生支出数额上，而是以此为基础，使我国人民都能够切实、公平地享受到基本医疗、义务教育、养老保险等这些基本公共服务。民生财政支出的增加应该有助于缩小地区间发展差距和城乡收入差距，进而提高我国居民整体消费能力和缩小城乡居民消费差距。然而，长期以来，中国在城乡分别实行两套基本公共服务供给制度，民生性财政支出呈现城镇化偏向，城市居民可以享受包括教育、社会保障、基本卫生医疗等为数众多的公共服务，而广大农民却没有享受应有的国民待遇。[①] 城乡居民消费水平差距也越来越大，城乡居民人均年消费支出绝对差距由 2001 年的 3567.91 元增加到 5221.13 元。[②]

---

* 王梦结，女，1992 年生，中央财经大学财政学院 2013 级硕士研究生，研究方向：资产评估、财税理论与政策。

① 马海涛、程岚、秦强：《论我国城乡基本公共服务均等化》，财经科学 2008 年第 12 期。

② 全国城乡居民人均消费支出差距 = 城镇家庭人均年消费支出 - 农村家庭人均年消费支出，数据来自《中经网统计数据库》。

可以说民生财政支出现存问题造成我国政府基本公共服务供给不均衡尤其是农村公共服务供给的严重不足，进而影响我国居民整体消费能力和扩大城乡消费支出差距。因此，研究我国民生性财政支出与城乡居民消费支出差距之间的关系对于检验我国民生财政构建效果有着重要的理论与实际意义。

## 二、文 献 综 述

财政支出是政府改善民生和刺激居民消费需求的重要工具之一，国内外学者对两者关系都做过相关研究。财政支出与居民消费支出的关系主要有两种情形：一是呈替代关系，即政府支出增加引起私人消费减少，产生挤出效应（Crowding-Out Effect）；二是呈互补关系，即政府支出增加引起私人消费增加，产生挤入效应（Crowding-In Effect）。随后西方学者利用不同国家的经验资料对两者关系进行了实证检验。在现阶段，主要有 Tsung-wu Ho（2001）基于面板协整和动态 OLS（DOLS）模型对 OECD24 个工业国家的经验数据进行实证分析，证明政府支出对私人消费具有明显的挤出效应，两者存在替代关系。Alfredo Schclarek（2007）运用 40 个国家 1970～2000 年度相关经验数据进行实证分析，其中包括 19 个工业国和 21 个发展中国家，证明政府财政支出同居民消费之间存在明显的互补关系；Athanasios Tagkalakis（2008）通过对 19 个 OECD 国家 1970～2002 年的数据进行实证分析，证明在经济衰退时期政府支出刺激居民消费的作用明显大于经济繁荣时期，两者呈现明显的互补关系。另外，也有学者认为政府支出对居民消费有挤出效应。Goran，Hjelm（2002）运用 19 个 OECD 国家的面板数据进行实证分析，证明私人消费增长在财政扩张时期要低于财政收缩时期，政府支出对居民消费具有挤出效应。Garcia，Ramajo（2003）等人运用西班牙 1955～2000 年的经验数据进行实证分析，证明政府支出与私人消费存在替代关系。

在国内，谢建国（2002）基于一个居民消费的跨期替代模型得出结论：在短期内，政府支出增加可以增加居民消费需求，两者呈现互补关系，但在经济系统调整到长期均衡时，政府支出完全挤占居民消费支出。陈太明（2007）基于 OLS、Granger 因果检验、协整理论和误差修正模型进行实证分析，认为无论是在短期还是长期，中国的政府支出对居民消费都具有挤出效应。也有学者认为，财政支出对居民消费产生挤入效应。楚尔鸣（2008）利用 1990～2005 年 27 个省（直辖市、自治区）相关数据进行面板协整检验和完全修正普通最小二乘估计，认为地方政府支出与居民消费呈现较弱的互补关系。储德银（2009）通过建立地方政府支出与农村居民消费之间的个体固定效应变截距模型，运用 31 个省份 1998～2007 年的数据进行实证研究，论证了地方政府财政支农支出对农村居民消费具有显著的挤入效应。苑德宇（2010）利用全国 30 个省及东、中、西部地区 1998～2006 年的省际面板数据对分类财政支出与居民消费的关系进行了实证研究，结果表明，经济建设支出对居民消费的作用微弱，科教文卫支出刺激了居民消费，而政府性消费支出则抑制了居民消费。

我们发现，上述有关研究的落脚点是如何协调政府支出与居民消费关系，使两者有效推动一国的经济增长。如果说上述研究关注的是财政支出促进经济增长方面的效率问题，本文则以城乡消费支出差距来反映民生性财政支出在促进社会公平的作用。本文着力从民生角度研究财政支出与城乡居民消费之间的关系，选取着力改善民生的三项财政支出作为代表，即教育支出、社会保障和就业支出、医疗卫生支出，运用我国 31 个省份（不含港澳台）2001～2012 年的相关数据，并按照我国区域经济理论划分的东部、中部、西部地区，全面考察我国民生性财政支出对城乡居民消费支出差距的影响，最后针对如何进一步提高我国民生性财政支缩小城乡居民消费支出差距的积极作用提出一些建议。

# 三、研究思路

## （一）变量选择与口径处理

财政支出的分类包括功能分类和经济用途分类。本文以财政支出的经济分类为依据，选取教育、医疗、社会保障和就业三个具有代表性的民生性财政支出作为面板模型的自变量，具体分别是人均教育支出（RJJYU），人均社保支出（RJSHB），人均医疗卫生支出（RJYLW）。因变量（RXF）代表城乡居民人均消费支出之差，指各省份城镇居民家庭平均每人全年消费性支出减去农村居民家庭平均每人全年消费性支出的差额。另外，在影响居民消费的因素中，城乡居民收入是重要的解释变量，所以在具体做面板模型实证分析时，需引入控制变量（RSR）来提高估计结果的准确性。该控制变量代表城乡居民人均收入之差，指城镇居民人均可支配收入减去农村居民人均纯收入的差额。

## （二）数据来源与处理

本文选择的人均教育支出、人均社保支出、人均医疗卫生支出均来自《中国财政年鉴（2002－2012）》和中经网统计数据库。为了消除 2007 年收支分类改革的影响，保持数据的平稳性，2001～2006 年的社保支出包括抚恤和社会福利救济费、行政事业单位离退休经费和社会保障补助支出三项，2007～2012 年的社保支出指社会保障和就业一项。城乡居民人均消费支出和人均可支配收入数据来自《中国经济统计数据库》。以上数据都以 1995 年为不变价格进行了相应调整。另外，为了增加和保证实验结果的可信度，所有数据均进行了取对数处理。

## （三）面板模型的建立

面板数据模型的基本形式表述为：

$$LnRXF_{it} = C + \alpha_i + \gamma_t + \beta_1 \times LnRJJYU_{it} + \beta_2 \times LnRJSHB_{it} + \beta_3 \times LnRJYLW_{it} + \beta_4 \times LnRSR_{it} + \mu_{it}$$

上式中，LnRXF 表示对被解释变量即城乡居民人均消费之差取对数；LnRJJYU、LnRJSHB、LnRJYLW 表示对被解释变量人均教育支出、人均社保支出、人均医疗卫生支出取对数；LnRSR 表示对模型中的控制变量城乡居民人均可支配收入之差取对数；截距项 C + $\alpha_i$ + $\gamma_t$，C 是常数，$\alpha_i$ 度量个体间的差异，$\gamma_t$ 度量时间上的差异；随机误差项 $\mu_{it}$ 代表模型中被忽略的随个体和时间变化的因素的影响。

而具体到本文面板模型的选择中，通常需要通过 F 检验作出变截距和变系数模型的选择，检验结果为个体间变截距模型。其次进行 Hausman 检验来作出固定效应模型和随机效应模型的选择。经计算，东部地区、西部地区采用随机效应模型，中部地区采用固定效应模型。而对于全国地区，由于样本数和总体数相等，所以应采用固定效应模型。

# 四、实证分析

## （一）民生性财政支出地区间的均等化水平分析

地区间和城乡间享受义务教育、基本医疗和社会保障等公共服务的水平可以人均教育支出、人均医疗卫生支出和人均社保支出来衡量。基本公共服务消费均等化意味着人均民生性财政支出在不同地区间应该是趋同的。

1. 财政教育支出区域差异分析。我们利用"人均教育财政支出"指标来分析基础教育公共服务在不同省份的均等化水平。如表 1 所示，我国地区人均教育支出平均值由 2001 年的 200.29 元增长到 2012 年的 1722.22 元，十二年增长了 8.6 倍，平均每年增长幅度达 21.60%，说明我国各省财政对教育支持的力度逐年加大。而考察期间的人均教育支出的变异系数可知，我国不同省份间人均教育支出差距逐渐缩小。如图 1 所示，2001～2005 年变异系数由 0.68 上升至 0.69，呈现略微上升的趋势，说明我国省份间人均教育支出差距在扩大，极值比也由 2001 年的 7.62 增加到 2005 年的 8.27；2005 年以后，变异系数不断下降，到 2012 年降低至最低点 0.33，极值比在排除不稳定的 2007 年后也下降到 2.61，反映了我国各省份间人均教育支出差距进一步减小，不同地区间提供基础教育公共服务的均等化程度逐渐提高。[①] 这与我国大力发展教育密不可分。2003 年以来，我国教育政策改变原来的"产业化"思路，转向农村教育、义务教育及教育公平，要求各级教育行政部门有效遏制城乡之间、地区之间教育差距扩大的势头，着力保证基础教育公共服务均等化。教育在农村及落后地区的可及性、在不同区域之间的公平性切实解决了人民生活最关键的问题之一，教育消费的均等化是民生改善的重要标志之一。

---

① 变异系数逐渐减小说明了我国人均教育支出在省份间差距不断减小，但从达到或超过平均值的省份数量来看，人均教育支出省份间的差距仍较大，2001 年有 31 个省份中有 23 个省份未达到均值 200.29 元，2005 年有 24 个省份未达到均值 362.22 元，而 2012 年仍有 22 个省份未达到均值 1722.22 元，所以人均教育支出的提高很大程度上是由少数省份的人均教育支出提高的贡献，我国大部分地区享受基础教育服务水平还处于平均水平之下，我国在财政教育支出方面还应加大力度，尤其是在教育支出较少的省份。

表1 我国地区间人均教育财政支出状况 单位：元

| 年份 | 平均值 | 标准差 | 最小值 | 最大值 | 极值比 | 极差 | 变异系数 |
|------|--------|--------|--------|--------|--------|------|----------|
| 2001 | 200.29 | 136.29 | 98.69 | 751.53 | 7.62 | 652.84 | 0.68 |
| 2002 | 236.80 | 159.33 | 120.67 | 869.91 | 7.21 | 749.24 | 0.67 |
| 2003 | 261.04 | 180.89 | 127.67 | 979.10 | 7.67 | 851.43 | 0.69 |
| 2004 | 303.73 | 212.76 | 142.55 | 1148.71 | 8.06 | 1006.16 | 0.70 |
| 2005 | 362.22 | 249.74 | 162.61 | 1344.90 | 8.27 | 1182.29 | 0.69 |
| 2006 | 426.90 | 272.51 | 208.51 | 1501.81 | 7.20 | 1293.31 | 0.64 |
| 2007 | 621.19 | 381.55 | 158.47 | 2054.84 | 12.97 | 1896.37 | 0.61 |
| 2008 | 794.56 | 432.67 | 453.77 | 2378.22 | 5.24 | 1924.44 | 0.54 |
| 2009 | 899.26 | 415.46 | 528.12 | 2083.58 | 3.95 | 1555.46 | 0.46 |
| 2010 | 1062.43 | 430.77 | 613.70 | 2295.60 | 3.74 | 1681.90 | 0.41 |
| 2011 | 1360.49 | 522.71 | 819.98 | 2576.44 | 3.14 | 1756.46 | 0.38 |
| 2012 | 1722.22 | 573.77 | 1176.39 | 3071.46 | 2.61 | 1895.08 | 0.33 |

资料来源：《中国财政年鉴（2002－2012）》，2012年数据来源于中经网统计数据库。

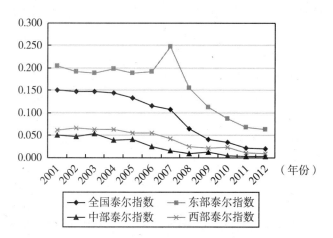

**图1 2001～2012年全国及区域财政医疗卫生支出的泰尔指数**

资料来源：《中国财政年鉴（2002－2012）》，2012年数据来源于中经网统计数据库。

2. 财政社会保障支出区域差异分析。在考察财政社会保障支出的地区间均等化水平过程中，我们计算了人均社保支出和社会保障支出占财政支出比例两项指标的平均值、极值比和变异系数（见表2）。人均社保支出平均值由2001年的155.86元增长到2012年的1132.95元，期间增长了7.27倍，年均增幅为19.76%，略小于财政教育支出增速。但与财政教育支出相比，财政社会保障支出的地区间差距波动幅度较大，2003年、2007年和2010年变异系数分别上升至0.76、0.72和0.67，极值比也分别增加至14.53、17.35和8.88，说明在这些年份地区间财政社会保障支出差距在扩大；2010年以后，变异系数和极值比又逐渐下降，总体差距在波动的过程中略微下降，至2012年变异系数为0.51，仅比2001年的0.55下降了0.04，高于财政教育支出变异系数0.33，说明财政社会保障支出的地区间差距要大于财政教育支出，说明我国应财政社会保障支出的支持力度还应逐步增加。表 2 中还显示，人均社会保障支出的极值比和变异系数要大于社会保障支出占财政支出比例的变异系数和极值比。社会保障支出占财政支出的比例可以反映地方政府财政支出项目间的偏好程度，人均社保支出的地区间差距会受到地方政府社会保障支出偏好的影响，但前者大于后者的原因主要是地区经济发展差距导致的政府间财力和支付能力的不均衡。鉴于此，应加大中央政府对欠发达地区的转移支付力度和提高专项转移支付水平来弥补其资金缺口。

表 2          2001～2012 年财政社会保障支出的地区间差距

| 年份 | 人均社保支出 | | | 社会保障支出占财政支出比例 | | |
|---|---|---|---|---|---|---|
| | 平均值（元） | 极值比 | 变异系数 | 平均值（%） | 极值比 | 变异系数 |
| 2001 | 155.86 | 7.55 | 0.55 | 0.13 | 6.70 | 0.38 |
| 2002 | 199.78 | 5.91 | 0.51 | 0.14 | 5.92 | 0.36 |
| 2003 | 268.22 | 14.53 | 0.76 | 0.18 | 18.00 | 0.83 |
| 2004 | 275.92 | 6.76 | 0.53 | 0.15 | 4.73 | 0.35 |
| 2005 | 325.26 | 6.79 | 0.55 | 0.14 | 5.04 | 0.35 |
| 2006 | 387.79 | 7.95 | 0.55 | 0.14 | 4.07 | 0.32 |
| 2007 | 496.03 | 17.35 | 0.72 | 0.14 | 3.82 | 0.29 |
| 2008 | 637.43 | 9.12 | 0.67 | 0.13 | 3.41 | 0.27 |
| 2009 | 755.13 | 5.92 | 0.50 | 0.13 | 3.35 | 0.27 |
| 2010 | 838.63 | 8.88 | 0.67 | 0.12 | 4.40 | 0.32 |
| 2011 | 1007.80 | 5.79 | 0.53 | 0.12 | 2.23 | 0.23 |
| 2012 | 1132.95 | 5.72 | 0.51 | 0.11 | 2.21 | 0.21 |

资料来源：《中国财政年鉴（2002－2012）》，2012 年数据来源于中经网统计数据库。

3. 财政医疗卫生支出区域差异分析。我们利用泰尔指数[①]分析财政医疗卫生支出在不同省份和东、中、西部间的差异情况，进而考察基本医疗卫生服务均等化水平。如图 1 所示，全国财政医疗卫生支出泰尔指数总体上都呈下降趋势，说明我国地区间财政医疗卫生支出差距在逐步减小。2001～2004 年，全国泰尔指数从 0.150 下降至 0.144，下降幅度不大；2004 年以后，全国泰尔指数下降速度加快，至 2012 年下降为 0.020。这主要是由于近年来我国加大了对医疗卫生事业的财政支持力度，并通过改善各省份的财政医疗卫生投入差异，保证医疗卫生服务的公平性。比较三大地区的泰尔指数可知，除了东部地区泰尔指数在 2007 年出现上升，总体上呈下降趋势，说明在各大区域内部各省市间财政医疗卫生支出差距也逐步减小。另一方面，在三大地区中，东部地区泰尔指数最大且高于全国泰

① 本文是基于人口为权重的财政医疗卫生支出泰尔指数，利用各个省份的人口及财政医疗卫生支出数据，分别测算出全国、东部、中部和西部的财政医疗卫生支出的泰尔指数。

尔指数，中部地区泰尔指数最小，西部地区泰尔指数居中，说明中部和西部地区财政医疗卫生支出差异较小，而东部地区财政医疗卫生支出均等化程度较低，说明在东部地区卫生资源分布和财政卫生投入与各省市人口数还欠缺匹配性，省市间享受医疗公共卫生服务水平差异性较大。

## （二）民生性财政支出的面板数据分析

根据以上设定的面板计量方程，运用 EViews 6.0 对相关数据进行回归，得出如下结果（见表3）。

表3 全国及各地区回归结果

| 地区<br>指标 | 全国 | 东部 | 中部 | 西部 |
|---|---|---|---|---|
| 常数 | 1.424964 *** | 1.385061 *** | 2.429343 *** | − 0.000836 |
| | (7.014223) | (4.188646) | (6.622341) | ( − 0.002056) |
| 人均教育支出对数值 | − 0.114140 *** | − 0.156523 ** | − 0.117801 ** | − 0.118306 ** |
| | ( − 3.910042) | ( − 2.565297) | ( − 2.296508) | ( − 2.546574) |
| 人均社保支出对数值 | − 0.019538 | 0.005262 | 0.007084 | − 0.017537 |
| | ( − 1.127720) | (0.229048) | (0.160050) | ( − 0.27381) |
| 人均医疗卫生支出对数值 | 0.091791 *** | 0.083870 * | 0.149763 *** | 0.019552 |
| | (4.133295) | (1.788738) | (3.993184) | (0.535333) |
| 城乡居民人均可支配收入之差对数值 | 0.847125 *** | 0.874138 *** | 0.682668 *** | 1.048262 *** |
| | (26.39897) | (15.07436) | (12.83770) | (17.12726) |
| 调整的 $R^2$ | 0.971646 | 0.962528 | 0.971988 | 0.961667 |
| F 检验值 | 373.9193 | 835.8221 | 300.6684 | 897.8614 |
| F 统计量的 P 值 | 0.000000 | 0.000000 | 0.000000 | 0.000000 |
| 观测值 | 372 | 132 | 96 | 144 |
| 省份数 | 31 | 11 | 8 | 12 |

注：括号里的值为对应系数的 T 统计值，***、**、* 值分别代表相应系数通过1%、5%、10% 的显著性水平检验。

从计量结果看，全国及各地区调整的 $R^2$ 值都在95%以上，说明面板数据拟合效果相当不错。四个模型 F 统计量的 P 值均为0，说明四个模型的系数均通过联合显著性检验。

具体的民生性财政支出对城乡居民消费支出差距影响程度大小，我们分析如下。

1. 人均教育支出。实证结果表明，人均教育支出对城乡居民消费支出差距的影响方向在全国总体和各区域层面上是相同的。在全国总体层面上，中央财政增加教育支出，可以显著缩小全国城乡消费支出差距。具体来说，每增加人均教育财政支出1%，全国城乡居民人均消费支出之差可缩小11.41%。在东部、中部和西部地区，其系数分别通过5%、5%和5%的显著性水平检验。在东部地区，弹性系数为－0.156523，绝对值最大；其次是西部地区的弹性系数－0.118306；最后是中部地区的弹性系数－0.117801。但是，比较三个区域的弹性系数，我们发现东部省份的这一效应最大，而中西部地区人均教育支出对缩小城乡居民消费支出差距的作用最小，究其原因主要是我国财政教育支出不均等。虽然我国采取一系列增加教育投入、优先发展和投资教育的措施，但是实施过程中大部分投入到城镇和东部地区。这种教育投入偏向政策带动了东部地区和城镇的教育发展，也容易在这些较发达地区和城镇地区形成人力资本积累，所以这些地区经济发展水平和人民收入消费水平能得到较大幅度的提升；而中西部地区尤其是一些落后农村地区的义务教育在师资、基础设施、教学条件等方面投入尚有欠缺，西部地区和农村经济持续发展的动力不足，农村居民的收入和消费水平还无法"追赶"至与其他地区均等程度，财政教育支出对缩小城乡居民消费支出差距的贡献也就小于东部地区。

2. 人均社保支出。我们从实证结果可以看出，人均社会保障和就业支出对城乡居民消费支出差距存在区域差异性。尤其是在东部和中部地区，人均社保支出扩大了城乡居民消费支出差距，虽然效果不显著。而在西部地区，人均社保支出缩小了城乡居民消费支出差距，弹性系数分别为－0.017537。在全国层面上，总体效应是缩小了城乡居民消费支出差距，弹性系数为－0.019538。

但是，对比社保支出对应的弹性系数与教育支出的弹性系数，我们发现前者绝对值明显小于后者，这说明社保支出对缩小城乡居民消费支出差距的作用小于教育支出。比如在全国层面，人均社保支出增加1%，全国城乡居民人均消费支出之差仅缩小1.95%，明显小于人均教育支出的11.41%。究其原因是我国财政对社会保障的支持力度仍然偏小，社会保障支出占财政支出的比重远低于其他国家。比如，2006年我国社会保障支出占财政支出比重仅为10.9%[1]，同期美国为18.6%，法国为42.4%，德国为46.5%，英国为35.9%，日本为33.9%。社保资金投入不足和实施不到位等问题使得社会保障支出作为"经济稳定器"的作用不能有效发挥，难以有效遏制城乡居民的收入差距和消费支出差距的扩大。同时社保支出也存在城乡间分配不合理的问题。长期以来，我国财政社保资金大多投向城市，城市建立了包括养老、医疗、失业、工伤、生育等在内的一套完整社会保障制度；农村的最低生活保障制度建立时间晚于城市，其保障水平也大大低于城市[2]；农村社会养老保险在2009年9月国务院颁发"新农保试点指导意见"后才得到重视，而在此之前，我国财政对农村社会养老保险几乎没有任何财力支持。农村社会保障制度长期处于接近缺失状态，教育、医疗、住房保障等公共服务的城乡差距不断扩大。相比于西部地区，东部和中部地区经济发展速度快，城镇化水平也较高，所以社保资金更多地投向了东部和中部的大中型城市，而西部地区城市和乡村投入总量占比较小，因此城乡消费支出差距逐渐扩大的问题在东部和中部地区表现较为明显，人均社保支出没有起到缩小城乡居民消费支出差距的作用。

---

① 宫晓霞：《财政支出结构的优化路径：以改善民生为基调》，《改革》2011年第6期。
② 《中国社会保障发展报告（2012）》。

3. 人均医疗卫生支出。实证结果表明，在东部地区和中部地区，人均医疗卫生支出扩大了城乡居民消费支出差距，且分别通过 10% 和 1% 的显著性水平检验，弹性系数分别为 0.083870 和 0.149763；在西部地区也表现出扩大城乡居民消费支出差距的作用，但统计不够显著。在全国层面上，总体效应是扩大了城乡居民消费支出差距，弹性系数为 0.091791，通过 1% 的显著性水平检验。

对比人均医疗卫生支出相应的弹性系数与人均教育支出和人均社保支出的弹性系数，我们发现人均医疗卫生支出的实证结果并不符合我们传统预期，没有起到缩小城乡居民消费支出差距的作用。造成这种结果的原因主要是我国医疗卫生支出水平偏低和城乡间分配不合理。根据国研网相关数据，在卫生总费用中，财政卫生支出在 2001 年占比仅为 15.93%，2003 年以来比重逐渐上升，到 2011 年该比重达到 30.41%。而发达国家财政卫生费用占全国卫生费用的比重都在 80% 左右，印度尼西亚、巴西、南非、泰国等国的比重也在 35%～60%[①]，我国财政对医疗卫生的支持力度明显过小。我国医疗卫生行业的发展速度远不及教育事业发展，医疗卫生公共服务的可及性和公平性也远不及基础教育公共服务。其次，在城乡二元结构约束下，我国卫生资源配置长期偏向城市，促进了城市卫生服务的优先发展，而农村医疗服务尤其是基层医疗机构的基本和必要医疗条件还处于欠缺阶段，城乡居民医疗卫生服务消费不均等甚至差距越来越大。根据《中国卫生统计年鉴（2012）》，在医疗卫生总费用中，农村卫生支出比例持续下降，由 2001 年的 44.4% 下降至 2011 年的 23.6%，而同期城乡居民人均拥有卫生费用之比曾一度从 2001 年的 3.4 上升至 2007 年的 4.2，到 2011 年才逐渐降至 3.1 左右。

4. 城乡居民人均可支配收入之差。实证结果表明，在东部、中部和西部以及全国层面上，城乡居民人均可支配收入差距都扩大了消费差距，弹性系数分别为 0.874138、0.682668、1.048262 和 0.847125，并且全部通过 1% 的显著性水平检验。这符合我们的预期。居民收入的增长是消费增长的重要原因，财政支出可通过增加居民收入来影响居民消费水平：一是通过社会保障支出和财政补贴等直接转移支付手段增加贫困地区和困难群体的收入，进而提高其消费能力；二是通过大力支持教育、文化、医疗卫生事业和建立健全社会保障制度，增加这些关系民生的基本公共服务的供给来改善居民消费水平。但近些年来由于我国经济发展更多注重效率而缺乏公平，城乡居民收入分配差距逐渐扩大，从根本上制约了农村居民对基本公共服务的消费，城乡居民消费支出差距也呈现扩大趋势，尤其是西部地区城乡居民收入差距程度最大。

# 五、结 论 及 建 议

根据本文实证结果，不同的民生财政支出项目对城乡居民人均消费差距有不同的影响，并且这些影响存在区域性差异，因此针对以上结果，提出以下建议。

1. 进一步强化财政对教育的投入力度，优化财政教育支出结构。根据本文的实证分析，人均教育支出在全国和不同区域都缩小了城乡居民消费支出差距，但是存在区域差

---

① 朱青：《关注民生：财政支出结构调整的方向与途径》，《财贸经济》2008 年第 7 期。

异，尤其是在西部地区人均教育支出的积极作用最小。由上述分析可知，我国财政教育支出在区域间、城乡间分配仍不均衡，所以我国应致力于在保证财政教育支出规模稳定增加的基础上，促进财政教育支出在地区间的均等化。各级政府财政要加大对欠发达地区和农村地区的教育投入，实现基础教育设施的均等化和城乡居民的教育机会均等化，强化农村和中西部地区教育资源配置力度和教师队伍建设，不断改善农村义务教育条件，有效保证城乡居民均能享受公共的教育机会。

2. 增加政府财政社会保障支出力度，调整财政投入结构。本文实证结果表明，人均社保支出对于缩小城乡居民消费支出差距的作用不大，甚至在东部和中部地区表现为拉大城乡居民消费支出差距。通过上述分析可知，我国社会保障的收入分配调节作用的欠缺，与财政对社会保障的投入不足和城乡分配不合理有很大关系。尤其是在我国进入老龄化社会后，老年人的社会保障问题对我国的经济发展形成了新的考验。所以增加社会保障支出占财政支出的比例，并探索建立社会保障财政投入的长效机制，成为我国社会保障事业持续稳定发展的前提。同时，调整财政投入结构，改变城镇偏向做法，向城乡中低收入群体倾斜，向农村倾斜和向中西部地区倾斜，大力发展中西部地区尤其是农村地区的社会保障事业，提高中低收入群体的收入水平，满足中西部地区城乡居民的社会保障需求，避免出现社会保障支出对城乡居民消费支出差距的"逆向调节"。

3. 提高财政医疗卫生支出水平，合理配置卫生资源。上述实证结果表明我国人均医疗卫生支出扩大了城乡居民消费支出差距。实现基本卫生服务均等化是政府财政的重要职能，然而由于我国医疗卫生财政支出长期不足和实施城镇偏向政策，导致基本医疗卫生服务等公共产品在农村得不到充足的供给，城乡居民医疗卫生消费存在明显差距。为此，一方面必须增加财政对医疗卫生投入金额，提高财政卫生支出占卫生总费用的比例，切实保障城乡居民都享受到应有的基本医疗卫生服务；另一方面要打破城乡二元结构，合理配置卫生资源。例如，鼓励高学历卫生人才到基层地区服务，将村卫生室转变为农村社区卫生服务站，引导优质卫生资源流入农村地区，改善基层医疗卫生机构设备老化、缺医少药的格局，促进城乡基本医疗卫生服务均等化。

## 参考文献

［1］陈太明：《中国的政府支出与居民消费：挤出还是挤入》，《东北财经大学学报》2007年第6期。

［2］储德银、闫伟：《财政支出的民生化进程与城乡居民消费——基于1995～2007年省级面板数据的经验分析》，《山西财经大学学报》2010年第1期。

［3］储德银、闫伟：《地方政府支出与农村居民消费需求——基于1998～2007年省级面板数据的经验分享》，《统计研究》2009年第8期。

［4］楚尔鸣、鲁旭：《基于面板协整的地方政府支出与居民消费关系的实证检验》，《经济理论与管理》2008年第6期。

［5］宫晓霞：《财政支出结构的优化路径：以改善民生为基调》，《改革》2011年第6期。

［6］纪江明：《财政支出对城乡居民消费差距影响的实证研究——基于1995～2009

年省级面板数据的协整分析》,《经济与管理研究》2012 年第 10 期。

[7] 贾智莲、卢洪友:《财政分权与教育及民生类公共品供给的有效性——基于中国省级面板数据的实证分析》,《数量经济技术经济研究》2010 年第 6 期。

[8] 刘琦、黄天华:《消费支出差距的关系研究——基于全国省级地区面板数据的经验分析》,《上海财经大学学报》2011 年第 4 期。

[9] 马海涛、程岚、秦强:《论我国城乡基本公共服务均等化》,《财经科学》2008 年第 12 期。

[10] 谢建国、陈漓高:《财政支出与居民消费——一个基于跨期替代模型的中国经验分析》,《经济科学》2002 年第 6 期。

[11] 苑德宇、张静静:《居民消费、财政支出与区域效应差异——基于动态面板数据模型的经验分析》,《统计研究》2010 年第 2 期。

[12] 朱青:《关注民生:财政支出结构调整的方向与途径》,《财贸经济》2008 年第 7 期。

[13] Agustin Garcia, Julian Ramajo. Fiscal policy and private consumption behavior: The Spanish case. Empirical Economics, 2005.

[14] Alfredo Schclarek. Fiscal policy and private consumption in industrial and developing countries. Journal of Macroeconomics, 2007.

[15] Athanasios Tagkalakis. The effects of fiscal policy on consumption in recessions and expansions. Journal of Public Economics, 2008.

[16] Goran Hjelm. Is private consumption growth higher (lower) during periods of fiscal contractions (expansions)? Journal of Macroeconomics, 2002.

[17] Tsung-wu Ho. The government and private consumption: a panal co-integration analysis. International Review of Economics and Finance, 2001: 95 – 108.

# 分税制改革对地方政府财政能力
# 影响的实证分析

## ——基于一般预算收入、财政自给度、资本投入能力角度

姚　镔[*]

【摘要】我国1994年实行的分税制改革是新中国成立以来影响最深远的财税体制改革，它划分了地方政府与中央政府的财税收入分配、事权财权分配，然而对于这次分税制改革的影响褒贬不一，尤其对于分税制改革对地方政府的影响观点不一。

为分析分税制对地方政府的影响，本文从"财政能力"方面进行了阐述和分析。"财政能力"是一综合性的概念，本文分"组织财政收入能力、财政自主性、财政收入增长潜力"三个层面表述"财政能力"，并建立"一般预算收入、财政自给度、资本投入能力"三个指标分别衡量这三个层面地方政府的能力，建立面板数据，并以1994年为分界点就对分别用以上三个指标与经济增长指标建立分线段模型，分析各地区、区域随着经济增长其地方政府财政能力的变化。

【关键词】分税制改革　地方政府　财政能力

## 一、引　言

1994年，我国在"财政收入在国内生产总值中的比重"和"中央财政收入在财政总收入中的比重"不断下降的背景下开始推广实行分税制改革，划分"中央税、地方税、共享税"的比例、分设两套税务机构分别征税、实行税收返还和转移支付制度，力图提高中央财政在"中央—地方"关系中的控制能力，提高经济繁荣和工业化为财政收入带来的增长率，并力图平衡区域间财力。作为改革开放以来意义最深远、影响最大的制度改革，分税制改革这一"分权式改革"改变了地方政府与中央政府的关系，地方政府的财政收入总额、收支结构均因此发生了重大变化，同时，地方政府间以经济发展为中心的财力竞争也愈发激烈。

党的十八届三中全会将我国下一步的财税改革作为我国经济体制改革的重要环节，因而研究、总结分税制改革对政府财政的影响对于未来的财税改革就尤为重要。分税制改革实施至今已有20年，不少学者对分税制改革的效果、利弊做了不同方面的研究，本文将

---

* 姚镔，女，1992年生，中央财经大学财政学院2013级硕士研究生，研究方向：资产评估、财税理论与政策。

从分税制改革是如何影响地方政府财政能力这一方面进行研究。本文将主要分为三个部分：首先对于"政府财政能力"作深入的探讨，建立较合理的指标体系衡量"政府财政能力"；然后采用全国 31 省（直辖市）的财政数据，通过建立面板数据模型对 1994 年这一时点前后我国各省（直辖市）的财政能力大小作出比较；最后结合实证分析数据比较，进而阐述分税制改革对我国地方政府财政能力的影响。

## 二、文献综述

### （一）政府财政能力的衡量

财政能力最早被定义为"关于政府将获得的资源用于公共用途，并通过自身潜力来补充其所耗资金的能力"（美国政府间关系咨询委员会，1960）。此后众多学者从不同的角度提出了不同的理解：Jorge Martinez - Vazquez（1997）认为地区政府能力是政府为所在地区支付一揽子公共物品并培养收入的潜在能力，王雍君（2000）则认为财政能力为在各个辖区按全国平均的标准税基（T）从本辖区的经济税基（Y）征集税收的情况下，所能达到的人均税收水平。从来源上看，Johnson，Freda S.，Roswick，Diana L.（2000）认为它来自两个基本的因素——地方经济和地方税收。从表现方面上看，地方政府财政能力体现在各地区提供大致相同的公共物品或公共服务的能力（刘溶沧、焦国华，2002）；体现在地方政府汲取公共资源、有效提供地方性公共品的能力（卢洪友、贾智莲，2009）；其核心在于政府提高收入的能力，从某种程度上说是地方政府发展经济、调整产业结构、开源节流的能力（张筱风，2009）。

所以，财政能力是一个相对综合的概念，它反映了政府获取资源提供公共服务的能力，它是基于地方经济的发展潜力上的政府提高财政收入的能力。这就给财政能力这一综合指标的大小衡量问题带来了困难，目前并没有一个统一的足够完善的指标来表示政府财政能力。在指标的选择方面，美国自 1987 年使用应税总资源（TTR）作为测量财政能力的指标，但该指标的计算要求复杂数据的支持；国内学者有用不包括债务收入的财政收入占 GDP 的比重来衡量国家财政能力的指标的（周立，2003）；或者建立多层次的指标体现财政能力，通过建立涵盖了现实能力、竞争能力、调控能力和软硬环境状况 4 个主准则层的指标体系，对财政能力的各方面进行详尽的分类（纪宣明、张亚阳、梁新潮，2002）。陈硕（2010）构建了地方财政自主性指标，即地方财政净收入占地方财政总支出比重的大小测量财政分权程度；更多的学者通过主成分分析和因子分析从政府收入汲取能力、支出结构、发展能力等众因素中提炼构建财政能力的指标体系（伊淑彪，2011；刘溶沧、焦国华，2002；许煜，2009）。吴湘玲、邓晓婴（2006）选择预算收入占 GDP 的比重、政府财政自给率两个指标。在讨论政府财政能力变化时，对财政能力指标的讨论是必要且重要的。

### （二）分税制改革对地方政府财政能力的影响

分税制改革是对于地方政府与中央政府的分权式改革，经典的分权理论认为地方政府的信息优势促使地方政府应提供优质的公共物品（Tiebout，1956），且给予地方政府一定的决策权和经济权以刺激地方经济效率，从而推动全国经济发展（Buchanan，1965；Oates，1972），新软预算约束理论（Maskin，Dewatripont，1995）以及"M"形组织和"U"形组织理论（Qian，Roland，Xu，1999；Qian，Weingast，1997）均解释了适度的地方分权是如何促进地方经济繁荣、稳定和回应性的。

就中国分税制改革的实际经验来说，"分权"除了提高中央政府主导力、促进地区间竞争以外，也付出了一定的成本：在"相对绩效评估"的前提下加剧了地域间经济和政府财力的两极分化（王永钦，2007），且分税制带来的集权效应使地方政府为聚敛财力而政府行为发生变化，形成了"二元财政"的格局，因此并未消除经济发展带来的区域间不平衡（周飞舟，2006）。此外，财政分权所带来的积极作用相对而言更有利于我国经济发展较高的地区（张晏、龚六堂，2005），各地区财政收入受财政体制变化的影响程度也存在着差异（曾康华，2009）。在地方政府效率方面，用哑变量表示1994年的分税制改革的实证分析得出"政府平均支出效率得到改善"的结论（陈诗一、张军，2008）；而分权与地方政府效率的关系的讨论仍需要考察"政府行为"这一变量，即"政府行为"对于"分权对地方政府的影响"应是外生变量（周飞舟，2006）。因此，分税制带来的激励机制结合政府行为给地方经济、政府财政能力带来的影响在理论层面是复杂的，下面本文将从数据层面进行实证分析探讨分税制对地方政府财政能力的影响。

# 三、研究设计

## （一）"政府财政能力"指标的选择

对于"财政能力"这一概念不同的学者提出了不同的解释。综合考虑，"财政能力"是政府为提供公共服务、完成职能任务而获取资源的能力，其核心是政府提高收入的能力。"财政能力"是一种能力或潜力，反映政府组织收入、提供公共服务的能力。故在政府财政能力指标选取上，本文将从三个方面考察：财政收入规模，政府收支结构，政府发展潜力。

从收入规模层面考察，地方政府的可支配收入包括地方一般预算收入、上级税收返还收入、上级财力性转移支付补助收入，以及原体制上解中央收入或中央补助地方收入。其中，一般预算收入是政府收入中最稳定的部分，地方政府通过开源节流、协调经济发展可以至少通过税收的增加来提高预算收入，故预算收入属于地方政府相对自主性较大的收入部分，可以很好地反映地方经济发展能力和政府组织收入的能力。相对而言，转移性支付、税收返还作为中央对地方的支持性资金随意性较大，这两个部分难以反映地方政府通过地区发展、经济繁荣以增加财政收入而做出的努力。因此，从收入结构上来说，为衡量地方政府组织收入的能力，同时考虑到不同地区面积、人口不同因而其绝对财政收入不同，本文选用人均一般预算收入作为衡量政府财政能力的一个指标。

从收支结构层面考察，政府收入可以满足基本支出的能力越高，其组织收入提供公共服务的能力就越大。政府财政收入首先应满足履行其基本职能，在此基础上再进行资本性支出。提供公共物品这一基本职能的履行通常利用一般预算收入，在此之上的其他项目投资则更多地利用中央拨款。因此，考虑到"财政能力"须体现政府提供公共物品的能力，在这里使用"财政自给度"即"一般预算收入占一般预算支出的比重"，反映地方政府在没有中央政府的补助下利用自身收入满足正常支出的能力，即地方政府的财政自主度。

从政府发展潜力层面考察，即考察政府提高自身收入的能力，地方政府在满足为履行基本职能而发生的基本支出的基础上，政府投入到当地经济发展的资本性支出反映了政府对地方经济发展的努力程度从而提高财政收入的能力。从政府收入增长潜力层面考虑，本文利用"全社会固定投资中国家预算内资金占比"衡量政府对全社会投资的贡献度即政府资本投入能力，以此作为衡量地方政府财政能力的一个指标。

因而，从政府组织收入能力、提供公共服务、政府发展能力三方面出发，本文将采用地方政府人均一般预算收入、财政自给度、资本投入能力作为衡量地方政府财政能力的三个指标。

在这里提出"财政能力绝对值"和"财政能力相对值"的概念。"财政能力绝对值"即政府可以获得的收入、自给度、资本投入能力的绝对值；"财政能力相对值"是"财政能力绝对值"在考虑到经济发展后的值，即地方经济每增长一个单位地方政府获取的收入、自给度值、资本投入能力增加多少个单位。由于"财政能力相对值"反映了政府的竞争能力，反映财政能力的增长潜力，故在这里选用"财政能力相对值"来衡量地方政府财政能力。"财政能力相对值"的度量方面，使用政府可以获得的收入、自给度、资本投入能力关于经济增长的边际增长率度量，这里的边际增长率通过财政能力的三个指标分别对经济发展指标作回归所得到的系数求得（见表1）。

这里对衡量经济发展指标作出阐述：最能综合反映经济发展水平的是国内生产总值（GDP），但同时要考虑到省（直辖市）级 GDP 的绝对值受到人口膨胀的影响，故这里采用剔除掉人口因素的省（直辖市）级人均 GDP 来作为经济发展指标。

表1                            指标体系

| 经济发展指标 | 各省人均 GDP = 各省 GDP/各省人口数 |
| --- | --- |
| 政府财政能力指标 | 一般预算收入 |
| | 财政自给度 = 一般预算收入/一般预算支出 |
| | 资本投入能力 = 国家预算内资金投资额/全社会固定投资 |

## （二）数据及模型设定

以 1994 年分税制改革为分界点划分区间，分别对 1978～1993 年和 1994～2012 年两个时间段的三大政府财政能力指标分别与人均 GDP 的面板数据进行回归分析。本文所选用的数据为 1978～2012 年我国各省、直辖市的一般预算收入、一般预算支出、GDP、人口、全社会固定投资、全社会固定投资按资金来源分国家预算资金投资额，数据来源均为《新中国 60 年统计资料汇编》，《中国统计年鉴》以及各省、直辖市统计年。其中，由于"全社会固定投资按资金来源分国家预算资金投资额"受到我国各省份统计年鉴在不同年份对全社会固定资产投资额分类方法不同的影响，数据存在缺失，这里只统计了东、中、西三大区域的 8 个代表性省、直辖市、自治区 1985～2012 年的数据。

为解决参数估计的有效性、减小模型设定偏差，须判定面板数据模型的形式，利用协方差分析检验。被解释变量用 $Y_t$ 表示，解释变量用 $X_t$ 表示，在这里设定虚拟变量 $D_1$，建立三个两线段模型，经协方差分析检验，判断模型一、模型二、模型三均选用固定效应变系数面板数据模型。

模型一、模型二的形式设定为：

$$Y_{it} = \alpha + \alpha^* + \beta_{i1}X_{it} + \beta_{i2}(X_{it} - X_{ib1})D_1 + \mu_{it}, \quad i = 1, 2, 3, \cdots, 31$$

其中，$D_1 = \begin{cases} 0, & (1978 \leqslant t < 1994), b_1 = 1994, t \text{ 表示时间} \\ 1, & (1994 \leqslant t \leqslant 2012) \end{cases}$

模型三的形式设定为：

$$Y_{it} = \alpha + \alpha^* + \beta_{i1}X_{it} + \beta_{i2}(X_{it} - X_{ib1})D_1 + \mu_{it}, \quad i = 1, 2, 3, \cdots, 8$$

其中，$D_1 = \begin{cases} 0, & (1985 \leqslant t < 1994), b_1 = 1994, t \text{ 表示时间} \\ 1, & (1994 \leqslant t \leqslant 2012) \end{cases}$

三个模型中具体解释变量与被解释变量的指标设定为：模型一中，被解释变量 $Y_{it}$ 为各省人均一般预算收入（rjsr），解释变量 $X_{it}$ 为各省人均 GDP（rjgdp），解释变量 $X_{ib1}$ 为 1994 年各省人均 GDP（rjgdp$_{1994}$）；模型二中，被解释变量 $Y_{it}$ 为财政自给度×100（zjdz），即财政自给度百分号下的数字，解释变量 $X_{it}$ 为各省人均 GDP 的对数值（Lnrjg），解释变量 $X_{ib1}$ 为 1994 年各省人均 GDP 的对数值（Lnrjg$_{1994}$）；模型三中，被解释变量 $Y_{it}$ 为各省的投资能力×100（tznl），即国家预算内资金投资额占全社会固定投资百分比的百分号下的数字，解释变量 $X_{it}$ 为各省人均 GDP 的对数值（Lnrjg），解释变量 $X_{ib1}$ 为 1994 年各省人均 GDP 的对数值（Lnrjg$_{1994}$）。

建立财政能力与经济发展指标的两线段模型，可由 $\beta$ 系数计算得出 $\lambda$ 系数[①]，以表示解释变量变动一个单位时被解释变量变动 $\lambda$ 个单位（$\lambda_k$ 具体含义如表 2 所示），$\lambda$ 系数分别表示了地方政府随着经济增长其组织财政收入、保障财政自给、投资固定资产的能力，因而是反映在剔除人口因素的基础上又剔除了经济增长因素后的地方政府财政能力的最佳指标。

表 2                                    $\lambda$ 系数含义

| 模型 | $\lambda_k$ | $\lambda_k$ 表示的含义 |
| --- | --- | --- |
| 模型一 | $\lambda_1$ | 各省人均 GDP 变动一个单位，其人均一般预算收入变动 $\lambda_1$ 个单位 |
| 模型二 | $\lambda_2$ | 各省人均 GDP 变动 1%，其财政自给度变动 $\lambda_2$ 个百分点 |
| 模型三 | $\lambda_3$ | 各省人均 GDP 变动 1%，其投资能力变动 $\lambda_3$ 个百分点 |

---

① $\lambda$ 在 $D_1$ 为 0 时等于 $\beta_{i1}$，在 $D_1$ 为 1 时等于（$\beta_{i1} + \beta_{i2}$）。

# 四、实证分析

## (一) 分税制改革引起地方政府财政能力变化的描述统计

为分析 1978～2012 年的三大财政能力指标随时间变化而变化的趋势，本文将观察 31 个省（直辖市）的人均一般预算收入 1978～2012 年的线性叠加图、31 个省（直辖市）自给度值从 1978 年到 2012 年的线性叠加图、地方政府资本投入能力趋势图，并作出分析。

分析 31 个省（直辖市）的人均一般预算收入 1978～2012 年的整体趋势。改革开放后至 1994 年各省（直辖市）的人均一般预算收入呈平稳的态势，基本没有大幅度的上升，1994 年这一时点部分省（直辖市）的人均一般预算收入突然下降，1994 年之后呈快速上升的趋势，2008 年、2009 年人均一般预算收入突然增速放缓，之后又迅速上升。可以看出，以 1994 年分税制改革为分水岭，地方人均一般预算收入在 1994 年之后进入快速上升期，2008 年、2009 年受金融危机造成的整体经济面不景气的影响，地方人均一般预算收入的增长在这两年稍有停顿，之后继续快速上升。

分析 31 个省（直辖市）自给度值从 1978 年到 2012 年的变化趋势。地方财政自给度值从 1978～1985 年开始整体呈迅速下降趋势，1985～1994 年整体呈平稳浮动的状态，1994 年这一时点大部分省（直辖市）的自给度迅猛下降，之后缓慢下降略有波动，且波动幅度较微弱。其中，1980 年"分灶吃饭"、1984 年"利改税"、1985 年的"划分税种、核定收支、分级包干"以及 1994 年的分税制改革均给地方财政自给度值一个向下的冲击，因此，地方政府的财政自主度对每一次的财政体制变化较为敏感。可以看出，地方政府在 1994 年划分财权、事权后地方政府的财政自主度保持在一个相对 1994 年前更低的水平。

分析地方政府资本投入能力趋势。地方政府资本投入能力 1985～1994 年呈迅速下降的趋势，1994～2012 年呈波动中趋于平衡并且有些省份略有上升的趋势。值得注意的是，2009 年多数省份的政府投资能力受 2008 年 4 万亿元投资计划的影响骤然上升，之后回落。即 1994 年结束了地方政府资本投入能力的连年下降的趋势，使其在之后的年份中在波动中趋于稳定。

由上述分析，我国各省（直辖市）人均一般预算收入、地方财政自主度和资本投入能力都以 1994 年为分界线发生了巨大的变化，因此我们可以推断 1994 年的分税制改革使地方政府财政能力发生了一定的变化。

## (二) 回归结果分析

表 3 为用 1978～2012 年 31 个省、直辖市、自治区人均一般预算收入和人均 GDP 进行参数估计的结果 $\lambda_{1i}$ 和 1978～2012 年各省、直辖市、自治区 zjdz（财政自给度×100）与 Lnrjg（各省人均 GDP 的对数值）进行参数估计的结果 $\lambda_{2i}$。$\lambda_{1i}$ 表示各地区人均 GDP 变动一个单位，其人均一般预算收入变动 $\lambda_{1i}$ 个单位，$\lambda_{2i}$ 表示各省人均 GDP 变动 1%，其财政自给度变动 $\lambda_{2i}$ 个百分点。表 4 为分地区 $\lambda_{1i}$ 值的特征值。

**表3** 　　　　　　　　　　　　**两线段回归模型一斜率估计值**

| 地区＼斜率 | 模型一 | | 模型二 | |
|---|---|---|---|---|
| | $\lambda_{11}$（1978～1993 年） | $\lambda_{12}$（1994～2012 年） | $\lambda_{21}$（1978～1993 年） | $\lambda_{22}$（1994～2012 年） |
| 北京 | − 0.065397 | 0.263292 | − 92.01217 | 10.49943 |
| 天津 | − 0.055041 | 0.191763 | − 97.89075 | 7.94885 |
| 河北 | − 0.062764 | 0.150191 | − 28.70083 | − 6.22614 |
| 山西 | − 0.012299 | 0.134023 | − 17.13079 | − 7.34079 |
| 内蒙古 | − 0.009224 | 0.106269 | 7.451453 | − 0.794025 |
| 辽宁 | − 0.014511 | 0.141778 | − 91.19173 | 4.44693 |
| 吉林 | 0.00932 | 0.0723 | − 11.85829 | − 8.573772 |
| 黑龙江 | 0.014569 | 0.068044 | − 28.75252 | − 7.77837 |
| 上海 | − 0.005835 | 0.224752 | − 383.6958 | 43.4138 |
| 江苏 | − 0.040581 | 0.153517 | − 61.89771 | 2.22523 |
| 浙江 | − 0.021867 | 0.128605 | − 38.23961 | 0.6674 |
| 安徽 | − 0.038653 | 0.14171 | − 25.62386 | − 10.96192 |
| 福建 | 0.020851 | 0.068259 | − 6.887902 | − 8.474184 |
| 江西 | − 0.014468 | 0.112981 | − 8.3357 | − 10.227141 |
| 山东 | − 0.003524 | 0.082983 | − 42.9437 | 3.64761 |
| 河南 | − 0.003207 | 0.06934 | − 23.82645 | − 11.83376 |
| 湖北 | − 0.005916 | 0.08368 | − 32.32468 | − 12.9259 |
| 湖南 | − 0.004258 | 0.082395 | − 28.56114 | − 11.45697 |
| 广东 | 0.036391 | 0.071247 | − 20.05356 | 4.0236 |
| 广西 | 0.02966 | 0.057126 | −1.747588 | − 12.889298 |
| 海南 | 0.058035 | 0.084229 | 1.551367 | − 10.056713 |
| 重庆 | − 0.096 | 0.250605 | − 49.77414 | − 5.6799 |
| 四川 | − 0.02361 | 0.126516 | − 18.55929 | − 10.670268 |
| 贵州 | 0.004852 | 0.13819 | 0.616244 | − 12.280886 |
| 云南 | 0.038813 | 0.089733 | − 4.549605 | − 14.341998 |
| 西藏 | − 0.078252 | 0.185728 | 10.64227 | 0.89335 |
| 陕西 | − 0.024313 | 0.138047 | − 15.72339 | − 4.75698 |
| 甘肃 | − 0.019628 | 0.110937 | − 37.37767 | − 8.96516 |
| 青海 | 0.008871 | 0.085783 | 2.9073 | − 8.0892 |
| 宁夏 | 0.001186 | 0.108272 | 2.181865 | − 4.316882 |
| 新疆 | − 0.004787 | 0.122632 | 7.446074 | − 7.216256 |

第二辑

195

表4 分地区 λ 值的特征值

| 特征值 | 东部地区 | 中部地区 | 西部地区 |
|---|---|---|---|
| 平均值（$\lambda_{11}$） | − 0.01402209 | − 0.00686 | − 0.01437 |
| 平均值（$\lambda_{12}$） | 0.127852091 | 0.088695 | 0.112284 |
| $\Delta\lambda_{1i}$ | 0.141874182 | 0.095559 | 0.126653 |
| 平均值（$\lambda_{21}$） | − 78.3602177 | − 22.0517 | − 8.04054 |
| 平均值（$\lambda_{22}$） | 4.737801182 | − 10.1373 | − 7.42563 |
| $\Delta\lambda_{2i}$ | 83.09801891 | 11.91435 | 0.614914 |

1. 模型一结果分析。从表3中可以看出，地区人均一般预算收入与人均GDP在1994年后呈正相关的关系，1994年前大部分地区呈负相关关系，即分税制改革后地方政府的财政收入随着地方经济的发展才呈现增加趋势。31个省、直辖市、自治区的 λ 值在1994年后均有不同程度的提高，这说明各地区在1994年分税制改革后其组织财政收入能力均有显著的、较为统一的提升，分税制改革改变了1994年前的经济越增长财政收入组织能力越差的恶性循环。

根据表4的分地区统计的 λ 值的特征值，1994年之前的财政收入组织能力平均值中部高于东部高于西部，1994年之后东、西部的财政收入组织能力差距仍较小，但中部的财政收入组织能力相对落后。从 $\Delta\lambda_{1i}$ 值来看，东部作为改革开放最先进行并且效果最好的地区、西部作为分税制改革后在中央－地方转移支付以及省际间转移支付政策中受益最大的地区，在分税制改革后地方政府在组织财政收入能力方面受益最大，而中部地区在此过程中受益相对较小。故分税制改革后东、中、西部的 λ 值的格局并未重新划分，且地区间 λ 值差异并未有显著的缩小，即地方政府的组织财政收入能力地区间差异并未减小。

2. 模型二结果分析。表3中 $\lambda_{2i}$ 为正说明大部分地方政府财政自给度与地方人均GDP在1994年前负相关，1994年后东部地区大部分正相关，中、西部大部分呈负相关，但大多数地方政府在1994年后 $\lambda_{2i}$ 均有不同程度的提高，说明分税制改革后大部分地方政府财政自主能力提高，对中央的依赖性降低。同时，中、西部的自给度值1994年后大部分仍为负，说明中、西部地方政府在分税制改革后虽财政自主能力有所提高，但其财政自给能力仍然陷入随着经济的发展而降低的恶性循环，这打压了中、西部地方政府发展经济的积极性。

而 λ 值下降的地区（内蒙古、广西、海南、贵州、云南、西藏、青海、宁夏、新疆）中，大部分为我国西部地区，且从均值来看西部财政自给度整体只有微弱提升。这是由于分税制改革后国家为支持西部经济发展，中央—地方转移支付以及省际间转移支付占了西部地区省份财政总收入中较大的份额，而该模型中考虑的因变量自给度值是由不包括转移支付的人均一般预算收入和人均一般支出的比值计算得出，λ 值的下降说明部分西部地区的财政自给能力在1994年后有所下降，地方财政对转移支付的依赖性较强。

根据表4，对比东、中、西部三个地区的财政自主能力，1978～1994年自给度值平均为负且三个地区间存在很大的差距，呈东部最差、中部次之、西部最好的态势。而在

1994 年后地方政府财政自主能力虽整体提高，但东部财政自主能力的提高幅度远远高于其他两个地区的提高幅度，最终结果是三大地区的差距缩小，东部高于西部高于中部，这与分税制后政府间税收竞争有关。故分税制改革后东、中、西部的财政自主能力格局重新划分，且地区间财政自主能力差距显著缩小。

对比模型一与模型二的 λ 值变化，1994 年后，中、西部地区虽然财政收入组织能力提高为正，但财政自主能力却仍为负，这说明随着经济的增长，伴随着地方政府财政收入组织能力的提高，中、西部地方政府需要应对的财政支出需求增加迅速，即分税制改革虽然增加了地方政府的绝对财政能力，但是也扩大了地方政府的事权范围，因而出现组织收入能力增加但自主能力却下降的现象。此外，西部地区的 $\lambda_1$ 增幅较大而 $\lambda_2$ 增幅却很小，说明西部地区因经济发展缓慢、地区面积大等原因其支出压力相对来说也最大。

3. 模型三结果分析。表 5 为用 1985 ~ 2012 年 8 个东、中、西部的代表性省份（直辖市）的 tznl（各省的投资能力 × 100）与 Lnrjg（各省人均 GDP 的对数值）进行参数估计的结果，$\lambda_{3i}$ 表示各省人均 GDP 变动 1%，其投资能力变动 $\lambda_{3i}$ 个百分点，反映地方政府财政能力增长潜力。

表5　　　　　　　　　　　两线段回归模型三斜率估计值

| 地区 \ 斜率 | $\lambda_{31}$ (1978 ~ 1993 年) | $\lambda_{32}$ (1994 ~ 2012 年) | 地区 \ 斜率 | $\lambda_{31}$ (1978 ~ 1993 年) | $\lambda_{32}$ (1994 ~ 2012 年) |
|---|---|---|---|---|---|
| 北京 | - 15.86523 | - 3.71468 | 江苏 | - 3.718974 | - 0.02753 |
| 福建 | - 5.341943 | 3.936669 | 山西 | - 16.79022 | 0.75007 |
| 广东 | - 3.888914 | 1.292842 | 新疆 | - 12.98436 | 7.62900 |
| 湖北 | - 0.666136 | - 0.10921 | 浙江 | - 2.605677 | 1.296034 |

表 5 中，$\lambda_{3i}$1994 年之前均为负，1994 年之后大部分为正且均有提高，说明地方政府在 1994 年前投资能力随着地区人均 GDP 的增加而下降，投资能力较差、财政能力增长潜力不足，而在 1994 年后投资能力随着地区人均 GDP 的增加而增加，说明政府的整体投资能力增加、财政能力增长潜力提高。同时，$\lambda_{32}$ 值方差较大，意味着人均 GDP 变化 1%，各地方政府的投资能力变化幅度差异较大，因此，虽然 1994 年后地方政府的财政能力增长潜力有所提高，但地区间差距较大。

# 五、结　论

1994 年分税制作为我国改革开放以来意义最为重大的一次税制改革，对地方财政能力的变化意义重大。本文从一般预算收入、财政自给度、资本投资能力角度衡量政府财政能力，把分税制改革作为影响各地政府财政能力变化的一个因素放入模型中，根据上述分析得出以下结论：

第一，分税制改革为大部分地区地方政府的组织财政收入能力的提高做了制度保障，但中部的部分地区组织财政收入的能力仍相对较弱。地方政府组织财政收入能力的区域间实力差距却并未缩小。

第二，地方政府财政自主能力在分税制改革实施后大幅提高，且区域差距缩小。而西部的部分地区财政自主能力自1994年起部分有下降之势，对中央的依赖度增大。中、西部地方政府伴随着绝对财政收入的增长，其相对财政自主性仍较差，亦即地方政府分税制改革后支出压力增大，且支出压力的增幅超过收入能力的增幅。

第三，分税制改革确实改善了地方政府的财政能力增长潜力过低的现象，但地域间增长潜力差距较大，若想切实缩小地方财政能力增长潜力差距，地方政府还需发展经济并寻求新的突破口。

# 参考文献

[1] 陈诗一、张军：《中国地方政府财政支出效率研究：1978－2005》《中国社会科学》2008年第4期。

[2] 陈硕：《分税制改革、地方财政自主权与公共品供给》，《经济学》（季刊）2010年第9期。

[3] 何逢阳：《中国式财政分权体制下地方政府财力事权关系类型研究》，《学术界》（月刊）2010年第5期。

[4] 李安泽：《地方政府职能与地方财力研究》，《江西财经大学学报》2005年第6期。

[5] 李喆：《地方政府财力集中度与经济增长的关系研究》，《中央财经大学学报》2011年第10期。

[6] 刘玲玲、冯懿男：《分税制下的财政体制改革与地方财力变化》，《税务研究》2010年第4期。

[7] 刘溶沧、焦国华：《地区间财政能力差异与转移支付制度创新》，《财贸经济》2002年第6期。

[8] 王雍君：《中国公共支出实证分析》，北京：经济科学出版社，2000年。

[9] 王永钦、张晏、章元、陈钊、陆铭：《中国的大国发展道路——论分权式改革的得失》，《经济研究》2007年第1期。

[10] 张筱风：《西藏财政能力建设研究》，四川：西南财经大学2009年。

[11] 张晏、龚六堂：《分税制改革、财政分权与中国经济增长》，《经济学》（季刊）2005年第1期。

[12] 钟高峰、曾康华：《财政体制变迁对地方政府财力变动的影响》，《中央财经大学学报》2009年第7期。

[13] 周飞舟：《分税制十年：制度及其影响》，《中国社会科学》2006年第6期。

[14] Akin, J., P. Hutchinson, K. Strumpf. Decentralization and government provision of public goods: the public health sector in uganda. Journal of Development Studies, 2005 (41): 1417 - 1443.

[15] Barankay, I., B. Lockwood. Decentralization and the productive efficiency of govern-

ment: evidence from swiss cantons. Journal of Public Economics, 2007 (91): 1197 – 1218.

[16] Faguet, J.. Does decentralization increase government responsiveness to local needs? Evidence from Bolivia. Journal of Public Economics, 2004 (88): 867 – 893.

[17] Jorge Martinez-Vazquez, Robert McNab. Tax reform in transition economies Experience and lessons. International Seminar in Public Economics, 1997.

[18] Sheng, Y.. Central-provincial relations at the CCP central committees: institutions. measurement and empirical trends, 1978 – 2002. The China Quarterly, 2005 · (182).

[19] Zhang, X., Fan S., Zhang, L., Huang, J.. Local governance and public goods provision in Rural China. Journal of Public Economics, 2004 (88).

第
二
辑

# 东部地区经济增长、财政收入规模与结构变动趋势的实证分析

【摘要】本文使用 2004～2012 年中国东部地区省级面板数据，运用描述统计、固定效应回归模型实证分析了经济增长对财政收入规模和内部相对结构变化的作用。研究表明：经济增长显著引起了东部地区财政总收入的增加，各个省、市的财政收入变化与总体趋势相同，但财政收入增速小于经济发展增速；经济增长同时使东部地区财政收入中企业所得税、个人所得税比重上升，增值税和营业税比重下降。

【关键词】经济增长　财政收入　规模与结构变动　计量模型

## 一、引言及文献综述

改革开放以来，我国经济发展取得了巨大的进步。2012 年，我国的国内生产总值（GDP）达到 471564 亿元，按照可比价格计算，比上年增长 9.2%。良好的经济发展为政府取得财政收入提供了充足的来源。在经济增长、政府财政收入增加的大背景下，2012 年，我国东部地区财政收入为 31384.27 亿元，比上年增加了 5365.07 亿元，增长 20.62%。从东部地区财政收入内部的增速相对比例来看，各类收入所占地方财政收入的比例也发生着动态变化。如所得税类、财产税类等所占比例有一定幅度上升；增值税、营业税等流转税所占比重则有所下降。

近年来国内一些学者对经济增长与财政收入之间的关系问题进行了研究。高黎（2006）运用回归分析方法对我国税收增长与经济增长的关系进行实证分析的结果表明，税收增长与经济增长的关系基本协调，并且税收收入将进入与 GDP 增速协调发展的轨道。刘寒波等（2008）通过脉冲响应分析得出税收收入和 GDP 之间存在长期稳定关系，而且税收收入占 GDP 比重不断提高对经济发展有正相关关系，对经济增长有一定的拉动效应。曾康华（2009）基于 1978～2007 年的时间序列数据，运用协整检验和格兰杰因果关系检验的方法构建了向量误差修正（VEC）模型，对北京市经济增长与政府财力之间的动态关系进行研究，结果表明：北京市经济增长和政府财力之间存在长期的协整关系，且两者是相互促进的。滕红（2011）采用偏最小二乘估计法（PLS）和面板数据，以人均 GDP 为研究对象构建经济增长模型，研究了全国各省经济增长与财政收入的数量关系，结果表明，财政收入对

───────────
* 肖茜，女，1990 年生，中央财经大学财政学院 2013 级硕士研究生，研究方向：资产评估、财税理论与政策。

经济增长有积极作用。赵喜仓等（2011）采用循序检验法确定结构突变点，发现中国税收收入与国内生产总值（GDP）均在 1983 年发生趋势突变，均无均值突变；通过对 1953 ~ 2008 年的数据进行突变结构协整分析，在考虑结构突变情况下的协整形式表现为状态开关型。同时，分别建立不考虑结构突变情况下和考虑结构突变情况下的误差修正模型并进行比较，发现考虑结构突变时的误差修正模型效果更好。刘洪等（2013）在对非参数回归方法进行介绍的基础上，对 1953 ~ 2010 年中国财政收入增长速度和 GDP 名义增长率之间的关系进行了非参数回归。回归结果表明：GDP 名义增长率取值在比较正常的范围（0 ~ 20%）内时，财政收入增长速度和 GDP 名义增长率之间近似于线性关系。

国外学者比较侧重将税收收入作为研究财政收入与经济增长关系的重点。Yamarik（2000）通过实证分析研究税收在国家经济增长中的作用，结果显示分类税率与经济增长理论相一致。Padovano（2002）利用 25 个工业国家 1970 ~ 1998 年的数据分析边际税率、平均税率与经济增长之间的关系，分析表明累进税率和有效边际税率会对经济增长产生负面影响。Ishida 分析日本地方税收弹性与地方税收体系之间的关系，单个企业税和固定资产税是长期增长的税收，在短期内不存在稳定的税收收入；除中央外的地方的税收收入在长期来看增长比较慢，而且短期内不稳定。Karagianni（2012）利用政府 GDP 收入和所得税的相关数据分析税收负担对 GDP 增长的影响，得出两个结论：当希望通过税收来调节经济增长时，应当通过调整生产、进口征税或者企业所得税的税负水平来进行；当希望通过税收政策来稳定经济增长时，个人所得税方面应该被限制。

中国东部地区是中国经济最发达的地区，在改革开放 30 多年时间里，经济增长高于全国平均水平，但财政收入的年均增长速度却低于全国平均水平，因此本文从经济增长、财政收入变动的角度，对 2004 ~ 2012 年中国东部地区经济增长与财政收入的规模和结构变动趋势进行分析，考察不同类别财政收入增速是否相同，财政收入内部相对结构如何变化以及影响财政收入的经济因素。在第二部分介绍研究方法数据之后，本文的第三部分将对东部地区财政收入规模和结构变动趋势进行描述，第四部分将采用面板数据模型分析经济增长对财政收入规模和内部相对结构变化的作用，由此得出的几点结论在第五部分呈现。

## 二、东部地区经济增长与财政收入变动趋势的描述性分析

### （一）东部地区经济增长变动特征

与全国其他地区一样，东部地区 2004 ~ 2012 年经济不断发展，能够反映经济增长的指标：国内生产总值（GDP）、投资（TZ）和消费（XF）也在相应地变化。表 1 显示了东部地区的经济增量变动，表 2 则显示了经济的增长率变化。

表 1　　　　　　　　　　东部地区 2004 ~ 2012 年经济增量变动　　　　　　　单位：亿元

| 年份 | 国内生产总值（GDP） | 投资（TZ） | 消费（XF） |
|------|------|------|------|
| 2004 | 579.17 | 276.3 | 191.6 |
| 2005 | 819.66 | 325.3 | 220.2 |

续表

| 年份 | 国内生产总值（GDP） | 投资（TZ） | 消费（XF） |
|------|------|------|------|
| 2006 | 905.03 | 367.2 | 268.6 |
| 2007 | 1052.85 | 418.8 | 308.3 |
| 2008 | 1223.28 | 499 | 362 |
| 2009 | 1503.06 | 706.07 | 448.44 |
| 2010 | 1654.21 | 988.3153 | 537.5 |
| 2011 | 2052.12 | 1331.4557 | 623.8177 |
| 2012 | 2522.66 | 1657.23 | 759.53 |

**表2　　　　　　　　东部地区 2004～2012 年经济增长率变动**　　　单位:%

| 年份 | GDP 增长率 | 投资增长率 | 消费增长率 |
|------|------|------|------|
| 2005 | 0.41523214 | 0.17734347 | 0.14926931 |
| 2006 | 0.10415294 | 0.12880418 | 0.21980018 |
| 2007 | 0.1633316 | 0.14052288 | 0.14780343 |
| 2008 | 0.16187491 | 0.19149952 | 0.17418099 |
| 2009 | 0.22871297 | 0.41496994 | 0.23878453 |
| 2010 | 0.10056152 | 0.39974124 | 0.19859959 |
| 2011 | 0.24054382 | 0.3471973 | 0.16059107 |
| 2012 | 0.22929458 | 0.24467528 | 0.21755122 |

　　由上表可知，2004～2012 年，不论 GDP 还是投资和消费，其总量都不断增加，这说明我国东部地区的经济在不断地增长。2004～2005 年 GDP 由 579.17 亿元增加到 819.66 亿元，增速达 41.52%，是这个时期内经济发展最快的一年。2005～2008 年金融危机的几年，东部地区的经济增长有所放缓，虽然投资和消费的增长速度比较稳定，但是 GDP 的增长速度放缓，并且小于投资和消费的增长速度。2008 年当年 GDP 的增长率为 16.18%，投资和消费的增长率分别为 19.14%、17.41%，其增长速度均大于 GDP 的增长速度，但从 GDP 自 2004 年以来的增量和增速来看，GDP 总量在增加，只是增速逐渐放缓，这说明 2008 年的金融危机对东部地区有一定的影响。金融危机之后，我国在实施适度宽松的货币政策同时，重启积极财政政策，并出台了 4 万亿元的投资计划，因此从表2可以看到，2008 年以来投资的增长速度大大加快，同时也刺激了消费增加，拉动了经济增长。东部地区是全国经济最发达的区域，但消费和 GDP 的增速始终小于投资的增速，这说明我国为抵御国际经济环境对我国的不利影响，促进经济平稳较快增长，还应进一步扩大内需。

## (二) 东部地区财政收入变动趋势

税收是财政收入中最重要的组成部分，也是我国财政收入的主要来源，一般占到预算内收入总额的90%左右，从某种程度上说，对财政收入结构的研究，也就是对税收结构的研究。东部地区2004～2012年财政收入及主要税收收入的变动如表3、表4所示。

表3　　　　　东部地区 **2004～2012** 年财政收入及主要税收收入变动　　　单位：亿元

| 年份 | 财政收入（GSH） | 增值税（VAT） | 营业税（BUSIT） | 企业所得税（CIP） | 个人所得税（PIT） |
|---|---|---|---|---|---|
| 2004 | 61.5971 | 6.3637 | 16.0617 | 2.6044 | 2.7801 |
| 2005 | 57.0358 | 6.9873 | 19.0337 | 3.3856 | 3.1467 |
| 2006 | 68.6802 | 9.7395 | 23.6794 | 4.5265 | 3.5689 |
| 2007 | 81.8139 | 10.4951 | 28.7308 | 5.7109 | 3.9644 |
| 2008 | 108.2935 | 13.1349 | 38.738 | 8.2453 | 5.1239 |
| 2009 | 145.0321 | 13.5712 | 52.3234 | 15.2898 | 5.5738 |
| 2010 | 178.242 | 13.4212 | 67.8359 | 19.1966 | 6.1369 |
| 2011 | 203.200 | 18.5304 | 112.3538 | 28.0369 | 8.0474 |
| 2012 | 340.120 | 19.6098 | 123.4829 | 42.9084 | 9.7468 |

表4　　　　东部地区 **2004～2012** 年主要税收收入占财政收入的比例变动　　　单位:%

| 年份 | 增值税（VAT） | 营业税（BUSIT） | 企业所得税（CIT） | 个人所得税（PIT） |
|---|---|---|---|---|
| 2004 | 0.1033 | 0.2608 | 0.0423 | 0.0451 |
| 2005 | 0.1225 | 0.3337 | 0.0594 | 0.0552 |
| 2006 | 0.1418 | 0.3448 | 0.0659 | 0.0520 |
| 2007 | 0.1283 | 0.3512 | 0.0698 | 0.0485 |
| 2008 | 0.1213 | 0.3577 | 0.0761 | 0.0473 |
| 2009 | 0.0936 | 0.3609 | 0.1054 | 0.0384 |
| 2010 | 0.0753 | 0.3806 | 0.1077 | 0.0344 |
| 2011 | 0.0912 | 0.5529 | 0.1380 | 0.0396 |
| 2012 | 0.0577 | 0.3631 | 0.1262 | 0.0287 |

从表3和表4可以看出，随着经济的发展，我国东部地区的财政收入也在逐年增加，且增长幅度较为稳定，虽然受2008年金融危机的影响，财政收入增长速度略有放缓，但是总量仍在上升，可见金融危机对东部地区财政总收入影响不大；2011～2012年财政收

入增长较快，增加值达 136.92 亿元，这说明东部地区整体经济形势恢复较好，因此财政收入也有了较大增加。由于东部地区服务业和第三产业发达，营业税收入总量较大，营业税占财政收入的比例也是最高的，2011 年，营业税占财政总收入的比例达到最高的 55.29%。2004～2011 年营业税增长速度逐年加快。到了 2012 年，营业税增长率小于往年，是因为 2012 年增值税试点范围扩大到北京、天津、深圳、厦门、广东省、江苏省、浙江省、安徽省、福建省及湖北省，多数试点位于东部沿海地区，因此营业税增长速度有所减慢，而增值税增长速度则加快。相应地，营业税占财政收入的比例下降到 36.31%。企业所得税占财政收入的比例在 2004～2009 年小于增值税的该比例，2009 年企业所得税比例超过增值税比例，并在接下来的 3 年中均大于增值税比例。个人所得税是几个税种里总量最低的，其增长速度一直较为平稳。东部地区经济发达，居民收入水平较高，虽然自 2011 年 9 月 1 日起，我国实行新的《个人所得税法》，将免征额从每月 2000 元提高到 3500 元，但东部地区个人所得税收入受该政策影响不大。

### （三）东部地区经济增长与财政收入的变动趋势

财政收入占 GDP 的比重又称为财政依存度，是衡量一个国家或一个地区经济运行质量的重要指标，在一定程度上反映了在 GDP 分配中，国家或地方所得占的比重。图 1 显示了 2003～2011 年东部地区财政收入占 GDP 比重与全国财政收入占 GDP 比重的变化趋势。

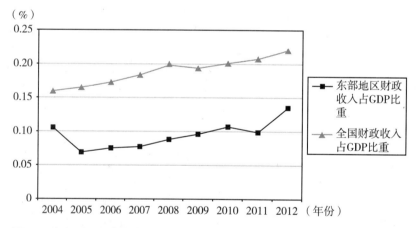

**图 1　东部地区财政收入占 GDP 比重与全国财政收入占 GDP 比重**

东部地区财政收入占 GDP 比重总体上呈现先下降，之后保持不断上升的趋势。1994 年分税制改革后，中央和地方税收分享制度在 2002 年和 2003 年进行了两次大的调整。2002 年将原来归属于地方所有的地方企业所得税和个人所得税由中央和地方按比例分享，中央和地方分享比例分别为 50% 和 50%，2003 年至今中央分享 60%，地方分享 40%。这可以解释为何财政收入占 GDP 比重在 2004～2005 年呈下降趋势。

2002～2012 年，东部地区财政收入占 GDP 的比重从 6.96% 提升至 13.48%。与全国财政收入占 GDP 的比重相比，东部地区这一比重明显低于全国水平；从发展趋势上看，东部地区财政收入占 GDP 的比重基本与全国情况相吻合。

## 三、东部地区经济增长、财政收入规模与结构变动的面板数据分析

本文使用中国东部各省的面板数据构造我国东部地区财政收入各主要收入项目规模及结构的计量模型。通过观察经济增长量即人均 GDP 在回归结果中系数的显著性及符号，来了解东部地区各省经济增长对地方财政收入效应的程度和性质。

建立固定效应计量模型：

$$Lngsh_{it} = \alpha_0 + \alpha_i + \beta_1 Lnrjgdp_{it} + \beta_2 Lntz_{it} + \beta_3 Lnxf_{it} + \varepsilon_{it}, i = 1,2,\cdots,N; t = 1,2,\cdots,T \quad (1)$$

$$Lngsh_{itk} = \alpha_0 + \alpha_i + \gamma_t + \beta_1 Lnrjgdp_{it} + \beta_2 Lntz_{it} + \beta_3 Lnxf_{it} + \varepsilon_{it}, i = 1,2,\cdots,N; t = 1,2,\cdots,T \quad (2)$$

$$LngshR_{itk} = \alpha_0 + \alpha_i + \gamma_t + \beta_1 Lnrjgdp_{it} + \beta_2 Lntz_{it} + \beta_3 Lnxf_{it} + \varepsilon_{it}, i = 1,2,\cdots,N; t = 1,2,\cdots,T \quad (3)$$

其中，下标 i 表示省份，t 为时间；it 为随机误差项。

模型（1）用以分析东部地区各个省、市财政收入与经济增长的关系。模型（2）用以分析东部地区整体财政收入、构成财政收入的主要税种的规模与经济增长的关系，被解释变量 Lngsh 为财政收入，其下标 k（k = 1，2，3，4）代表 4 类财政收入规模变量，分别为增值税、营业税、企业所得税和个人所得税，以 VAT、BUSIT、CIT 和 PIT 表示；LngshR 的下标 k（k = 1，2，3，4）代表增值税、营业税、企业所得税和个人所得税 4 类具体财政收入项目各占财政总收入的比例，分别用 vatR、busitR、citR 和 pitR 表示。解释变量 $Lntz_{it}$、$Lnxf_{it}$ 分别代表投资和消费。

考虑到面板数据可能存在的非线性关系、非平稳性序列以及降低或消除可能存在的异方差性等计量问题，遵照通常的方法对变量采用自然对数形式，故变量原符号前加前缀"Ln"。

为避免面板数据不稳定可能造成的伪回归问题，在进行计量分析之前，首先对数据进行单位根检验。本文采用 LLC 法分别对各变量进行单位根检验，检验结果如表 5 所示。从检验结果可以看出，各变量都拒绝了存在单位根的原假设，说明本研究中所使用的变量都是平稳的，故不需要对数据进行进一步处理，可直接进行回归分析。

**表 5**                       **面板数据变量单位根检验结果**

| 变量 | Lngsh | Lnrjgdp | Lntz | Lnxf |
|---|---|---|---|---|
| t 统计量 | − 5.84572 | − 7.70871 | − 4.9332 | − 10.0180 |
| Prob. ** | 0.0000 | 0.0000 | 0.0000 | 0.0000 |
| 变量 | Lnvat | Lnbusit | Lncit | Lnpit |
| t 统计量 | − 15.4398 | − 5.59953 | − 6.77770 | − 7.06862 |
| Prob. ** | 0.0000 | 0.0000 | 0.0000 | 0.0000 |
| 变量 | LnvatR | LnbuistR | LncitR | LnpitR |
| t 统计量 | − 12.7010 | − 9.66077 | − 6.55748 | − 12.7684 |
| Prob. ** | 0.0000 | 0.0000 | 0.0000 | 0.0000 |

注：** 表示在 5% 的置信水平。

## （一）东部地区经济增长与财政收入规模的面板数据模型

根据模型（1）：

$$Lngsh_{it} = \alpha_0 + \alpha_i + \beta_1 Lnrjgdp_{it} + \beta_2 Lntz_{it} + \beta_3 Lnxf_{it} + \varepsilon_{it}, \quad i = 1, 2, \cdots, N; \quad t = 1, 2, \cdots, T$$

对东部地区各个省、市的财政收入规模进行回归，表6显示了根据模型（1）进行回归的结果。

表6　　　东部地区11个省市经济增长对财政收入规模影响系数的回归结果

| 省、市 | Lnrjgdp | Lntz | Lnxf |
|---|---|---|---|
| 北京 | 0.676952 | 0.358773 | 0.320406 |
| 天津 | 0.382015 | 0.096230 | 0.313630 |
| 河北 | 0.238996 | 0.923678 | 0.758643 |
| 辽宁 | 0.022360 | 0.029569 | 0.664870 |
| 山东 | 0.141668 | 0.395068 | 0.050598 |
| 江苏 | 0.375215 | 0.362991 | − 0.065107 |
| 上海 | 0.388656 | 0.281352 | − 0.067641 |
| 浙江 | 0.369211 | 0.185517 | − 0.052436 |
| 福建 | 0.155623 | − 0.167334 | 0.556003 |
| 广东 | 0.106349 | − 0.329463 | 0.711191 |
| 海南 | 0.264322 | 0.646673 | 0.641188 |

$$R^2 = 0.9974 \; ; \; F = 361.19 \; ; \; D-W \, stat = 3.0285$$

根据面板数据的回归分析，可知东部地区各个省、市整体上经济增长对财政收入规模的影响显著，并且呈现正相关的关系。这一结果与经济理论正好相符，因为随着经济发展、地区生产总值的增长，以税收收入为主要形式的财政收入也会增加。

以各个省、市的实际例子来看，如北京市，人均GDP每增加1个百分点，那么财政收入会增加0.6769个百分点。从各个参数估计值的情况看，东部地区各省、市经济增长对财政收入的影响程度差异不大，且$\beta_i$值都小与1，这说明2004~2012年东部地区总体财政收入增长的步伐要略慢于人均GDP的增长。

从投资对财政收入的影响来看，大部分东部地区投资增加能使财政收入的增加，跟人均GDP指标一样，对各个省、市投资的参数估计均小于1，财政收入增长的步伐慢于投资的增长。广东、福建省的参数为负，投资增长，财政收入反而减少。广东省出现投资与财政收入负相关可能的原因是，金融危机以来，国内外经济形势复杂严峻、货币政策由宽松转向稳健，再加上近些年的房地产调控政策对投资的抑制效应逐渐显现，广东固定资产投资持续低速增长，2012年上半年还出现了2000年以来的最低增速，投资增速的明显回落带来了财政收入的相应减少。福建省出现上述负相关关系的原因是，为了鼓励和引导民间投资健康发展，国务院于 2010 年 5 月发布了《关于鼓励和引导民间投资健康发展的若干意见》，同时国家税务总局出台《鼓励和引导民间投资健康发展的税收政策》，福建省民营经济发达、民间投资占社会投资比重过半，由于税收优惠，民间投资企业在开办初期提供的税收就相对较少，与投资及其生产相比，税收具有明显的滞后性，而在税收优惠到期后，这类企业缴纳税收则由于前期基数小而快速甚至跳跃式增长，因此政策在促进投资增加的同时，使投资初期财政收入中的税收收入有所减少。

根据模型（2）：

$$Lngsh_{itk} = \alpha_0 + \alpha_i + \gamma_t + \beta_1 Lnrjgdp_{it} + \beta_2 Lntz_{it} + \beta_3 Lnxf_{it} + \varepsilon_{it}, \ i = 1, 2, \cdots, N; \ t = 1, 2, \cdots, T$$

对东部地区整体财政收入、构成财政收入的主要税种的规模进行回归，表 7 显示了其回归结果。

表 7　　　　　　　　东部地区经济增长对财政收入规模影响回归结果

| 指　标 | 财政收入（a） | 增值税（b） | 营业税（c） | 企业所得税（d） | 个人所得税（e） |
|---|---|---|---|---|---|
| C | 4.9829 | 5.7744 | 3.5314 | 3.6683 | 6.3682 |
| Lnrjgdp | 0.1735 | 0.3660 | 0.4565 | 0.2724 | − 0.1371 |
| Lntz | 0.3055 | − 0.2177 | 0.3436 | 0.2999 | − 0.1044 |
| Lnxf | − 0.1049 | 0.0753 | − 0.0583 | − 0.0997 | − 0.0953 |
| F − statistic | 680.57 | 428.42 | 646.30 | 379.29 | 1058.21 |
| R² | 0.9939 | 0.9903 | 0.9936 | 0.9891 | 0.9960 |
| D − W stat | 1.8109 | 2.1070 | 2.6991 | 0.4616 | 0.8720 |

注：（a）、（b）、（c）、（d）、（e）代表采用模型（2），分别以财政收入、增值税、营业税、企业所得税和个人所得税的收入规模为被解释变量的回归结果。

在财政收入的回归结果（a）中，以人均 GDP 描述的经济增长变量的回归系数为0.1735，说明东部地区总体经济增长每增加 1 个百分点，可以使财政收入增加 0.1735 个百分点。同样可知，投资增加 1 个百分点，财政收入增加 0.3055 个百分点。比较基于模型（1）的回归结果，不难得出东部地区各个省、市经济增长对财政收入的影响，与东部地区总体经济增长对总的财政收入的影响趋势相同，程度相当。消费与财政收入呈现负相关的关系，最终消费尤其是居民消费占 GDP 比重持续下降是我国近 10 多年来国民经济结构失衡最重要的表现，过去两年来一系列的结构性减税和刺激消费需求的政策一定程度上促进了居民消费的平稳增长，因而出现消费增加，财政收入减少的现象。

就具体的财政收入项目而言，回归结果（b）显示随着投资的增长，增值税收入规模减小，这是因为自 2009 年 1 月 1 日起，在全国所有地区和行业推行增值税转型改革，实行消费型增值税，企业所购买的固定资产所包含的增值税税金可以在税前抵扣，企业购入固定资产的当期带来应纳增值税减少，同时增值税转型改革还将工业和商业小规模纳税人的征收率由 6% 和 4% 统一下调至 3%，因此纳税人积极进行技术改造，淘汰落后产能、加大固定资产投资，同时增值税收入规模有所下降。相比于人均 GDP，消费对促进增值税收入的影响不大，增值税的最终赋税人是居民个人，只要消费了，就会产生应纳增值税，这说明我国居民消费倾向不足，消费仍然偏低。

回归结果（c）、（d）显示，人均 GDP、投资与营业税和企业所得税收入正相关。为应对全球金融危机，拉动经济稳健增长促进就业，我国加大了固定资产投资，由此带来建筑业营业税的飞速增长，也使众多房地产企业上缴的企业所得税增加。从回归结果可以看到，投资对促进营业税和企业所得税的作用是显著的。税收征管水平与税收弹性大小密切相关，税制改革以来，各级税务部门认真践行依法治税原则，全力以赴加强征管，不断提高征管技术，完善征管制度，创新激励机制，使得各税种收入连年增长，但相应地可能会造成宏观税负逐年上升，必须引起关注。

表 7 中回归结果（e）显示，以人均 GDP、投资和消费为指标的经济增长会使个人所得税收入减少，即经济增长每增加 1%，个人所得收入会减少 0.13%，可能的解释是，由于自 2011 年 9 月 1 日起，新个税法将工资、薪金所得费用扣除标准从每月 2000 元提高到 3500 元，9 级超额累进税率结构修改为 7 级，一部分中低收入者不再缴纳个人所得税，个人所得税收入规模有所下降，各个指标的参数都较小，说明东部地区个人所得税收入受该政策影响不大。

## （二）东部地区经济增长与财政收入结构

税收是财政收入中最重要的组成部分，也是我国财政收入的主要来源，一般占到预算内收入总额的 90% 左右，从某种程度上说，对财政收入结构的研究，也就是对税收结构的研究。

基于模型（3）：

$$LngshR_{itk} = \alpha_0 + \alpha_i + \gamma_t + \beta_1 Lnrjgdp_{it} + \beta_2 Lntz_{it} + \beta_3 Lnxf_{it} + \varepsilon_{it},$$
$$i = 1, 2, \cdots, N; \ t = 1, 2, \cdots, T$$

对东部地区经济增长与财政收入相对结构的影响进行回归分析，回归结果见表 8。

表 8 东部地区经济增长对财政收入结构影响回归结果

| 指　标 | 增值税比例<br>（a） | 营业税比例<br>（b） | 企业所得税<br>比例（c） | 个人所得税<br>比例（d） |
|---|---|---|---|---|
| C | 0.7915 | − 1.4514 | − 1.3145 | 1.3853 |
| Lnrjgdp | − 0.1925 | − 0.2830 | 0.0989 | 0.0363 |
| Lntz | − 0.5232 | 0.0618 | 0.1055 | 0.5099 |
| Lnxf | 0.1802 | 0.0466 | 0.0052 | 0.0096 |
| F − statistic | 16.7006 | 22.8872 | 20.6673 | 49.4510 |
| $R^2$ | 0.9006 | 0.9462 | 0.9325 | 0.9224 |
| D − W stat | 2.0627 | 1.7318 | 0.9047 | 2.3121 |

注：（a）、（b）、（c）、（d）代表采用模型（3），分别以增值税、营业税、企业所得税和个人所得税占财政收入的比例为被解释变量的回归结果。

分别观察分析对增值税、营业税、企业所得税、个人所得税占财政收入比例的回归结果。就各项财政收入内部相对结构来看，回归结果（a）、（b）显示，经济增长变量的系数为负，表明经济增长将引致增值税和营业税在财政收入中的比重下降；而回归结果（c）、（d）则表明，随着经济的增长，企业所得税和个人所得税在财政收入中的比例将上升。可以把税种划分为直接税和间接税，增值税、营业税为主要的间接税，企业所得税、个人所得税则为主要的直接税。回归结果与近年来我国直接税与间接税的比例变化趋势相吻合：由于企业效益提高，居民收入增长，增大了所得税的税基，所得税类和财产税类等税种收入大幅度增长，其速度超过间接税的增长速度，因此总体上间接税比例下降，直接税比例上升。这种趋势对我国经济转型是有利的，因为增值税属于可通过价格渠道转嫁的税，优化再分配能力低，其比重过高易推高物价、抑制内需；对大部分服务行业征收营业税，会造成税收重复征收和税负偏高，使相关企业竞争力相对下降。间接税和直接税之间的此消彼长，说明我国税收结构的逐步优化。

由回归结果（a）看出，投资对增值税占财政收入的比例和个人所得税比例的影响为负，增值税转型改革使固定资产所包含的增值税税金可以在税前抵扣，并且降低了小规模纳税人的征收税率，因此增值税规模减小的同时，其在财政收入中所占比重也逐渐降低。这与模型（2）投资与增值税收入规模的结论相一致。

从各个回归结果来看，消费对各个税收收入占财政收入的比例都具有正相关关系，过去两年来政府施行了一系列的结构性减税和刺激消费需求的政策，把社会财富留在了民间，将少征的税收留给了个人、家庭和企业，这在一定程度上促进了居民消费的平稳增长，居民消费增长，内需扩大带来的效果是显著的，不仅推动了经济增长，而且各项主要税种占财政收入的比例也在上升，这说明居民和企业代替政府分配资源，可以促进整个社会效率的提高。

# 四、结　论

本文初步研究了2004～2012年我国东部地区在经济增长的背景下，政府财政收入规模和结构的变动趋势，根据实证分析，得到以下结论：

第一，经济增长与财政收入存在正相关关系。随着经济的增长，人均GDP的逐年上升，东部地区政府财政收入规模也在相应增长。虽然东部地区GDP占财政收入的比重与全国GDP占财政收入比重变化趋势总体一致，但2002年开始实施的所得税收入分享改革对地方财政收入有一定的影响，使东部地区2004～2005年该比重呈下降趋势。具体的各省、市经济增长对财政收入的影响程度差异不大，且整体上财政收入增长的步伐要略慢于人均GDP的增长。

第二，直接税和间接税的收入结构正逐步优化。随着经济的增长，人均GDP的逐年提高，东部地区增值税、营业税占财政收入的比重在下降，而企业所得税、个人所得税的相应比重呈上升趋势，这与近年来我国直接税与间接税的比例变化趋势相吻合，表明我国税收结构正在逐步优化。

第三，居民消费进一步提高，对经济增长以及由此带来的财政收入增加的力度会进一步加大。如果将减收的财政收入转移给低收入组的城乡居民，虽然还不足以抹平收入差距，但是城乡低收入居民由此增加的收入已经颇为可观，而且可以进一步改善总需求结构。这表明结构性减税减少的财政收入向居民和企业转移，可以更好地扩大居民消费，更为有效地改善总需求结构、促进经济增长、从而带来财政收入结构的平衡增长。

## 参考文献

［1］杜传忠、曹艳乔：《中国经济增长方式的实证分析——基于 28 个省市 1990～2007 年的面板数据》，《经济科学》2010 年第 2 期。

［2］高黎、聂华林：《税收增长与经济增长关系的实证分析》，《税务与经济》2006 年第 5 期。

［3］金林、刘洪：《基于非参数回归的财政收入与经济增长关系实证分析》，《统计与决策》2013 年第 2 期。

［4］李建军、王德祥：《经济开放与地方财政收支非平衡——基于中国省际面板数据的实证研究》，《武汉大学学报》（哲学社会科学版）2012 年第 1 期。

［5］李建军、肖育才：《经济开放对地方财政收入规模及结构的影响实证分析》，《公共管理学报》2011 年第 3 期。

［6］李喆：《地方政府财力集中度与经济增长的关系研究——基于 1978～2009 年省际面板数据的计量分析》，《中央财经大学学报》2011 年第 10 期。

［7］刘寒波、李晶、姚兴伍：《税收、非税收入与经济增长关系的实证分析》，《财政研究》2008 年第 9 期。

［8］滕红、张龙，蒋志强：《中国经济增长与经济结构、财政收入、居民收入关系之实证研究》，《调研世界》2011 年第 2 期。

［9］曾康华、刘翔：《经济增长与政府财力的动态关系研究——基于 1978～2007 年北京市数据的实证分析》，《经济与管理研究》2009 年第 12 期。

［10］赵喜仓、周晓婷：《我国税收收入与经济增长的变结构协整分析》，《商业时代》2011 年第 25 期。

［11］周东明：《财政分权与地区经济增长——基于中国省级面板数据的实证分析》，《中南财经政法大学学报》2012 年第 4 期。

［12］Fabio Padovano, Emma Galli. Comparing the growth effects of marginal vs. average tax rates and progressivity. European Journal of Political Economy, 2002, 18 (3): 529.

［13］Kazuyuki Ishida. The Growth and Stability of the Local Tax Revenue in Japan. Public Budgeting &Finance, 2011, 31 (1): 56 – 75.

［14］Roy Cerqueti, Raffaella Coppier. Economic growth, corruption and tax evasion. Economic Modelling, 2011, 28 (1): 489 – 500.

［15］Stella Karagianni, Maria Pempetzoglou, Anastasios Saraiciaris. Tax burden distribution and GDP growth: Non-linear causality considerations in the USA. International Review of Economics & Finance, 2012, 21 (1): 183 – 194.

［16］Steven Yamarik. Can tax policy help explain state-level macroeconomic growth. Economics Letters, 2000, 68 (2): 211 – 215.

# 我国养老保险支出对城镇居民消费水平影响的实证分析

## ——基于 2002~2011 年的省级面板数据分析

王　琳[*]

【摘要】本文基于修正后的生命周期模型，通过 2002~2011 年全国 31 个省、直辖市、自治区的面板数据，运用混合固定效应变系数模型，从东中西部区域经济角度分析了研究养老保险支出对城镇居民消费的影响。研究表明，养老保险支出对居民消费有明显的推动作用，中部地区和西部地区的养老保险基金支出对消费的拉动作用较明显，东部地区有养老保险基金支出对消费的拉动作用较弱。

【关键词】养老保险　城镇居民消费　生命周期模型　区域经济

## 一、引　　言

2013 年 2 月，中国社会科学院发布《中国老龄事业发展报告（2013）》，指出中国已成为全球最大的老龄化市场：2013 年，中国迎来第一个老年人口增长高峰，老龄人口达到 2.02 亿人，老龄化水平达到 14.8%。同时，劳动年龄人口进入负增长的历史拐点，劳动力供给格局开始发生转变。到 2025 年，老年人口总数将超过 3 亿人，2033 年超过 4 亿人，平均每年增加 1000 万老年人口。综合经济社会发展水平看，"未富先老"是中国的基本国情，同时，中国的人口老龄化与工业化、城镇化相伴随，与中等收入陷阱相遭遇，中国是世界上唯一老年人过亿的国家，是发展中国家里老龄化形势最严峻的国家。老龄人口比重的增加对推高储蓄率、降低消费有较大影响，我国本就面临内需不足的问题，老龄化更加剧了我国扩大内需的难度。因此，提高老年人生活水平，是扩大内需、促进经济社会持续发展的重要着力点之一。城镇基本养老保险是国家对老年人提供的最基本也是最重要的社会保障，本文将运用实证分析的方法研究城镇基本养老保险基金支出与居民消费的关系。

## 二、文献综述

国外学者关于养老保险对居民消费影响的研究由来已久。不得不提起的是开辟养老保

---

* 王琳，女，1990 年生，中央财经大学财政学院 2013 级硕士研究生，研究方向：资产评估、财税理论与政策。

险研究新方法的生命周期模型。Ando 和 Modigliani 在 1963 年提出了经典的生命周期模型。Feldstein（1974）在传统生命周期模型的基础上提出了扩展的生命周期模型，将养老保险引入模型，使之成为解释变量之一，并把养老保险支出对居民消费的影响归结为两种效应，即"资产替代效应"和"引致退休效应"，开辟了养老保险研究的新领域，使生命周期模型在养老保险研究上得到了广泛的应用。关于养老保险是否促进消费，国外大多数学者通过分析居民储蓄来观察消费水平，并且观点不一。Engen，Gurber（2001），Kotlikoff（1979）等认为社会保障会增加居民储蓄并抑制消费。Feldstein（1974），Alicia H. Munnel（1976）等则认为参与社会保障项目会大幅降低居民储蓄，从而促进居民消费。

国内学者的研究大部分是基于面板数据的实证研究，但观点也不甚一致。一些学者认为养老保险支出对居民消费存在正面影响。杨河清、陈汪茫（2010）在经典消费模型的基础上进行创新，研究认为社会保障投入将对消费者产生的乘数效应，且效果影响明显。苏春红、李晓颖（2012）以山东省的面板数据为基础进行研究，并在模型中加入了医疗、教育两个变量，经研究发现这两个变量不显著，于是予以剔除，最终得出养老保险支出与居民消费呈正相关关系。高新宇、张国海（2011）以凯恩斯绝对收入理论和生命周期理论为基础进行研究，得出养老保险正向影响居民消费的结论。也有一些学者认为社会保障与居民消费支出之间存在反向变化关系。李燕（2010）等认为，社会保障水平与私人消费之间存在明显的负相关关系，因为社会保障推迟或抑制了消费。还有学者没有运用面板数据。姚晓垒、虞斌（2010）运用时间序列通过养老保险政策改革前后的情况，针对养老保险对居民消费水平的影响进行了对比分析，研究结果表明：居民消费和社会养老保险支出两个变量之间存在着协整关系。

我国有关研究大多使用简单面板数据模型，分析较为简单，较少有学者运用变系数模型。本文将对生命周期模型进行扩充和修改，利用全国 31 个省市自治区 10 年的面板数据，构建混合固定效应变系数模型，研究我国养老保险支出对城镇居民消费水平影响。

## 三、研究思路

### （一）变量的选取

1. 消费水平。消费水平是本文要研究的内生变量，由于各省人口数量不同，消费总水平必然存在较大差异，为了剔除人口因素的影响，本文选择当期城镇居民人均消费水平指标作为方程的内生变量。

2. 养老保险支出水平。养老保险支出是本文研究的主要外生变量，用各省每年的城镇养老保险基金支出数额衡量，为了使模型中变量口径一致，我们选择城镇居民基本养老保险基金支出除以城镇基本养老保险参保人数得到城镇人均基本养老保险基金支出，作为最终的模型变量。

3. 其他变量。影响消费水平的因素还有很多，如居民收入，消费习惯，物价水平等。其中居民收入和消费习惯对居民消费水平有显著影响，是不容忽视的，因此，选择城镇居民人均收入和滞后一期的城镇居民人均消费作为另外的外生变量。考虑到住房、医疗、教育等刚性需求已成为居民消费中比较重要的部分，杨河清（2010），苏春红、李晓颖（2012）等曾将教育、医疗等变量放入模型之中，发现存在负相关，因此予以剔除，本文也不再采用。

4. 根据本文要研究的问题，为了消除通货膨胀影响，变量均经过以 2002 为基期的不变价格处理，为了消除时间趋势的影响又进了对数处理。

## （二）模型的建立

1. Feldstein 的生命周期模型。Feldstein 将养老保险变量引入 Ando 和 Modigliani 的生命周期模型，得到了修正模型：

$$C_t = \beta + \beta_1 Y_t + \gamma_1 W_{t-1} + \gamma_2 SSW_t$$

其中，$C_t$ 代表 t 时期的人均消费，$Y_t$ 代表 t 时期的人均收入，$W_{t-1}$ 代表 t–1 期的人均资产，一般用 t–1 期的人均储蓄或人均消费代替，$SSW_t$ 代表 t 期的养老保险资产。

2. 本文将以修正后的生命周期模型为基础进行模型设计。自变量确定为当期城镇居民人均收入、当期城镇居民人均基本养老保险基金支出、滞后一期的城镇居民人均消费。因变量为当期城镇居民人均消费。构建模型如下：

$$RJXF_{it} = \alpha + \beta_{1i} RJYLJ_{it} + \beta_{2i} RJY_{it} + \beta_{3i} RJXF_{i,t-1} + \varepsilon_{it}, \ t = 1, 2, \cdots, T$$

$RJXF_{it}$ 表示各年全国各省市自治区城镇居民人均消费水平（单位：万元），$RJY_{it}$ 表示各年全国各省市自治区城镇居民人均收入（单位：万元），$RJYLJ_{it}$ 表示各年全国各省市自治区人均养老保险基金支出（单位：万元），$RJXF_{i,t-1}$ 表示滞后一期的城镇居民人均消费（单位：万元）。

## （三）数据的来源

本文选择 2002~2011 年十年间 31 个省市自治区的数据，样本量达到 310，面板数据利用横截面、时期、变量三维信息，具有信息量大，分析综合的特点，能够更好地反映变量之间的关系。所有数据来自《中国统计年鉴》、《中国劳动统计年鉴》及国家统计局网站。运用 EViews 6.0 软件进行数据分析。

# 四、实证分析

## （一）描述性统计分析

先从时间趋势角度分析变量的总体变化情况，再从东中西部划分的角度分析区域内部及各个区域间的差异情况。

1. 全国养老保险基金支出总体情况分析（见图 1、图 2）。

从图 1 中结合数据我们可以清楚地看到，2002~2011 年，我国养老保险基金支出水平呈现稳定增加的趋势。2005 年以前增长较慢，养老保险基金支出增长率小于 GDP 的增长率；其中 2003 年最低，增长率仅为 9.89%。2006 年以后养老保险基金支出水平有了小

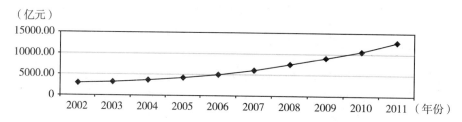

图1　2002年~2011年全国养老保险支出水平

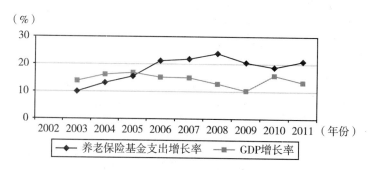

图2　2002~2011年全国养老保险支出与GDP增长率

幅度增加，增长率基本稳定在20%左右，养老保险基金支出增长率高于GDP增长率。

这一变化的原因可以归结为2005年国家关于养老保险政策的变化。2005年12月，国务院公布《国务院关于完善企业职工基本养老保险制度的决定》，其中规定2006年1月1日起，个人账户的规模统一由本人缴费工资的11%调整为8%。个人缴费率的减少，导致国家养老保险基金支出水平增加。

2. 养老保险支出情况的区域间差异分析。由于我国区域经济现象较明显，地区间经济发展不平衡，养老保险支出与居民消费水平具有较大差异，因此有必要从东中西部地区对变量进行分析（见表1）。东部地区包括12个省、直辖市、自治区，分别是辽宁、北京、天津、河北、山东、江苏、上海、浙江、福建、广东、广西、海南；中部地区包括山西、内蒙古、吉林、黑龙江、安徽、江西、河南、湖北、湖南9个省、自治区；西部地区指陕西、甘肃、青海、宁夏、新疆、四川、重庆、云南、贵州、西藏10个省、直辖市、自治区。

表1　　　　　　　　　2002~2011年东中西部养老保险基金支出规模情况

| 年份 | 养老保险基金支出绝对规模（亿元） | | | 养老保险基金支出相对规模（%） | | |
|---|---|---|---|---|---|---|
| | 东部 | 中部 | 西部 | 东部 | 中部 | 西部 |
| 2002 | 1726.04 | 756.48 | 454.04 | 2.18 | 2.47 | 2.75 |
| 2003 | 1871.82 | 811.46 | 498.54 | 2.04 | 2.36 | 2.69 |
| 2004 | 2053.88 | 864.37 | 519.51 | 1.86 | 2.16 | 2.44 |
| 2005 | 2340.85 | 982.23 | 576.02 | 1.77 | 2.11 | 2.35 |
| 2006 | 2757.06 | 1194.28 | 711.15 | 1.78 | 2.23 | 2.52 |

续表

| 年份 | 养老保险基金支出绝对规模（亿元） | | | 养老保险基金支出相对规模（%） | | |
|------|------|------|------|------|------|------|
| | 东部 | 中部 | 西部 | 东部 | 中部 | 西部 |
| 2007 | 3216.95 | 1401.68 | 811.97 | 1.74 | 2.26 | 2.52 |
| 2008 | 3766.54 | 1630.49 | 968.43 | 1.73 | 2.29 | 2.63 |
| 2009 | 4512.01 | 1973.49 | 1222.55 | 1.90 | 2.51 | 3.02 |
| 2010 | 5096.05 | 2292.16 | 1450.24 | 1.81 | 2.48 | 3.06 |
| 2011 | 5791.89 | 2635.97 | 1702.51 | 1.76 | 2.47 | 3.07 |

资料来源：《中国统计年鉴》《中国劳动统计年鉴》。

其中，养老保险基金支出相对规模用养老保险基金支出额占 GDP 比重来衡量（见图3、图4）。

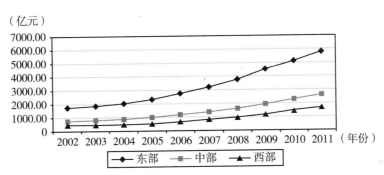

**图3　2002～2011年东中西部养老保险基金支出绝对规模**

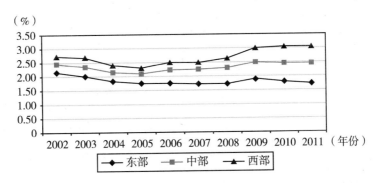

**图4　2002～2011年东中西部养老保险基金支出相对规模**

从图3可以看出，养老保险支出水平的绝对规模按从高到低排序依次为东部地区、中部地区、西部地区。原因如下：第一，东部地区省份数量最大，为12，高于其他两大地区；第二，按人口数量看，东部地区大于中部地区，大于西部地区。人口数量与养老保险支出有正相关关系，因此会出现上图的排列；第三，按地区发达程度排序，二者顺序也相一致，可见养老保险基金支出与经济发展有一定正相关关系。

从相对规模来看，三大地区的养老保险支出占 GDP 比重在 2005 年以前逐年下降，2005 年后开始上升，2009～2011 年趋于平稳。相对规模按从大到小排序为，西部地区、中部地区、东部地区，与绝对规模排序相反。地区经济越发达人均 GDP 水平越高，而养老金属于较稳定的刚性支出，可见经济越发达养老保险支出在 GDP 中的比重就会越低。

3. 居民消费水平的区域间差异分析。结合表 2 和图 5，可以看出我国城镇居民人均收入呈现逐年上涨的总体趋势。东部地区消费水平明显高于中部地区和西部地区，后两者的消费水平在统计年间相差不大，基本趋于一致。而三个区域的增长率水平并不稳定，不同年份波动较大。居民消费水平与养老保险支出水平并不完全一致，证明还有其他因素对居民消费水平产生较大影响。

**表 2          2002～2011 年东中西部地区城镇居民人均消费情况**

| 年份 | 城镇居民人均消费（亿元） | | | 增长率（%） | | |
| --- | --- | --- | --- | --- | --- | --- |
| | 东部 | 中部 | 西部 | 东部 | 中部 | 西部 |
| 2002 | 99312.00 | 56677.78 | 57753.00 | — | — | — |
| 2003 | 107173.58 | 58519.06 | 64217.07 | 7.92 | 3.25 | 11.19 |
| 2004 | 117234.52 | 62972.70 | 69418.35 | 9.39 | 7.61 | 8.10 |
| 2005 | 128396.40 | 70727.38 | 72738.40 | 9.52 | 12.31 | 4.78 |
| 2006 | 141342.36 | 76443.78 | 76462.63 | 10.08 | 8.08 | 5.12 |
| 2007 | 153565.44 | 84358.79 | 81772.12 | 8.65 | 10.35 | 6.94 |
| 2008 | 164564.76 | 88909.90 | 86817.23 | 7.16 | 5.39 | 6.17 |
| 2009 | 180632.52 | 96553.05 | 94476.44 | 9.76 | 8.60 | 8.82 |
| 2010 | 200762.04 | 108024.20 | 102456.30 | 11.14 | 11.88 | 8.45 |
| 2011 | 214187.64 | 116744.20 | 110444.70 | 6.69 | 8.07 | 7.80 |

资料来源：国家统计局网站。

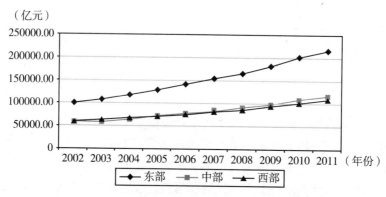

**图 5    2002～2011 年东中西部地区城镇居民人均消费支出情况**

## （二）参数估计

1. 估计方法。对面板数据进行似然比检验，可知模型为固定效应；由于养老保险支出与城镇居民消费水平在不同省份间存在个体差异，东中西部地区间也存在较大差异，不同年份也存在差异，可以通过变系数反映这些个体差异。因此，本文选择混合固定效应变系数模型。模型确定如下：

$$RJXF_{it} = \alpha + \alpha_i + \beta_{1i}RJYLJ_{it} + \beta_{2i}RJY_{it} + \beta_{3i}RJXF_{i,t-1} + \varepsilon_{it}, \quad t = 1, 2, \cdots, T$$

2. 回归结果（见表3和表4）。

表3　　　　　　　　　　　混合固定效应变系数模型回归结果1

| 地区 | 回归系数 | $\alpha_i$估计值 | $\beta_{1i}$估计值 | $\beta_{2i}$估计值 | $\beta_{3i}$估计值 |
|---|---|---|---|---|---|
| 东部地区 | 北京 | 0.332829 | 0.115811 | 1.033561 | 0.650137 |
| | 天津 | 0.994295 | 0.108278 | 0.764942 | 0.853052 |
| | 河北 | 2.302052 | − 0.0544 | 1.837965 | − 0.04901 |
| | 辽宁 | 1.575593 | 0.041434 | 1.286481 | 0.428152 |
| | 上海 | − 0.24794 | 0.155038 | 1.505941 | 0.180639 |
| | 江苏 | − 2.11562 | 0.431282 | 1.113146 | 0.305202 |
| | 浙江 | 5.461283 | − 0.52278 | 2.172134 | 0.017287 |
| | 福建 | 6.302458 | − 0.4614 | 2.335372 | − 0.42384 |
| | 山东 | 4.744383 | − 0.31558 | 1.255024 | 0.712621 |
| | 广东 | − 5.91795 | 0.689881 | 0.137871 | 1.503886 |
| | 广西 | − 1.80846 | 0.341663 | 1.845067 | − 0.26602 |
| | 海南 | − 2.68787 | 0.6394 | 0.095887 | 0.973418 |
| 中部地区 | 山西 | 3.275717 | − 0.30557 | 2.646819 | − 0.42577 |
| | 内蒙古 | 2.610577 | − 0.13913 | 1.662129 | 0.303847 |
| | 吉林 | − 3.83624 | 0.839617 | 0.990942 | − 0.29412 |
| | 黑龙江 | − 2.75349 | 0.648949 | 1.179086 | − 0.21215 |
| | 安徽 | − 5.12809 | 0.704161 | 2.116214 | − 0.83083 |
| | 江西 | 0.240365 | 0.212203 | 1.425145 | 0.097159 |
| | 河南 | − 2.68787 | 0.6394 | 0.095887 | 0.973418 |
| | 湖北 | − 1.20937 | 0.541792 | 1.159196 | − 0.2027 |
| | 湖南 | 0.313284 | 0.145685 | 1.2893 | 0.418615 |

续表

| 地区 | 回归系数 | $\alpha_i$估计值 | $\beta_{1i}$估计值 | $\beta_{2i}$估计值 | $\beta_{3i}$估计值 |
|---|---|---|---|---|---|
| 西部地区 | 重庆 | 0.083542 | 0.357125 | −0.38702 | 1.629546 |
| | 四川 | 2.46134 | −0.08115 | 1.585038 | 0.276217 |
| | 贵州 | −5.9347 | 0.938463 | 0.490782 | 0.428098 |
| | 云南 | 4.017526 | −0.28086 | 1.405256 | 0.665829 |
| | 西藏 | 6.476567 | −0.28537 | 1.418586 | 0.147318 |
| | 陕西 | 0.509082 | 0.220839 | 0.694292 | 0.786893 |
| | 甘肃 | −2.53875 | 0.527661 | 0.916792 | 0.367518 |
| | 青海 | −0.90757 | 0.199835 | 1.14961 | 0.700612 |
| | 宁夏 | −2.68022 | 0.590475 | 0.372314 | 0.79837 |
| | 新疆 | −1.24676 | 0.20955 | 1.613296 | 0.265924 |

**表4　　　　　　　　　混合固定效应变系数模型回归结果2**

| 年份 | 2003 | 2004 | 2005 | 2006 | 2007 | 2008 | 2009 | 2010 | 2011 |
|---|---|---|---|---|---|---|---|---|---|
| $\alpha_i$ | 0.260239 | 0.224474 | 0.162494 | 0.0695 | −0.01354 | −0.08793 | −0.15896 | −0.19556 | −0.26071 |

$\alpha = -5.43026$，$R^2 = 0.995133$，修正后的 $R^2 = 0.990796$，F $= 229.4557$，P 值 $= 0.0000$

从估计结果中可以看到，整个方程的拟合优度为 0.99，修正后也达到 0.99，F 统计量足够大，P 值为 0，可知方程整体拟合效果好，变量总体显著。

从回归系数表中可以看出，整体上三个回归系数都不大。其中人均收入的回归系数最大，$\beta_2 \geq 2$ 的省份有 4 个，$2 \geq \beta_2 \geq 1$ 的省份有 17 个，$1 \geq \beta_2 \geq 0$ 的省份有 9 个，$\beta_2 \leq 0$ 的省份只有一个。人均收入是对居民消费影响最大的因素之一，而且是正向影响，因此 $\beta_2$ 普遍较大，重庆的 $\beta_2$ 为负数，与经济学逻辑相悖，考虑到样本量较少等因素的影响，暂将这一省份剔除考虑范围。

$\alpha$ 值为 31 个省、直辖市、自治区 10 年间的平均自发消费水平，平均自发消费水平为负数。$\alpha_i$ 为各个省、直辖市、自治区的自发消费水平对平均自发消费水平的偏离。对 $\alpha_i$ 做简单算术平均处理得到结果如表5所示，可以看出东部地区的自发消费水平最高，西部地区自发消费水平较低，中部地区自发消费水平为负值（见表5）。

**表5　　　　　　　　　东中西部地区自发消费水平平均值**

| 地区 | 东部地区 | 中部地区 | 西部地区 |
|---|---|---|---|
| 平均值 | 0.744589 | −1.01946 | 0.024006 |

表 3 的续表为由于不同年份的影响，导致不同年份 31 个省、直辖市、自治区的平均自发消费水平的偏离。可以看到，2007 年以前，自发消费水平为正，2007~2011 年自发消费水平一直为负数。其中 2009 年起，自发消费水平比之前有较大的下降，这是因为 2008 年国际金融危机对居民消费水平产生了一定的影响。

下面从东中西部地区的角度分析养老保险基金支出的回归系数。

从东部地区内部来看，4 个省、直辖市的养老保险基金支出的系数为负值，这些省份分别为河北、浙江、福建、山东。这 4 个样本中养老保险支出对居民消费存在负面影响，即增加养老保险支出反而会降低居民消费水平。8 个系数为正的省份中，剩余 8 个省份的 $0 \leqslant \beta_1 \leqslant 1$，这些省份的养老保险支出对居民消费存在正面影响，即增加养老保险支出会促进居民消费水平的提高。$\beta_1$ 最大的两个省是广东省和海南省，系数分别为 0.69 和 0.64，说明这两个省份的养老保险支出对居民消费的促进作用在东部地区最明显，人均养老保险基金支出每增加 1 千元，城镇居民人均消费分别增加 690 元和 640 元。

中部地区：山西和内蒙古 2 个省（自治区）的 $\beta_1 \leqslant 0$，其余 7 个省份的 $0 \leqslant \beta_1 \leqslant 1$，$0.5 \leqslant \beta_1 \leqslant 1$ 的省份有 5 个，超过中部地区省份数量一半，最高的是吉林省 0.84。

西部地区：四川、云南、西藏 3 个省（自治区）的 $\beta_1 \leqslant 0$，其余 7 省 $0 \leqslant \beta_1 \leqslant 1$，贵州、甘肃、宁夏 3 个省（自治区）$0.5 \leqslant \beta_1 \leqslant 1$，最高的是贵州 0.94。

如表 6 所示，对三大地区的 $\beta_1$ 进行简单算术平均，得到：东部 = 0.097385，中部 = 0.365234，西部 = 0.239657。从东中西部比较看来，东部地区 $\beta_1$ 为负数的省份最多，中部地区最少；$\beta_1$ 值较高的省份数量中部地区最多，西部地区次之，东部地区最少，但西部地区有全国最高的 $\beta_1$；中部地区的特点是高分系数多，西部地区的特点是系数水平较高；系数平均值是中部地区最大，西部地区次之，东部地区最低，且明显低于中部和西部地区。可以认为，中部地区养老保险基金支出对居民消费的推动作用最为明显，西部地区仅次于推动效果也很明显，东部地区养老保险基金支出对居民消费影响不大。

表 6　　　　　　　　　东中西部地区系数平均值

| 地区 | 东部地区 | 中部地区 | 西部地区 |
| --- | --- | --- | --- |
| 平均值 | 0.097385 | 0.365234 | 0.239657 |

综合看来，自发消费水平越高，养老保险基金支出对居民消费的拉动作用越不明显。

# 五、结　论

本文利用 2002~2011 年全国 31 个省、市、自治区的面板数据，用实证分析的方法研究了养老保险基金支出对城镇居民消费水平的影响。得出以下结论：

第一，根据描述性统计得出：我国养老保险基金支出总水平呈逐年递增趋势，2005 年养老保险制度的改革使养老保险基金支出水平增加了一个层次，增长率较之前年份普遍提高。全国养老保险支出水平按地区统计，东部地区支出的绝对水平最高，相对规模最低；西部地区的绝对支出水平最低，相对规模最低。

第二，城镇居民基本养老保险支出水平对城镇居民消费水平普遍具有显著影响，二者呈现明显的正相关。自发消费水平排序为东部地区最高、中部地区次之、西部地区最低，养老保险基金支出对居民消费的影响排序为中部地区最高、西部地区与中部地区相差不大、东部地区最小。可以认为，自发消费水平较高的地区，养老保险基金支出对居民消费的拉动作用较弱。

第三，我国区域间养老保险支出水平和居民消费水平存在较大差异，区域经济现象明显，存在区域经济发展不平衡问题。

## 参考文献

[1] 孟祥宁：《中国城镇居民养老保险对消费行为的影响研究——基于 Feldstein 生命周期假说模型》，《经济学研究》2013 年第 2 期。

[2] 沈毅、穆怀中：《新型农村社会养老保险对农村居民消费的乘数效应研究》，《经济学家》2013 年第 4 期。

[3] 苏春红、李晓颖：《养老保险对我国城镇居民消费的影响——以山东省为例》，《山东大学学报》2012 年第 6 期。

[4] 薛新东：《我国养老保险支出水平的影响因素研究——基于 2005～2009 年省级面板数据的实证分析》，《财政研究》2012 年第 6 期。

[5] 姚晓垒、虞斌：《我国养老保险影响居民消费的实证研究——基于养老保险改革前后的对比分析》，《浙江金融》2012 年第 3 期。

[6] 于洪彦、刘艳彬：《中国家庭生命周期模型的构建及实证研究》，《管理科学》2007 年第 6 期。

[7] 中国老龄科学研究中心：中国老龄事业发展报告（2013），社会科学文献出版社，2013 年。

[8] Engen Eric and Jonathan Gruber. Unemployment insurance and precautionary saving. The Journal of Monetary Economics, 2001, 147: 545 - 579.

[9] H. E. Leland. Saving and uncertainty: the precautionary demand for saving. Quarterly Journal of Economics, 1968, 82 (3): 465 - 473.

[10] M. Feldstein. Social security, induced retirement and aggregate capital accumulation. Journal of Political Economy, 1974, 82 (5): 905 - 926.

[11] P. A. Diamond. A framework for social security analysis. Journal of Public Economics, 1977, 8 (3): 275 - 298.

[12] R. Glenn Hubbard, Jonathan Skinner, Stephen P. Zeldes. Precautionary saving and social insurance. Journal of Political Economy, 1995, 103 (2): 360 - 399.

[13] Wilcox. Social security benefits, consumption expenditure and the life cycle hypothesis. Journal of Political Economy, 1989, 97 (2): 288 - 304.

# 欧盟国家经济增长、财政收支与欧盟主权债务关系的实证分析

刘亚敏[*]

【摘要】2009 年年底爆发的欧洲债务危机给世界经济发展带来的很大的影响。政府债务和政府财政收支对经济发展的影响再次引起了人们的关注。本文将对欧盟国家的经济增长，财政收支与欧盟主权债务的关系进行实证分析。文章首先简要回顾国内外的专家学者对这一主题的研究。然后对欧元区 12 国的经济数据作描述性分析。最后利用面板数据模型对欧元区 12 个国家的相关经济指标进行面板数据分析。实证分析的主要结论是财政支出对经济发展的影响显著，而政府债务对经济发展的影响不显著。

【关键词】财政收支政府债务经济增长

## 一、研究背景

2009 年 10 月 20 日，希腊政府宣布当年财政赤字占国内生产总值的比例将超过 12%，远高于欧盟允许的财政赤字占 GDP 比重 3% 上限。随后，全球三大评级公司相继下调希腊主权信用评级，欧洲主权债务危机率先在希腊爆发。随后葡萄牙、西班牙、爱尔兰等国的主权评级纷纷遭下调。欧洲债务危机愈演愈烈。随之而来的是经济低迷，许多国家都出现 GDP 的负增长。欧元区的经济状况更令人担忧。早在欧元区成立前，就有经济学家预言了欧元区国家的债务危机。欧元区成立后，欧元区的货币政策由欧洲央行统一制定和实行，而财政政策由各国政府制定和实行。因此，欧元区各国央行无法运用货币政策来调整本国的经济运行，当经济运行出现问题时，尤其是在经济不景气的情况下，只能通过政府的财政政策来调控经济运行，易造成经济财政支出过大，政府债务失控，引起主权债务危机，影响经济发展。本文将运用面板数据模型对欧元区 12 个国家的相关经济指标进行分析，研究政府收收支，政府债务对经济发展的影响。

## 二、文 献 综 述

关于财政收支、政府债务与经济增长的关系的理论及实证研究不多，而且结果有差异。

---

* 刘亚敏，女，1990 年生，中央财经大学财政学院 2013 级硕士研究生，研究方向：资产评估、财税理论与政策。

Anja Baum、Cristina Checherita-Westphal 和 Philipp Rother（2012）运用门槛面板数据模型研究欧元区 12 个国家 1990～2010 年的经济数据。研究结果表示，在短期内，债务对GDP 增长的影响是正相关的，并且在统计上是显著的。但是在政府债务/GDP 比重达到67%时，正相关性和统计的显著性减小。当政府债务/GDP 比重达到 95%时，新增加的债务对经济增长有负面影响。Schclarek（2004）研究了 24 个发达国家的政府债务与人均GDP 增长的关系，研究的样本数据包括 24 个国家 1970～2002 年的数据。研究结果认为，政府债务与经济增长的统计上的关系并不显著。Saint-Paul（1992）和 Aizenman 等（2007）在研究财政政策的影响时发现，政府债务与经济增长呈负相关。Cristina Checherita 和 Philipp Rother（2010）通过运用面板数据模型分析了欧元区 12 个国家 1970～2010 年的经济数据发现政府债务与 GDP 增长呈倒 U 形关系。当政府债务占 GDP 的比重达到90%～100%时，政府债务对经济增长有破坏性影响。Mehrotraand Pehonen（2005）对欧盟中特定几个国家研究发现，降低政府债务水平对经济社会的中长期发展是有益的。但Carmen M. Reinhart 和 Kenneth S. Rogoff（2010）通过研究 20 个发达国家 1790～2009 年的数据后得出与此相反的结论：（1）当政府债务占 GDP 的比重小于 90%时，政府债务与长期经济增长率的关系不显著；（2）当政府债务占 GDP 的比重超过 90%时，中期增长率降低 1%。ManmohanS. Kumar 和 JaejoonWoo（2010）运用面板数据模型对发达国家和发展中国家 40 年的经济数据研究发现，政府债务与经济增长呈负相关。政府债务/GDP 比重每增加 10 个百分点，年实际人均 GDP 增长减少 0.2 个百分点。近来的理论和实证研究结果分析了发展中国家的外债，而不是单纯的政府债务对经济增长的关系。Patillo 等（2002，2004）运用面板数据模型对 69 个发展中国家 1969～1998 年的经济数据进行实证分析，研究认为低水平的外债总额对经济增长有积极作用，高水平的外债总额对经济增长有消极作用。刘晓红（2006）利用 1978～2005 年的数据，运用双变量向量自回归模型（VAR）对中国改革开放以来的财政支出与经济增长之间的作用机制进行了实证检验。研究结果显示，财政支出与经济增长之间存在双向 Granger 因果关系，这意味着财政支出对我国的经济增长贡献巨大，但经济本身的发展也推动了财政支出规模的扩大；同时，基于二者向量自回归系统之上的脉冲响应检验显示我国财政支出对经济增长的推动存在两年的时滞。严成和龚六堂（2009）运用 1997～2007 年中国 31 个省份的经济数据，将财政支出划分为消费性支出与生产性公共支出，借助 OLS、固定效应模型及随机效应模型进行估计。研究结果显示，我国生产性公共支出并不一定总能促进经济增长，生产性公共支出对经济增长的影响存在地区差异。适当减少生产性公共支出，增加消费性公共支出可能有利于促进经济增长。寇铁军和周波（2007）采用 S. Ghosh & U. Roy 政府支出的经济增长效应的模型框架，在省级层面上对 1993 年至 2005 年我国地方财政支出的经济增长效应进行市政计量，研究结果也显示不同的财政支出类型所导致的经济增长效应不同。

## 三、描述性分析

从表 1 和表 2 可以观察到在欧元区 12 国中，德国、法国、意大利和西班牙为经济大国，1980～2012 年，这四个国家每年各自 GDP 的总量占欧元区 12 国当年 GDP 总和的比重较大。其中德国对欧元区 12 国的 GDP 贡献率最大，近 10 年来，德国的该指标数值一直在 27% 至 28% 之间，法国其次。其他国家对欧元区 12 国的 GDP 贡献率较小。但是，法国、德国和意大利各自 GDP 的总量占欧元区 12 国当年 GDP 总和的比重呈逐年下降趋势，说明这三个国家的经济实力相对其他国家在缓慢下降。而西班牙的该指标数值在近 30 年逐年上涨，且涨幅较大。

表1　　　　　　　　欧元区 12 国 1980～2012 年 GDP 总量的描述值　　单位：10 亿美元

| 国　家 | 平均值 | 中位数 | 最大值 | 最小值 | 标准差 |
|---|---|---|---|---|---|
| 奥地利 | 214. 2389 | 201. 89 | 416. 365 | 66. 33 | 110. 6994 |
| 比利时 | 261. 2423 | 235. 718 | 514. 794 | 80. 248 | 136. 0688 |
| 芬兰 | 138. 0935 | 125. 757 | 273. 253 | 50. 332 | 67. 77478 |
| 法国 | 2028. 07 | 2068. 96 | 3640. 73 | 630. 853 | 952. 1155 |
| 德国 | 1504. 15 | 1375. 83 | 2845. 11 | 523. 313 | 715. 5214 |
| 希腊 | 148. 2249 | 131. 144 | 343. 2 | 45. 133 | 92. 60966 |
| 爱尔兰 | 103. 4812 | 74. 394 | 265. 276 | 19. 494 | 82. 16338 |
| 意大利 | 1236. 676 | 1199. 96 | 2318. 16 | 421. 268 | 579. 1669 |
| 卢森堡 | 23. 41894 | 19. 378 | 59. 308 | 4. 411 | 17. 57355 |
| 荷兰 | 423. 1323 | 387. 013 | 874. 906 | 131. 26 | 232. 4964 |
| 葡萄牙 | 119. 7792 | 116. 399 | 253. 11 | 25. 56 | 72. 89828 |
| 西班牙 | 698. 0095 | 596. 941 | 1600. 91 | 167. 607 | 445. 0714 |

资料来源：根据 International Monetary Fund, World Economic Outlook Database, 1980～2012 年的 GDP 数据计算得出。

表2　1980～2012 年欧元区 12 国各国当年 GDP 占当年 12 国 GDP 总额的比重

单位:%

| 年份 | 奥地利 | 比利时 | 芬兰 | 法国 | 德国 | 希腊 | 爱尔兰 | 意大利 | 卢森堡 | 荷兰 | 葡萄牙 | 西班牙 |
|---|---|---|---|---|---|---|---|---|---|---|---|---|
| 1980 | 9. 2 | 10. 21 | 8. 23 | 9. 48 | 9. 16 | 6. 01 | 6. 71 | 8. 06 | 12. 77 | 9. 87 | 3. 92 | 6. 32 |
| 1981 | 9. 23 | 10. 17 | 8. 29 | 9. 52 | 9. 15 | 5. 86 | 6. 79 | 8. 11 | 12. 84 | 9. 75 | 4. 04 | 6. 24 |
| 1982 | 9. 34 | 10. 18 | 8. 44 | 9. 64 | 9. 03 | 5. 72 | 6. 78 | 8. 12 | 12. 89 | 9. 53 | 4. 08 | 6. 25 |
| 1983 | 9. 53 | 10. 10 | 8. 55 | 9. 60 | 9. 10 | 5. 57 | 6. 61 | 8. 09 | 12. 99 | 9. 55 | 4. 05 | 6. 25 |
| 1984 | 9. 34 | 10. 12 | 8. 58 | 9. 48 | 9. 19 | 5. 53 | 6. 62 | 8. 17 | 13. 28 | 9. 59 | 3. 90 | 6. 19 |
| 1985 | 9. 31 | 10. 03 | 8. 62 | 9. 36 | 9. 18 | 5. 51 | 6. 57 | 8. 19 | 13. 66 | 9. 56 | 3. 85 | 6. 16 |
| 1986 | 9. 24 | 9. 91 | 8. 55 | 9. 24 | 9. 12 | 5. 35 | 6. 40 | 8. 17 | 14. 51 | 9. 51 | 3. 86 | 6. 16 |
| 1987 | 9. 15 | 9. 88 | 8. 61 | 9. 18 | 9. 02 | 5. 08 | 6. 46 | 8. 22 | 14. 61 | 9. 39 | 4. 05 | 6. 34 |
| 1988 | 8. 85 | 9. 92 | 8. 67 | 9. 17 | 8. 92 | 5. 07 | 6. 41 | 8. 22 | 15. 08 | 9. 22 | 4. 10 | 6. 39 |

续表

| 年份 | 奥地利 | 比利时 | 芬兰 | 法国 | 德国 | 希腊 | 爱尔兰 | 意大利 | 卢森堡 | 荷兰 | 葡萄牙 | 西班牙 |
|------|--------|--------|------|------|------|------|--------|--------|--------|------|--------|--------|
| 1989 | 8.74 | 9.75 | 8.66 | 9.08 | 8.77 | 5.00 | 6.50 | 8.11 | 15.66 | 9.14 | 4.18 | 6.40 |
| 1990 | 8.77 | 9.72 | 8.39 | 8.97 | 8.81 | 4.81 | 6.79 | 8.01 | 15.79 | 9.15 | 4.37 | 6.42 |
| 1991 | 8.80 | 9.66 | 7.68 | 8.84 | 8.95 | 4.82 | 6.73 | 7.95 | 16.58 | 9.12 | 4.44 | 6.43 |
| 1992 | 8.83 | 9.71 | 7.33 | 8.88 | 8.96 | 4.77 | 6.87 | 7.97 | 16.56 | 9.15 | 4.55 | 6.43 |
| 1993 | 8.82 | 9.60 | 7.25 | 8.80 | 8.83 | 4.66 | 7.00 | 7.91 | 17.05 | 9.22 | 4.53 | 6.34 |
| 1994 | 8.79 | 9.64 | 7.31 | 8.75 | 8.81 | 4.59 | 7.22 | 7.88 | 17.03 | 9.21 | 4.48 | 6.31 |
| 1995 | 8.78 | 9.59 | 7.38 | 8.68 | 8.71 | 4.57 | 7.68 | 7.91 | 16.64 | 9.21 | 4.45 | 6.39 |
| 1996 | 8.80 | 9.52 | 7.46 | 8.56 | 8.58 | 4.54 | 8.19 | 7.83 | 16.34 | 9.29 | 4.51 | 6.40 |
| 1997 | 8.65 | 9.47 | 7.61 | 8.39 | 8.39 | 4.53 | 8.68 | 7.67 | 16.44 | 9.27 | 4.51 | 6.38 |
| 1998 | 8.64 | 9.29 | 7.68 | 8.33 | 8.22 | 4.49 | 9.01 | 7.50 | 16.66 | 9.23 | 4.56 | 6.40 |
| 1999 | 8.56 | 9.20 | 7.63 | 8.22 | 8.01 | 4.43 | 9.49 | 7.29 | 17.07 | 9.20 | 4.52 | 6.39 |
| 2000 | 8.46 | 9.08 | 7.66 | 8.09 | 7.89 | 4.36 | 9.90 | 7.21 | 17.45 | 9.06 | 4.47 | 6.36 |
| 2001 | 8.36 | 8.99 | 7.69 | 8.05 | 7.87 | 4.46 | 10.07 | 7.22 | 17.40 | 9.02 | 4.45 | 6.41 |
| 2002 | 8.34 | 8.94 | 7.70 | 7.96 | 7.76 | 4.53 | 10.29 | 7.15 | 17.68 | 8.85 | 4.39 | 6.40 |
| 2003 | 8.32 | 8.91 | 7.79 | 7.92 | 7.67 | 4.75 | 10.43 | 7.06 | 17.63 | 8.78 | 4.29 | 6.45 |
| 2004 | 8.30 | 8.97 | 7.90 | 7.89 | 7.55 | 4.84 | 10.46 | 6.96 | 17.75 | 8.74 | 4.24 | 6.41 |
| 2005 | 8.27 | 8.90 | 7.94 | 7.82 | 7.47 | 4.83 | 10.64 | 6.81 | 18.03 | 8.72 | 4.17 | 6.40 |
| 2006 | 8.28 | 8.82 | 8.02 | 7.72 | 7.55 | 4.93 | 10.65 | 6.73 | 18.09 | 8.75 | 4.09 | 6.37 |
| 2007 | 8.30 | 8.75 | 8.17 | 7.62 | 7.58 | 4.94 | 10.49 | 6.60 | 18.41 | 8.80 | 4.06 | 6.28 |
| 2008 | 8.46 | 8.85 | 8.22 | 7.64 | 7.73 | 4.95 | 10.11 | 6.53 | 18.12 | 9.01 | 4.09 | 6.29 |
| 2009 | 8.56 | 9.00 | 7.90 | 7.76 | 7.76 | 5.04 | 9.88 | 6.46 | 18.01 | 9.11 | 4.18 | 6.34 |
| 2010 | 8.61 | 9.06 | 8.06 | 7.79 | 8.00 | 4.73 | 9.64 | 6.48 | 18.03 | 9.12 | 4.23 | 6.25 |
| 2011 | 8.78 | 9.05 | 8.20 | 7.87 | 8.23 | 4.37 | 9.76 | 6.45 | 17.82 | 9.12 | 4.15 | 6.22 |
| 2012 | 8.94 | 9.08 | 8.21 | 7.95 | 8.42 | 4.16 | 9.90 | 6.37 | 17.56 | 9.11 | 4.09 | 6.20 |

资料来源：根据 International Monetary Fund，World Economic Outlook Database，1980～2012 年的 GDP 数据计算得出。

葡萄牙和希腊的每年各自 GDP 的总量占欧元区 12 国当年 GDP 总和的比重指标数值比较小，说明这两个国家相对欧元区其他国家的经济实力较弱。抵抗风险能力较弱。债务危机最先从这两个国家爆发。

根据表1、表2可知，2009 年债务危机发生以后，各国的经济指标变化不大，说明债务危机给欧元区 12 国都造成了影响，国家的相对经济状况基本保持不变。

从表3、表4和图1可以观察到，从 1980 年至 2012 年平均水平来看，除了荷兰和卢森堡的平均财政收入略大于财政支出，欧元区 12 国的财政支出普遍大于财政收入。与其他国家相比，希腊、爱尔兰、意大利、葡萄牙和西班牙的财政支出与财政收入的差值更大。财政支出减去财政收入为财政赤字。政府通过发行政府债券来弥补财政赤字，政府每年未偿还债券的累积成为政府债务。根据欧元区《稳定和增长协议》，区内各国都必须将财政赤字控制在 GDP 的 3% 以下，并且把降低财政赤字作为目标。同时，各成员国必须将政府债务/GDP 占比保持在 60% 以下。上述两条也是其他欧盟国家加入欧元区必须达到的重要标准。但是从表 5 可以观察到，欧元区 12 国中大部分国家的政府债务占 GDP 的比重超过了《稳定和增长协议》的限制要求。

**表 3　　　　欧元区 12 国 1980～2012 年财政收入占 GDP 比值的描述值**　　　　单位:%

| 国家 | 平均值 | 中位数 | 最大值 | 最小值 |
|---|---|---|---|---|
| 奥地利 | 49.43232 | 49.177 | 53.071 | 45.908 |
| 比利时 | 53.36824 | 53.445 | 56.714 | 46.919 |
| 芬兰 | 48.65758 | 48.799 | 50.86 | 46.021 |
| 法国 | 48.97055 | 49.208 | 51.78 | 45.694 |
| 德国 | 44.64223 | 44.542 | 46.614 | 43.176 |
| 希腊 | 34.73924 | 37.436 | 44.108 | 24.096 |
| 爱尔兰 | 38.8463 | 37.493 | 47.476 | 33.211 |
| 意大利 | 44.56296 | 44.953 | 47.693 | 38.548 |
| 卢森堡 | 42.45306 | 42.292 | 44.432 | 39.937 |
| 荷兰 | 45.66183 | 45.79 | 47.543 | 43.942 |
| 葡萄牙 | 38.92367 | 38.373 | 45.001 | 34.22 |
| 西班牙 | 36.75461 | 37.96 | 41.134 | 28.726 |

资料来源：根据 International Monetary Fund，World Economic Outlook Database，1980～2012 年的财政收入数据计算得出。

**表 4　　　　欧元区 12 国 1980～2012 年财政支出占 GDP 比值的描述值**　　　　单位:%

| 国家 | 平均值 | 中位数 | 最大值 | 最小值 |
|---|---|---|---|---|
| 奥地利 | 52.15724 | 51.653 | 58.865 | 48.602 |
| 比利时 | 54.05391 | 53.724 | 63.97 | 48.241 |
| 芬兰 | 52.51727 | 50.458 | 65.203 | 44.611 |
| 法国 | 52.40667 | 52.609 | 56.772 | 45.961 |
| 德国 | 47.21855 | 47.647 | 54.858 | 43.515 |
| 希腊 | 42.75545 | 44.326 | 53.951 | 27.655 |
| 爱尔兰 | 43.66576 | 44.158 | 65.399 | 31.282 |
| 意大利 | 50.13004 | 49.857 | 55.989 | 45.863 |
| 卢森堡 | 40.61611 | 41.0965 | 44.607 | 36.26 |
| 荷兰 | 44.54685 | 44.362 | 51.498 | 40.507 |
| 葡萄牙 | 47.68383 | 46.4405 | 56.445 | 44.17 |
| 西班牙 | 40.55439 | 39.945 | 47.977 | 30.466 |

资料来源：根据 International Monetary Fund，World Economic Outlook Database，1980～2012 年的财政支出数据计算得出。

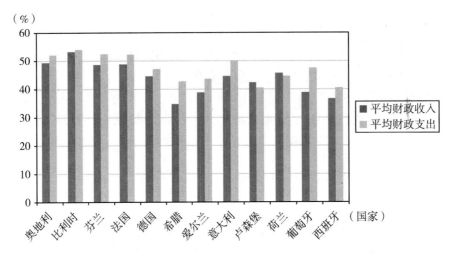

**图1 欧元区12国1980~2012年财政支出与财政收入占GDP比值的平均值**

从表5可以观察到，从平均水平来看，除了卢森堡、芬兰和西班牙外，其他国家的政府债务/GDP的比重都接近或超过了《稳定和增长协议》的限制要求。尤其是比利时、希腊和意大利这几个国家的政府债务/GDP的比重高达80%以上。

**表5  欧元区12国1980~2012年政府债务占GDP比值的描述值** 单位:%

| 国　家 | 平均值 | 中位数 | 最大值 | 最小值 | 标准差 |
|---|---|---|---|---|---|
| 奥地利 | 64.31664 | 64.426 | 74.081 | 56.207 | 5.138273 |
| 比利时 | 110.3224 | 109.358 | 137.755 | 76.149 | 17.36405 |
| 芬兰 | 34.92024 | 41.468 | 56.532 | 10.823 | 16.10449 |
| 法国 | 62.24773 | 61.0025 | 82.44 | 39.537 | 19.39864 |
| 德国 | 51.09639 | 56.942 | 90.233 | 20.733 | 11.71451 |
| 希腊 | 86.79245 | 97.008 | 170.32 | 22.577 | 36.83692 |
| 爱尔兰 | 71.48133 | 74.913 | 117.398 | 24.604 | 29.64214 |
| 意大利 | 109.3518 | 108.321 | 126.978 | 88.711 | 10.02309 |
| 卢森堡 | 9.703222 | 6.8885 | 20.781 | 6.07 | 5.231039 |
| 荷兰 | 59.37144 | 59.6085 | 76.1 | 45.295 | 9.410156 |
| 葡萄牙 | 65.15661 | 57.459 | 123.8 | 48.359 | 19.46284 |
| 西班牙 | 48.51927 | 45.386 | 85.896 | 16.564 | 15.03767 |

资料来源：根据 International Monetary Fund, World Economic Outlook Database, 1980~2012 年的政府债务数据计算得出。

通过分析欧元区 12 国债务占 GDP 的比重与 GDP 增长率的数据可以发现：由于本文所选取的 12 个样本国家都是发达国家，其经济增长速度较缓，经济增长趋势平稳。除了卢森堡的经济增长率波动较大以外，其他国家的经济增长率都在零附近，波动平缓。但是各国的 GDP 增长率在 2009 年后都出现明显下降。数据还显示了欧元区 12 国大部分国家的政府债务水平很高。尤其是近 10 年来，希腊和意大利的政府债务/GDP 比重远高于100%，并且各国的该指标数值的变化率很大。2009 年金融危机后，各国的债务迅速上升。债务占 GDP 的比重的变化趋势与 GDP 增长率变化趋势并未呈现明显的关系。较大的债务变化也不一定导致明显的 GDP 增长变化。2009 年金融危机发生后，各国的债务占GDP 的比重急剧增加，主要原因是政府加大投资刺激经济复苏。而同时期 GDP 增长率下降，甚至曾负增长，但是变化程度远小于债务增长的变化程度。

分析欧元区 12 国的政府财政支出占 GDP 的比重与 GDP 增长率的数据可以观察到：政府收支与 GDP 增长有一定相互影响的关系：当 GDP 增长率走低时，政府支出上升；当经济发展趋于平稳上升时，政府支出则出现下降。援引凯恩斯主义来解释这一现象：在经济萧条时期，社会有效需求往往低于社会的总供给水平，政府通过扩张的财政政策来干预经济，增加社会有效需求来刺激经济增长；当经济欣欣向荣时，政府逐渐退出干预，经济增长，而政府支出减少。政府收入的变化趋势与政府支出变化趋势趋同。

# 四、数据来源和面板数据模型的建立

本文中所使用的面板数据来自 2013 年的国际货币基金组织的世界经济展望数据库和OECD 数据库。由于希腊、爱尔兰、西班牙、葡萄牙和意大利等几个欧元国家的债务危机尤为严重，所以本文选取了 1980～2012 年的欧元区的 12 个国家（奥地利、比利时、芬兰、法国、德国、希腊、爱尔兰、意大利、卢森堡、荷兰、葡萄牙和西班牙），作为欧盟国家的代表来研究欧盟国家经济增长、财政收支与欧盟主权债务的关系。数据包括1980～2012 年欧元区十二国的主要经济指标。

## （一）因变量

本文研究的主题是财政收支与主权债务对 GDP 增长的影响。所以文章选取人均国内生产总值（即人均 GDP 或者 Gross Domestic Product Percapita）的 5 年移动平均值作为因变量。因变量之所以选取人均值的形式，是考虑到样本中欧元区 12 个国家的经济规模和人口规模不同，选用人均 GDP 能更好地研究各个经济变量对经济增长的影响。经济周期理论中，经济短周期为 3～5 年，将人均 GDP 作 5 年平均值的处理可以使人均 GDP 的周期性变动得到消除，使相互独立的不规则变得平滑。文章选取的人均国内生产总值的指标是以不变价格计算的，剔除了价格因素的影响。

## （二）自变量

本文选取了以下几个主要的经济指标作为自变量，来观察它们对 GDP 的影响：
（1）人均国民生产总值的滞后一期值。由于经济发展是一个连续的过程，经济发展的前期对后期有影响，所以本文选取该值作为解释变量以减小变量内生性的影响，数值已剔除了价格的影响。（2）政府负债务占 GDP 比重的自然对数值。（3）出口额占 GDP 的比重。（4）进口额占 GDP 的比重。（5）通货膨胀率。（6）政府收入占 GDP 的比重。（7）政府支出占 GDP 的比重。（8）长期利率。

## （三）模型

本文用面板数据固定效应模型分析经济增长与主权债务、政府收支的关系：

$$ga_{it} = C_i + \beta_1 g_{i(t-1)} + \beta_2 Lndebt_{it} + \beta_3 import_{it} + \beta_4 export_{it} + \beta_5 inflation_{it} + \beta_6 revenue_{it}$$
$$+ \beta_7 expenditure_{it} + \beta_8 interest_{it} + \mu_{it}$$

其中，i = 1，2，…，12 为第 i 个截面成员；t = 1，2，…，33 为时间；$ga_{it}$ 为 i 个截面成员在时期 t 的人均 GDP 的 5 年移动平均值；$g_{i(t-1)}$ 为第 i 个截面成员在时期 t-1 的人均GDP；$Lndebt_{it}$ 为第 i 个截面成员在时期 t 的政府债务占 GDP 的比重的自然对数；$import_{it}$ 为第 i 个截面成员在时期 t 的进口总额占 GDP 的比重；$export_{it}$ 为第 i 个截面成员在时期 t 的出口总额占 GDP 的比重；$inflation_{it}$ 为第 i 个截面成员在时期 t 的通货膨胀率；$revenue_{it}$ 为第 i 个截面成员在时期 t 的政府财政收入占 GDP 的比重；$expenditure_{it}$ 为第 i 个截面成员在时期 t 的政府财政支出占 GDP 的比重；$interest_{it}$ 为第 i 个截面成员在时期 t 的长期利率；$\mu_{it}$ 为随机误差项，代表模型中被忽略的随个体和时间变化的因素的影响。

# 五、实证分析

根据以上设定的面板计量方程，运用 EViews 6.0 对相关数据进行回归，得出如下结果（见表6）。

表6　　　　　　　　　　固定效应模型估计结果

| 解释变量 | 系数 | 标准差 | t 检验值 | P 值 |
|---|---|---|---|---|
| C | 2859.472 | 572.971 | 4.990606 | 0 |
| G（-1） | 0.93753 | 0.009709 | 96.56181 | 0 |
| debt | -2.14508 | 1.764358 | -1.21579 | 0.2254 |
| export | 9.225534 | 4.927376 | 1.872302 | 0.0625 |
| import | 6.976082 | 4.939752 | 1.412233 | 0.1594 |
| revenue | -55.4213 | 10.37282 | -5.34293 | 0 |
| inflation | -6.20878 | 12.16388 | -0.51043 | 0.6103 |
| expenditure | 20.84176 | 6.594478 | 3.160487 | 0.0018 |
| interest | 24.94814 | 9.659931 | 2.582641 | 0.0105 |
| $R^2$ | 0.99948 | 调整 $R^2$ | | 0.99937 |
| F 检验值 | 8638.781 | | | |
| D-W 检验值 | 1.447431 | | | |

回归结果的拟合优度99.99%，修正后的拟合优度为99.93%，说明模型的解释程度达标，没有遗漏重要变量；此次回归的 F 检验值为638.781，其伴随概率为0.0000，说明回归结果显著；D-W 检验值为1.447431，DW 检验值略低，可能是由自变量中有人均 GDP 滞后一期值所导致的。

从统计结果可以看出，在给定的1%的显著水平下，只有人均 GDP 滞后一期值、政府收入与政府支出通过显著性水平检验。在5%的显著水平下，只有长期利率通过显著性水平检验。出口额占 GDP 的比重的显著性介于5%～10%。在给定的10%的显著性水平下，政府债务占 GDP 的比重、进口额占 GDP 的比重、通货膨胀率没有通过检验，说明这几个经济变量对 GDP 的增长影响不显著，而人均 GDP 滞后一期值、政府的收入、支出和长期利率对经济增长的影响显著。这与我们在前一部分从数据图中分析得出的结论一致。下面分析各个经济变量是如何影响 GDP 增长的。

## （一）人均 GDP 滞后一期值

人均 GDP 滞后值 T 统计值的收尾概率为0。说明人均 GDP 滞后一期值与 GDP 增长的关系非常密切。经济发展是连续的，前期的一些经济建设成果、投资或者经济变量的变化会对后期的经济发展产生正面或负面的影响。例如，上一年的固定资产投资所产生的效益具有时滞效应。原因是固定资产投资从投资初期到产生效应有一定的时间间隔。前期固定资产投资所形成的固定资产对后期的生产发展都会产生影响。再如利率对经济的发展的影响有滞后效应。利率是资金借贷的成本。利率影响市场主体对经济发展的预期，影响市场主体的投资和储蓄的行为。现在利率的变化将影响将来市场资金量的充足程度，进而影响经济发展。

## （二）政府支出

从统计结果可以观察到，政府支出的 T 检验值的收尾概率通过了1%的显著性水平检验。政府支出对经济增长的影响显著，且政府支出与经济增长呈正相关，弹性系数较大，为20.84176，说明政府支出每增加一个单位，人均 GDP 增加20.84个单位。根据凯恩斯的国家资本主义理论，政府干预经济能弥补市场缺陷，促进经济增长。政府支出效应在经济蓬勃发展时期的效果不显著，但是在经济低迷时期，政府支出对经济的刺激作用显著。在经济萧条时期，当私人部门的投资减少时，当社会需求小于社会供给时，政府支出能形成有效社会需求，弥补私人部门的需求不足，刺激经济增长。

## （三）政府收入

政府收入的 T 检验值的收尾概率为0，表明政府收入对经济增长的影响非常显著。其弹性系数为 -55.4213，政府财政收入与经济增长呈负相关。财政收入每增加一个单位，人均 GDP 下降55.4213个单位。政府的财政收入主要以税收的形式存在。个人所得税将直接导致居民的可支配收入减少，进而减少居民消费需求。企业所得税将导致企业的收入减少，企业可投入再生产的资金减少，从而导致生产部门的需求减少。其他类型的税收，无论是间接税还是直接税都会最终产生抑制社会需求的效应，最终对经济发展产生负面影响。

## （四）长期利率

本文的长期利率的数据来自 OECD 数据库。该长期利率是政府长期国债（通常是 10 年期）利率，代表长期国债的收益率。长期利率的高低反应市场上资金供求状况、反应投资者对未来经济发展状况的预期。政府通过影响长期利率来实现货币政策的调控目标。由于长期国债的持有期长，持有者担心未来经济的不确定性而持有意愿较低，所以长期国债存在较高的风险溢价，长期国债利率通常高于短期国债利率。在市场成熟的国家，长期国债利率包含丰富的经济信息，可以帮助市场主体预测经济走势。长期国债收益率与经济走势呈高度正相关，即较高的长期国债收益率表明一国正进入或者已经处于经济扩张期。而较低的长期国债收益率表明一国正要进入或者正在经历经济萧条。长期利率的波动反应投资者对市场的预期。长期利率升高，反映市场投资者对一国经济增长有信心，从而对长期国债的需求增大。当长期利率降低则反映市场投资者对一国经济抱有悲观态度，从而对长期国债的需求减小。所以长期利率直接影响着各种市场主体的经济行为，对经济发展有非常显著的影响。根据面板数据的估计结果，利率的弹性系数最高 24.94814，对经济影响的程度最大。

## （五）政府债务占 GDP 的比重

统计结果表明，政府债务占 GDP 的比重的 T 检验值的收尾概率为 0.2254，没有通过 5% 的显著性检验，说明政府债务对经济增长的影响不显著。

## （六）进出口额占 GDP 的比重

统计结果表明，进出口额占 GDP 的比重对经济增长的效应不显著。原因在于在样本中的 12 个国家中，进出口额占国民生产总值的比重较小，对经济的贡献率较低。通过对比分析欧元区 12 国与中国的进出口总额占 GDP 的比重可以发现，最近 20 年，中国得益于改革开放，经济迅速发展，进出口贸易对占国民生产总值的比重很大，对经济增长的贡献率很高。但是欧元区 12 国都是经济发达国家，经济增长主要依靠消费和投资，进出口贸易对经济的贡献率都很低。数据显示，欧元区 12 国的进出口额占 GDP 的比重普遍比较低，大大低于中国进出口额占 GDP 的比重。即使是工业制成品的出口大国——德国，其进出口额占 GDP 的比重也远低于中国进出口额占 GDP 的比重。所以，在欧元 12 国区域，进出口对经济发展的影响不显著。

## 六、结　　论

本文研究了经济增长与财政收支、政府债务的变动关系，根据以上的实证分析，得出以下几点结论：

第一，经济发展是一个动态连续的过程，前期的经济因素的变化会影响后一期经济发展。

第二，政府支出与经济发展呈正相关。且政府支出的变化对经济增长的影响很大，尤其是在经济萧条时期，政府支出可以有效刺激经济发展。

第三，政府收入与经济发展呈负相关。且政府支出对经济发展的影响比较显著。主要原因是政府通过税收的形式取走一部分社会的财富，最终产生抑制社会需求的效应，从而对经济增长产生负面效应。

第四，长期利率反映一国的经济繁荣程度，并且可以通过影响市场主体对经济的预期来影响市场主体的行为，进而影响经济发展。

第五，在欧元区，政府债务占 GDP 的比重对经济发展的影响不显著。

第六，由于欧元区 12 国的进出口行业占 GDP 的比重较小，对经济增长的贡献率较小，在欧元区，进出口业对经济发展的影响小。

# 参考文献

［1］寇铁军、周波：《政府支出的经济增长效应：1993～2005 年间我国省级层面的分解分析》，《财贸经济》2007 年第 12 期。

［2］刘晓红：《财政支出对经济增长的作用机制及其检验》，《财政研究》2006 年第 12 期。

［3］严成、龚六堂：《财政支出、税收与长期经济增长》，《经济研究》2009 年第 6 期。

［4］Aizenman, J. & Kletzer, K.. Economic Growth with Constraints on Tax Revenues and Public Debt: Implications for Fiscal Policy. Info, 2007.

［5］Baum, A., Checherita-Westphal, C. & Rother, P.. Debt and growth: new evidence for the euro area. Journal of International Money and Finance, 2012.

［6］Checherita, C, & Rother, P.. The impact of high and growing government debt on economic growth. An empirical investigation for the Euro Area. Frankfurt: European Central Bank Working Paper Series, 2010: 1237.

［7］Kumar, M. & Woo, J.. Public debt and growth. IMF Working Papers, 2010: 1 – 47.

［8］Pattillo, C. A., Poirson, H. & Ricci, L. A.. External Debt and Growth (EPub). IMF Working Papers 02/69, 2002.

［9］Reinhart, C. M. & Rogoff, K. S.. Growth in a Time of Debt (No. w15639). National Bureau of Economic Research, 2010.

［10］Schclarek, A.. Debt and economic growth in developing and industrial countries. Lund University Department of Economics Working Paper, 2005: 34.

# 人口流动对财政支出影响的实证分析

## ——基于京、津、沪视角

李同军[*]

【摘要】本文通过对京、津、沪三市 1987～2012 年的总人口、户籍人口、外来人口和财政支出指标的时间序列分析，比较分析其变动特征和趋势，并与人口政策和经济因素相联系。然后通过两组单位根检验和协整分析证明其相关性，最后建立向量自回归模型，通过脉冲响应函数和方差分解来解释人口流动对财政支出变动的具体影响。

【关键词】财政支出　人口政策　外来人口

# 一、引言及文献综述

人口是影响财政支出的重要因素之一。在财政分权体制下，人口流动会给流入地区的财政支出造成重要影响，虽然纳税人口的增加会使地方政府财政收入增加，但流动人口增加会造成教育设施、社会治安、城市交通这些准公共品的拥挤问题，从而增加地方的财政成本。人口流动对地方财政的效应相互叠加，其财政政策的影响并不明确。

改革开放以来，我国对人口流动的限制经历了从宽松到严格，再到逐渐弱化的变迁过程，在以京、津、沪为代表的直辖市表现得尤为明显。1987～2012 年 26 年间，京、津、沪地区的外来人口增加了 27.5 倍，而财政支出增长了 75 倍。不论从人口政策角度还是经济发展角度，人口与财政支出都有相互影响。更好地履行财政职能，发挥财政支出作用以推动经济增长，对人口流动对财政支出的影响程度有必要进一步明确。

在西方财政文献中，关注人口流动的文献较少。基于人口流动自由度较高的特性，Hamilton（1975）认为，人口的自由流动并不是公共品有效提供的充分条件。虽然人口流动为人们对公共品的偏好揭示提供了工具，但如果公共品本身缺乏价格机制，在其消费上仍然存在"搭便车"问题，即穷人纷纷流向富人社区享受较高水平的公共品。他认为通过财政分区的方式限制人口的无序流动是公共品有效提供的充分条件。由于地方不同类别公共支出对经济增长的作用存在差别（Aschauer，1989；Barro，1991），地方政府财政资源总体上的相对稀缺性，导致地方在促进经济增长和提升居民公共福利的目标一般存在冲突，地方政府为了实现短期中经济快速增长，有激励在其财政支出结构中偏向于经济生产性支出项目，而导致居民消费性公共服务出现供给不足。Kam Wing（2010）则从我国户

---

* 李同军，男，1991 年生，中央财经大学财政学院 2013 级硕士研究生，研究方向：资产评估、财税理论与政策。

口制度入手，通过定性分析，认为我国当前户籍制度影响了公共品作用的发挥，导致了公共资源配置效率的低下，需通过改革建立更加科学史有效率的流动人口管理机制。

在国内研究方面，夏纪军（2004）从中央政府的角度关注人口流动对地方政府提供公共品效率和税收竞争的影响，为了控制人口流动对地方政府提供公共品的无效性和对税收收入的消极影响，中央政府将选择对人口流动进行完全限制。付文林（2007）利用2000年全国人口普查的数据对我国人口流动与公共支出竞争之间的关系进行了一个计量实证，得出尽管存在户籍控制但人口流动倾向还是反映了公共支出影响的结论。袁飞等（2004）利用中国1994~2003年县级面板数据和工具变量方法，从实证角度确立了转移支付增加与财政供养人口规模膨胀的因果关系，并指出要在控制政府冗员增长的同时促进公共服务的有效提供，中国需要建立一个财政上更加分权和行政管理上更有基层参与的政府管理体制。毕先萍（2009）通过实证分析，估计地区劳动力流动规模，构造相关指标并建立面板数据模型，得出了劳动力流动对下一期地区经济增长有正向影响，而对本期经济增长有负向影响。王德祥、李建军（2009）实证分析了辖区人口和面积对地方财政支出的影响，指出在实际人口大于公共服务的效率人口规模情况下，人口增加的拥挤效应大于网络效应，公共服务存在人口规模不经济，也即人口增加将降低服务效率或者保持服务水平不变时，人均公共支出上升。贾晓俊、岳希明（2012）从转移支付均等化角度，得出财力较强的省份总人口中财政供养人口比重较高，以财政供养人口为主的资金分配方式最终导致资金向财力较强的省份倾斜这一结论。

从以上研究可以看出，人口流动和财政支出之间的关系成为国内外学者普遍关心的焦点，但总的来说，国内研究大都以全国或省份为切入点，很少以具有人口流动代表性较强的直辖市作为研究对象或者较少运用计量模型进行分析，这使人口流动和财政支出关系理论不具有代表性。因此，本文在已有研究基础上，利用1987~2012年的相关数据进行实证研究，采用描述统计和相关性分析方法，通过统计数据和计量模型来分析研究人口流动对财政支出变动的具体影响，以期对此问题有进一步理解和发现。

## 二、京、津、沪三市的人口和财政支出的描述统计分析

### （一）三种人口总量变动及分析

根据我国人口政策相关规定，常住人口数即每年12月31日的年末总人口，是指一个行政区域内经常（通常半年）居住的人口总数。常住总人口由户籍人口和外来常住人口组成。户籍人口是指在公安部门办理了户籍登记的人口，而除户籍人外，外来常住人口是构成总人口的一大因素。

截至2012年年底，三市总人口分别为2069.3万、2380.43万和1413.15万，其中外来常住人口分别为773.8万、953.53万和392.79万，总人口中平均每三个人里面就有一个来自外地。从图1看来，近10年来，户籍人口呈现平稳增加趋势，但外来人口在三市人口中的外来人口比重大幅提高。因此，本文研究京、津、沪三市的人口变动趋势，从常住总人口、户籍人口、和外来常住人口三个方面进行。

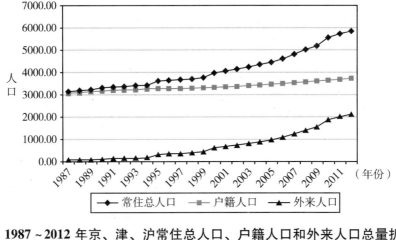

**图1 1987~2012年京、津、沪常住总人口、户籍人口和外来人口总量折线图**

从图1可以看出，1987~2012年，京、津、沪三市常住总人口、户籍人口和外来人口总体都呈明显上升趋势，其中户籍人口走势平稳，增速较慢，从1987年的3066.24万人到2012年的3742.76万人，26年间增长了676.52万人，增长率仅为22.06%，明显低于同期常住总人口和外来人口增长率。

从图2可以看出，增量方面，户籍人口增量曲线一直呈现平稳走势，1987~2012年平均增量为27.06万人，而且前后变化不明显。常住总人口在1987~1994年平均增量为44.93万人，1995~2012年为年平均增量为133.59万人，增长了近3倍。外来人口在1987~1994年平均增量为18.51万人，1995~2012年为年平均增量为106.28万人，增量增加了近6倍。而外来人口和常住总人口之间呈现明显的同步变化趋势。在1995年、

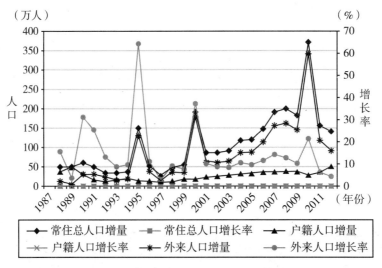

**图2 1987~2012年京、津、沪常住总人口、户籍人口和外来人口增量和增长率折线图**

2002年和2011年增量骤增，成为三个局部峰值点。尽管外来常住人口增量在更加规范的

政策指引下形成规律的轻微波动降低趋势，但外来常住人口增量在 1995 年正式超越户籍人口增量后便一直成为影响常住总人口变化的主要因素。

常住总人口及外来常住人口呈现明显变化趋势：京、津、沪三市的人口增长趋势大致可分两个阶段：1987～1994 年总体变动趋势平稳，1995 年是三市人口的一个突变点，1995～2012 年总人口数及外来常住人口数持续快速上升，例如，总人口数在前 8 年间从 1987 年的 3143.76 万人到 1994 年只增长至 3458.28 万人，增长率仅为 10.01%；而 1995～2012 年则由 3606.93 万人迅速增加至 5862.88 万人，增长率达 38.47%，同样，外来常住人口在 1987～1994 年由 77.52 万人增长至 207.12 万人，增长率为 167%，而 1995～2012 年则由 340.59 增长至 2120.12 万人，增长率为 522%。值得一提的是 2010 年总人口和外来人口数都有加速上升趋势。1995 年以后，外来人口增量超越了户籍人口增量，成为常住总人口增加的主导因素。在户籍人口趋势较为平缓的情况下，总人口曲线的变动主要受外来人口的影响。外来人口增量与户籍人口增量的差额绝对值也呈现了波折增长趋势，说明外来常住人口对常住总人口增量的影响越发显著。

增长率方面，常住总人口年均增长率在 1987～1994 年为 1.3%，此后，1995～2012 年年均增长率为 3%，是之前的两倍多；户籍人口增长率相对迟缓且平稳，平均增速为 0.8%；外来人口平均增长率为 14.8%，总体增速较快。总体来看，外来人口增长率在 1987～2001 年波动较大，外来人口增长率在 1995 年最高达到了 64.4%，最低值为 1989 年的 3.8%。

1987～2012 年人口变动呈现阶段性特征，且呈现主要受外来人口数的影响，作为直辖市，京、津、沪三市外来人口在总人口比重逐渐变大，从影响因素来讲，由于外来常住人口数量变化受人口管理政策的影响，三地不同的人口政策导向对人口结构的变动有着显著影响。因此对三市的外来人口政策研究是十分必要的。

作为直辖市，京、津、沪三市在外来人口政策方面经历了阶段性转变。北京市和天津市先后于 1985 年、1988 年颁布《关于暂住人口户口管理的规定》，对外来人口户籍和就业方面作出了明确规定，一方面维护了社会秩序；另一方面则很大程度上限制了 20 世纪 80 年代后期外来人口的大幅度增加。1994 年，上海市和天津市先后颁布实施了《蓝印户口暂行规定》开始规范外来人口进入本市的程序，同时也为引进外省市专业人才提供了政策支持，在一定程度上提高了外来人口规模和质量。1995 年，北京市实施新政，颁布了《外地来京人员租赁房屋规定》和《外地来京人员租赁房屋治安管理规定》，通过总量和比例控制的办法，从原来的严格控制监督转向整体把握，为流动人口进京提供了便利。2002 年 6 月，上海在全国率先推出居住证制度，并伴有创业等方面的一系列市民同等待遇和优惠政策，以促进外来人员来沪工作或创业，促进人才流动，提高城市综合竞争力。2004 年，北京市修订了《北京市外地来京人员租赁房屋管理规定》，同时废止了外地来京人员的一系列限制政策。这些政策大大放宽了外来人口进京的限制。2006 年，天津市政府出台了《天津市老龄事业"十一五"发展规划》，规划将生活在天津市的外来务工人员纳入天津市城镇社会保险的覆盖范围，更是平添了天津市作为直辖市对外来人口的吸引力。

第二辑

235

## （二）财政支出与三种人口分析

财政支出总量变化趋势：根据图3分析，1987～1994年京、津、沪三市财政支出一直增势迟缓，在低水平徘徊。15年间平均支出规模为210.44亿元。1994年起，财政支出规模大幅度上升且曲线逐渐陡峭，财政支出增加的幅度和增长率都有加快。与1994年364.45亿元的财政支出相比，仅1995年，财政支出额就增至512.66亿元，2012年为10012.54亿元，是1994年的近30倍。

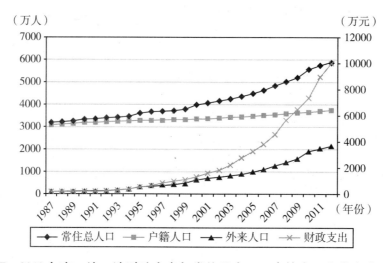

图3 1987～2012年京、津、沪财政支出与常住总人口、户籍人口和外来人口总量比较

财政支出增量总体呈加速增长态势，财政支出增长的绝对值从1994年开始大幅度增长，在2004年、2008年和2011年左右出现高峰，甚至在2011年在外来人口和总人口下降的趋势下出现了财政支出大幅增长的现象。此种趋势显然是受到了分税制改革、人口政策实施和对抗全球金融危机的影响。

从图4可以看出，财政支出增长率一直围绕19%的平均值呈波动趋势，1987～1995年波动较为剧烈，出现了40.67%的最大值和5.8%的最小值，在1996～2012年波幅相对较小。从图4可以看出，财政支出增长率与外来常住人口增长率的变化趋势在一定程度上相吻合，二者关系较为密切。说明外来人口的增长对财政支出增长的变化具有明显影响作用。

从宏观上分析，1994年我国进行了分税制改革，重新划分了中央与地方的财权和事权，将京、津、沪作为市级行政单位的事权加大，全权负责行政管理、公共安全、城市基本建设、科教文卫等地方事务，此后财政支出规模不断扩大。同时，分税制改革一改往常按照企业隶属关系征税，改为按照税收归属进行征税，对于北京市和上海市这样的央企、国企集中的城市来说，组织财政收入更加规范和明确，政府通过财政支出更好地发挥职能，财政的调控功能得以加强。2008年全球金融危机之后，京、津、沪三市经济运行均受到不同程度的影响，进出口企业大量停产，其他各行业也陷入裁员困境，导致失业率上升，就业人数下降，进而影响总人口和外来人口。国家推出了积极的财政政策，催生了4

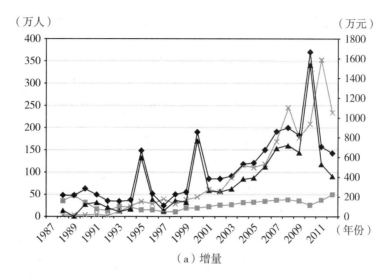

（a）增量

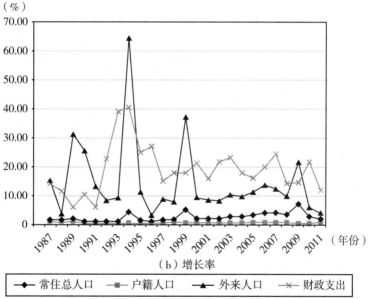

（b）增长率

◆— 常住总人口   ■— 户籍人口   ▲— 外来人口   ✕— 财政支出

**图4   1987～2012年京、津、沪财政支出与常住总人口、户籍人口和
外来人口增量和增长率比较**

万亿元的救市计划，也是导致2008年之后财政支出明显增加的重要因素。

从个体上分析，21世纪以来，直辖市在地缘优势和政策优势的双重引导下把握经济发展良好机遇，发展势头迅猛。2001年北京申奥成功，更是提升了北京的城市形象及影响力，对外吸引力加大。同时由于奥运场馆的建设工作需要大量的劳动力补充，形成了又一入京高峰。2001年的上海承办了亚太经合组织第九次领导人非正式会议。2002年年底，上海市成功申请举办第41届世界博览会，由于场馆的建设工作需要大量的劳动力，继续引致上海市外来常住人口增多。上海市陆续建成数座地标性建筑，并先后承办了许多重要的国际会议，不仅直接带来了财政支出和外来人口的增加，扩大了城市规模，增强了其国

第二辑

237

际影响力，而且带动上海市的社会经济迅速发展。自 2005 年天津滨海新区纳入国家"十一五"规划和国家发展战略，并批准滨海新区为国家综合配套改革试验区，天津的经济重新展现出活力，并被誉为中国经济第三增长极。2008 年起，世界经济论坛新领军者年会开始落户天津举办，汇聚了数千全球政界、商界和学界精英人士参与讨论世界经济议题，而夏季达沃斯论坛的永久会址位于建设中的北塘国际会议中心。天津的崛起不断吸引着外来人口的涌入和财政支出的增加。

通过对 1987～2012 年京、津、沪市财政支出与三种人口的总量、增量和增长率对比分析，可以看出三市财政支出无论是总量、增量和增长率上都与人口变动趋势吻合。受典型经济事件的影响，财政支出和人口变动都呈现阶段性特征。这是由于京、津、沪三市财政支出与常住总人口和外来常住人口间存在因果带动效应和长期均衡关系还是受到人口政策和经济建设影响而发生的巧合现象呢？需要进一步研究。

## 三、人口与财政支出相关性分析

我们将总人口、户籍人口、外来常住人口及财政支出分别用符号 CR、HJ、CW 和 GZH 表示。为消除数据中存在的异方差现象，对变量进行对数变换，变化后不影响元数据的相关性。分别用表示取自然对数后的 CR、HJ、CW、GZH。在这里我们以 LnGZH 为因变量，分别以 LnCR、LnHJ、LnCW 作为自变量，分别进行三组协整检验。

### （一）平稳性检验

首先对原序列进行单位根检验，对原序列检验发现，三市 LnGZH、LnCR、LnCW 与 LnHJ 的 ADF 检验值均大于在 5% 显著性水平下的临界值，所以原序列为非平稳序列；进而对其一阶差分进行检验，发现 LnGZH、LnCR、LnCW 与 LnHJ 其 ADF 检验值均小于在 5% 显著性水平下的临界值，可见一阶差分后的序列是平稳的。LnGZH、LnCR、LnCW 与 LnHJ 四个序列都是一阶单整的，满足协整关系的必要条件。

LnGZH、LnCR、LnCW 与 LnHJ 四个变量之间是否协整，可利用 Johansen 协整检验方法来检验，迹统计量显示在 5% 的显著水平上有两个协整方程，说明京、津、沪常住人口、户籍人口和外来常住人口对财政支出有明显的影响，四者之间存在长期稳定的关系。

### （二）相关性分析

为了消除变量之间的相互影响，我们选择户籍人口和外来人口作为自变量，财政支出作为因变量，分别对 LnGZH 与 LnCR、LnGZH 与 LnHJ 和 LnGZH 与 LnCW 这三组数据进行最小二乘法回归，可得三组回归方程如表 1 所示。

**表1　LnGZH 与 LnCR、LnGZH 与 LnHJ 和 LnGZH 与 LnCW 线性模型结果**

| 模　　　型 | $R^2$ 值 | $\hat{R}^2$ | n 样本数量 | DW |
|---|---|---|---|---|
| LnGZH = − 52.99 + 7.23 × LnCR | 0.95 | 0.95 | 26 | 0.14 |
| LnGZH = − 196.48 + 25.1 × LnHJ | 0.96 | 0.96 | 26 | 0.24 |
| LnGZH = − 1.3159 + 1.35 × LnCW | 0.98 | 0.98 | 26 | 0.6 |

　　LnGZH 与 LnCR、LnGZH 与 LnHJ 和 LnGZH 与 LnCW 的可决系数分别为 0.95、0.96 和 0.98，可见拟合优度非常高。若变量序列 LnGZH 与三个变量存在协整关系，则回归方程的残差序列应该是平稳的。三组回归方程的残差序列的 ADF 检验值为 − 4.21、− 3.74 和 − 4.37，小于显著水平的临界值，残差序列平稳，表明京、津、沪三市户籍人口、外来人口与财政支出之间存在长期稳定的协整关系。

　　显然，京、津、沪三市财政支出和常住人口、户籍人口、外来常住人口之间都存在长期稳定的正相关关系。财政支出对常住人口的弹性为 7.23，户籍人口的弹性为 21.5，对外来常住人口的弹性为 1.5，所以三者对财政支出的影响均为正方向；虽然户籍人口增长迟缓，财政支出对户籍人口的支持力度明显较大，因此其弹性较大一些。外来常住人口虽然增量较大，但并没有形成财政支出的巨大需求，因此带来财政支出的缓慢增长，因此弹性小一些。从可决系数来看，LnGZH 与 LnCW 的系数为 0.98，高于 LnGZH 与 LnCR 和 LnGZH 与 LnHJ 的可决系数，说明两组数据的拟合优度相近，拟合效果非常好。可见，京、津、沪三市财政支出的效用覆盖面不仅考虑了常住户籍人口，更应考虑了包括外来常住人口的受用情况。

### （三）格兰杰因果性检验

　　由于 LnGZH 与 LnHJ、LnGZH 与 LnCW 中的变量均为一阶单整，且三组数据都具有协整关系，故可对其进行格兰杰因果关系检验。从表2中我们可以得到，在滞后期为2的情况下，京、津、沪三市财政支出与户籍人口数之间存在双向的格兰杰因果关系。财政支出与常住外来人口之间具有单向格兰杰因果关系。

**表2　　　　　　LnGZH 与 LnHJ 二变量间的格兰杰因果关系检验**

| 零假设 H0 | 滞后期 L | F 统计量 | 概率值 P | 结论 |
|---|---|---|---|---|
| LnGZH 不是 LnHJ 的格兰杰原因 | 2 | 1.9997 | 0.0243 | 拒绝 H0 |
| LnHJ 不是 LnGZH 的格兰杰原因 | 2 | 0.5878 | 0.5653 | 拒绝 H0 |
| LnGZH 不是 LnCW 的格兰杰原因 | 2 | 2.0711 | 0.1536 | 拒绝 H0 |
| LnCW 不是 LnGZH 的格兰杰原因 | 2 | 3.2432 | 0.0614 | 拒绝 H0 |
| LnGZH 不是 LnCR 的格兰杰原因 | 2 | 2.4345 | 0.9869 | 拒绝 H0 |
| LnCR 不是 LnGZH 的格兰杰原因 | 2 | 2.8931 | 0.6414 | 拒绝 H0 |

基于格兰杰因果性分析可知，从局部变动因素看，常住外来人口的增加会促使政府财政支出规模扩张。整体观察常住总人口与财政支出关系时，可得总人口的增加会导致财政支出增加，得以全面覆盖所有人群；同时，财政支出规模扩大，使居住在京、津、沪三市的人口享受的基本公共服务水平较高，也成为吸引常住人口持续增长的因素。财政支出与外来人口之间互相影响，彼此拉动。

### （四）误差修正模型

协整检验结果表明财政支出和户籍人口、外来常住人口之间存在长期稳定的均衡关系，为进一步验证变量的这种长期均衡与其短期波动之间的关系，以及变量之间短期波动的关系，需建立一个包含协整方程的向量误差修正模型（VEC），即建立财政支出和户籍人口以及财政支出与外来常住人口之间的误差修正模型。估计 4 变量的协整方程为：

$$Ecm_{t-1} = LnGZH_{t-1} - 1.35LnCW_{t-1} + 5.32LnCR_{t-1} - 24.58LnHJ_{t-1} + 156.83$$

误差修正项 E（-1）的回归系数通过了显著性检验。该模型反映了 LnGZH 受 LnCW、LnHJ 和 LnCW 影响的短期波动规律。该模型表明，短期内京、津、沪三市财政支出、常住人口、户籍人口和外来人口可能偏离它们的长期均衡水平，但它们由短期偏离向长期均衡调整的速度比较快。由上式可以看出京、津、沪户籍人口短期变动 1% 将引起财政支出反方向变动 24.58%；短期外来人口变动 1% 将引起财政支出反方向变动 1.35%；E（-1）项的系数反映了对偏离长期均衡的调整力度，上一年度的非均衡误差以 0.31 和 0.21 的比率反向修正本年度的财政支出增长的偏离。误差项 E（-1）的估计系数显著为正，调整方向符合误差修正机制，可以保持并自动调节四个变量之间的长期均衡关系。总之，VEC 模型更好的纳入了长短期信息，说明京、津、沪三市财政支出、常住总人口、户籍人口和外来人口存在动态均衡机制。

# 四、模型的建立与分析

向量自回归模型，即 VAR（p），是一种无须用经济理论作为基础来描述变量间动态关系的模型。四组数据通过了上文单位根检验和协整检验，即京、津、沪三市总人口、户籍人口、外来人口均与财政支出规模存在相关性，且户籍人口变化和外来人口变化会引起财政支出规模的变化。

为分析影响京、津、沪三市财政支出和人口变量的动态变化，引入经济增长变量作对比，建立 VAR 模型。其中变量选择对应为 LnGZH、LnGDP、LnCR、LnHJ 和 LnCW。选取滞后阶数为 2，并对 VAR 模型中的残差是否服从正态独立同分布进行了检验，通过了诊断检验。5 个方程的决定系数分别为均在 0.99 以上，拟合程度非常高。同时还可以看出滞后一期方程中变量系数均为正数，说明无论是人口增长还是经济增长对财政支出的变化均具有正的效应。对下面将利用 VAR 模型中的脉冲响应函数和方差分解来分析这种动态关系。

## （一）脉冲响应函数

我们采用脉冲响应函数方法分析 VAR（2）模型，即分析当一个误差发生变化时或者模型受到冲击时系统的动态影响。

第一，度量财政支出的变量 LnGDP 的一个单位的正向标准差冲击，使 LnGZH 在滞后一期上升，形成一个向上的趋势，其后九年间一直呈正向效应，充分说明财政支出受GDP 的正向影响较大，证明了经济基础在是对上层建筑最重要的决定因素。

第二，常住总人口对财政支出的反应，在第一期就呈现明显的正向效果，但在第五期又形成了一个向下的波动，随后呈平稳增长的正效应说明总体来讲人口会对财政支出产生较强的正效应，但由于人口政策的实施，各个时期人口对财政支出的影响程度表现不一。

第三，从图 5 中可以看出，当户籍人口在本期给财政支出一个正冲击后，财政支出呈现并不明显变化，从第二期出现了财政支出为正响应。此后维持正响应趋势，并增速逐期加快。这说明京、津、沪三市户籍人口的增长对财政支出影响不明显，但其变动会引起几年后的财政支出的增长，对财政支出增长具有长期的拉动效应。

第四，从财政支出对外来人口冲击的响应函数图可以看出，在本期给财政支出一个正冲击后，财政支出呈现了负效应趋势，并持续到第二期期末，但在 2 年的滞后期以后为正向。这说明，外来常住人口在初期对财政支出增长具有负效应，与上面结论相悖，可能与80 年代后期对外来人口的限制政策导向有关，但经过调整后外来人口显然成为财政支出增加的重要推动因素。

## （二）方差分解

方差分解是通过分析纳入系统内的 4 个变量冲击对内生变量变化的贡献度来进一步评价各变量相互间冲击的重要性，从而可以定量地但是相当粗糙地刻画变量间的影响贡献。

方差分解结果说明财政支出本身的贡献度，在滞后一期达到最大值 100%，以后贡献度逐步回落，在滞后 10 期为 57.9%。说明京、津、沪三市对自身的贡献度在本期比较大，之后会逐年降低。总人口、户籍人口和 GDP 对财政支出变动的影响逐渐变大，但一直保持在 10% 左右的水平，且波动较小。从外来人口对财政支出方差分解来看，在滞后一期对财政支出贡献度为 0，在第 2 期逐步上升，第 10 期为 39.5%。在滞后 1 期到 5 期，外来人口对财政支出的贡献度较低是户籍人口占总人口比重较大导致的。而从长期的变化趋势能够看出外来人口对全国农业经济的贡献度会逐年增加。财政支出对自身的巨大贡献度说明财政支出的增长有一定的积累效应，前期以户籍人口为主的总人口影响着财政支出，但后期外来人口的比重逐渐变大，带动了财政支出的又一轮增长。

# 五、结论与建议

通过以上分析可知，一方面，户籍人口和外来人口的变动会对财政支出规模产生显著的影响，社会经济状况对人口流动的影响也会间接影响财政支出。

第一，从人口和财政支出描述性分析中可以得出，户籍人口增长平稳缓慢，总人口的增加主要来源于外来人口的变动。常住人口的增长具有明显的阶段性特征，1995 年是最具代表性的突变点，在人口政策的实施直接影响和分税制改革的间接影响下，外来人口剧增，财政支出相应增加。2009 年则是外来人口政策面临改革，受全球经济危机等影响，外来人口增长放缓。

第二，通过分析人口政策和经济因素，得出京、津、沪在流动人口政策上呈现从严到宽，从防范到鼓励的转变。京、津、沪三市的人口流动均在一定程度上受到国家财政政策调整和全球金融危机的影响。同时作为直辖市，三市在经济发展和城市建设上周期相近，所以人口和财政支出总量呈现的阶段性特征较为一致。

第三，通过对数处理和单位根检验，得出财政支出常住总人口、户籍人口和外来人口具有长期稳定的协整关系。且拟合优度俱佳，财政支出对户籍人口的弹性为 21.5，对外来常住人口的弹性为 1.5，对常住总人口的弹性为 7.23，所以二者对财政支出的影响均为正方向。值得指出的是，弹性系数的差距来源于财政支出结构的固有特征，即优先覆盖本地人口，所以在人口政策制定以及社保支出应更多地惠及流动人口。

第四，通过财政支出与四变量的向量自回归模型可知，户籍人口早期的变动对财政支出有着巨大冲击，但后期逐渐减弱，外来人口对财政支出的影响作用是由负到正，由弱变强，从长期看将趋于平稳。财政支出政策的应根据人口结构的变动作出方向性的调整，以达到公共资源的最优配置。

## 参考文献

[1] 毕先萍：《劳动力流动对中国地区经济增长的影响研究》，《经济评论》2009 年第 1 期。

[2] 付文林：《人口流动的结构性障碍：基于公共支出竞争的经验分析》，《世界经济》2007 年第 12 期。

[3] 贾晓俊、岳希明：《我国均衡性转移支付资金分配机制研究》，《经济研究》2012 年第 1 期。

[4] 刘皇、田贵贤、郑继承：《我国财政支出规模的实证分析》，《经济问题探索》2011 年第 4 期。

[5] 王德祥、李建军：《辖区人口、面积与地方财政支出——基于鄂鲁吉 3 省 178 个县（市）数据的实证研究》，《财贸经济》2009 年第 4 期。

[6] 王金营：《中国计划生育政策的人口效果评估》，《中国人口科学》2006 年第 5 期。

[7] 夏纪军：《人口流动性、公共收入与支出-户籍制度变迁动因分析》，《经济研究》2004 年第 10 期。

[8] 袁飞、陶然、徐志刚、刘明兴：《财政集权过程中的转移支付和财政供养人口规模膨胀》，《经济研究》2008 年第 5 期。

[9] Chan, Kam Wing. The household registration system and migrant labor in China: notes on a debate. Population and Development Review. 2010 (2): 357 – 364.

# 人口政策、公共支出与经济增长

## ——基于东中西部地区的面板数据分析

孟　珂[*]

【摘要】本文运用描述统计及随机效应模型实证分析了人口政策，公共支出与经济增长之间的关系，所采用的数据分别为人口增长率，财政支出和GDP，分析结果显示：公共支出对经济增长的影响在全国范围内都是一致的；而人口政策对经济增长的印象却会因地域的差别而不同，由于各种因素的共同作用，东西部的人口增长率和GDP的增长呈现出一致的变化，即GDP会随着这两个地区人口增长率的上升而下降，而中部地区的人口增长率的上升则会促进GDP的增长。

【关键词】人口政策　公共支出　经济增长

## 一、引　言

一个国家的人口政策会由国家根据本国人口发展的实际状况进行调整。在人口政策问题上，非理性人和效用最大化的存在，使国家的人口指标同个人的生育行为也常常不一致。在当前财政分权的体制下，公共支出正呈现稳步增长的趋势。随着社会经济的发展和公共支出的增加，人口变动带来的影响将会日益凸显，尤其面对当今中国计划生育政策实施过程中产生的一些负面影响及其带来的新的人口问题，就更需要对人口政策进行再研究，赋予其新的内容，进行适时的调整，以适应社会发展的要求。

1978年以来，改革开放推动了中国经济的迅猛增长，我国于20世纪80年代初实行计划生育政策，人口增长速度开始下降。受此经济和人口政策双重影响，政府财力获得了长足的发展空间。进入21世纪以来，受人口增速放缓的影响，我国的人口政策趋向温和，以促进人口长期均衡发展。这些变化特征是否与人口数量变动有关，是否和当时的人口政策相关，我国地区间差异是否明显，深入研究基于人口政策的公共支出和经济增长的关系，具有重大的理论和现实意义。

## 二、近期相关文献综述

从广泛意义上的人口政策而言，有关人口政策的研究领域大都涉及人口政策变化对经

---

*　孟珂，女，1989年生，中央财经大学财政学院2013级硕士研究生，研究方向：资产评估、财税理论与政策。

济（社会）发展所产生的影响。现代人口学者对人口转变过程中的人口结构问题，以及人口老龄化、劳动力短缺和人口红利等问题给予了更多、更具体的关注。

近年来，西方学者面对发达国家持续低生育率、人口负增长带来的经济负面效应，针对德国、法国、加拿大、俄罗斯等国进行了实证研究，试图找到解决问题的满意答案。20 世纪 80 年代以后的经济学家对公共支出与经济增长的关系进行了实证研究。Meguire（1985），Kormendi（1985），Grier（1987），Aschauer（1989），Barro（1990）等把公共支出划分为消费性支出（或非生产性支出）和投资性支出（或生产性支出）两部分，研究这两种支出的绝对规模与经济增长和生产率的关系。Kormendi 和 Meguire（1985）研究了第二次世界大战后一些国家的政府消费性支出，得出了政府消费性支出与经济增长之间不存在显著关系的结论。Barro（1990）利用 98 个国家的数据进行经验分析，认为消费性支出的增加会不乐意资源的合理配置，从而导致人均经济增长率下降。他还认为，生产性公共支出对经济增长的影响方向取决于公共支出规模的大小：若其尚未达到最佳规模，生产性支出的增加会对经济增长产生会产生正的影响，而当其超过最佳规模之后就会产生负的影响。

20 世纪 90 年代以来，国内经济学界开始研究公共支出问题，主要是从公平与效率相统一的视角来研究公共支出的规模问题。一些学者依据西方公共支出的相关理论来研究中国公共支出调整的方向，而绝大多数学者主要通过公共支出国际间的比较对中国当前的公共支出结构状态进行评价与分析。邹薇（2003）从"调整成本"入手，对中国公共支出规模对经济增长的效应进行了实证分析，认为公共支出的调整成本急剧上升对经济增长产生负效应，削弱了中国公共支出对经济增长的拉动力度。孔祥利（2005）利用相关数据建立斜率关联模型，以中国 1996 ~ 2003 年为样本区间，计算公共支出与经济增长的相关程度。郭庆旺、贾俊雪（2006）指出我国两种形式的公共资本投资与经济增长之间存在着长期均衡关系，其中政府公共物质资本投资对长期经济增长的正影响更为显著，而政府公共人力资本投资对长期经济增长的正影响较小，且在短期内不利于经济增长。夏纪军（2004）从中央政府的角度关注人口流动对地方政府提供公共品效率和税收竞争的影响，为了控制人口流动对地方政府提供公共品的无效性和对税收收入的消极影响，中央政府将选择对人口流动进行完全限制。王桂新、陈冠春（2010）认为中国的人口变动主要从四个方面促进了改革开放以来经济持续的高速增长；如果没有其他突发性因素的冲击，单从人口变动因素来看，中国经济还能持续增长 20 年。Kam Wing（2010）从我国户口制度入手，认为我国当前户籍制度影响了公共物品作用的发挥，需通过改革建立更加科学更有效率的人口流动管理机制，以提高公共资源的配置效率。

综上所述，国内外许多学者基于人口政策对公共支出与经济增长之间的关系都进行了深入的探讨，试图为政府政策的选择与制定提供一定的理论依据。对于财政支出、人口与经济增长之间关系的研究结论不尽相同，这与选择的时间区间和数据变量有关，因为在不同时期财政支出、人口与经济增长之间关系受到多种因素影响。大多数学者将关注的焦点集中于公共支出对经济增长是否有影响以及影响的方向和程度等问题上，但这些研究却没有达成共识，且鲜有研究设计区域间人口和财政政策不一对经济发展造成的影响。本文将在现有研究成果的基础上，从全国和区域和省级层次逐级进行研究，通过描述性分析和面板数据模型的建立与研究，实证分析人口政策、公共支出和经济增长的关系，以求对该问题有更进一步认识。

# 三、数据的说明与描述分析

## （一）全国数据的描述统计

由图 1（a）可知，进入 21 世纪以来，我国国内生产总值绝对值发生了巨大变化，但总体一直保着稳步上升的势头。从总量上看，GDP 总量于 2012 年突破了 50 万亿元，是 2001 年的近 5 倍。从增量上来看，2006 年之前增量相对较小，2006 年之后保持在较高水

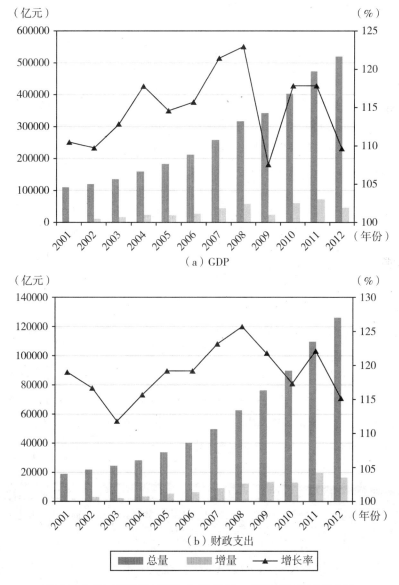

（a）GDP

（b）财政支出

图例：■ 总量　□ 增量　▲ 增长率

**图 1　全国 GDP 和财政支出总量、增量及增长率变化**

第二辑

245

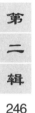

平，极大值为2011年的71679亿元。虽然每年保持着正的增长速度，但增长率曲线波动较大，在2008年达到峰值，此后跌入低谷，2009年增长率最低，年增速为7%，这与2008年全球金融危机对我国经济造成的冲击不无关系。总体来说，我国国内生产总值维持在一个较高的水平。但受多种因素的影响，GDP增长的趋势并不平稳。

由图1（b）可知，进入新世纪以来，我国财政支出长时间内保持着正的增长速度，每年都保持至较高的增长率，由2001年的不到20000万元，增长至2012年底的125952万元，增速为6.6倍。从增量上看，受财政支出总量基数增大的影响，财政支出增量逐年增加，2011年达到最大值为19672万元。财政支出增长率与GDP增长率波动大致相同，年平均增长率在18%，2002年出现极小值，之后再2008年达到最大值。

从图2可以看出，我国GDP增长率和财政支出增长率波动趋势大致相仿。二者均在2008年达到峰值，之后呈现下降的趋势。其中GDP增长率在均值为114%左右，而财政支出增长率达到了118%，高于GDP年平均增长率。从世界范围内来看，增长率均处于较高水平。财政支出占GDP比重呈现了连年递增的趋势，公共支出占比从世纪初的17%增至2012年的24%，可见财政支出对经济增长的贡献程度。根据瓦格纳法则，随着人均收入的提高，国民经济的发展，公共支出占GDP比重将会提高，就会带来财政支出的相对增长。



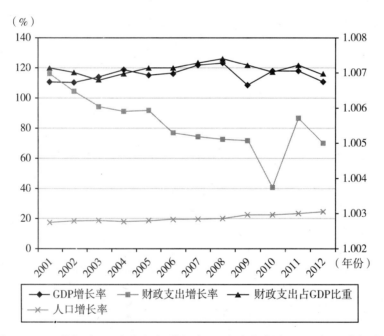

**图2　全国GDP增长率、财政支出增长率、财政支出占比、人口增长率折线图**

注：全国GDP增长率、财政支出增长率、财政支出占比数值在主坐标轴，人口增长率数值在右坐标轴。

21世纪以来，人口增长率总体上波动不大，维持在较低的历史水平，且呈显著下降趋势。由2001年的6.9‰下降至2012年的4.9‰，还出现了2010年3.6‰的谷值。10年来，我国人口增长处于低生育水平阶段。一段时间内中国正享受着人口红利所带来的丰沛劳动力，并在一段时间内保持了外需为主的经济结构。

## （二）省级面板数据的描述统计分析

从表1中数据可以看出，从 GDP 方面来看，东部的极大值均值以及中位数无一不高于中西部，只有极小值小于中部，但依旧高于西部，说明东部地区的 GDP 极大极小值之间的差距明显高于中西部，相比之下中部地区的该差距是最小的。从人口增长率上来看，西部的人口增长率在各个指标中都是最高的，这可能与地域有关系，因为西部地区的少数民族较多，受计划生育中限制人口的政策影响较小；而在东部地区出现了极小值为负的情况也可能与经济发展促进人口观念的转变有关。再看财政支出方面，东部地区则该在该方面表现出来和 GDP 相一致的情况，唯有极小值低于中西部，其他指标依旧明显要高于中西部，这些情况表明公共支出对经济增长的影响于东中西部有可能是相同的，而人口政策在东中西部地区对经济增长的影响或许是不同的。

**表1　2001～2011 年东中西部省份 GDP、人口增长和财政支出数据的描述性统计分析**

| 地区<br>系数<br>参数 | 东部（N = 264） | | | | 中部（N = 198） | | | | 西部（N = 198） | | | |
| --- | --- | --- | --- | --- | --- | --- | --- | --- | --- | --- | --- | --- |
| | 极小值 | 极大值 | 均值 | 中位数 | 极小值 | 极大值 | 均值 | 中位数 | 极小值 | 极大值 | 均值 | 中位数 |
| GDP | 526 | 53210 | 13162 | 10185 | 1713 | 26931 | 7642 | 6188 | 300 | 21026 | 3808 | 2580 |
| ZZ | −1.35 | 9.48 | 4.54 | 4.875 | 1.02 | 9.38 | 4.71 | 4.95 | 2.31 | 12.62 | 7.54 | 7.32 |
| GZH | 84 | 6712 | 1642 | 1271 | 283 | 4248 | 1264 | 915 | 93 | 4674 | 919 | 602 |

注：东部包括北京、天津、辽宁、上海、江苏、河北、浙江、福建、山东、广东和海南；中部包括安徽、江西、河南、吉林、黑龙江、山西、内蒙古、湖南、广西和湖北；西部包括四川、重庆、贵州、西藏、云南、陕西、甘肃、青海、宁夏和新疆。

从人口区域分布上看，东部地区人口比重上升。在地区分布上，东部地区人口占31个省（市、区）常住人口的 37.98%，中部地区占 26.76%，西部地区占 27.04%，东北地区占 8.22%。与 2000 年人口普查相比，中国东部地区人口比重上升 2.41 个百分点，中部、西部、东北地区的比重都在下降，其中西部地区的下降幅度最大。从人口结构上看，我国城镇人口比例增多。按照城乡划分，中国居住在城镇的人口为 66,557 万人，占总人口的 49.68%，居住在乡村的人口为 67,415 万人，占 50.32%。同 2000 年人口普查相比，城镇人口比重上升 13.46 个百分点。这表明 2000 年以来我国经济社会快速发展极大地促进了城镇化水平的提高。

为了研究人口政策和公共支出对经济增长的影响，本文采用 2001～2011 年 11 年中各省人口增长率作为人口政策的指标，财政支出作为公共支出的指标，GDP 作为经济增长的指标来进行描述。尽管人口政策可以在很多指标中反映出来，但是我们认为其最基本的因素依旧是人口增长率。综上所述，本文的实证分析将选取全国 31 个省（区市，不包括港澳台）2001～2011 年 11 年间的面板数据，且所有数据均来自于《中国统计年鉴》和国家统计局网站。

# 四、实证分析

## （一）线性回归模型分析

在本文模型中的被解释变量为国内生产总值，即我们常说的 GDP，解释变量分别为人口增长率 ZZ 和财政支出 GZH，变量均为年度数据，样本区间为 2001～2011 年，处理软件为 EViews 6.0。

从文献综述和全国和省级面板数据的描述性分析可知，东中西部三地区人口变动与财政支出和 GDP 之间存在相互促进和相互影响的关系，下面通过一元线性关系为例对其进行实证分析，设立模型如下，并根据模型对我国三地区政府财力和人口增长进行估计与分析，估计结果如表 2 所示。

**表 2　全国人口变动、财政支出变动与经济增长的关系模型结果数据表**

| 模型 | 估计方程 | 样本量 | $R^2$ | 调整 $R^2$ | D-W |
|---|---|---|---|---|---|
| 原数据 | GDP = 100525 + 3.8512GZH − 8771ZZ | 11 | 0.9943 | 0.9928 | 1.4842 |
| 对数处理 | LnGDP = 3.52 + 0.84LnGZH − 0.04LnZZ | 11 | 0.9964 | 0.9955 | 1.4972 |

由表 2 可知，我国人口变动与财政支出和 GDP 无论从绝对量还是相对量来看，都具有一定的相关关系。在经过对数处理前后，$R^2$ 表示的拟合优度来看，模型的拟合效果都非常好，高达 99%，说明人口变动和政府财力对经济增长具有显著影响。

## （二）平稳性检验

为了判断变量是否平稳以及避免变量之间出现伪回归现象，对面板数据进行单位根检验是有必要的。只有当面板数据平稳时才能进行回归分析。如果数据同阶单整但是不平稳，则需要运用协整性检验进一步验证，以确定变量之间是否存在某种长期稳定关系。为检验上述判断，本文采用 ADF 检验来对各个变量作单位根检验。

原序列检验我们发现东中西部地区的 ADF 检验值均大于在 5% 显著性水平下的临界值，所以原序列为非平稳序列，进而对其一阶差分进行检验，发现经过一阶差分后序列的 ADF 检验值均小于在 5% 显著性水平下的临界值，所及拒绝存在单位根的零假设，可见一阶差分后的序列是平稳的。因此东中西部 ZZ、GZH 和 GDP9 个序列都是一阶单整的，对应三者之间可能存在协整关系，满足协整关系的必要条件。

## （三）协整检验

从表 3 的协整检验结果可以看出，设定的变量通过了 Pedroni 和 Kao 协整检验，因此可以认定变量之间存在协整关系，即变量之间是否存在某种长期稳定关系。因此，在长期，人口政策与财政支出和经济增长之间存在长期均衡关系。

**表3** 东中西部地区人口政策、公共支出与经济增长的协整检验结果

| 地区\指标 | 检验方法 | 统计量 | | P 值 |
|---|---|---|---|---|
| 东部 | Pedroni 协整检验 | Panel PP 统计量 | -9.11283 | 0 |
| | | Panel ADF 统计量 | -4.76367 | 0 |
| | KAO 协整检验 | ADF | -3.2146 | 0 |
| 中部 | Pedroni 协整检验 | Panel PP 统计量 | -8.46704 | 0 |
| | | Panel ADF 统计量 | -8.3749 | 0 |
| | KAO 协整检验 | ADF | -2.56182 | 0 |
| 西部 | Pedroni 协整检验 | Panel PP 统计量 | -9.4015 | 0 |
| | | Panel ADF 统计量 | -6.94618 | 0 |
| | KAO 协整检验 | ADF | -5.82336 | 0 |

## （四）面板模型

Hausman（1978）等学者认为，应该总是把个体影响处理为随机的，即随机影响模型优于固定影响模型，其主要原因是因为：固定影响模型将个体影响设定为跨截面变化的常数使分析过于简单，并且从实践的角度看，在估计固定影响模型时将损失较多的自由度，特别是对"宽而短"的面板数据。但相对于固定影响模型，随机影响模型也存在明显的不足：在随机影响模型中是假设随机变化的个体影响与模型中的随机变量不相关，而在实际的建模过程中这一假设很有可能由于省略了一些变量而不满足，从而导致估计结果出现不一致性。

在确定固定影响还是随机影响时，一般的做法是：先建立随机影响的模型然后检验该模型是否满足与解释变量不相关的假设，如果满足就将该模型确定为随机影响的形式；反之，则将模型确定为固定影响的形式。

通过对这些模型进行 Hausman 检验我们不难发现，对东、中、西部的模型形式设定检验时均拒绝了 Hausman 检验的原假设（随机影响模型中个体影响与解释变量不相关）。从进一步的 Hausman 检验结果中可以看出，该模型的 W 统计量均小于临界值，这说明各模型均无法拒绝个体影响与解释变量不相关的原假设，因此将三个模型中的个体影响确定为随机影响形式，即分别建立东部、中部、西部人口政策、公共支出与经济增长的随机影响变截距模型。

模型形式为：

$$Z_{j,it} = A_j + B_j * X_{j,it} + C_j * Y_{j,it} + d_{j,i}$$

式中，$j = 1, 2, 3$ 分别代表东、中、西部地区；$i = 1, 2, \cdots, N_j$，$N_j$ 分别表示东中西部地区包含的省级城市个数，$N_1 = 12$，$N_2 = 9$，$N_3 = 10$；$t$ 表示时间期间；$A$ 为常数；$d_{j,i}$ 为随机变量，代表 $j$ 地区中 $i$ 城市或省份的随机影响，用来反映地区内部不同省市之间

的特征差异；B 为各地区人口增长率的系数，X 为人口增长率；C 为财政支出的系数，Y 为财政支出。

由表 4 可见，三个模型分别为：

$$Z_{1,1211} = 4021.719_1 + (-531.4899) \times X + 7.037396 \times Y$$
$$Z_{2,911} = 723.8579_2 + 148.3006 \times X + 4.918241 \times Y$$
$$Z_{3,1011} = 2373.016_3 + (-184.6102) \times X + 2.969804 \times Y$$

从上述的检验结果可以看出，东中西部地区的 R 值分别为达到了 0.937081，0.960091，0.875037，接近于 1，这说明模型的拟合效果很好；再观各变量的 P 值，我们会发现各变量的系数在 5% 的显著水平下均通过检验，参数的估计值是显著的（见表 4）。

表 4　　东、中、西部地区人口政策、公共支出与经济增长的随机效应模型

| 地区 | 变量 | 系数 | T 统计量 | P 值 |
| --- | --- | --- | --- | --- |
| 东部 | 常数 | 4021.719 | 3.274031 | 0.0014 |
| | 人口增长率 | -531.4899 | -2.881607 | 0.0046 |
| | 财政支出 | 7.037396 | 45.8241 | 0 |
| | 拟合优度 | 0.937081 | | |
| 中部 | 常数 | 723.8579 | 1.208058 | 0.023 |
| | 人口增长率 | 148.3006 | 1.412659 | 0.0161 |
| | 财政支出 | 4.918241 | 52.00027 | 0 |
| | 拟合优度 | 0.960091 | | |
| 西部 | 常数 | 2373.016 | 4.580154 | 0 |
| | 人口增长率 | -184.6102 | -3.228199 | 0.0017 |
| | 财政支出 | 2.969804 | 27.13805 | 0 |
| | 拟合优度 | 0.875037 | | |

通过验证后我们发现：在东部地区，作为人口政策指标的人口增长率与作为经济增长的 GDP 呈反方向变动的关系，即当人口增长率每增加一个单位时，GDP 就会减少 531.4899 个单位，而财政支出则与经济增长保持了一致的变动方向，每当财政支出增加一个单位，作为衡量经济增长的 GDP 便会增加 7.037396 个单位；随着东部地区经济的腾飞，尤其是地处沿海开发地区，人们的生育观念在某些程度上已经受到了外来观念的影响，加上国家的生育政策在该地区可以得到更完善的落实，无非是汉族人口相对集中。还有一个不可忽视的原因是东部地区人们的受教育程度普遍偏高，"人口红利"现象就更为明显。

在中部地区，无论是人口增长率还是财政支出都与经济的增长保持着同增同减的关系，即每当人口增长率增加一个单位，经济增长便会相应增长 148.3006 个单位，同样地，

GDP 也会随着财政支出每增加的一个单位相应增加 4.918241 个单位；不可否认"人口红利"是促进当前经济增长的重要因素，经济增长则转而依靠人力资本积累的提高。改革开放以来中国经济快速发展得益于成功地开发了沉淀于传统农业部门和国有部门的丰富的廉价劳动力资源。中部地区的经济发展可以说与此绝对脱不了干系。所以中部地区的经济发展会随着人口增长率的增加而增加。

在西部地区，则又出现了和东部地区相似的情况，即人口增长率和经济增长呈反方向变动，人口增长率每增加一个单位，GDP 都会减少 184.6102 个单位，财政支出每增加一个单位，GDP 便会相应增加 2.9698 个单位。该验证后的结果让我们不禁联系到之前所进行的描述性分析：公共支出对经济增长的影响于东中西部有可能是相同的，而人口政策在东中西部地区对经济增长的影响或许是不同的。

与东部相比，我国西部人口转变过程更具复杂性、多样性、深刻性等特征。西部人口转变、人口政策在促进西部经济增长方面发挥了积极影响和重要作用。但同时，它抑制经济增长的负面影响也开始有所表现，如不注意调整人口政策，在稳定低生育水平的基础上优化人口结构、提高人口素质、综合治理人口资源环境问题，必将影响经济的可持续增长。在原有地区局限、民族风俗等因素的作用下，再加之这种分族而治的生育政策，同时民族自治地区大多处于老少边穷地带，各种资源匮乏，交通不便利，现代文明程度低，而过度的生育又加重了家庭的负担，人口的增长必然会对经济的增长有阻碍作用。

从公共支出方面而言，东中西部财政支出对 GDP 的贡献程度分别为 7.04、4.91、2.97，这说明公共支出对经济增长效应虽然都是正的，但会因地区经济差异的存在而出现明显差距。中国是世界上经济增长速度最快的国家之一。尤其是自 1978 年以来，GDP 经常出现双位数的年增长率，由于在中国的经济增长中政府公共支出计划曾经发挥着重要作用，以至于有一种观点认为，中国经济之所以出现如此迅速的、持续的增长，一个重要原因就是中央和地方政府进行了巨大的公共支出。公共支出作为总需求的一个重要组成部分，其扩张本身就意味着总需求的扩张，尤其是在总供给大于总需求的宏观经济态势下，其对经济增长具有积极的意义。另外，财政政策的不平衡加剧了地区间发展的不平衡。预算外资金的设立目的是鼓励地方政府扩大税基，增加财政收入，但是由于各地发展水平不一致，财政政策的不平衡加剧了地区间的封锁和市场分割，也促使各地更多地投入资源，以争取得到更多的来自中央政府的公共支出，或者争取有更多的地方公共支出的权利。

# 五、结　论

本文构建了一个包含东部、中部、西部人口政策、公共支出与经济增长的随机影响变截距模型。经分析研究，得出以下结论：

第一，模型表明，公共支出对经济增长效应都是正的，即公共支出的增长可以促进经济的增长；东中西部财政支出对 GDP 的贡献程度分别为 7.04、4.91、2.97，这说明，但会因地区经济差异的存在出现明显差距。

第二，人口政策对经济增长的影响却会"因地而异"，东西部地区的变化方向一致，随着人口增长率的上升，经济增长率会下降，唯有中部地区的经济增长会随着人口增长率的上升而上升。基于中国社会经济的特征，我们选取了公共支出规模总量，采用面板数据分析的计量方法，验证了理论模型的结论。

第三，人口政策的不一导致了人口增长率的区域差距，财政政策的不平衡加剧了地区间的封锁和市场分割。人口政策和财政政策在实施过程中应通过建立长效引导机制，通过人口流动和转移支付等措施，加强区域交流，缩小区域间差距，在保证效率的同时最大限度地促进公平。

## 参考文献

[1] 蔡昉：《未来的人口红利——中国经济增长源泉的开拓》，《中国人口科学》2009 年第 1 期。

[2] 郭庆旺、贾俊雪：《政府公共资本投资的长期经济增长效应》，《经济研究》2006 年第 7 期。

[3] 钱小林、李晨赵、关丁：《公共支出与经济增长的国内外研究综述》，《经济研究导刊》2010 年第 35 期。

[4] 王丹宁：《政府支出与经济增长的一个文献评述》，《开发研究》2011 年第 3 期。

[5] 王桂新、陈冠春：《中国人口变动与经济增长》，《人口学刊》2010 年第 3 期。

[6] 王金营：《中国计划生育政策的人口效果评估》，《中国人口科学》2006 年第 5 期。

[7] 夏纪军：《人口流动性、公共收入与支出——户籍制度变迁动因分析》，《经济研究》2004 年第 10 期。

[8] 张新起、景文宏、周潮：《人口结构对经济增长的实证研究》，《统计与决策》2012 年第 3 期。

[9] 邹薇、庄子银：《公共支出能否促进经济增长：中国的经验分析》，《管理世界》2003 年第 3 期。

[10] Aschauer, D. A.. Is public expenditure productive? Journal of Monetary Economics, 1989, 23 (2): 177 – 200.

[11] Barro, Rober J.. Government spending in a simple model of endogenous growth. Journal of Political Economy, 1990, 98 (5): 103 – 117.

[12] Bruno Ventelou, Xavier Bry. The role of public spending in economic growth: Envelopment methods. Journal of Policy Modeling, 2006 (5): 403 – 413.

[13] Shantayanan Devarajan, Winaya Swaroop, Heng-fu Zou. The composition of public expenditure and economic growth. Journal of Monetary Economics, 1996 (37): 313 – 344.

# 1978～2012 年东部地区地方政府人均财政支出分析

陆　昊[*]

【摘要】本文考察了 1978～2012 年中国东部地区 11 个省直辖市在经济增长和人口变动下的人均财政支出的变动特征，通过描述性分析、协整检验和多线段回归模型东部地区在 1978～2012 年人口和人均 GDP 对人均财政支出的影响。结果表明，人均 GDP 是影响人均财政支出最为长期稳定的因素，同时人口迁移在短期内也会对人均财政支出有极大的冲击。同时东部地区人口、人均 GDP 和人均财政支出的增长呈明显的阶段性。探究了分税制改革和 2009 年国际金融危机作为突变点对东部地区人均财政支出的影响。

【关键词】人口增长　人均 GDP　人均财政支出 协整分析

## 一、引　　言

中国东部地区自改革开放以来一直保持经济的持续快速增长。1978～2012 年，东部地区 11 个省及直辖市的 GDP 增速高达 16.2%，远远高于中国同期平均水平。2013 年，东部地区 GDP 总值为 32.36 万亿元，广东、江苏、山东三省 GDP 位于全国前三名。相对于 GDP，东部地区财政支出年均增速为 10.36%，明显低于全国平均水平。这样低投入高回报的产出比使东部地区在改革开放以来为经济发展做出了突出的贡献。

同时，我们应该注意到的是，由于东部地区经济发展速度较快，因此这些地区也就较早地比较好地开展了计划生育政策，人口自然增长率的下降使计划生育政策所带来的"人口红利期也就较早"地发挥了作用。从 20 世纪 80 年代兴起的务工潮的出现，更为东部的发展提供了充足的"人口红利"。这些因素也就促成了改革开放以来东部地区经济的持续高速增长。

## 二、国内外文献综述

近年来，国内众多学者在地方政府财政支出领域对诸多问题进行了广泛的研究。在已有的研究成果中，Heng – fu Zou 和 Tao Zhang（1998）运用 1978～1992 年的省际数据，对人均地方财政支出占人均总财政支出的比重进行了分析，并用这一指标衡量财政分权。同

---

* 陆昊，男，1992 年生，中央财经大学财政学院 2010 级本科生，研究方向：财税理论与政策。

时结合对不同机构形式的财政支出对经济增长的影响，并且将预算外资金对中国财政分权程度的影响纳入考虑范围后，经过计量分析得出中国的财政分权和省际经济增长间存在着负相关关系。林毅夫、刘志强（2000）用边际分成率进行对财政分权的考量，分析了财政分权与人均 GDP 的关系，得出财政分权能够促进经济增长的结论。殷德生（2004）通过建立经济增长与中央和地方财政支出的关系，利用多元线性回归的方法得出对中央和地方财政支出弹性的估计，并对中国最为合适的财政分权区间进行了估计。梁艳、吕尚霖、赵璐璐（2008）对辽宁省及其 14 个地级市的数据进行分析后认为，财政支出对经济增长存在短期和长期的不同效应，基本建设、科教文卫、社会保障等支出在短期内对经济增长有负影响，而长期中则具有正效应。马海涛、曾康华（2010）实证分析了 1978～2008 年 30 个省、直辖市、自治区人均财政收入变动的影响因素和人均财政收入差异形成的原因，得出结论认为，中国财政体制改革有利于缩小省际人均财政收入的差异，并且对实现公共服务均等化具有积极的促进。

而国外学者近年来则比较侧重把人口作为重要的因素放入经济增长的研究中，并结合居民收入和财政收入因素进行研究。Msaon，Kinugasa（2012）对东亚地区国家的经济增长速度和人均收入间的关系进行了分析，得出 20 世纪早期许多东亚国家采取的计划生育政策对这些国家的经济增长提供了两方面的"人口红利"，并且运用修正的新古典经济增长模型对这一问题进行实证分析。得出的结论认为 1960～2000 年，这些东亚国家普遍获得了由于劳动力增长率远快于总人口增长率所带来的第一波人口红利使得国民经济快速增长。

从这些文献可以看出，从我国省级区域视角专门研究人均财政支出变动特征的文献较少，因此本文从经济增长和人口变动的角度对 1978～2012 年中国东部地区人均财政支出变动特征进行分析。

# 三、东部地区人口、人均 GDP 与人均财政支出变动的描述性分析

## （一）东部地区人口总量变动特征

1. 时间序列图分析。根据全国人口政策相关规定，常住人口是指普查标准时点在居住地居住半年以上的人口，包括虽然离开居住地但时间不满半年的户籍人口。所以，除户籍人口外，外来常住人口是构成总人口的一大要素。外来常住人口可定义为不具备当地户籍但在当地长期工作和生活的外地人员。

1978～2012 年，东部地区各省总人口数均呈比较稳定上升的趋势。除辽宁省外，其余各省人口均没有出现比较大的波动。1995～1992 年，各省人口均有比较明显的上升。进入 21 世纪以后北京市人口数量明显增长。2010～2012 年，北京市人口从 1257 万人增长到了 2019 万人，增长了 63.42 万人，年均增长 5.04%。2010 年后，天津、上海两直辖市的人口出现了非常大的增长。上海市在 2011～2012 年人口从 1412 人增加到了 2347 万人，增长 935 万人，占总人口的 66.18%，出现了改革开放以来最大的增长。天津市 2009～2012 年从 969 万人增长到了 1355 万人，增长 386 万人，年均增长 128.67 万人。广

东省从2008年开始超过山东省成为东部地区人口最多的省份，并且一直保持非常高的增长速度，1978~2012年，人口从4986万人增加到了10105万人，增长了5519万人，年均增长229.97万人。

从上面的分析可以看出，东部地区的人口增长主要分为三个阶段：1978~1995年，人口增长比较平稳，东部各省、直辖市人口均没有明显的增长。1995~2010年，人口增长速度出现小幅增长。1990~1992年，山东，江苏，河北，广东等人口大省人口出现了比较明显的增长。2010年，人口增长的方向集中到北京、上海、天津等直辖市及已经拥有广州、深圳等一线城市的广东。大城市人口出现了爆炸性增长，其他地区大体保持原有的趋势。

2. 影响因素——经济发展水平和人口政策。由以上分析可知，不同时期人口增长的主要方向是不同的。我们可以根据不同时期人口主要增长地区的不同，结合当时该地区具体情况，进行全面的分析。

1978~1995年，我国的改革开放政策初步实施，20世纪70年代开始贯彻的计划生育政策逐步得到较为全面的落实。因此，我国东部地区人口的自然增长率处于较低的水平。另外，当时我国的户籍政策仍没有完全放开，人口流动性较差。东部地区也缺乏迁入的外来人口，所以在这段时期，我国东部地区保持了较低的人口增长率。

1995~2010年，我国的改革开放政策不断深化，全国尤其是东部地区的经济开始腾飞，沿海地区接收了发达国家的劳动力密集型产业的转移，创造了大量的就业机会，吸引了大量内地务工人员前往沿海地区。这时山东接收了日、韩的产业转移，广东接收了港澳台地区的产业转移，苏南地区依托长三角的辐射效应出现了大量乡镇企业。因此，尽管当时东部地区人口的自然增长率仍然较低，但由于大量外来人口的进入，人口还是出现了比较明显的增长。在这段时期，各个人口大省由于剩余劳动力较多，吸引了较多的产业转移，生活成本相对于大城市较低，成为外来人口的主要选择的目的地。因此在这段时期，广东、山东、江苏、河北等人口大省成为主要的人口增长点。

2010年后，人口的主要增长点开始集中于大城市，北京、上海、天津等直辖市和拥有广州、深圳的等一线城市的广东地区的人口出现了爆炸性的增长。在这些大城市中，北京是最早出现人口增长的一座国际大都市。我们以北京为例，分析大城市人口爆炸性增长的原因。

从1995年开始，有利于外来人口的政策法规越来越多，不利于流动人口进京的法规条例逐渐被废止。因此，1995年是外来人口数量迅速增加的一个突变点。北京市对于外来人口管理的理念以2000年为界，从防范监控转向服务管理。1995年，北京市实行新政，颁布《外地来京人员租赁房屋规定》和《外地来京人员租赁房屋治安管理规定》，明确提出房屋土地管理机关应当对出租房屋的总量进行控制，使居住在出租房屋内的外地来京人员数量不超过当地常住人口数量的一定比例。这意味着，北京市对外来人口提供房屋住所从原来的严格控制监督个人转向整体把握，比例控制出租屋，无疑是从居住方面方便了外来人口，为外来人口进京提供了便利。2004年，北京市修订了《北京市外地来京人员租赁房屋治安管理规定》，同时废止了《房屋租赁安全合格证》的要求和义务、《房屋许可证》制度、《外地来京人员租赁房屋管理规定》一系列限制政策，这些政策的放宽大大方便了外地人口在京的生活，鼓励了外来人口的增加。

在家庭服务业方面，2003 年，第十届全国人大常委会通过《中华人民共和国行政许可法》，明确地方立法设定的行政许可，不得限制其他地区的个人或者企业到本地区从事生产经营和提供服务。由此北京市 2003 年颁布《关于做好农民进城务工就业和管理服务工作的通知》，2004 年颁布《关于进一步做好改善农民进城就业环境工作的通知》，为保护农民工的合法权益，这两个文件要求各地区、各有关部门清理和取消针对农民工进城务工就业方面的歧视性规定及不合理限制，最大限度的保护农民工权益。

由此可知，由于政策的滞后性，北京市总人口数在 2000 年后大幅度增加，主要是因为北京市人口政策的放宽和鼓励外来人员进京务工。

### （二）东部地区人口增量及增长速度变动特征

为了更直观地衡量东部地区人口的发展的变化趋势及相关因素的影响，我们将对东部地区人口的增长率和增量的情况进行分析。

在增量方面，总人口的增量曲线一直呈现比较平稳的走势。20 世纪 90 年代以前，人口保持较高程度稳定增长。20 世纪 90 年代以后，除广东外人口增量总体下降，人口增长多呈爆炸性。1990 年、2000 年、2010 年，许多省份都出现了人口的爆炸性增长。1990 年，江苏、山东、河北三个人口大省的人口增长都超过了 200 万人，后面的 2000 年、2010 年的人口爆发性增长都集中在大城市和拥有一线城市的省份。1990 年正处于我国务工潮的黄金时期，大量人口前往东部沿海省份务工，造成了第一次人口增长高峰。2000 年，由于北京，上海和广州分别成功申办了奥运会、世博会和亚运会，我国大城市的城市形象和城市影响力大幅提升，再加上 20 世纪 90 年代人口的户籍政策逐步放开，所以大城市出现了人口的爆炸性增长。2010 年，随着经济危机后政府的大规模经济刺激，为更多人创造了良好的发展空间，因此人口又出现了大幅度增长。

在人口增长率方面，东部地区的人口增长率大体呈下降趋势，平均人口增长率从 1978～1995 年的 1.67%，下降到 1995～2010 年的 0.97%，仅有原来的 60%，这表现我国计划生育政策贯彻落实之后，有效地控制了人口的增长。大城市的人口增长比较引人关注，北京市在 1986 年、1995 年、2000 年和 2010 年出现了 4 个人口增长的小高峰，北京市人口变动前文已经说明此处不再赘述。天津滨海新区在 2008 年设立，确立为北方经济增长的新龙头，新出现的大量机会吸引了大量人口在 2009 年迁入天津，使天津 2009 年人口增长率达到了 26.35%。2010 年世博会后，上海以全新的国际大都市的面貌展现于世界，再加上 2012 年上海自由贸易区的设立，诱人的机会吸引了大量外来人口迁入，使上海人口在 2012 年实现极大的增长，增长率高达 66.57%。

### （三）东部地区人均财政支出变动特征

在 1978～2010 年这段时间内，东部地区经济的发展，为东部地区扩大财政支出，提高人民生活水平奠定了良好的基础。同时，东部地区作为改革开放后率先发展起来的地区，能否尽可能提高财政效率、实现自身高效率发展并为中西部地区提供经验，也是关注的重点。下面我们将就以上两点进行分析。

1. 1978～2012 年东部地区人均财政支出总量变动特征。1978～2012 年，我国的人均财政支出的水平得到了极大的提升。人均财政支出从 1978 年的 67.32 元增长到 2012 年的 6707.72 元，人均财政支出增长了近 100 倍。这表明，即使在考虑通货膨胀的情况下，我国东部地区的人均财政支出还是出现了大幅提高，人民生活水平得到了更为坚实的保障。

在东部地区中上海，北京，天津市的人均财政支出一直稳居前三位。2009 年后，随着海南地区"国际旅游岛"概念的提出，旅游业成为海南省经济增长的一个重要增长点，旅游业的迅速发展为海南省提供了大量的财政收入，也因此带来了财政支出的迅速增长。当地的人均财政支出开始加速增长。截至 2012 年，海南省人均财政支出已经达到 8880.27 元，居东部地区第四位。河北省人均财政支出在 2000 年后增长缓慢。主要原因可能是 2000 年后，北京市、天津市进行了不同程度的产业转型，使河北原有的依托京、津发展的经济模式难以为继。北京市、天津市的产业转移方向主要是山西、内蒙古地区，原有经济增长模式出现问题，又不能找到新的经济增长点，因此河北省在进入 2000 年后经济增长放缓，相应地影响了当地财政支出的继续增长。截至 2012 年，河北省人均财政支出仅有 3894.82 元，位于东部地区最后一位。与此同时，值得注意的是，在 2013 年新公布的中国十个雾霾严重城市中，河北地区占据了 7 席，恶化的生态环境同样影响着河北省经济的发展与人均财政支出的提升。

2. 1978～2012 年东部地区人均财政支出增长率变动特征。1979～2012 年，除 1981～1983 年之外，我国东部地区的人均财政支出还是保持着较为稳定的增长。我国东部地区财政支出的增长速度也在逐步提升。

1979～1995 年，东部地区平均人均财政支出增长速度仅为 9.5%。1995～2010 年，我国东部地区的人均财政支出增长速度达到了 16.7%。而 1995 年正是分税制改革后的第一年，这表明分税制改革很可能对我国东部地区人均财政收入的增长有着十分积极的作用。由于 1994 年的分税制改革重新划分了中央与地方的财权与事权，将各省（区、市）的事权扩大，全权负责当地行政管理、公共安全、城市基本建设、科教文卫等地方事务，财政支出规模不断扩大。同时，分税制改革一改往常按照企业隶属关系征税，改为按照税种进行征税，对于东部地区这样一个中央企业集中的地区来说，组织财政收入更加规范和明确，政府通过财政支出更好地发挥职能，财政的调控功能得以加强。在 2010 年后，我国东部地区人均财政支出增长方向差异比较明显，其原因可能是国际金融危机的冲击对各地财力影响不同。同时我国人口流动加剧，大量人口向大城市聚集也有可能是影响人均财政支出增长素的一个重要因素。

## （四）东部地区人均财政支出与人均 GDP 对比变动特征

众所周知，财政分权与财政效率问题一直是近几年来国内外学者研究的重点。那么人均财政支出与人均 GDP 的对比便是衡量这一问题的一个十分重要的指标。同时研究这一问题也有助于分析东部地区在经济增长与财政支出间的关系，为中西部经济的发展提供良好的借鉴。

根据前文的研究，将对比区间按时间段划分为 3 部分，分别为 1979～1994 年，1995～2009 年和 2010～2012 年。表 1 根据 1979～2013 年的《中国统计年鉴》对 1979～

2012 年，东部地区的人均财政支出增长率（$G_1$）和人均 GDP 增长率进行对比分析（$G_2$）。

表1 东部地区人均财政支出与人均 GDP 分段对比 单位：%

| 地区 | 1979~1994 年 | | 1995~2009 年 | | 2010~2012 年 | |
|---|---|---|---|---|---|---|
| | $G_1$ | $G_2$ | $G_1$ | $G_2$ | $G_1$ | $G_2$ |
| 辽宁 | 11.93 | 14.57 | 17.66 | 12.89 | 22.32 | 17.84 |
| 北京 | 9.90 | 13.00 | 20.45 | 14.85 | 25.78 | 9.09 |
| 天津 | 8.44 | 12.27 | 20.22 | 16.43 | 14.36 | 15.40 |
| 河北 | 7.75 | 14.55 | 19.15 | 15.69 | 21.81 | 13.63 |
| 山东 | 13.72 | 16.29 | 18.87 | 17.08 | 21.83 | 12.73 |
| 江苏 | 8.68 | 17.35 | 19.12 | 16.14 | 22.41 | 16.33 |
| 上海 | 14.17 | 11.18 | 22.04 | 13.57 | -1.89 | 4.37 |
| 浙江 | 15.36 | 19.47 | 20.55 | 16.43 | 19.49 | 12.13 |
| 福建 | 14.38 | 19.32 | 15.67 | 15.67 | 23.32 | 16.36 |
| 广州 | 16.02 | 18.71 | 15.36 | 14.42 | 17.50 | 10.53 |
| 海南 | 21.98 | 17.78 | 14.93 | 10.80 | 31.75 | 19.04 |
| 平均值 | 12.94 | 15.86 | 18.55 | 14.91 | 19.88 | 13.40 |
| 最大值 | 21.98 | 19.47 | 22.04 | 17.08 | 31.75 | 19.04 |
| 最小值 | 7.75 | 11.18 | 14.93 | 10.80 | -1.89 | 4.37 |

注：省（直辖市）按简称排列。

从表1 中看出，1979~1994 年，我国东部地区平均人均财政支出增长率为 12.94%，平均人均 GDP 增长率为 15.86%，在这段时期，我国东部地区平均人均 GDP 增长率高于人均财政支出增长率 2.92%。这证明在改革开放初期国家采取了高积累的策略，GDP 的增长并没有大量用于财政支出。同时我国在 1980 年进行了婚姻法改革，新的婚姻法规定法定结婚年龄，男性为 22 周岁，女性为 20 周岁，而此前要求结婚年龄男性为 25 岁女性为 22 岁，其致使人口增长率提高对这一结果也有一定的影响。在这段时期，海南省的人均财政支出增长率位居东部地区第一位，这与 1988 海南建省，国家加大投入开发有着密切的关系。1978~1994 年，河北省人均财政支出增长率仅有 7.75%，位于东部地区最后一位，这样低的财政支出为河北省在接下来的 20 年中经济的缓慢增长埋下了伏笔。在这段时期中，北京、天津、上海等大城市人均财政支出和人均 GDP 增长率相较于沿海经济大省也同样较为缓慢。

1995~2009 年，我国东部地区的平均人均财政支出在平均人均 GDP 下降的情况下，仍然增长到了 18.55%，增长了 5.61%。这表明高速的经济增长使我国东部地区更重视以政府投资来带动经济发展。使东部地区获得了人均财政支出的增长率，保持了经济的高速增长。在这段时期中，大城市如北京、上海、天津的人均财政支出增长率获得了极大的提高。京、津、沪的人均财政支出增长率分别高达20.45%，20.22%，22.04%。高速增长的GDP同样刺激了当地人均财政支出的增长。各直辖市纷纷从1978～1994年的相对缓慢增长中走了出来，位于东部地区经济增长的前列。同时由于1993年海南省房地产泡沫破灭，海南的房地产抵押物一直处于贬值和不确定状态，国家派出的清查组经过几年的处置，仅收回了少量维持费用。海南经济遭受了严重的打击，直到2008年海南设立国际旅游岛后经济才全面复苏。所以这段时期中海南省的平均人均财政支出增长率和平均人均GDP增长率都位于东部地区的最后一位，分别仅有14.93%和10.80%。

2010～2012年，由于同期数据较少，所以结果表现了较大的不稳定。但是仍然可以看出，在2009年国际金融危机后，东部地区还是加大了投入，平均人均财政支出增长率继续增长，达到了19.88%。在强势的财政支出的刺激下，东部地区人均GDP增长率仍保持较快的增长，达到了13.4%。与此同时，我们看到海南再次成为经济增长的亮点。2010～2012年，海南省的人均财政支出增长率达到了31.75%，人均GDP增长率达到了19.04%。可以看出，海南省的经济在这次国际金融危机中并没有受到太大的冲击。同时国家对海南省的高投入，使海南省的旅游业成为拉动当地经济发展的一股十分重要的力量。

总结1978～2012年平均人均财政支出增长率和平均人均GDP增长率之间的关系，两者是密切相关的。经济增长是政府的决定财政支出的主要动力。经济增长对同时期乃至接下来一段时期的财政支出都有着显著的影响。避免出现河北省的失误。另外，财政支出的增长一定要符合经济发展规模，盲目的扩大财政支出将会导致经济泡沫的出现。同样要警惕海南省所出现的问题。

## 四、人口，人均GDP与人均财政支出时序图分析

通过《中国统计年鉴》得到1978～2012年我国东部地区人口，人均GDP和人均财政支出的数据。将人口、人均GDP和人均财政支出分别用POP、RJGDP、RJLGE来表示。对变量进行对数变换，来消除数据中存在的异方差。变换后的数据我们分别用LnPOP，LnRJGDP和LnRJLGE来表示。

从图1中可以看出，在东部地区LnPOP、LnRJGDP和LnRJLGE的比较中，三者均呈上升趋势，虽然LnPOP上升较慢，LnRJGDP和LnRJLGE上升较快，但其中也表现了相同的趋势。

进一步对三个变量进行分析，采用进行一阶差分的手段确定DPOP，DRJGDP和DRJLGE三个变量，并对其取对数进行分析。通过图2我们可以明显地看出三个变量的走向十分一致，在1990年和1995年附近出现两个小高峰，在2000年后均在波动中平稳上升。同时计划生育政策的实行使我国的人口保持了稳定的增长。1995年分税制改革后，我国的人均财政支出也出现了极大的提升。同时可以注意到，2010年后，我国东部地区的人均财政支出增速开始放缓，但人均GDP仍然保持稳定增长，这表明我国在2009年国际金融危机后更加的注重了市场对经济的指导的作用，以往的以政府投资为主导的经济增长模式开始转型。

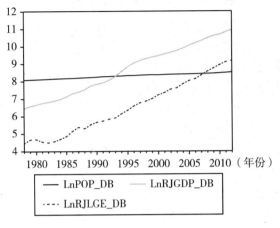

图1　时序图

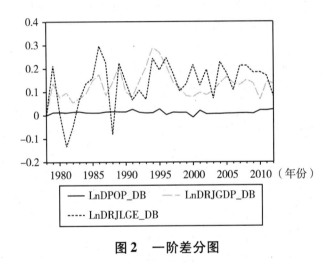

图2　一阶差分图

# 五、人口、人均 GDP 与人均财政支出的协整分析

协整方法是研究两个变量或多个变量间长期、动态稳定关系的一种计量方法。在这里以 LnRJLGE 为因变量，分别以 LnPOP、LnRJGDP 作为自变量，分别进行两组协整检验。

## （一）单位根检验

采用时间序列的单位根检验，对上述三变量进行分析。如表2所示，三个变量原序列均为非平稳序列。进行一阶差分后序列的 ADF 检验值均小于在 5% 显著性水平下的临界值，由此可以看出三个序列在一阶差分后成为平稳的。同时，LnPOP、LnRJGDP、LnR-JLGE 均为一阶单整。因此，可以进行下一步的协整分析。

表2 **LnPOP、LnRJGDP、LnRJLGE 单位根检验结果**

| 序列 | 检验类型<br>（c，t，n） | ADF 值 | 临界值<br>（5%） | 结论 |
|---|---|---|---|---|
| LnPOP | （c，t，1） | −0.3986 | −2.9511 | 非平稳 |
| DLnPOP | （c，0，1） | −5.3049 | −2.9540 | 平稳 |
| LnRJLGE | （c，t，1） | 1.6788 | −2.9511 | 非平稳 |
| DLnRJLGE | （c，0，1） | −4.2648 | −2.9540 | 平稳 |
| LnRJGDP | （c，t，1） | 0.0482 | −2.9540 | 非平稳 |
| DLnRJGDP | （c，0，1） | −2.9607 | −2.9540 | 平稳 |

注：（c，t，n）分别表示在 ADF 检验中是否有漂移项、时间趋势和滞后期，DLnPOP、DLnRJGDP、DLnRJLGE 分别为 LnPOP、LnRJGDP、LnRJLGE 的一次一阶差分。

## （二）RJLGE、RJGDP 和 POP 的对比协整检验

根据单位根检验的结果，我们将对上述三个变量利用最小二乘法，进行协整分析。回归结果如下：

$$LnRJLGE = 11.8909LnPOP - 92.1711$$
$$t = (26.6905) \quad (-24.9283)$$
$$R^2 = 0.9557 \quad \bar{R}^2 = 0.9544 \quad n = 35 \quad D\text{-}W = 0.19$$
$$LnRJLGE = 1.0542LnRJGDP - 2.6198$$
$$t = (45.6635) \quad (-12.9375)$$
$$R^2 = 0.9844 \quad \bar{R}^2 = 0.9839 \quad n = 35 \quad D\text{-}W = 0.22$$

得出回归结果后，我们进一步对回归的残差进行单整检验，所得结果如表3所示。

表3 **残差 u 的单位根检验结果**

| 变量 | 检验类型<br>（c，t，n） | ADF 值 | 临界值<br>（a=0.05） | 结论 |
|---|---|---|---|---|
| $U_{LnRJGDP}$ | （c，t，1） | −4.5420 | −2.9540 | 平稳 |
| $U_{LnPOP}$ | （c，t，1） | −4.7909 | −2.9540 | 平稳 |

表3显示，$U_{LnRJGDP}$ 和 $U_{LnPOP}$ 是 I（0），即是平稳的，因此，接受 LnRJLGE 与 LnPOP 以及 LnRJLGE 和 LnRJGDP 是协整的假设。由上面的协整分析我们可以看出，我国东部地区的人均财政支出与人口有着长期稳定的协整关系。根据回归方程我们可以看出，我国东部地区人口每增长1%，人均财政支出将增长 11.89%。东部地区财政支出对人口的弹性为 11.89，由此可以知道我国东部地区人口与人均财政支出有着显著的正相关关系。

同样的，可以看出我国东部地区的人均财政支出与人均 GDP 之间也有着长期稳定的协整关系。根据回归方程我们同样可以得出，东部地区人均 GDP 每增长 1%，人均财政支出将增长 1.05%。由此说明我国东部地区人均 GDP 与人均财政支出有着显著的正相关关系。

对比可以看出，人均 GDP 对人均财政支出的拟合优度要高于人口对人均财政支出的拟合优度，所以，可以知道人均 GDP 对人均财政支出的影响更加明显。毕竟高速发展的经济才是财政资金最为可靠的来源。

## （三）格兰因因果检验

根据前面的分析我们可以得出，由于 LnRJLGE 与 LnPOP，LnRELGE 与 LnRJGDP 中的变量均为一阶单整，并且前面的两组数据都具有协整关系，因此我们可以对两组关系进行格兰杰因果关系检验。在滞后期为 2 的情况下，格兰杰因果检验结果如表 4 和表 5 所示。

表 4　　　　　　LnRJLGE 与 LnPOP 二变量间的格兰杰因果关系检验

| 零假设 H0 | 滞后期 L | F 统计量 | 概率值 P | 结论 |
|---|---|---|---|---|
| LnRJLGE 不是 LnPOP 的格兰杰原因 | 2 | 4.6316 | 0.0183 | 接受 H0 |
| LnPOP 不是 LnRJLGE 的格兰杰原因 | 2 | 0.9082 | 0.4148 | 拒绝 H0 |

表 5　　　　　　LnRJLGE 与 LnRJGDP 二变量间的格兰杰因果关系检验

| 零假设 H0 | 滞后期 L | F 统计量 | 概率值 P | 结论 |
|---|---|---|---|---|
| LnRJLGE 不是 LnRJGDP 的格兰杰原因 | 2 | 6.6460 | 0.0043 | 接受 H0 |
| LnRJGDP 不是 LnRJLGE 的格兰杰原因 | 2 | 0.9050 | 0.4160 | 拒绝 H0 |

表 4 和表 5 所示，基于格兰杰因果检验分析我国东部地区人均财政支出与人口，人均财政支出与人均 GDP 均成单向的因果关系。由此可见，人口的不断增长和外来人口的迁入会是影响人均财政支出的一项重要因素。同时人均 GDP 的增长为人均财政支出的扩大奠定了坚实的经济基础，是促进人均财政支出增长的最为关键的因素。

# 六、人口、人均 GDP 与人均财政支出的多线段回归模型

## （一）人口与人均财政支出的多线段回归模型

在前文的描述性分析中发现，在 1995 年和 2010 年前后，人口和人均财政支出走向发生了比较大的变化。因此我们就以 1995 和 2010 年作为发生变化的两点，建立三线段回归模型。以此分析人口变化对人均财政支出的影响。用人均财政支出作为被解释变量，用人口总量作为解释变量。设定 $b_1 = 1994$ 年，$b_2 = 2009$ 年。定义两个虚拟变量如下：

$$D_1 = \begin{cases} 0, & (1978 \leqslant t < 1995) \\ 1, & (1995 \leqslant t \leqslant 2012) \end{cases} \qquad D_2 = \begin{cases} 0, & (1978 \leqslant t < 2010) \\ 1, & (2010 \leqslant t \leqslant 2012) \end{cases}$$

由此将三段线性回归模型设定为：

$$RJLGE = \beta_0 + \beta_1 POP_t + \beta_2 \left( POP_t - POP_{b_1} \right) D_1 + \beta_3 \left( POP_t - POP_{b_2} \right) D_2 + U_i$$

在这里，$\beta_0$、$\beta_1$、$\beta_2$、$\beta_3$ 为带估参数；$POP_{b_1}$、$POP_{b_2}$ 分别为 1995 和 2010 年的人口。参数估计的结果如下：

$$RJLGE_t = 2481.5409 - 0.6787 POP_t + 8.6752 \left( POP_t - POP_{b_1} \right) D_1$$
$$+ 9.223 \left( POP_t - POP_{b_2} \right) D_2 + u_t$$

我们可以根据此结果推出该模型在三个不同时期的回归模型：

$$RJLGE_t = 2481.54 - 0.6787 \times POP_t (D_1 = 0, 1978 \leq t < 1994)(D_2 = 0, 1978 \leq t < 1994)$$
$$RJLGE_t = -32471.4629 + 7.9965 \times POP_t (D_1 = 0, 1995 \leq t < 2009)(D_2 = 0, 1995 \leq t < 2009)$$
$$RJLGE_t = -75674.2716 + 17.2888 \times POP_t (D_1 = 0, 2010 \leq t < 2012)(D_2 = 0, 2010 \leq t < 2012)$$

从上面的结果我们可以看出，1978～1994 年，东部地区人均财政支出对于人口的增长系数为 0.6787 不同于 1995～2009 年的 7.9965 与 2010～2012 年的 17.2888。这证明人口对于人均财政的影响略微不稳定，总体上来看，人口增长会促进人均财政支出的增长，1995 年左右大量外来人口进入沿海人口大省，以及从 2010 开始的一线城市人口迅猛增长都是人口增长的典型范例，它们极大地带动人均财政支出的增长（见图 3）。

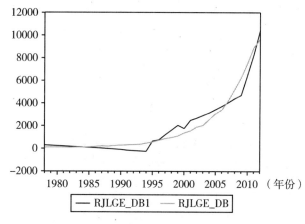

图 3　RJLGE 与 POP 拟合

### （二）人均 GDP 与人均财政支出的多线段回归模型

同理可以建立起人均财政支出关于人均 GDP 的多线段回归模型。用人均财政支出作为被解释变量，用人口总量作为解释变量。设定 $b_1 = 1994$ 年，$b_2 = 2009$ 年。由此将三段线性回归模型设定为：

$$RJLGE_t = \beta_0 + \beta_1 RJGDP_t + \beta_2 (RJGDP_t - RJGDP_{b_1}) D_1 + \beta_3 (RJGDP_i - RJGDP_{b_2}) D_2 + U_i$$

在这里，$\beta_0$、$\beta_1$、$\beta_2$、$\beta_3$ 为带估参数，$POP_{b_1}$、$POP_{b_2}$ 分别为 1995 和 2010 年的人口。参数估计的结果如下：

$$RJLGE_t = 169.7717 - 0.0076RJGDP_t + 0.1801(RJGDP_t - RJGDP_{b_1})D_1$$
$$+ 0.0574(RJGDP_i - RJGDP_{b_2})D_2 + U_i$$

同样可以根据此结果推出该模型在三个不同时期的回归模型：

$$RJLGE_t = 169.7717 - 0.0076 \times RJGDP_t (D_1 = 0, 1978 \leqslant t < 1994)(D_2 = 0, 1978 \leqslant t < 1994)$$
$$RJLGE_t = 730.9736 + 0.1725 \times RJGDP_t (D_1 = 1, 1995 \leqslant t < 2009)(D_2 = 1, 1995 \leqslant t < 2009)$$
$$RJLGE_t = 3057.9178 + 0.2299 \times RJGDP_t (D_1 = 1, 2010 \leqslant t < 2012)(D_2 = 0, 2010 \leqslant t < 2012)$$

根据图 4 可以看出，由人均 GDP 模拟的人均财政支出曲线与真正的人均财政支出曲线十分契合。由此可以看出，人均 GDP 是人均财政支出增长的决定因素。1978~1994 年，人均财政支出对人均 GDP 的增长系数为 -0.0076。在此之后增长系数不断稳定上升，1995~2009 年达到了 0.1725，2010~2012 年达到了 0.2299。这个增长十分缓慢且稳定。

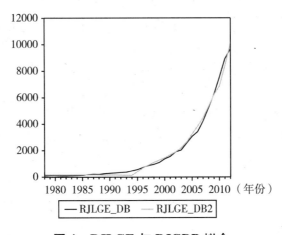

**图 4　RJLGE 与 RJGDP 拟合**

综合上面的分析，可以看出人均 GDP 是推动人均财政支出增长的最为重要的因素，它决定了人均财政支出长期的走势。而大规模的人口迁入或增长带来的影响都是十分显著但不稳定的，它会使人均财政支出在短期内发生比较大的变动。

# 七、结　　论

东部地区的人口增长主要受经济发展水平和人口政策的影响，外来人口迁入是人口增长的主要方式，按人口迁入方向的不同，东部地区的人口增长分为三个阶段。1978~1994 年，东部地区各省人口保持了较为稳定的自然增长；1995~2009 年，人口增长主要集中在东部沿海地区的人口大省上，如山东、江苏；2009 年后，人口增长的主要方向集中到东部地区的直辖市和省内含有一线城市广州和深圳的广东省。

在人均财政支出方面，东部地区中，北京、上海和天津的人均财政支出一直位居前三。总体上我国人均财政支出的增速不断提升，平均人均财政支出从 1978 年至 1994 年的 9.5% 增加到 1995~2009 年间的 16.7%。1994 年是我国分税制改革的一年。改革扩大了地方事权，使各省（区、市）支出规模增大。由于政策的试验效果具有滞后性，所以

1995 年我国东部地区的人均财政支出增长率获得了显著提升。2009 年后，由于国际金融危机的冲击以及各地经济结构、财力状况的不同，各地人均财政支出增长趋势不同，虽然总体仍保持较为稳定的上升趋势，但今后的人均财政支出发展方向仍有待观察。

在人均财政支出增长率与人均 GDP 增长率的对比上，发现两者的关系极为紧密。人均 GDP 的高速增长为人均财政支出的增长奠定了坚实的经济基础。但在经济发展的过程中仍有许多问题值得注意。应当避免不依照经济发展的客观规律，进行过多或过少的财政支出，避免出现像 20 世纪 80 年代末 90 年代初海南省的经济泡沫和 2000 年以来河北省的人均 GDP 和人均财政支出缓慢增长。

由协整分析我们得出，东部地区人均财政支出与人口和人均 GDP 有着长期稳定的正相关关系。在两个回归方程中，人均财政支出与人均 GDP 的拟合优度较高，其弹性为 1.0542，显示人均财政支出与人均 GDP 之间长期稳定的关系。同时，人均财政支出对人口的弹性为 11.89%，这说明短时间内，人口的大量迁入或迁出以及人口迁移方向的改变对人均财政支出有着巨大的冲击。

最后用多线段回归模型再一次分析了人均财政支出与人口和人均 GDP 的关系，发现以 1995 年和 2009 年为突变点，以人均 GDP 作为自变量做出的回归曲线拟合度十分高。这从另一个角度证明，人均 GDP 是决定人均财政支出的一个极为重要的因素，1994 年分税制改革以及 2009 年国际金融危机的冲击是十分重要的突变点。人均 GDP 应当作为研究预测人均财政支出发展的十分关键的一点。同时应注意高弹性的人口自变量对人均财政支出的冲击。

第<br>二<br>辑<br><br>265

## 参考文献

［1］匡小平、卢小祁：《财政分权、地方财政赤字与土地财政——来自中部欠发达地区 J 省的经验证据》，《中南财经政法大学学报》2012 年第 1 期。

［2］匡小平、杨得前：《基于因子分析与聚类分析的中国地方财政支出结构的实证研究》，《中国行政管理》2013 年第 1 期。

［3］梁艳、吕尚霖、赵璐璐：《区域经济发展与地方财政关系实证分析：以辽宁省为例》，《大连理工大学学报》（社会科学版）2008 年第 4 期。

［4］林毅夫、刘志强：《中国的财政分权与经济增长》，《北京大学学报》（哲学社会科学版）2000 年第 4 期。

［5］马海涛、曾康华：《中国省际人均财政收入差异形成的计量研究》，《财贸经济》2010 年第 5 期。

［6］庞凤喜、潘孝珍：《财政分权与地方政府社会保障支出——基于省级面板数据的分析》，《财贸经济》2012 年第 2 期。

［7］王克强、胡海生、刘红梅：《中国地方土地财政收入增长影响因素实证研究——基于 1995～2008 年中国省际面板数据的分析》，《财经研究》2012 年第 4 期。

［8］杨建利、岳正华：《我国财政支农资金对农民收入影响的实证分析——基于 1991～2010 年数据的检验》，《软科学》2013 年第 1 期。

［9］殷德生：《最优财政分权与经济增长》，《世界经济》2004 年第 11 期。

［10］张光：《财政转移支付对省内县际财政均等化的影响》，《地方财政研究》2013年第 1 期。

［11］Mason，A. Kinugasa，T.. East asian economic development：two demographic dividends. Journal of Asian Economics，2008，19（5 - 6）：389 - 399.

［12］Tao Zhang and Heng-fu Zou. Fiscal decentralization，public spending and economic growth in China. Journal of Public Economics，1998（1）.

# 影响我国财政收入主要因素的计量分析

薛艾珂[*]

【摘要】本文利用我国1978～2012年的时间序列数据对影响我国财政收入的因素进行实证研究。通过单位根检验、协整分析考察各影响因素与财政收入之间的均衡关系，并对各变量间的格兰杰因果关系进行检验，进而引入"财税体制改革"这一虚拟变量建立分段回归模型，分别研究各影响因素在1994年前后对财政收入的影响。研究表明，各因素影响均为显著，且在1994年之后有所扩大。

【关键词】财政收入　协整检验　邹突变检验　虚拟变量模型

## 一、引　　言

改革开放以来，我国财政收入呈持续上升趋势。1978年全国财政收入仅为1132.26亿元，1988年增长为2357.24亿元，1998年增长到9875.95亿元，2008年增长为61330.35亿元，2012年更达到117253.52亿元。1978～2012年，我国财政收入呈波动增长趋势，平均增长率为14.88%，其中，2007年增幅最大，年增长率达到32.41%。

与此同时，我国经济也在快速增长。1978年，国内生产总值仅为3645.20亿元，1988年增长为15042.80亿元，1998年增长到84402.30亿元，2008年增长为314045.43，2012年则达到518942.11亿元。1978～2012年的大多数年份中，我国GDP增长率在17%上下浮动，涨势较为平稳，平均增长率为15.91%，其中，1994年增幅最大，年增长率达到36.41%。

财政收入即政府为履行其职能、实施公共政策和提供公共物品与服务需要而筹集的一切资金的总和，是国民收入分配中用于保证政府行使其公共职能、实施公共政策以及提供公共服务的资金需求，在国民经济中具有十分重要的作用。首先，财政收入作为财政支出的前提，其收入数量和质量决定着财政支出的规模，财政支出的规模又决定了政府提供公共物品和服务的数量与质量。其次，财政收入是实现政府职能的重要手段，是政府实行宏观调控、优化资源配置的重要经济杠杆，具有总量的调控作用。因此，运用计量手段，对财政收入的各影响因素进行分析具有重要的意义。

---

* 薛艾珂，女，四川省人，1993年生，中央财经大学财政学院2011级本科生，研究方向：财政理论与政策。

## 二、财政收入变动分析

### (一) 财政收入总量分析

从图 1 看出，1978～2012 年，全国财政收入总量呈持续上升趋势。根据财政收入绝对值的变化规律与政府"五年计划"的推行进程，可将 1978～2012 年分为以下三个阶段。

第一阶段，1978～1985 年，财政收入处于平稳增长阶段。这一时期，我国完成了第五、第六个"五年计划"，财政收入从 1978 年的 1132.26 亿元，增长至 1986 年的 2004.82 亿元，从绝对量上看增长幅度不大，年平均增长率为 8.83%，呈现平稳增长趋势。

第二阶段，1986～1995 年，财政收入进入较快增长阶段。这一时期，我国顺利实施第七、第八个"五年计划"，10 年间财政收入从 1987 年的 2122.01 亿元增长至 1995 年的 6242.20 亿元，涨幅达 1974.1%，年增长率为 12.22%。

第三阶段，1996～2012 年，财政收入进入快速增长阶段。这一时期，我国顺利实施了第九、第十、第十一个"五年计划"，15 年间财政收入从 7407.99 亿元增长至 117253.52 亿元。受 1994 年财税改革与 2001 年加入世贸组织等举措的积极影响，全国经济形势一片大好，2007 年财政收入首次突破 50000 亿元。2008 年虽然受到金融危机的冲击，但由于我国政府及时采取措施，财政收入得以继续增长，2012 年财政收入达到 117253.52 亿元。

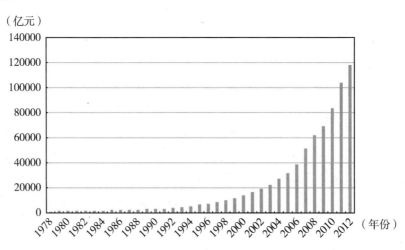

图 1　1978～2012 年财政收入变动趋势

### (二) 财政收入增长率分析

从图 2 可以看出，1979～2012 年财政收入增长率呈现出长期增长、中期波动的特点。根据财政收入增长率变动规律与经济发展水平，可将 1979～2012 年分为以下五个阶段。

第一阶段，1979～1984年，可称为"快速上升阶段"。这一阶段，财政收入增长率上升迅速，1979年财政收入增长率仅为1.25%，1984年则达到20.18%，上升幅度极为显著。1978年，党的十一届三中全会做出把工作重心转移到经济建设上来、实行改革开放的伟大决策。1983年，改革开放与经济建设的各项成果开始显现，当年财政收入增长率达到12.75%。

第二阶段，1985～1987年，可称为"下降阶段"。这一阶段，财政收入增长率呈现持续下降趋势，由1985年的22.03%迅速下降至1987年的3.64%，下降幅度较大。这主要由于1986年前后国家采取的紧缩的财政政策产生了效力，同时我国经济体制改革出现了一些问题。这些原因造成了我国经济的低速增长，1987年财政收入增长率跌到3.64%。

第三阶段，1988～1993年，可称为"调整上升阶段"。这一阶段，我国财政收入增长率呈现长期增长、短期波动的特点。1988年，我国财政收入增长率为7.18%，1989年增长至13.06%，1991年下降至7.23%，1993年又增长至24.85%，平均年增长率为12.19%。

第四阶段，1994～2006年，可称为"平稳上升阶段"。这一阶段，我国财政收入增长率在18%上下波动，呈现出较为平稳的增长趋势，平均年增长率为18.36%。1994年前后的财税体制改革与2001年加入世贸组织等举措，极大带动了我国的经济发展。这一时期，全国经济持续良性发展，财政收入平稳上升。

第五阶段，2007～2012年，可称为"波动阶段"。这一时期，我国财政收入增长率呈现出较为显著的波动特征。2007年，我国财政收入增长率高达32.41%；受金融危机影响，2009年下降至11.72%；随着金融危机的不利影响逐步消除，2011年又上升至25.03%；受我国经济周期影响，2012年再次下跌至12.88%，六年间年平均增长率为20.46%。

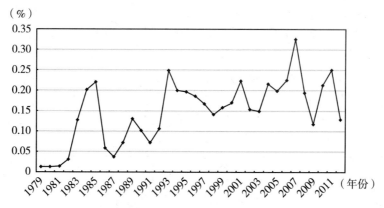

**图2　1979～2012年财政收入增长率变动趋势**

# 三、分段回归模型

影响财政收入的因素可分为经济因素、政治因素和社会因素三个部分。经济因素包括经济发展水平、生产技术水平、经济结构等方面。经济发展水平反映一个国家社会产品的丰富程度与经济效益的高低，经济效益越高，则国内生产总值越多，财政收入作为国内生产总值的一部分必然也就越多。而生产技术水平又总是与一定的生产技术相适应的，较高的经济发展水平往往是以较高的生产技术水平为支柱，较高的生产技术水平又必然以充分的固定资产投资为必要条件。政治因素即全球政治经济环境与国家各项政策等。全球政治环境的稳定是我国经济得以快速发展的基础；国家的各项政策，如收入分配政策，又决定了财政收入的规模。社会因素，如人口、就业人口、社会环境等，都会对财政收入的规模产生影响。

基于以上分析，本文选择国内生产总值（用 $GDP_t$ 表示）、全社会固定资产投资额（用 $I_t$ 表示）、税收（用 $T_t$ 表示）、就业人口（用 $JYRK_t$ 表示）四个变量，采用计量分析方法，通过分析以上变量与财政收入（用 $Y_t$ 表示）的数量关系，对影响财政收入的因素进行探讨。

### （一）数据说明及处理

为了增加实证研究的可信度和可靠性，以及出于数据连续性和权威性的考虑，本文选取《中国统计年鉴（1978~2012）》国内生产总值、全社会固定资产投资额、税收、就业人口数据进行计量分析。为了能够比较客观地反映时间序列数据的变化趋势，本文数据的分析区间为 1978~2012 年，共 35 年。此外，由于 $Y_t$、$GDP_t$、$I_t$、$T_t$、$JYRK_t$ 都是非平稳的时间序列数据，而将它们取自然对数之后，非平稳趋势将大大降低，而且处理后的数据与原始数据有相同的变化趋势，即当 $Y_t > Y_{t-1}$ 时，有 $LnY_t > LnY_{t-1}$。因此，为使分析更加有效，避免数据扭曲而使信息失真，采用处理后的 $LnY_t$、$LnGDP_t$、$LnI_t$、$LnT_t$、$LnJYRK_t$ 序列进行计量分析。

### （二）邹突变检验

由于财政收入在不同时期受各因素的影响力度不同，为了更充分的探究各变量对财政收入的影响，本文将分阶段分别建立财政收入与国内生产总值、全社会固定资产投资额、税收、就业人口的回归模型。

从图 3 可以看出，财政收入的对数值在 1994 年前后的斜率有所不同，同时一般认为1994 年的财税体制改革对我国财政收入的发展趋势确实产生了较大的影响，因而考虑将1994 年作为分界点对财政收入与各变量进行分段回归。

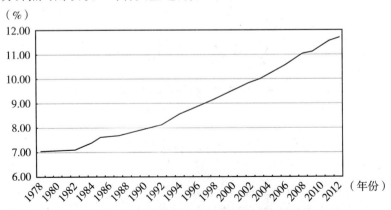

**图3　1978~2012 年全国财政收入对数值的变动趋势**

首先，分别建立财政收入与各变量的基本回归方程，并利用邹突变检验对各回归方程系数是否在 1994 前后发生显著变化进行检验，得到检验结果如表 1 所示。

**表 1**　　　　　　　　　　　　**对各基本模型的邹突变检验**

| 基本模型的变量 | 分界年份 | F 统计量 | | 对数似然函数 | |
|---|---|---|---|---|---|
| | | F 值 | P 值 | 似然比 | P 值 |
| $LnY_t$、$LnGDP_t$ | 1994 | 322.7647 | 0 | 107.9046 | 0 |
| $LnY_t$、$LnI_t$ | 1994 | 89.4048 | 0 | 66.9275 | 0 |
| $LnY_t$、$LnT_t$ | 1994 | 143.1512 | 0 | 81.4054 | 0 |
| $LnY_t$、$LnJYRK_t$ | 1994 | 180.5252 | 0 | 88.8091 | 0 |

从表 1 可以得出，对各基本模型而言，回归参数在 1994 年前后是非稳定的，即 1994 年是突变点，表明 GDP、税收等影响因素在 1994 年前后对财政收入的影响力度发生了变化。因而，在各基本模型中，引入改革因素这一虚拟变量进行修正。

## （三）分段回归模型

1. 财政收入与国内生产总值的分段回归模型。

向财政收入与 GDP 的基本回归方程引入虚拟变量 $D_1$，得到财政收入与 GDP 的分段回归模型如下：

$$LnY_t = 2.0291 + 0.6018 \times LnGDP_t + 0.7415 \times (LnGDP_t - 10.7831) \times D_1 \qquad (1)$$
$$(14.245)(40.668) \qquad (25.408) \qquad Adj - R^2 = 99.83\% \quad F = 9790$$
$$= \begin{cases} 2.0291 + 0.6018 \times LnGDP_t(D = 0, 1978 \sim 1993) \\ -5.9665 + 1.3433 \times LnGDP_t(D = 1, 1994 \sim 2012) \end{cases}$$

从回归结果得出，分阶段前回归方程的 $Adj - R^2$ 为 96.44%，分段后则提高到 99.83%，表明回归模型在分阶段后拟合优度有所提高，且各参数的 t 值也更加显著，说明分阶段后的回归效果更加理想。

回归模型（1）表明，1994 年以前，财政收入对 GDP 的弹性系数为 0.6018，表示 GDP 每增加 1%，会引起财政收入增加 60.18%；而 1994 年以后，财政收入对 GDP 的弹性系数提高为 1.3433，表示此时 GDP 每增加 1%，会引起财政收入增加 134.33%。说明 1994 年之后 GDP 对财政收入的影响较于 1994 年前明显扩大。

1978 年，我国实行了改革开放，计划经济体制开始向市场经济体制转变，GDP 分配格局发生了急剧变化，主要特征为分配制度不健全、GDP 分配向个人倾斜等。同时，受改革开放初期减税让利等政策的影响，财政收入占 GDP 比重逐年下降，由 1978 年的 31.06% 下降为 1994 年的 10.82%。也就是说，在这一时期，由于财政收入对 GDP 的占比逐渐下降，即 GDP 的相同变化幅度使财政收入的变化幅度变小，使 GDP 对财政收入的影响力度变小，表现为财政收入对 GDP 的弹性系数较小。

1994 年，我国实行了一系列财税体制改革，在继续提高经济效益的基础上，调整了分配格局，逐步适当提高了财政收入占 GDP 的比重。该占比从 1995 年开始回升，并从 1998 年开始表现为快速回升的趋势，逐步上升为 2012 年的 22.59%。也就是说，在这一阶段，GDP 对财政收入的影响力度逐步变大，表现为财政收入对 GDP 的弹性系数增加，从 1994 年前的 0.6018 上升为 1994 年后的 1.3433。

2. 财政收入与全社会固定资产投资的分段回归模型。财政收入与全社会固定资产投资额的分段回归方程如下（$D_2$ 为虚拟变量）：

$$LnY_t = 3.2286 + 0.5586 \times LnI_t + 0.4507 \times (LnI_t - 9.7434) \times D_2 \qquad (2)$$
$$(18.294)(26.740) \qquad (11.355) \qquad Adj-R^2 = 99.42\% \quad F = 2940$$
$$= \begin{cases} 3.2286 + 0.5586 \times LnI_t & (D=0, 1978 \sim 1993) \\ -1.1628 + 1.0093 \times LnI_t & (D=1, 1994 \sim 2012) \end{cases}$$

回归模型表明，1994 年以前，财政收入对固定资产投资的弹性系数为 0.5586，表示 GDP 每增加 1%，会引起财政收入增加 55.86%；而 1994 年以后，财政收入对固定资产投资的弹性系数提高为 1.0093，表示这一阶段固定资产投资每增加 1%，会引起财政收入增加 100.93%，表明 1994 年之后全社会固定资产投资对财政收入的影响较于 1994 年前明显扩大。

固定资产投资通过短期的需求效应和长期的供给效应对拉动经济增长、调节产业结构具有重要的意义，而经济的增长又必然会带来财政收入的增加。

1994 年之后，政府采取了一系列措施有效促进了我国固定资产投资的增长。各地主动采取了以下放投资项目审批权限、简化项目审批程序、扩大企业投资决策自主权为主要内容的改革措施，极大调动了广大地方和企业的投资积极性。2004 年，国务院颁布了《关于投资体制改革的决定》，进一步深化了我国投资体制改革。这些举措对固定资产投资的增长产生了巨大的推动作用，有效拉动了我国经济的快速增长，带来了财政收入的快速增长。因而财政收入对固定资产投资的弹性系数在 1994 年之后有所提高，由 0.5586 提高为 1.0093，表明固定资产投资对财政收入的拉动作用扩大了大约 1 倍。

3. 财政收入与税收的分段回归模型。

财政收入与税收的分段回归方程如下（$D_3$ 为虚拟变量）：

$$LnY_t = 2.7145 + 0.6725 \times LnT_t + 0.4240 \times (LnT_t - 8.5423) \times D_3 \qquad (3)$$
$$(14.319)(27.123) \qquad (10.647) \qquad Adj-R^2 = 99.58\% \quad F = 4039$$
$$= \begin{cases} 2.7145 + 0.6725 \times LnT_t & (D=0, 1978 \sim 1993) \\ -0.9074 + 1.0965 \times LnT_t & (D=1, 1994 \sim 2012) \end{cases}$$

回归模型表明，1994 年以前，财政收入对税收的弹性系数为 0.6725，表示税收每增加 1%，会引起财政收入增加 67.25%；而 1994 年以后，财政收入对税收的弹性系数提高为 1.0965，表示这一阶段税收每增加 1%，会引起财政收入增加 109.65%。说明 1994 年之后税收对财政收入的影响较于 1994 年前明显扩大。

税收是财政收入的主要形式，因而税收的大小对财政收入的规模具有重要影响。

税收之所以在1994年前后对财政收入有不同的影响力度，主要是受1994年工商税制改革与分税制改革的影响。相比改革之前，1994年之后的税收在制度上更加合理，在规模上增长更为稳定。同时，由于政府在收费管理上规范性的提高，税收相对于财政收入的占比也大幅提高。1978～1993年，税收占财政收入的平均比重为78.29%；1994～2012年，这一比重上升到91.68%。税收占财政收入比重的大幅增加，使税收对财政收入影响显著提高，表现为财政收入对税收的弹性系数有所增加，即由1994年之前的0.6725上升至1.0965，表明税收的变动引起财政收入的相对变动幅度变大。

4. 财政收入与就业人口的分段回归模型。

财政收入与就业人口的分段回归方程如下（$D_4$为虚拟变量）：

$$LnY_t = -19.3089 + 2.4779 \times LnJYRK_t + 20.7118 \times (LnJYRK_t - 11.1192) \times D_4 \qquad (4)$$
$$(-7.093) \quad (9.922) \qquad\qquad (19.304) \qquad\qquad Adj-R^2 = 98.05\% \quad F = 858$$

$$= \begin{cases} -19.3089 + 2.4779 \times LnJYRK_t & (D = 0,\ 1978～1993) \\ -249.6075 + 23.1897 \times LnJYRK_t & (D = 1,\ 1994～2012) \end{cases}$$

从回归结果可以看出，分阶段前基本回归方程的$Adj-R^2$仅为76.14%，分段后则提高到99.83%，表明回归模型在分阶段后拟合优度显著提高，说明分段后的回归效果更加理想。

分段回归模型（4）表明，1994年以前，财政收入对就业人口的弹性系数为2.4779，表示就业人口每增加1%，会引起财政收入增加247.79%；而1994年以后，财政收入对就业人口的弹性系数提高为23.1897，这一阶段中就业人口每增加1%，会引起财政收入增加2318.97%。说明1994年之后就业人口对财政收入的影响较于1994年前明显扩大。

这是由于，随着改革开放与各项政策的逐步推行，我国生产技术水平逐步提高、生产组织管理更加有效、生产资料的规模与效能得到提高，使我国人均劳动生产率大幅提升。也就是说，劳动者在1994之后创造的产值远远高于前一时期，即每新增一个劳动力对财政收入带来的贡献远远高于1994年以前。因而，1994年以前，财政收入对就业人口的弹性系数仅为2.4779，1994年后则提高到23.1897，说明劳动力对财政收入的影响扩大了约11倍。

# 四、协整检验

## （一）单位根检验

单位根检验的目的在于检验时间序列的平稳性。对时间序列$Y_t$、$GDP_t$、$I_t$、$T_t$、$RK_t$进行自然对数变换后，即可对$LnY_t$、$LnGDP_t$、$LnI_t$、$LnEC_t$、$LnT_t$、$LnJYRK_t$进行单位根检验。本文通过利用计量经济学软件EViews 6.0进行ADF检验来实现单位根检验。该方法检验的标准是：如果某序列的ADF统计量大于显著水平5%的临界值或10%的临界值，说明该序列是非平稳的，否则该序列是平稳的。

表2是单位根检验结果，其结果表明，时间序列$LnY_t$、$LnGDP_t$、$LnI_t$、$LnT_t$、$Ln$-

JYRK$_t$在5%和10%的显著性水平下均存在一个单位根，属于非平稳序列。但LnY$_t$、LnG-DP$_t$、LnI$_t$、LnT$_t$、LnJYRK$_t$经过一阶差分后，在5%和10%的显著性水平下均具有平稳性特征。

**表2        时间序列LnY$_t$、LnGDP$_t$、LnI$_t$、LnT$_t$、LnJYRK$_t$单位根检验**

| 时间序列 | ADF统计量 | 5%临界值 | 10%临界值 | AIC值 | SC值 | 检验形式 (c, t, k) | 结论 |
|---|---|---|---|---|---|---|---|
| LnY$_t$ | 4.2200 | −2.9511 | −2.6143 | −2.8855 | −2.7957 | (c, 0, 8) | 非平稳 |
| LnGDP$_t$ | −1.2920 | −3.5684 | −3.2184 | −3.3717 | −3.0448 | (c, t, 8) | 非平稳 |
| LnI$_t$ | −3.3638 | −3.5530 | −3.2096 | −1.9418 | −1.7604 | (c, t, 8) | 非平稳 |
| LnT$_t$ | −2.9070 | −3.5485 | −3.2071 | −1.4218 | −1.2872 | (c, t, 8) | 非平稳 |
| LnJYRK | −0.7529 | −3.5485 | −3.2071 | −4.5005 | −4.3658 | (c, t, 8) | 非平稳 |
| D LnY$_t^*$ | −3.0576 | −2.9540 | −2.6158 | −3.0457 | −2.9550 | (c, 0, 8) | 平　稳 |
| D LnGDP$_t^*$ | −3.8386 | −3.5684 | −3.2184 | −3.3683 | −3.0881 | (c, t, 8) | 平　稳 |
| D LnI$_t^*$ | −3.9193 | −3.5530 | −3.2096 | −1.6730 | −1.5369 | (c, t, 8) | 平　稳 |
| D LnT$_t^*$ | −8.6729 | −3.5875 | −3.2292 | −3.3634 | −2.9314 | (c, t, 8) | 平　稳 |
| D LnJYRK$^*$ | −6.1207 | −3.5530 | −3.2096 | −4.4762 | −4.3402 | (c, t, 8) | 平　稳 |

注：（1）检验形式中的c和t表示常数项和趋势项，k表示滞后阶数；（2）滞后期k的选择标准是以AIC值、SC值最小为准则；（3）DLnY$_t$表示LnY$_t$的一阶差分；（4）$^*$表示在5%的显著性水平上拒绝非平稳假设。

## （二）协整检验

通过单位根检验，可以明确LnY$_t$、LnGDP$_t$、LnI$_t$、LnT$_t$、LnJYRK$_t$均属于一阶单整序列，这五个时间序列尽管各序列本身呈现非平稳性特征，但序列之间的线性组合可能有不随时间变化的性质或具有平稳性特征，即长期稳定的均衡关系。

协整检验变量之间的协整检验有Engle – Granger两步法与Johansen检验两种方法。前一种方法适合于检验两个变量之间的协整关系，而后一种方法适用于检验多个变量之间的协整关系。由于本文选择分别对各影响因素与财政收入之间的关系进行研究，因而采用Engle-Granger两步法来检验变量之间的协整关系。

将LnY$_t$分别与LnGDP$_t$、LnI$_t$、LnT$_t$、LnJYRK$_t$进行协整回归，得到协整方程如下（括号中为t统计量）：

$$LnY_t = -1.0716 + 0.9357 \times LnGDP_t + e_{t1} \tag{5}$$

$$(-3.21) \quad (30.37) \quad Adj - R^2 = 96.44\% \quad F = 922 \quad D\text{-}W = 0.057 \quad SE = 0.281$$

$$LnY_t = 1.5692 + 0.7662 \times LnI_t + e_{t2} \tag{6}$$

$$(7.18) \quad (34.34) \quad Adj - R^2 = 97.19\% \quad F = 1179 \quad D\text{-}W = 0.141 \quad SE = 0.251$$

$$LnY_t = 0.9436 + 0.9130 \times LnT_t + e_{t3} \tag{7}$$
$$(4.94) \quad (42.5) \qquad Adj - R^2 = 98.15\% \quad F = 1808 \quad D\text{-}W = 0.211 \quad SE = 0.202$$

$$LnY_t = -58.2027 + 6.0823 \times LnJYRK_t + e_{t4} \tag{8}$$
$$(-9.07) \quad (10.47) \qquad Adj - R^2 = 76.17\% \quad F = 209 \quad D\text{-}W = 0.073 \quad SE = 0.726$$

对残差序列 $e_{t1}$、$e_{t2}$、$e_{t3}$、$e_{t4}$ 进行 ADF 平稳性检验，得到结果如表 3 所示。

表3　　　　　　　　　残差序列 $e_{t1}$、$e_{t2}$、$e_{t3}$、$e_{t4}$ 的单位根检验

| 残差序列 | ADF 统计量 | 5% 临界值 | 10% 临界值 | AIC 值 | SC 值 | 检验形式 (c, t, k) | 结论 |
|---|---|---|---|---|---|---|---|
| et1 | -1.7895 | -1.9513 | -1.6107 | -2.7287 | -2.6380 | (0, 0, 8) | 平　稳 |
| et2 | -2.1966 | -1.9513 | -1.6107 | -2.0842 | -1.9935 | (0, 0, 8) | 平　稳 |
| et3 | -1.8704 | -1.9513 | -1.6107 | -1.9038 | -1.8131 | (0, 0, 8) | 平　稳 |
| et4 | -1.6430 | -1.9510 | -1.6109 | -0.3840 | -0.3391 | (0, 0, 8) | 平　稳 |

注：（1）检验形式中的 c 和 t 表示常数项和趋势项，k 表示滞后阶数；（2）滞后期 k 的选择标准是以 AIC 值和 SC 值最小为准则；

由表 3 可以看出，在 10% 的显著性水平下，残差序列 $e_{t1}$、$e_{t2}$、$e_{t3}$、$e_{t4}$ 均具有平稳性特征，即我国财政收入与国内生产总值、全社会固定资产投资额、税收、就业人口均分别存在长期均衡的协整关系。协整方程（5）表明，我国 GDP 每变动 1%，财政收入将同方向变动 93.57%；方程（6）表明，固定资产投资额每变动 1%，财政收入将同方向变动76.62%；方程（7）表明，我国税收每变动 1%，财政收入将同方向变动 91.30%；方程（8）表明，我国就业人口每变动 1%，财政收入将同方向变动 608.32%；即从长期来说，我国的财政收入与 GDP、固定资产投资额、税收、就业人口之间具有显著的正相关性。

## （三）误差修正模型

根据 Granger 定理，如果非平稳变量之间存在协整关系，则一定存在误差修正模型表达式。现利用协整方程中的残差序列 $e_{t1}$、$e_{t2}$、$e_{t3}$、$e_{t4}$ 分别建立如下误差修正模型（令 $ecm_t = e_t$，括号中为 t 统计量）：

$$D(LnY_t) = 0.0059 + 0.93234 \times D(LnGDP_t) - 0.1654 \times ecm_{t1} \tag{9}$$
$$(0.180) \quad (4.487) \qquad (-1.351) \quad Adj - R^2 = 39.92\% \quad D\text{-}W = 1.52$$

$$D(LnY_t) = -1.71E-16 + 0.7662 \times D(LnI_t) - 0.2286 \times ecm_{t2} \tag{10}$$
$$(-0.744) \quad (7.18E+14) \qquad (-1.616) \quad Adj - R^2 = 100\% \quad D\text{-}W = 2.18$$

$$D(LnY_t) = 0.1019 + 0.2648 \times D(LnT_t) - 0.1179 \times ecm_{t3} \tag{11}$$
$$(4.588) \quad (2.284) \qquad (-1.165) \quad Adj - R^2 = 39.1\% \quad D\text{-}W = 1.33$$

$$D(LnY_t) = 0.1571 - 0.8151 \times D(LnJYRK_t) - 0.0327 \times ecm_{t4} \tag{12}$$
$$(9.363) \quad (-1.574) \qquad (-1.186) \quad Adj - R^2 = 18.32\% \quad D\text{-}W = 1.45$$

从误差修正模型（9）、模型（10）、模型（11）、模型（12）中得出，各误差修正项的估计系数均为负值，调整方向符合误差修正机制，表明我国财政收入与 GDP、固定资产投资额、税收、就业人口之间的协整关系得以保持，长期均衡关系能够得到自动调整。

## （四）Granger 因果关系检验

由上述检验可知，$LnY_t$、$LnGDP_t$、$LnI_t$、$LnT_t$、$LnJYRK_t$ 均为一阶单整序列，且具有协整关系，因而可以对其进行 Granger 因果关系检验，检验结果如表 4 所示。

表 4　　　　　　　　财政收入与各影响因素的 Granger 因果关系检验

| 零假设 | 滞后阶数 | | | | | |
|---|---|---|---|---|---|---|
| | 1 | | 2 | | 3 | |
| | F 值 | P 值 | F 值 | P 值 | F 值 | P 值 |
| LnYt 不是 LnGDPt 的 Granger 原因 | 1.0844 | 0.3058 | 0.0813 | 0.9221 | 0.2101 | 0.8885 |
| LnGDPt 不是 LnYt 的 Granger 原因 | 6.6573 | 0.0148 | 1.2537 | 0.3010 | 2.0065 | 0.0988 |
| LnYt 不是 LnIt 的 Granger 原因 | 0.1670 | 0.6856 | 1.3352 | 0.2794 | 0.5343 | 0.6630 |
| LnIt 不是 LnYt 的 Granger 原因 | 9.7233 | 0.0039 | 2.3505 | 0.0839 | 2.1437 | 0.1200 |
| LnYt 不是 LnT_t 的 Granger 原因 | 1.0580 | 0.3116 | 1.9789 | 0.1571 | 1.3305 | 0.2868 |
| LnT_t 不是 LnYt 的 Granger 原因 | 1.2577 | 0.2707 | 7.3814 | 0.0027 | 5.1471 | 0.0066 |
| LnYt 不是 LnJYRKt 的 Granger 原因 | 0.3329 | 0.5681 | 0.2645 | 0.7695 | 0.2174 | 0.8834 |
| LnJYRKt 不是 LnYt 的 Granger 原因 | 7.0847 | 0.0122 | 2.5274 | 0.0979 | 2.6638 | 0.0698 |

Granger 因果关系检验结果表明，在 10% 的显著水平下，当滞后阶数为 1 或 2 时，全社会固定资产投资额与就业人口均为财政收入的 Granger 因，但在任意阶数下，财政收入都不是 GDP 或税收的 Granger 因；当滞后阶数为 1 或 3 时，GDP 是财政收入的 Granger 因，但在任意阶数下，财政收入都不是 GDP 的 Granger 因；当滞后阶数为 2 或 3 时，税收是财政收入的 Granger 因，但在任意阶数下，财政收入都不是税收的 Granger 因。也就是说，GDP、固定资产投资额、税收与就业人口均为财政收入的决定因素，任一变量的变化都能引起财政收入的变化，因而用这四个变量的变化来解释财政收入的变化是成立的。

# 五、结　论

通过利用我国 1978～2012 年财政收入、国内生产总值、全社会固定资产投资额、税收、就业人口的数据分别建立分段回归模型，并通过单位根检验、协整检验与格兰杰因果检验等方法进行进一步检验，对国内生产总值、全社会固定资产投资额、税收、就业人口对财政收入的影响进行探讨，得到结论如下：

第一，由邹突变检验可以得出，国内生产总值、全社会固定资产投资额、税收、就业人口与财政收入的回归系数在 1994 年前后存在差异。由分段回归模型得出，财政收入对国内生产总值、全社会固定资产投资额、税收、就业人口四个因素的弹性系数均大于 1，表明国内生产总值、全社会固定资产投资额、税收、就业人口的变化会引起财政收入较大的变化。另外，1994 年之后的弹性系数均高于 1994 年之前，表明这四个因素对财政收入的影响在 1994 年之后均有所扩大。

第二，由单位根检验可以得出，$LnY_t$、$LnGDP_t$、$LnI_t$、$LnT_t$、$LnJYRK_t$ 均属于一阶单整序列。但由协整检验看出，尽管各变量序列本身呈现非平稳性特征，但财政收入与国内生产总值、全社会固定资产投资额、税收、就业人口之间的线性组合均具有平稳性特征，即具有长期稳定的均衡关系。

第三，Granger 因果关系检验结果表明，在 10% 的显著水平下，国内生产总值、固定资产投资额、税收与就业人口均为财政收入的决定因素，任一变量的变化都能引起财政收入的变化，因而用这四个变量的变化来解释财政收入的变化是成立的。

## 参考文献

［1］范桂汕：《经济增长的阶段与固定资产投资规律研究》，中国博士学位论文全文数据库，2008 年。

［2］高培勇：《奔向公共化的中国财税改革——中国财税体制改革 30 年的回顾与展望》，《财贸经济》2008 年第 11 期。

［3］刘翔：《分税制改革对山东省政府财力影响的实证研究》，《山东工商学院学报》2010 年第 1 期。

［4］马海涛、曾康华：《中国省际人均财政收入差异形成的计量研究——基于 1978～2008 年 30 个省际数据的分析》，《财贸经济》2010 年第 5 期。